Zeitgeschichte

ÜBER DAS BUCH:

Als »Monty« wurde der Field Marshal Viscount Montgomery of El Alamein zum Begriff für die deutschen Afrikakorpskämpfer ebensosehr, wie es sein Gegenspieler Rommel für die englischen und amerikanischen Truppen war. Zahllose Anekdoten rankten sich um seine exzentrische Persönlichkeit. Die Urteile der Militärs über ihn waren ebenso kontrovers wie die über seinen Gegner.
Er konnte mit Recht für sich in Anspruch nehmen, keine einzige Schlacht verloren zu haben, und doch wurde er häufig das Opfer verhängnisvoller Fehlurteile, insbesondere im Zusammenwirken mit den Amerikanern.
Alun Chalfont hat es sich zum Ziel gesetzt herauszufinden, wie dieser ungewöhnliche Mann zu den höchsten Rängen seines Berufs aufsteigen konnte, für deren Erreichen gemeinhin viele Tugenden unabdingbar sind, die »Monty« auf spektakuläre Weise abgingen, wie Toleranz, Charme, Manieren. Lord Chalfont unternimmt nicht den Versuch, Montgomerys Feldzüge tiefschürfend zu analysieren, es geht ihm vielmehr darum, die Verbindungsglieder zwischen seiner Führungstechnik und seinem militärischen Denken einerseits und seinem vielschichtigen, häufig rauhen Charakter andererseits aufzuspüren.

Alun Chalfont

Der Sieger von El Alamein

Feldmarschall Montgomery, der Gegner von Rommel

Mit 27 Abbildungen

Zeitgeschichte

Zeitgeschichte
Ullstein Buch Nr. 33150
im Verlag Ullstein GmbH,
Frankfurt/M – Berlin
Titel der englischen Originalausgabe:
Montgomery of Alamein
Titel der deutschen Erstausgabe:
Montgomery
Aus dem Englischen von
Hans Jürgen von Koskull

Ungekürzte Ausgabe

Umschlagentwurf:
Hansbernd Lindemann
Unter Verwendung einer Abbildung vom
Ullstein Bilderdienst, Berlin
(General Montgomery, 1954)

Die englische Originalausgabe
erschien 1976 bei Weidenfeld
and Nicolson, London

Printed in Germany 1991
Druck und Verarbeitung: Ebner Ulm
ISBN 3 548 33150 5

Dezember 1991

Die Deutsche Bibliothek –
CIP-Einheitsaufnahme

Chalfont, Alun:
Der Sieger von el Alamein: Feldmarschall
Montgomery, der Gegner von Rommel /
Alun Chalfont. [Aus dem Engl. von Hans
Jürgen von Koskull]. – Ungekürzte Ausg. –
Frankfurt/M; Berlin: Ullstein, 1991
(Ullstein-Buch; Nr. 33150:
Zeitgeschichte)
Einheitssacht.: Montgomery of Alamain
< dt.>
ISBN 3-548-33150-5
NE: GT

Inhalt

Dank des Verfassers

Ich bin so vielen Menschen zu Dank verpflichtet, die mir beim Abfassen dieses Buchs geholfen haben, daß ich sie leider nicht alle einzeln nennen kann. Ich habe viele hundert Briefe von Männern und Frauen erhalten, die unter dem Feldmarschall gedient oder ihn in anderem Zusammenhang kennengelernt haben. Während ich an dem Buch arbeitete, ist kaum ein Tag und niemals eine Woche vergangen, ohne daß ich von einem Freund, einem Bekannten und manchmal sogar auch von einem Fremden in der Eisenbahn oder einem Restaurant etwas erfahren habe, das die Geschichte vom Leben dieses Mannes bereicherte und ergänzte. Das hat mich bewegt, war aber auch oft ermüdend, besonders wenn ich eine der bekannten Monty-Anekdoten zum hundertsten Mal hören mußte. All diesen zufälligen Mitarbeitern danke ich aufrichtig und bitte sie um Verständnis, wenn ich ihnen nicht immer sehr aufmerksam zugehört habe.

Es gibt jedoch auch eine Reihe von Menschen, denen ich ganz persönlich danken muß. Von allen, die schon etwas über den Feldmarschall geschrieben haben, muß ich in erster Linie Alan Moorehead erwähnen, dessen glänzendes, 1946 erschienenes Buch *Montgomery* für mich wie für jeden, der etwas über ihn oder über die 8. Armee berichten will, eine wichtige Quelle ist. Den anderen im Literaturverzeichnis erwähnten Autoren danke ich als jemand, der sich ihre oft mühsame Forschungsarbeit schamlos zunutze gemacht hat.

Viele Mitglieder der Familie Montgomery, Freunde und ehemalige Kameraden des Feldmarschalls sind so freundlich gewesen, mir ihre Ansichten mitzuteilen und aus ihren Erinnerungen zu berichten. Ich erwähne besonders den Hon. David Montgomery, Mrs. Winsome Holderness, John Carver, Sir Charles Richardson, Sir Arthur und Lady Porritt, Stephen Roskill, Ronald Lewin, den verstorbenen Sir Basil Liddell Hart, den verstorbenen Sir Richard Sharples, Sir Brian Horrocks, Sir George Cole, John Henderson, T. E. B. Howarth, Anthony Tasker und Sir Francis de Guingand und hoffe, daß diejenigen, die hier nicht namentlich aufgeführt sind und glauben, ich hätte es tun sollen, mir verzeihen und glauben werden, daß dies nur an meinem schlechten Gedächtnis liegt und nicht aus Unhöflichkeit oder Mangel an Wertschätzung geschehen ist. Ebenso danke ich der BBC für die mir zur Verfügung gestellten Manuskripte von Fernseh- und Radiosendungen, dem Imperial War Museum für das Bildmaterial und den Bibliothekaren im Verteidigungsministerium und dem Royal United Services Institute for Defence Studies für die immer wieder so freundlich gewährte Hilfe.

Nigel Nicolson, der Verfasser einer meisterhaften Biografie von Earl Alexander of Tunis und Feldmarschall Sir Michael Carver, dessen Buch *El Alamein* eine ausgezeichnete Analyse der großen Schlacht ist, waren so freundlich, mein Manuskript zu lesen und mir wertvolle und konstruktive Hinweise zu geben.

Drei Persönlichkeiten gilt mein besonderer Dank. Es sind Hugh Hanning, der mir bei der Abfassung der ersten Kapitel dieses Buchs unschätzbare und wertvolle Hilfe geleistet hat, Lucia Santa Cruz, die in meinem Auftrag wichtige Persönlichkeiten interviewt hat, und Ashley Browne, dessen gewissenhafte Forschungen zum Inhalt der zweiten Hälfte dieses Werks meine dankbare Bewunderung verdienen.

Mein Verleger Sir George Weidenfeld hat mich in vorbildlicher Weise ermutigt und viel Geduld bewiesen. Das gleiche gilt für seine Mitarbeiter Christopher Falkus und Benjamin Buchan. Elizabeth Hess und Hilary Ewer haben mit unermüdlichem Fleiß das immer wieder korrigierte Manuskript auf der Maschine geschrieben.

Am Schluß darf ich zwei Persönlichkeiten erwähnen, denen ich sehr viel zu verdanken habe; den Feldmarschall selbst, der mich bei Beginn dieses Vorhabens ermutigt und mir geholfen hat, und meine Frau, der ich dieses Buch widme. Ihre Unterstützung und ihr Verständnis waren mir immer dann sicher, wenn ich sie am dringendsten brauchte.

London und Trujillo, Spanien
August 1975

Isington Mill
ALTON
11-1-68

My dear Chalfont

I have your letter of 9 January 1968. In that letter you put on record your understanding of the present situation. I am not altogether in agreement with your points (a) to (e), and therefore give my views on those points below — in greater detail than you have done.

(a) There will be no access to my diaries, or private papers, or correspondence with political or military personalities.

(b) With this reservation, I am willing to see you at my home and talk with you about my life. But I reserve the absolute right to refuse to answer any questions, or to discuss any points, on matters which I am not prepared to disclose to a journalist or biographer.

(c) I decline to read the typescript or approve the book in any way before publication, and claim no direct interest in the book.

(d) I will give you, at your request, the names of any persons who have known me or been associated with me at various moments in my life — from my earliest boyhood days in Tasmania up to the present time. It will then be for you to extract from them the information about me which you need. In fact, this will be, or should be, the main source of the material about my life and personality.

(e) Insofar as I am aware there is nobody else who is contemplating writing a biography about me during my lifetime. If anybody should approach me on the subject I would tell him what you are doing, and would suggest that he should discuss the situation with you. I am not prepared to enter into any discussion with anybody about what else I might say to him.

I trust you will find the above to your liking. If you do, you can come and see me when you like and as often as you like.

Yrs. sincerely

Montgomery of Alamein.

Isington Mill Alton 11–1–68

Mein lieber Chalfont,
ich habe Ihren Brief vom 9. Januar 1968 erhalten. Darin zeigen Sie Verständnis für die gegenwärtige Lage. Mit den Punkten a) bis e) Ihrer Ausführungen bin ich durchaus nicht einverstanden, und deshalb gebe ich Ihnen im folgenden meine Auffassung zu diesen Punkten – und zwar ausführlicher als Sie es getan haben.

a) Meine Tagebücher, Privatpapiere oder Korrespondenzen mit Politikern oder Militärs stehen Ihnen nicht zur Verfügung.
b) Unter diesem Vorbehalt bin ich bereit, Sie in meinem Haus zu empfangen und mit Ihnen über mein Leben zu sprechen. Ich behalte mir jedoch das uneingeschränkte Recht vor, die Antwort auf beliebige Fragen zu verweigern und mit Ihnen nicht über irgendwelche Themen zu sprechen, wenn es sich um Angelegenheiten handelt, über die ich Journalisten oder Biografen keine Auskunft geben will.
c) Ich lehne es ab, das mit der Maschine geschriebene Manuskript zu lesen oder mich mit dem Buch vor seiner Veröffentlichung in irgendeiner Weise einverstanden zu erklären. Ich habe kein direktes Interesse an dem Buch.
d) Ich werde Ihnen, wenn Sie es wünschen, die Namen aller Personen nennen, die mich in den einzelnen Phasen meines Lebens gekannt oder die etwas mit mir zu tun gehabt haben, und zwar von meiner frühesten Kindheit in Tasmanien an bis zum heutigen Tage. Dann wird es Ihre Aufgabe sein, von ihnen die Informationen zu beschaffen, die Sie brauchen. In der Tat wird das – oder sollte es – die Hauptquelle für das Material über mein Leben und meine Persönlichkeit sein.
e) Soweit mir bekannt ist, beabsichtigt außer Ihnen niemand, zu meinen Lebzeiten eine Biographie über mich zu schreiben. Falls sich jemand in dieser Angelegenheit an mich wenden sollte, werde ich ihm sagen, was Sie tun, und ihm empfehlen, die Angelegenheit mit Ihnen zu besprechen. Ich bin nicht bereit, mich mit irgendjemandem darüber zu unterhalten, was ich ihm sonst noch sagen werde.

Ich hoffe, Sie sind mit dem Obengesagten einverstanden. Wenn ja, dann können Sie zu mir kommen und mit mir sprechen, wann und so oft Sie es wünschen.

Hochachtungsvoll
gez. Montgomery of Alamein

Prolog

Als sich Sir George Weidenfeld vor einer Reihe von Jahren, an deren Zahl er sich vielleicht nicht gern erinnern wird, an mich wendete und mir vorschlug, eine Biografie von Feldmarschall Montgomery zu schreiben, hatte ich, offen gesagt, wenig Neigung, seiner Anregung zu folgen. Die Biografie eines Zeitgenossen zu seinen Lebzeiten zu schreiben, ist in jedem Fall ein gefährliches und undankbares Unterfangen. Schon seit einiger Zeit hatte ich an eine neue Marlborough-Biografie gedacht. Das wäre ein Vorhaben gewesen, zu dem ich mir hätte Zeit nehmen können. Es hätte keine großen Anforderungen gestellt, das Thema war kaum umstritten, und die Arbeit hätte gut in die Ruhepausen gepaßt, die ein erfülltes Leben mit seinen oft unvorhergesehenen Zufällen mir gewährt. Eine Montgomery-Biografie war, gelinde gesagt, eine ganz andere Sache. Aber es war eine faszinierende Idee.

Zwar habe ich selbst während der zweiten Hälfte von Montgomerys fünfzigjähriger Dienstzeit der Armee angehört, aber nie unter ihm gedient und war auch nicht auf dem gleichen Kriegsschauplatz – ein Mangel, den ich mit einigem Gleichmut getragen habe und der vielleicht für jeden einen Vorteil bedeutet, der den Versuch unternimmt, über ihn zu schreiben. Fast während meiner gesamten aktiven Dienstzeit war Montgomery eine lebende Legende. Auch heute noch wird man kaum einen aktiven oder ehemaligen Soldaten finden – sei es nun ein Kriegsteilnehmer aus dem Mannschaftsstand oder ein hochdekorierter Berufsoffizier –, der nicht eine ganz subjektive Meinung über den Feldmarschall vertritt. Für einige – und besonders für die einfachen Soldaten aus den Feldzügen in Nordafrika und in der Normandie – war er fast ein Halbgott, der sich niemals irrte. Für andere war er ein erstklassiger militärischer Führer, der nichts riskierte und das Ideal des engagierten Berufssoldaten darstellte. Wieder andere betrachteten ihn, wie Churchill es einmal ausgedrückt hat, als »einen kleinen Mann, der es zu etwas gebracht hat«, einen eitlen, mit Vorurteilen belasteten Schauspieler, einen Truppenführer, dessen Leistungsfähigkeit überschätzt wurde, und einen äußerst unsympathischen Menschen.

Bestimmten Leuten konnte er sehr viel Verständnis entgegenbringen, gegen andere aber auch unglaublich brutal sein. Seine Herkunft, sein Äußeres und sein Auftreten entsprachen nicht den gängigen Vorstellungen von einem normalen britischen General. Was man auch über die britische Armee sagen mag – und Leute, die nie selbst Soldat gewesen sind, haben viel Törichtes über sie von sich gegeben –, aus ihr sind zahlreiche Führerpersönlichkeiten hervorgegangen, die sich durch Höflichkeit, Bescheidenheit und die unbedingte Hingabe an ihre Pflichten als Bürger einer zivilisierten Nation ausgezeichnet haben. Die meisten von ihnen sind vielleicht keine Intellektuellen oder kulturbesessenen Leute, aber mit wenigen Ausnahmen sind es recht umgängliche Menschen. Mancher würde sogar sagen, sie seien zu umgänglich. Das britische Offizierkorps wird nicht ganz zu Unrecht kritisiert, wenn man behauptet, es lege zu großen Wert auf nette Leute und achte zu wenig darauf, daß diese Männer auch in der Lage sein müßten, konstruktive Ideen zu entwickeln.

Es erschien mir deshalb als lohnende Aufgabe, zu untersuchen, wie es geschehen konnte, daß der widerborstige, taktlose, schlaue Einzelgänger Montgomery, der keineswegs ein profunder Denker war, die höchste Stufe in einem Beruf erreichen konnte, in dem es gerade auf die persönlichen Qualitäten ankam, die ihm in so auffallender Weise fehlten. Ich fragte ihn daher, als ich ihm eines Tages im englischen Oberhaus begegnete, was er dazu meine, wenn ich die Geschichte seines Lebens schriebe. Zu meiner Überraschung war er begeistert von dieser Idee. Anschließend hatten wir einen Briefwechsel über die Frage, wie er mir dabei behilflich sein könne. Er schrieb mir, wie er das meistens tat, handschriftlich; und sein Stil ist so unnachahmlich und läßt sich anders so schlecht wiedergeben, daß ich sein Schreiben als Faksimile an den Beginn dieses Buches gestellt habe.

Es war von Anfang an klar, daß der Versuch, seine Biografie zu schreiben, sinnlos wäre, wenn mir nicht seine persönlichen Papiere zur Verfügung stünden. Als ich ihn bat, die Ablehnung meiner Bitte darum noch einmal zu überdenken, war seine Antwort typisch und unwiderruflich. Er sagte: »Das werde ich bestimmt nicht tun, denn wenn diese Papiere jemals bekannt würden, dann würden sie einen dritten Weltkrieg auslösen. In meinem Testament habe ich die strikte Anweisung gegeben, daß sie nach meinem Tod zu verbrennen sind.« Ob er diese Anweisung wirklich gegeben hat und ob sie je befolgt werden wird, läßt sich nicht sagen. Es hatte aber keinen Sinn, weiter in ihn zu dringen.

Ich habe den Feldmarschall deshalb häufig in Isington Mill in Hampshire besucht, wo er sich niedergelassen hatte. Das war für mich sehr aufschlußreich. In dem Haus herrschte die Atmosphäre eines Offizierskasinos. Fußböden und Tische waren gewachst und glänzten wie die spiegelblank gewienerten Stiefel eines Infanteristen. Die auf den Tischen gestapelten Bücher waren streng nach Größe geordnet. Es roch förmlich nach Ordnung und Disziplin, und immer wieder fühlte ich mich versucht, stramme Haltung anzunehmen und zu grüßen. Oft empfing mich der Feldmarschall schon am Gartentor, besonders wenn ich mich verspätet hatte. Dann blickte er auf seine Armbanduhr und erklärte mir in fast drohendem Ton, um wie viele Minuten ich die verabredete Zeit überschritten hätte. Das Essen war gut, aber nicht so, daß ein Gourmet sich daran erinnern würde. Vor Tisch bekam ich einen trockenen Sherry (es sei denn, ich hatte mich verspätet), und zum Essen eine Flasche Ale. Montgomery selbst trank, wie gewohnt, nur Wasser.

Nach dem Lunch führte er mich in sein Arbeitszimmer, wo ich wieder den Impuls überwinden mußte, mich in militärischer Haltung vor ihm aufzubauen, und gegenüber dem Feldmarschall Platz nahm, während er in seinen Papieren blätterte, erzählte, alte Erinnerungen auffrischte und alle seine Zeitgenossen mit einem vernichtend abfälligen Urteil bedachte. Dabei wiederholte er immer wieder den folgenden Satz: »Wenn Sie über mich schreiben wollen, dann müssen Sie zuerst feststellen, was mich zum Handeln treibt. Darum dreht sich alles: welcher Motor treibt mich an?«

Nach einiger Zeit mußten diese informativen, aber doch schließlich recht einförmigen Besuche ein Ende nehmen, und zwar aus verschiedenen Gründen. Sie schliefen allmählich ein, als ich den unverzeihlichen und dummen Fehler gemacht hatte, in meinem Terminkalender eine falsche Zeit für die nächste Verabredung einzutragen, und sie versäumte. Ich bekam einen sehr kühlen Brief, in dem er mir mitteilte, er sei zu beschäftigt, um mich noch oft empfangen zu können. Damals meinte ich, er habe etwas zu scharf reagiert, aber vielleicht muß man diese Reaktion verstehen. Ein alter Mann, der ein Nationalheld gewesen ist, hat das Recht zu erwarten, daß man mit seiner Gastfreundschaft sorgsam umgeht. Ein zweiter Grund dafür, daß unsere Beziehungen abkühlten, lag vielleicht darin, daß der Feldmarschall erkannte, ich könnte ihn beim Wort nehmen und wirklich feststellen, welches der Motor war, der ihn zum Handeln trieb. Als ich anfing, seine Verwandten aufzusuchen und mit ihnen zu sprechen, und seine ehemaligen Kameraden interviewte, deren Bewunderung für ihn nicht so groß war, wie man es bei einem Nationalhelden hätte erwarten müssen, legte sich seine Begeisterung für mein Vorhaben, und seine bisher recht mitteilsamen Kriegskameraden gaben mir verschämt zu verstehen, »es könnte den Feldmarschall beunruhigen«, wenn sie ihre Gespräche mit mir fortsetzten.

Schließlich wurde er wirklich sehr alt, und das ist vielleicht der Umstand, der es einem am meisten erschwert, einen Zeitgenossen zu porträtieren. Er brachte den größten Teil des Tages nur noch im Bett zu, und außer seinem Sohn David und wenigen guten Freunden durfte niemand ihn mehr besuchen.

Es ist nicht leicht, einen Mann am Ende seines Lebens objektiv und kritisch unter die Lupe zu nehmen. Wenn jemand wie Montgomery stirbt, dann muß man sich an seine großen Leistungen und nicht an seine Schwächen und Fehler erinnern. Es war jedoch der Feldmarschall selbst gewesen, der darauf bestanden hatte, ich sollte feststellen, welches die Antriebsfeder gewesen war, die ihn zum Handeln angeregt hatte. Und das will ich mit diesem literarischen Porträt versuchen. Dieses Buch ist nicht als wissenschaftliches Werk gedacht, das künftige Biografen als Quellensammlung benutzen können. Es ist auch kein kriegsgeschichtliches Werk, in dem Schlachten in allen Einzelheiten und unter Verwendung zahlreicher Lagekarten untersucht werden sollen. Vielleicht müssen wir in diesem Zusammenhang sagen, daß es nicht meine Absicht ist, die Feldzüge in Nordafrika und in der Normandie militärisch zu analysieren. Es gibt schon Versuche einer Interpretation der von Montgomery in diesen Schlachten gefaßten Entschlüsse, mit denen sein militärisches Ansehen steht oder fällt. Etwas Endgültiges wird sich nicht sagen lassen, bevor seine persönlichen Aufzeichnungen und Unterlagen zur Verfügung stehen. Ich habe diese Feldzüge absichtlich – und das mag den Kriegsgeschichtler enttäuschen – impressionistisch behandelt. Ich habe versucht, den Menschen Montgomery und nicht den militärischen Führer Montgomery zu porträtieren. Deshalb verwende ich auch keine Fußnoten, denn ich glaube, sie würden den

Leser nur von dieser ganz simplen Darstellung ablenken. Dies ist die seltsame Geschichte des einzigen Mannes unter seinen Zeitgenossen, den man nur mit seinem militärischen Rang bezeichnen muß, um zu sagen, wen man meint – den Feldmarschall.

Ein Bischof als Vater

Bernard Montgomery hatte eine traurige Kindheit. Seine Erinnerungen daran – und seine Begründung für dieses Elend – drückt er in der für ihn bezeichnenden strengen und lakonischen Art aus: »Gewiß kann ich sagen, daß meine Kindheit unglücklich gewesen ist. Das lag daran, daß ich mich gegen den starken Willen meiner Mutter auflehnte. Meine ersten Lebensjahre bestanden aus einer Reihe leidenschaftlich geführter Schlachten, aus denen meine Mutter jedesmal als Siegerin hervorging.« Das Schlachtfeld war Tasmanien am Ende des neunzehnten Jahrhunderts, und der unbarmherzige Konflikt zwischen einer jungen Mutter und einem störrischen Kind ist der Schlüssel zum Charakter des Mannes, der zum letzten berühmten Militärbefehlshaber werden sollte. Es ist zwecklos – und wahrscheinlich auch sinnlos – danach zu fragen, wer für diesen Dauerzustand des nicht erklärten Krieges verantwortlich gewesen ist, der zwischen Montgomery und seiner Mutter bestand. Einen fünfjährigen Jungen kann man wahrscheinlich für nichts verantwortlich machen, mag er sich auch noch so unbotmäßig und widerspenstig aufgeführt haben. Ebenso unvernünftig wäre es, aus einem so großen zeitlichen Abstand ein viktorianisches Mädchen zu kritisieren, das im Schatten ihres weltberühmten Vaters aufgewachsen, im Alter von vierzehn Jahren verlobt und als Sechzehnjährige mit einem Geistlichen verheiratet wurde, der mehr als doppelt so alt war wie das Mädchen selbst; das dann noch vor Vollendung des fünfundzwanzigsten Lebensjahrs fünf Kinder gebar, mit einem winzigen Gehalt das Haus eines Londoner Vikars führte, um schließlich entwurzelt und auf die andere Seite der Welt versetzt zu werden. Es ist ein Wunder, daß sie das überlebt hat und dabei nicht einmal neurotisch geworden ist – nicht aber, daß es ihr nicht gelingen wollte, normale Beziehungen zu einer Familie zu entwickeln, die sich so stetig vergrößerte, daß es ihr manchmal schwergefallen sein muß, die Zahl ihrer Kinder im Gedächtnis zu behalten.

Wenn es zwei Menschen nicht gelingt, ihre Beziehungen positiv zu gestalten, dann ist der Versuch, einem der Beteiligten die Schuld zu geben, ein fruchtloses Unterfangen. Die traumatischen Kraftproben mit seiner Mutter haben jedoch auf die Entwicklung der Persönlichkeit Montgomerys tiefgreifende und dauernde Auswirkungen gehabt. Bei jedem ernsthaften Versuch, ihn zu beurteilen – sei es als Soldat, Ehemann, Vater oder als komplexe Persönlichkeit –, muß man dieser Phase seines Lebens größere Aufmerksamkeit zuwenden, als dies im Normalfall bei einem Menschen notwendig wäre, dessen Name, Gesicht und Stimme von Washington bis nach Peking zu einem Begriff geworden sind.

Die Blindheit, mit der Montgomery selbst die Zustände beurteilt, in die er hineingeboren wurde, ist geradezu lächerlich. In seinen Erinnerungen schreibt er: »Ich glaube, wir waren eine viktorianische Durchschnittsfamilie.« Nun, wenn man ein Zitat von George Orwell etwas modifizieren will, dann sind manche Menschen durchschnittlicher als andere; und wenn man zeigen will, wie wenig durchschnittlich Montgomery gewesen ist, dann beginnt man am besten damit, sich den Stammbaum anzusehen, an dem diese eigenartige und stachelige Frucht gewachsen ist. Angesichts dessen, was folgte, hat es vielleicht eine gewisse Bedeutung, daß den Familien beider Eltern ein starker Geruch der Heiligkeit anhaftete. Bernards Vater Henry, der spätere Bischof von Tasmanien, war der Sohn von Sir Robert Montgomery, dessen Vater und ältere Brüder ebenfalls Geistliche waren. Henry schildert Sir Robert als einen »weißhaarigen Gentleman, der jedermann freundlich behandelte«. Er zeichnet das Bild eines gütigen Herrn, der mit seiner Ruhe und Ausgeglichenheit während seiner mit Auszeichnung absolvierten Karriere im indischen Zivildienst den Ruf erworben hat, »der einzige zufriedene Mann im Pandschab« zu sein. Robert Montgomery wurde Anfang des neunzehnten Jahrhunderts geboren (Alan Moorehead gibt 1811 als das Geburtsjahr an, aber Henry Montgomery sagt, es sei 1809 gewesen, und das *Dictionary of National Biography* gibt ihm recht). Er gehörte zu der Generation von Engländern, die zu bewundern heute in Mode gekommen ist, und die sich vollständig mit dem Volk identifizierten, das zu beherrschen sie glaubten berufen zu sein. 1828 ging er im Alter von achtzehn Jahren nach Indien, wo er, wie er selbst glaubte, seine beruflichen Erfolge allein der göttlichen Gnade zu verdanken hatte. Diesen mächtigen Verbündeten sollte sein Enkel später auch für sich in Anspruch nehmen. Wie er sich selbst einschätzte, entnehmen wir einem Brief an seinen ältesten Sohn Henry (der erste, Arthur, war mit zwanzig Jahren gestorben). Er schrieb ihn am Ende einer fünfzigjährigen Dienstzeit, und er ist eine bemerkenswerte Mischung aus Freimütigkeit, Demut und Hingabe. Zudem wirft er ein bezeichnendes Licht auf den ideosynkratischen Einfluß des britischen Systems der höheren Schulen. Hier heißt es: »Wie gnädig ist Gott mir gewesen! Ich landete in Indien, ohne dort irgendjemanden zu kennen, denn ich bin nicht in Haileybury zur Schule gegangen. Ich war unbegabt und hatte keine besonderen Interessen.«

Durch die Gnade Gottes gelang es ihm augenscheinlich, mit seinen charakterlichen Mängeln und dem lähmenden Umstand fertigzuwerden, nicht in Haileybury erzogen worden zu sein, denn er brachte es zum Lieutenant Governor des Pandschab, einer der höchsten Stellungen im Kolonialdienst. Als es 1857 zur indischen Meuterei kam, hörte Sir Robert, der sich gerade in Lahore aufhielt, daß die Meuterer in Delhi eindrangen. Sofort übernahm er den Befehl in der Stadt und entwaffnete die eingeborenen Soldaten; ein vorausschauender und entscheidender militärischer Entschluß, dem es die Briten zu verdanken hatten, daß sie die Herren im Pandschab blieben, und der ihm selbst einen Adelstitel und eine Dankadresse beider Häuser des Parlaments in Westminster eintrug. Er starb 1887 im Alter von achtundsiebzig Jahren als Gouverneur der sechzehn Millionen Einwohner seiner Provinz. In seiner bald nach dem Ende des Zweiten Weltkriegs erschienenen einfühlsamen Studie über Montgomery meint Alan Moorehead, die wichtigsten Denkmäler, die heute noch an Sir Robert erinnern, seien »eine Marmorbüste, die noch im India Office in London steht, und die Stadt Montgomery in Indien mit ihrem vorbildlichen Bewässerungssystem«. Doch vielleicht darf man sagen, er habe ein wichtigeres, wenn auch nicht sofort erkennbares Erbe hinterlassen. In einem Brief an seinen zweiten Sohn James gibt er diesem eine Empfehlung, die nach heutigen Begriffen als Beispiel für einen unerträglichen Paternalismus angesehen werden könnte, die jedoch als die Philosophie eines der besten Kolonialbeamten nicht vollständig abgelehnt werden darf: »Und sei gut zu den Eingeborenen. Schütze sie, soweit es dir möglich ist, vor der Ausbeutung. Du wirst sehen, daß es Europäer gibt, die sie abscheulich behandeln; aber sie sind dankbar für jede Freundlichkeit; du wirst feststellen, daß sie treu sind, und sie werden dir alles vergelten, was du für sie tust.«

Sir Robert war ein überzeugter Verfechter viktorianischer Wertbegriffe und bemühte sich darum, sie weiterzugeben. An seinen Sohn Henry schrieb er: »Bemühe dich darum, in jeder Hinsicht vollkommener zu werden. Dann wirst du mit Gottes Segen Erfolg im Leben haben.« Er schrieb diesen Brief aus Indien. In den Jahren zwischen seinem neunten und achtzehnten Lebensjahr hat Henry seinen Vater nicht gesehen. Aber er verehrte ihn und hat ihn später seinen eigenen Kindern stets als Vorbild hingestellt. Nach Jahren schrieb Henry:

»Von ihm habe ich gelernt, wie wichtig es ist, jeden nach seiner Meinung zu fragen, bevor man etwas unternimmt. Ich habe in der Tat nie einen klügeren Mann kennengelernt als meinen Vater. Was seinen gesunden Menschenverstand angeht oder seine Menschenkenntnis oder die richtige Art, mit Menschen umzugehen, ohne sie zu verletzen, aber auch ohne in prinzipiellen Fragen Zugeständnisse zu machen. So kenne ich niemanden, der ihn übertroffen hätte. Ich bin ihm in vieler Hinsicht zu tiefem Dank verpflichtet. Manchmal haben die Leute behauptet, er sei kein Genie. Wie das auch sei, er besaß die Genialität, die man vielleicht am seltensten antrifft, die jedoch am nützlichsten ist, die Genialität des gesunden Menschenverstandes.«

Sir Roberts erster Sohn Henry wurde 1847 in Indien geboren und für den Beruf des Geistlichen bestimmt. Das war augenscheinlich mehr als eine Sache der Berufung oder der starken religiösen Überzeugung. Das Wort »fromm«, das so oft leichthin verwendet wird, wenn man Menschen beschreiben will, deren Haupttugend darin besteht, daß sie moralische Schwächen geschickt zu verbergen wissen, kommt jedem sofort in den Sinn, der über ihn spricht. Er selbst sagt, er sei mit »fast unverdünntem Höllenfeuer« aufgezogen worden. »Im großen und ganzen ist mir diese Diät ausgezeichnet bekommen.« Er besuchte die Schule zwar nicht in dem sagenumwobenen Haileybury, sondern in Harrow, und wurde dort Kapitän der Fußball- und Cricketmannschaften. Hier geriet er auch unter den Einfluß von John Smith, eines Lehrers, der die etwas eigenartige Angewohnheit hatte, jedem Neuankömmling das Versprechen abzunehmen, er werde sich unbedingt aller Unbotmäßigkeiten enthalten. Ob damit irgendwelche bestimmten Verstöße gegen die Schulordnung gemeint waren, läßt sich nicht mehr sagen – wenn nicht, dann muß dieser Mann ein ziemlicher Optimist gewesen sein. Montgomery war von den Ermahnungen, die Smith von der Kanzel verkündete, stark beeindruckt und verehrte ihn sein ganzes Leben als einen Mann, der auf Generationen von Harrow-Schülern einen ungewöhnlich wohltätigen Einfluß gehabt habe. Das war unter den damals herrschenden Umständen eine beachtliche Leistung. In einer anonymen Denkschrift des Bischofs Montgomery, die 1933 von der Gesellschaft für die Verkündigung des Evangeliums in fremden Ländern veröffentlicht wurde, heißt es mißbilligend, daß ehemalige Harrowschüler in Cambridge »sehr unangenehm auffielen, gern tranken und spielten und sehr faul waren«.

Auch Henry Montgomery ging von Harrow nach Cambridge, aber er trank nicht und fröhnte auch nicht dem Glücksspiel. Eine seiner schlimmsten Verfehlungen bestand darin, daß er im ersten Semester seinen Wechsel um £ 10 überzog, die Robert Montgomery ersetzte, nachdem er Henry mitgeteilt hatte, er werde das Geld von der Summe abziehen, die er für seine Geschwister beiseite gelegt habe. Damit beschämte er seinen Sohn so sehr, daß dieser von da an ein untadeliges Leben führte und später schreiben konnte: »Gott, der mich in meiner Schulzeit vor Versuchungen bewahrt hat, hat mich auch auf dem College nicht verlassen; und wer kann mit Recht behaupten, er dürfe ohne Gewissenspein und Reue auf seine Studienjahre zurückblicken?« Hier haben wir ein weiteres Beispiel für jene konstruktive Zusammenarbeit mit dem Allmächtigen, die später im Leben seines Sohnes Bernard eine so entscheidende Rolle spielen sollte.

Zwar war Henry nicht übermäßig begabt, arbeitete in Cambridge aber doch fleißig genug, um eine gute Abschlußprüfung in der Moraltheologie abzulegen und gemeinsam mit A. J. Balfour an achter Stelle einrangiert zu werden. Die Unsterblichkeit in Cambridge errang er sich jedoch mit einer sportlichen Leistung, als er die Stufen hinaufsprang, die vom Old Court des Trinity College zur großen Halle hinausführen. Die ganze Treppe ist zehn Fuß lang und vier Fuß hoch. Es war also eine beachtliche Leistung, wenn sich auch ihr praktischer Wert nicht gleich erkennen läßt. Daneben spielte er für das Trinity College und die Universität Cricket. Mit Ausnahme des großen Wettspiels gegen Oxford beteiligte er sich 1869 an allen Spielen. Damals war Cricket wichtiger als ein in zwei Fächern mit Auszeichnung bestandenes Examen, und Henry war bitter enttäuscht, weil er sich an diesem wichtigen Spiel nicht beteiligen durfte.

1870 nach Abschluß seiner Universitätsstudien bereitete sich Henry Montgomery unter der Anleitung von Dr. Vaughan, Master of the Temple, auf den Eintritt in den geistlichen Stand vor. Das war ein bedeutsamer Abschnitt in seiner intellektuellen und religiösen Entwicklung. Dr. Vaughan war ein kompromißloser Fundamentalist, der sich in seiner Lehre auf die Sünde und unseren Heiland konzentrierte. Erst viel später wurde Henry systematisch in die profunderen sakramentalen Wahrheiten eingeführt, und wahrscheinlich hat die Strenge seines ersten Lehrers, Dr. Vaughan, bei dem jungen Pfarrer einen bleibenden Eindruck hinterlassen. Man kann sie sogar als Quelle gewisser Überzeugungen betrachten, die später den Charakter und das Temperament seines Sohnes Bernard formen sollten.

Henry Montgomery wurde 1871 in der Kathedrale von Chichester in sein Amt eingeführt. Sir Robert Montgomery hatte aus diesem Anlaß ein besonderes Gebet verfaßt, und Vater und Sohn knieten am Tage vor der Ordination am Sonntag Trinitatis gemeinsam dazu nieder. Sein erstes Hilfspfarramt übernahm Henry in Hurstpierpoint, verließ es aber nach zweieinhalb Jahren mit £ 25 in der Tasche zu einer Reise in den Nahen Osten. Sein Reisebericht *Four Months in the East* ist eine typisch viktorianische Reiseerzählung mit genauen Landschaftsbeschreibungen und schließt mit einem Kapitel unter der Überschrift »Kosten und Ratschläge für den Reisenden«. Es enthält Informationen, die einen heute mit Wehmut erfüllen, denn hier heißt es, der Reisende müsse damit rechnen, nach dem Verlassen Englands bis zu seiner Rückkehr täglich etwa £ 2 auszugeben. Die Empfehlung, eine blaue Brille, drei bis vier Flanellhemden und Zinksalbe gegen Augenentzündung mitzunehmen, war für jeden, der beabsichtigte, in den Osten zu fahren, beherzigenswert. Dazu kam die Beschreibung eines unentbehrlichen Gegenstandes, der einen davor schützen sollte, von Insekten belästigt zu werden. »Es ist ein breiter und langer Sack aus dünnem Baumwollstoff mit Ärmeln ohne Öffnungen für die Hände. Der Sack wird am Hals zugebunden, und nichts Kriechendes kann mehr die Nachtruhe stören.«

Henry überlebte diese ständige Gefährdung seiner Bequemlichkeit und seines Wohlbefindens und kehrte zur Übernahme einer Hilfspfarrerstelle nach London zurück. 1876 kam es zu einem für die Familiengeschichte der Montgomerys bedeutsamen Ereignis. Dr.

Farrar, der bis dahin Schuldirektor in Marlborough gewesen war, kam an die Kirche St. Margaret's Westminster, und Henry wurde sein Hilfspfarrer. Das war in mehr als einem Sinne eine schicksalsträchtige Periode im Leben des jungen Mannes. Wenn Dr. Farrar predigte, war die Kirche bis auf den letzten Platz besetzt, und wenn der große Mann am Sonntagabend zur Westminster Abbey hinüberging, dann erschien am Eingang bald das Schild mit der Aufschrift: »Abbey Full«, und wer dort nicht mehr hineinkam, ging in die Kirche St. Margaret's hinüber. Das war für einen jungen Geistlichen, der bis dahin nur das Leben in einer kleinen Gemeinde kennengelernt hatte, ein großes Erlebnis. Um diese Zeit lernte Henry auch den Dekan Stanley kennen und schloß mit ihm eine Freundschaft, die ein Leben dauern sollte. Am wichtigsten jedoch war seine 1879 erfolgte Verlobung mit der dritten Tochter von Dr. Farrar, Maud, der Mutter von Bernard Montgomery.

Es zeigt sich also, daß Farrar im Rahmen unseres Berichts nicht nur deshalb Beachtung verdient, weil er Henry Montgomery in seiner geistigen und religiösen Entwicklung beeinflußt hat. Darum müssen wir uns jetzt etwas näher mit ihm beschäftigen.

Der Großvater mütterlicherseits

Heute ist Frederick Farrar vor allem bekannt als Verfasser eines Buches, über das man sich im allgemeinen nur lustig macht. *Eric, or Little by Little* ist sicherlich eine süßliche und höchst moralische Erzählung, aber doch weckt sie wehmütige, nostalgische Gefühle. John Betjeman schreibt:

»Die wenigen Menschen, die heute noch den *Eric* des Dekans Farrar lesen, tun es, um sich daran zu erheitern. Und doch enthält dieses rührselige und so melodiöse Buch für mich eine große Wahrheit, denn auf jeder Seite fühlt sich der Schüler von einer unsichtbaren Macht bedroht, die ihren Ausdruck in den engen Bankreihen der Klassenzimmer und dem Läuten der Schulglocke findet. Diese Bedrohung hat ihren Ursprung beim Allerhöchsten Gott und wird weitergegeben über den Schuldirektor, die Hausmeister und Präfekten bis hinunter zu den Vertrauensschülern.«

Daß sich der Roman so ausführlich mit dem Thema der Männlichkeit beschäftigt, läßt beim Verfasser auf eine gewisse Unreife schließen. Vielleicht darf man auch sagen, daß er, wie viele andere Lehrer, das Leben aus zweiter Hand genommen hat und die Theorie für wichtiger hielt als die Praxis. Diese Haltung ist verständlich. Aber Farrar war erst siebenundzwanzig Jahre alt, als er das Buch schrieb, und in dieser Lebensphase genügte es ihm, Lehrer an einer Knabenschule zu sein. Er hatte noch nicht den Ehrgeiz, erwachsene Männer zu führen. Als Lehrer war er beliebt und geachtet. Erst später wurde aus ihm einer der überzeugendsten und umstrittensten Menschenführer seiner Generation.

Er wurde 1831 in der Hafenstadt Bombay als zweiter Sohn des Reverend Charles Pinhorn Farrar geboren, des Kaplans einer Kirche der Missionsgesellschaft. Mit drei Jahren schickte man ihn in die Heimat zurück, wo zwei unverheiratete Tanten in Aylesbury für ihn sorgten. Sie sind nicht die letzten beiden alten Jungfern, von denen in diesem Buch die Rede sein wird. Im neunzehnten Jahrhundert gab es in England ungezählte solche Damen, und auch Henry Montgomery genoß den Vorzug ähnlicher Beziehungen. Die gottesfürchtigen Damen ließen Farrar eine konsequente, aber nicht allzu strenge Erziehung angedeihen, und augenscheinlich hat er eine glückliche Kindheit verlebt. Aber er war einsam und entwickelte eine für unsere Begriffe etwas frühreife Vorliebe für Bücher im Stil der Romane von Walter Scott. Schon als Kind kannte er viele Passagen aus Miltons *Paradise Lost* auswendig.

Als er acht Jahre alt war, kehrten seine Eltern nach England zurück, aber nur für einen kurzen Urlaub. Sie lebten auf der Isle of Man, und Frederick besuchte mit seinem älteren Bruder Henry das King William's College. Mit seinem ernsten, zurückgezogen lebenden Vater gab es kaum Kontakte, und Frederick scheint zu ihm nie eine persönliche Beziehung gehabt zu haben. Seine Mutter war fromm und leidend. In späteren Jahren berichtete Farrar, jeder, der sie kannte, habe sie für eine Heilige gehalten. Allmorgendlich nach dem Frühstück las sie eine Stunde in der Bibel. Dieser Gewohnheit hatte sie nach Meinung von Farrar ihre innere Ausgeglichenheit zu verdanken. »Die Sorgen und Nichtigkeiten, die in beengten Verhältnissen oft so unerträglich sein können, berührten sie nicht ... Ich habe nie erlebt, daß sie sich erregte; nie hat sie ein Wort im Zorn gesprochen, nie schlecht über andere Menschen geredet und niemals geklatscht.« Farrar ist augenscheinlich ein pflichttreuer Sohn gewesen. Aber als seine Mutter starb, bedrängte ihn sein Gewissen, weil er »nicht immer so gut zu ihr war, wie ich es hätte sein können«. Er zermarterte sich den Kopf wegen seiner »kleinen Fehler, der Ungeduld, der kleinen Ungezogenheiten des Eigensinns und der Ablehnung guter Ratschläge« und sehnte sich danach, das wieder gutzumachen, »was nie wieder möglich werden würde«.

Auf dem King William's College begann Frederick, sein Gedächtnis zu trainieren und brachte es darin fast soweit wie Gladstone. Im späteren Leben hat ihm das viel genützt. Er lernte lange Passagen aus Byron, Shelley, Wordsworth und Scott auswendig. Dabei führte er ein spartanisches Leben, das keinen sehr großen erzieherischen Wert gehabt haben kann. Wie sein Romanheld Eric muß Frederick seinen Zeitgenossen allzu perfekt vorgekommen sein. Er war ehrbar, großherzig, human und gebildet – und dazu der intelligenteste Schüler an diesem College. Das klingt, als sei er ein Streber gewesen; es mag aber auch eine extreme Reaktion des streng erzogenen Knaben auf ein Establishment gewesen sein, in dem Lehrer und Schüler nur mittelmäßig waren und jeder, der anders war, in die Isolation gedrängt wurde. In mancher Hinsicht hat er offenbar keine richtige Kindheit erlebt. Bis zu seinem sechzehnten Lebensjahr, als die Eltern endlich nach Hause zurückkehrten, hatte er auf sie verzichten müssen. Es ist aufschlußreich, daß er später in seinem Ankleidezimmer ein Jugendporträt von Milton aufhängte, unter dem ein Zitat aus *Paradise Regained* stand:

Als ich ein Kind war, konnten mir
Kindliche Spiele nicht gefallen.
Lernen und Erkennen war das Leben mir.
Dann mußt' ich tun, was allen Menschen nützt ...

Wer heute meint, in Bernard Montgomery Cromwellsche Züge zu entdecken, wird nicht überrascht sein, zu erfahren, daß sein Großvater, der mehr intellektuelle Neigungen hatte als sein Enkel, sich für Milton interessiert hat. Frederick besuchte das King's College in London und bestand 1852 als Jahrgangsbester das Abschlußexamen. Ein Kommilitone beschreibt ihn als freundlichen Menschen, hochgewachsenen, ruhigen, sanften Gelehrten mit ernsten Augen und einem gewinnenden Lächeln, der die von ihm verlangten Aufgaben mit Pflichtgefühl präzise löste. Mit monotoner Regelmäßigkeit gewann er sämtliche Preise. »Niemand würde erwarten, daß Farrar bei einem solchen Arbeitseifer und einer so großen Leistungsfähigkeit damals viel für Sport an der frischen Luft oder die anderen Freizeitbeschäftigungen übrig hatte, für die sich Jugendliche im allgemeinen begeistern. Jeder Versuch, ihn zur Teilnahme an gelegentlichen Bootsfahrten auf dem Fluß, Theaterbesuchen, Cricketspielen oder ähnlichen Unternehmungen zu bewegen, wäre vergeblich gewesen. Die Bücher genügten ihm." Sein unermüdlicher Fleiß »hinderte ihn auch an jenem echten Vergnügen, das man in der Jugend genießt, an den freundschaftlichen Beziehungen teilzuhaben, die junge Menschen verbinden, und das ließ ihn denjenigen, die ihn nicht ganz gerecht beurteilten, asketisch und mönchisch zurückgezogen erscheinen ... Die Gesellschaft im allgemeinen und auch die von Damen war für ihn nichts als eine schreckliche Zeitverschwendung.«

Er entwickelte sich zu einem typischen Vertreter des viktorianischen Zeitalters, zu einem Pädagogen, der andere Erwachsene nicht an seinen Gefühlen teilnehmen ließ, aber eine tiefe Zuneigung zu Kindern empfand. Vielleicht ist dies eine für Perfektionisten bezeichnende Haltung. Er und sein Enkel Bernard haben sie jedenfalls

gezeigt, und beide waren, wenn auch auf verschiedene Weise, gegenüber ihren Mitmenschen anspruchsvolle Perfektionisten.
An dieser Stelle müssen wir einen sehr wichtigen Umstand erwähnen, der das Leben dieser Männer über lange Zeit wesentlich mitbestimmt hat, die Armut. Auf dem King's College in London und auf dem Trinity College in Cambridge, in das er 1850 eintrat, verdiente Frederick das Geld für seine Studien selbst mit Stipendien und guten Leistungen. Zum Frühstück trank er Wasser anstelle von Tee, um seinen Eltern unnötige Ausgaben zu ersparen. Die Sparsamkeit war in der Familie Farrar eine Pflicht, ebenso für die Montgomerys. In beiden Familien gab es seit jeher diese aus Rechten und Pflichten bestehende Kombination. Das war ein Lebensstil, der manchem als die schlechtere von zwei Welten erscheinen mag. Dieser Zustand muß sich bei den Eltern und Großeltern von Bernard Montgomery noch verschärft haben, weil keiner der Älteste in der Familie war. Auf seiner Vaters Seite war Bernard das vierte Kind des zweiten Kindes, und seine Mutter war das dritte Kind des zweiten Sohnes von Charles Farrar. Sie alle waren, so könnte man sagen, Opfer eines Gesellschaftssystems, das ihnen Verpflichtungen auferlegte, sie aber der Mittel beraubte, die sie brauchten, um diesen Verpflichtungen bequem nachzukommen. Mancher könnte sagen, daß gerade dies die Grundlage des christlichen Lebens sei. Auf jeden Fall wuchsen im Rahmen dieses Systems eine ganze Reihe frommer Menschen heran. Doch jedes System, in dem es darauf ankommt, einen bestimmten Menschentyp zu erzeugen, hat wenig für Außenseiter übrig. Hier muß man vielleicht die Ursachen für das Verhalten der jungen Maud suchen; es waren diese Kleinigkeiten, die sie so schwer ertragen konnte; und hier hat ihr dritter Sohn Bernard vielleicht das Faß zum Überlaufen gebracht.
1854 schloß Farrar seine Studien mit den besten Noten in den klassischen Fächern und in der Mathematik ab und ging als Hilfslehrer nach Marlborough. Das war damals eine elende Schule. Die Zustände waren so schlimm, daß die Schüler mit Plakaten demonstrierten, auf denen die Worte standen »Brot oder Blut«. In diese Atmosphäre brachte Farrar mit einigen gleichgesinnten Verständnis und Freundlichkeit, was die Jungen zunächst erstaunte und dann für ihn einnahm. Obwohl er ein schlechter Sportler war, lernte er passabel Wandball spielen und »spielte Fußball wie ein Verrückter«. Dort wurde er auch zu Weihnachten 1854 in das geistliche

Amt eingeführt. Er verbrachte glückliche Jahre in Marlborough. »Sie können sich nicht vorstellen, wie schmerzlich es für mich war, M. zu verlassen«, schrieb Farrar an einen Freund. »Mir kommen die Tränen, wenn ich daran denke.« Seine Briefe aus dieser Zeit erinnern an Paul Pennyfeather, den jungen Streber, den Evelyn Waugh in seinem Buch *Decline and Fall* beschreibt. Nach heutigen Maßstäben kommt er uns wie ein großer Schuljunge vor. Damals hätte man ihm vielleicht vorausgesagt, er könnte seine Laufbahn als Dekan abschließen, nicht aber als der faszinierende Kanzelredner, zu dem er schließlich geworden ist. Seine Entwicklung vollzog sich allmählich ohne dramatische Zwischenfälle und ohne den entscheidenden Augenblick der Wahrheit. Wie Bernard war er ein ausgesprochener Spätentwickler.

Im folgenden Jahr ging er nach Harrow, wo er fünfzehn Jahre blieb und seine erstaunliche Karriere als Schriftsteller begann. 1858 kam *Eric* heraus, ein romanhafter Bericht über sein Leben auf dem King William's College. Es war das erste Buch in einem Gesamtwerk von 74 Büchern innerhalb von 42 Jahren. Einundsechzig von ihnen wurden in den Vereinigten Staaten veröffentlicht. Zum großen Teil handelt es sich um einfache religiöse Abhandlungen, aber einige Titel lassen Rückschlüsse auf den Charakter des Verfassers zu: *Julian Home, a Tale of College Life; St. Winifred's, or the World of School; Eternal Hope; Africa, Drink Trade; Temperance Reform as Required by National Righteousness and Patriotism.*

Eric hatte seinerzeit die Welt des lesenden Publikums in zwei Lager aufgespalten. Für viele war es das anregendste und erhebendste Buch seit *Pilgrim's Progress.* Ernst zu nehmende Literaturkritiker hielten es für unbedeutend, und für die Ästheten unter den Lesern war es ungenießbar sentimental. Im Lauf von sechzig Jahren erlebte es mehr als fünfzig Auflagen. Obwohl *Eric* an *Onkel Toms Hütte* nicht heranreichte, hat das Werk vor Farrar in seinem Ursprungsland einen nicht zu unterschätzenden literarischen Einfluß gehabt. Noch nach Jahren bekam Farrar Leserbriefe, in denen es etwa hieß: »*Eric* ist für meinen Sohn die Rettung gewesen.« Anspruchsvolle Zeitungen wie die *Saturday Review* haben das Buch in Bausch und Bogen verrissen. Farrar ließ sich von solchen Kritiken nicht beeindrucken, obwohl er zugab, es in einer Stimmung geschrieben zu haben, in der er den Tränen nahe gewesen sei. Er konnte sich damit trösten, die Geschichte eines frommen Schuljungen verfaßt zu haben, die Schüler überall, und zwar solche aus dem Londoner East End ebenso wie die aus dem vornehmen Stadtteil Belgravia, mit Spannung lasen. In dieser Phase seines Lebens war er noch der bescheidene, freundliche Lehrer, der – wie ein ehemaliger Schüler es ausdrückt – »noch nicht vom kämpferischen Geist beseelt war«. In ihm schlummerte jedoch eine Fähigkeit, die sich auch deutlich in seinem Enkel gezeigt hat. Er verstand es, Begeisterung zu wecken. Ein Zeitgenosse sagt von ihm, er habe sich – wie Arnold – mit den Schülern, für die er zu sorgen hatte, identifizieren können, und das sei das Geheimnis seines Erfolgs im Umgang mit ihnen gewesen. »Immer wieder hören wir, daß es ihm gelang, die ›schwarzen Schafe‹ um sich zu versammeln.«

1860 starb seine Mutter. Bald darauf verliebte er sich in Lucy Cardew, deren inzwischen verstorbener Vater im Dienst der East India Company gestanden hatte. Er heiratete das junge Mädchen im gleichen Jahr und blieb dreiundvierzig Jahre bis zu seinem Tode an ihrer Seite. Lucy war eine vorbildliche viktorianische Ehefrau; gütig, zurückhaltend und fruchtbar. In den folgenden elf Jahren gebar sie acht Kinder. Die Mutter von Bernard Montgomery, Maud, kam 1867 zur Welt.

Farrar begann sich jetzt in zunehmendem Maß vom Urteil anderer Menschen freizumachen. Die Verhältnisse in Harrow waren zu dieser Zeit schlecht. Das galt für den Lehrbetrieb ebenso wie für die Disziplin. Das Geschick Farrars im Umgang mit jungen Menschen gründete sich in erster Linie darauf, daß er es verstand, Unklarheiten zu beseitigen. Jetzt nutzte er sie dazu, das ganze System, das diese Unklarheiten zuließ, zu reformieren. Auch hier zeigt sich die Verwandtschaft mit Montgomery; die Fähigkeit, die Dinge zu vereinfachen, und ein grenzenloses Selbstvertrauen. In diesem Zusammenhang lohnt es sich, Farrar bei seiner Arbeit zu beobachten. In einem Vortrag vor der Royal Institution, den er bescheiden unter das Thema »Über gewisse Mängel im System der Public Schools (der englischen Oberschulen)« gestellt hatte, wendete er sich gegen eine ganze Reihe von Fehlern und Mängeln seiner Zeit:

»Im zarten Alter von acht oder neun Jahren wird die jugendliche Phantasie (der Knaben) oft von ahnungslosen Männern mit solchen *incubi* und *succubi* in Angst und Schrecken versetzt wie ›quid-quale Verben‹, ›Gerundivattraktionen‹, ›suboblique Klauseln‹, ›Spirante‹, ›rezeptive Komplemente‹, ›circumstantive und probative Relationen‹, ›quasi-passiv‹, ›Semideponente‹ und anderen, ähnlichen Begriffen, die Erwachsene kaum verstehen, auch wenn sie solche hochtrabenden und pedantischen (weil nutzlosen) Worte nicht ablehnen, die aber für ein Kind schlimmer sind als ›Gorgonen, Hydren und grausige Schimären‹.«

Jetzt war er nicht mehr der bewährte Lehrer, auf den sich das Establishment verlassen konnte. Wenn die Hierarchie glaubte, sie besäße in Farrar einen Mann, auf den man sich verlassen könnte – ein Eindruck, der früher vielleicht richtig gewesen war –, dann war das ein gewaltiger Irrtum. Farrar war zwar noch nicht bereit, zur Rebellion aufzurufen. Die leidenschaftlichen Anklagen in seinem Vortrag entsprachen dem Bericht einer recht radikalen königlichen Kommission zur Untersuchung des staatlichen Schulsystems und erweiterten ihn wesentlich. Aber von nun an gehörte Farrar zu den Rebellen. Er war eher bereit, auf Beförderungen zu verzichten als auf die Gelegenheit, an Reformen mitzuwirken; und je älter er wurde, desto mehr rebellierte er. Er wurde zum Sprachrohr der Unterprivilegierten, und das waren damals die Schüler.

»Der junge Grieche wurde in der Geometrie unterrichtet, der junge Römer in der Rechtswissenschaft; und sogar der junge Mönch im Mittelalter durfte etwas von dem Wenigen erfahren, was eine in ihren Anfängen steckende Naturwissenschaft erforscht hatte. Müssen wir denn wirklich dem Beispiel der Chinesen folgen und immer nur unsere Vorfahren imitieren? Müssen wir unsere wißbegierigen Knaben zwischen den leeren Wänden eines uralten Friedhofs einsperren, auf dem es nichts weiter gibt als die Grabmonumente von zwei toten Sprachen?«

Bei diesem Angriff gegen die staatlichen Oberschulen in der damaligen Form legte er den Finger auf die vielleicht wundeste Stelle des viktorianischen Englands. Der Hierarchie war es gleichgültig, was mit ihren Kindern geschah, wenn diese Kinder sie nur nicht störten. Heute vermittelt das staatliche Schulsystem der Jugend wenigstens eine gute Ausbildung, aber 1867 hatten diese Schulen nur die Aufgabe, wohlhabende Viktorianer von ihren elterlichen Pflichten zu entlasten. Nach dreizehnjähriger Arbeit innerhalb dieses Systems stellte Farrar fest, daß es seine erzieherischen Aufgaben nicht erfüllen konnte. Das System zu verändern, war ihm nicht möglich; er war jedoch entschlossen, es zu reformieren. Nach seinem Vortrag stellte er fest, daß er in die Gesellschaft von Radikalen geraten war.

Er hatte Huxley zitiert, und jetzt spendete sogar Darwin ihm herzlichen Beifall. Der Eifer, mit dem er die Reform des staatlichen Schulsystems betrieb, glich sehr stark der Haltung seines Enkels gegenüber der Armee. Beide akzeptierten die Existenz einer staatlichen Institution und ihren Platz in der Gesellschaft. Beiden lag das Schicksal der Menschen am Herzen, die im Rahmen dieser Institutionen am meisten gefährdet waren. Bei Farrar waren es die Schüler, bei Montgomery die einfachen Soldaten. Mit seinen unermüdlichen Anstrengungen, sich durchzusetzen, folgte Montgomery dem Beispiel seines Großvaters mütterlicherseits. Farrar verkörperte die unerschütterliche Überzeugung des Engländers aus der viktorianischen Epoche, im Recht zu sein; und die gleiche Haltung hat auch Montgomery immer wieder in Schwierigkeiten gebracht.

Eine ungewöhnliche Ehe

Der Rebell Farrar hat auf Beförderungen nicht verzichten müssen. Innerhalb von zwei Jahren wurde er sogar zum Ehrenkaplan der Königin ernannt, eine seltene Auszeichnung für einen Hilfslehrer. Vier Jahre später, 1873, wurde er hauptamtlicher Pfarrer. Im Verlauf dieser Zeit veränderte sich sein Charakter jedoch so stark, daß sein Kollege F. E. Thompson, der ihn 1866 nach dreizehn Jahren zum erstenmal wiedersah, überrascht war. »Ich war aufs höchste erstaunt über die Veränderung, die in ihm vorgegangen war. Aus dem knabenhaften Studenten des Jahres 1853 war der zum Mann herangereifte Doktor oder Kanonikus Farrar geworden. Er hatte eine kräftigere Statur, bewegte sich würdig und gemessen, das Haar war dunkler und spärlicher, die Gesichtsfarbe bleicher geworden. Die volle, sanfte Stimme äußerte sich in klaren, wohlgeformten Sätzen.« Farrar war fünfunddreißig Jahre alt. »Gegenüber gewissen Leuten nahm er eine würdige und unnahbare Haltung ein. In Wirklichkeit war Farrar schüchtern, gesellschaftlich unsicher und verstand es nicht, Konversation zu machen. Es war falsch, wenn man seine Unnahbarkeit akzeptierte. Behandelte man ihn als einen Freund, einen Menschen aus Fleisch und Blut, und versuchte, mit ihm zu scherzen, dann kam er einem sofort entgegen wie ein Bruder.«

1871 wurde er Direktor von Marlborough. Hier bestand seine bedeutendste Leistung darin, einer Schule Stabilität zu verleihen, die, darauf aufbauend, später zu einer erstklassigen Lehranstalt werden sollte. Dabei nahm er am Leben dieser Schule überall tätigen Anteil. Thompson schreibt, er war »ein Idealist, ein glühender, vielleicht ungeduldiger Enthusiast und wußte, daß er eine bestimmte Mission zu erfüllen hätte. Aber er war sich auch seiner Macht und der Verpflichtungen bewußt, denen er zu genügen hatte«. Schüler und Lehrer in Marlborough sahen ihn im scharfen Gegensatz zu seinem Vorgänger, dem dynamischen Praktiker Dr. Bradley. Einige seiner Untergebenen fürchteten das Schlimmste und meinten, jetzt werde sich hier eine »Brut von Muttersöhnchen, Pedanten, Strebern und Blendern auf der einen und unzähmbaren Rebellen auf der anderen

Seite entwickeln, die dem Banner der *inculta rusticatas* folgten«. »Er war nicht sonnig, vernünftig und hellwach wie Bradley. Er war *sui generis*. Zunächst erschien er würdevoll und streng, kalt, großartig, einseitig, unzugänglich und glich darin ›jenem alten, ausgebrannten Schlackenhaufen, dem Mond‹, wie er selbst ihn zu nennen pflegte. Lernte man ihn aber näher kennen, dann stellte man fest, daß man es mit einem ungewöhnlich aufrichtigen, klugen, selbstkritischen und freundlichen Menschen zu tun hatte. Und mit diesen Eigenschaften erwarb er sich bald eine geachtete und unangefochtene Stellung.«

Der Direktor von Rugby, Dr. James, beurteilte ihn als einen taktvollen, umgänglichen Menschen; und auch darin, was er über Farrars Frau zu sagen hatte, stimmte er mit den meisten überein: »Ich muß auch noch etwas über das Leben in seinem Haus in der Lodge (Marlborough) und dann in Westminster und Canterbury sagen ... Es war ein englisches Heim im besten Sinne dieses Wortes. Seiner Frau und seinen Kindern brachte er aufrichtige Zuneigung entgegen, und sie erwiderten seine Liebe mit Hingabe.« Die ganze Schule verdankte der menschlichen Güte von Mrs. Farrar, ihrer Freundlichkeit und dem Interesse, das sie allen Fragen entgegenbrachte, die Marlborough betrafen, sehr viel.

1876 bot Disraeli Farrar den Posten des Kanonikus von Westminster und des Rektors von St. Margaret's an (Farrar selbst berichtet, Disraeli sei stets besonders freundlich zu ihm gewesen, obwohl er sich durchaus »der Tatsache bewußt war, daß ich politisch liberale Auffassungen vertrat«). Dies war der Wendepunkt in seinem Leben. Zwar wurden seine Bücher jetzt, da er fünfundvierzig Jahre alt geworden war, überall gelesen, und er führte eine ausgedehnte Korrespondenz mit Menschen auf der ganzen Welt, aber doch war er alles andere als ein Mann von Welt. Ihn zeichnete eine *sancta simplicitas* aus; J. D. R., einer seiner ehemaligen Schüler, spricht in einem Aufsatz im *Cornhill Magazine* von seiner »aufrichtigen und gütigen Art.« Doch jetzt mußte er sich mit der harten Wirklichkeit des Lebens auseinandersetzen, denn sein neues Amt verlangte mehr von ihm, als vor einer Gemeinde Predigten zu halten, zu der die Spitzen der Gesellschaft gehörten.

»Ich ließ ihn (Disraeli) lange auf eine Antwort warten – schreibt Farrar – denn damals hatte ich noch keine Erfahrungen als Seelsorger, und meine Gemeinde war nicht nur sehr viel größer, son-

dern vielen ihrer Mitglieder ging es auch sehr viel schlechter als später. Wäre ich meinen Neigungen gefolgt, dann hätte ich eine so schwere Last nicht auf mich genommen, und zwar um so weniger, als die Kirche selbst damals abstoßend häßlich war mit ihren für die Kirchenvorsteher reservierten gotischen Emporen, wogegen sie später einen schönen und interessanten Anblick bot.«
Seine Freunde rieten Farrar, das Angebot anzunehmen. Er tat es und blieb neunzehn Jahre an dieser Stelle. Er hat es nie bereut. Dekan Wellesley meinte allerdings, man hätte ihm, wenn er diesen Posten abgelehnt hätte, einen besseren angeboten, denn im Jahr zuvor hatte er die sehr bequeme Pfarrstelle in Halifax ausgeschlagen. Farrar selbst erfuhr »von höchster Stelle«, als es später um seine Beförderung gegangen sei, habe sich Disraeli nur deshalb dagegen ausgesprochen, weil sein umstrittenes Buch *Eternal Hope* ein solches Aufsehen erregte.
Ein bemerkenswerter Umstand in der beruflichen Laufbahn von Farrar, der im Zusammenhang mit Montgomery besondere Bedeutung hat, ist die Tatsache, daß jede neue Beförderung ein finanzielles Opfer für ihn bedeutete. Sein Einkommen verringerte sich, als er aus seinem großen Haus in Harrow nach Marlborough umzog, um dort Direktor zu werden. Es verringerte sich noch einmal, als er nach Westminster ging, und dann wieder, als er Dekan von Canterbury wurde. Nach seiner Berufung an die Kirche von St. Margaret's schrieb er an seinen Freund: »Wir werden Hunger leiden, aber für Sie wird immer eine Brotkruste übrig sein.« Es läßt sich schwer sagen, ob er den Ruhm, den Einfluß oder die Pflicht – oder alle drei – für wichtiger gehalten hat als das Geld. Es läßt sich auch nicht bestreiten, daß er im Kreuzfeuer von »Privilegien und Armut« in ungewöhnlichem Ausmaß zu leiden hatte. Daß das Einkommen eines Mannes sich verringert, während sein Aufgabenkreis größer wird – und auch seine Familie –, ist ein Phänomen, das wir heute nicht mehr kennen. Für seine Frau und die Kinder muß es jedenfalls recht unangenehm gewesen sein. Diese Zusammenhänge erklären vielleicht manches in der Veranlagung von Montgomery. Wo es Tradition geworden ist, daß sich hohe Ansprüche an Charakter und Bildung mit einem harten Existenzkampf verbinden, da besteht die Möglichkeit, daß ungewöhnliche und sogar exzentrische Individuen heranwachsen.
Die Kirche von St. Margaret's füllte sich mit Menschen, die Farrars

Predigten hören wollten, und bald wurde es notwendig, sich dort einen Platz reservieren zu lassen. Oft saßen die Leute auf den Stufen, die zur Kanzel hinaufführten, und wer hier nicht mehr hineinkam, mußte an einem gleichzeitig in der Abbey stattfindenden Gottesdienst teilnehmen. Da es die Kirche des Unterhauses war, gehörten viele Abgeordnete zur Gemeinde, und so wurde Farrar auch bald zum Parlamentspfarrer ernannt. Diese Gemeindearbeit konfrontierte ihn mit den Realitäten des Lebens, denen er bisher aus dem Wege gegangen war. Doch auch für die Familie bedeutete die neue Stellung eine Belastung; denn die Gemeindemitglieder wurden oft ins Pfarrhaus eingeladen. Sie kamen in solchen Massen, daß die Familienmitglieder diese Versammlungen als »das Heringsfaß« bezeichneten. Farrar mußte einige Hilfspfarrer einstellen, zu denen auch sein früherer Schüler in Harrow, Henry Montgomery, gehörte. Sie mußten Farrar bei seinen Besuchen in die Elendsviertel von London begleiten, und Henry schildert, wie der Dekan bei einer dieser Gelegenheiten von einem Betrunkenen hinausgeworfen wurde. »Es dauerte lange, bis sich unser lieber Kanonikus von diesem Schock erholte.« Bei einem anderen, viel traurigeren Ereignis war Henry auch dabei. Farrar war an das Sterbebett einer schwindsüchtigen Frau gerufen worden, um ihr das Abendmahl zu reichen. Ihr Mann hatte sie dazu gezwungen, ein »sündiges Leben« zu führen. »Jetzt kam es darauf an, ihr zu geben, was sie verlangte, ohne viele Fragen zu stellen ... Der Ehemann spielte mit einem Freund Domino, während seine Frau hinter einem Wandschirm in den letzten Zügen lag. Ich versuchte, hinter dem Schirm die Würde zu wahren, während ich ihr das Sakrament reichte. Aber das Spiel wurde nicht unterbrochen.« Das war das London, das wir aus *Frau Warrens Gewerbe* kennen, die Brutstätte des Sozialismus und der Geheimbünde, das London von Bradlaugh, Annie Besant und des Blutsonntags. Hier arbeiteten Bernard Montgomerys Großvater und Vater, um das Elend zu mildern, so gut sie konnten. Natürlich überließ Farrar den größten Teil dieser Arbeit seinen Hilfspfarrern. Aber was er hier erlebte, beeindruckte ihn tief, und von nun an betrachtete er soziale Reformen ebensosehr als seine Aufgabe wie die Pflichten des Seelsorgers. Sein zweiter Schwiegersohn, der auch als junger Geistlicher bei ihm arbeitete, Hochwürden W. Sommerville, schreibt: »Niemand hat sich energischer gegen das Elend und die Unterdrückung gewendet, unter denen viele Arme leiden mußten.

Zu dieser Zeit begann sich Farrar zum erstenmal mit dem Problem des Alkoholismus zu beschäftigen. Sein Sohn Eric schreibt: »In den Jahren, die er auf den Universitäten Harrow und Marlborough zubrachte, war er nicht von der Notwendigkeit der totalen Abstinenz überzeugt. Aber als er nach London kam und als Seelsorger arbeitete, erlebte er ständig die Schrecken, die der ›Dämon Alkohol‹ verursachte. Das veranlaßte ihn, sich aktiv für die Temperenzlerbewegung einzusetzen. Er unterschrieb die Verpflichtung zur Abstinenz und hielt am 8. Oktober 1876 in der Westminster Abbey seine erste Temperenzlerpredigt.« Eric berichtete, die Statistiken der Versicherungsgesellschaften hätten einen besonderen Eindruck auf ihn gemacht. Sie zeigten, daß Enthaltsamkeit das Leben verlängerte und dem körperlichen Wohlbefinden zuträglich sei. Außerdem betrachteten die Ärzte den Alkoholismus als krankheitsfördernd. Farrar selbst schreibt, er sei jetzt

»... fast täglich mit den grausigsten Tragödien, unaussprechlichem Elend, höllischen Abgründen, der Erniedrigung der Frauen, dem Tod und den Qualen der Kinder, der Zerstörung des Familienlebens, der unglaublichen Erniedrigung der menschlichen Seele, der chronischen und abstoßendsten Verelendung und mit unvorstellbarem menschlichem Leiden in der allerschlimmsten Form entweder selbst in Berührung gekommen oder habe davon erfahren. Die Ursache liegt in den Versuchungen, die den Armen durch die schamlose Vermehrung der Schnapsbuden und öffentlichen Häuser aufgezwungen wird.«

Er wurde Vizepräsident der Temperenzler-Liga. Er war aber kein Fundamentalist im strengen Sinne. Er lehnte den Alkohol nur wegen der Folgen ab, die sein übermäßiger Genuß zeitigte. Den Mitgliedern seiner Familie empfahl er die Abstinenz, aber für Gäste hatte er immer eine Flasche Wein im Haus.

Um diese Zeit entwickelte Farrar auch in einer anderen Frage ein so starkes Mitgefühl, daß es zu einer Konfrontation mit den Kirchenbehörden kam. Über den Anlaß schreibt er selbst:

»Bei meiner Gemeindearbeit habe ich oft am Totenbett von Männern und Frauen gestanden, und das hat unvergeßliche Eindrücke hinterlassen. Ich war mir der Tatsache bewußt geworden, daß viele Lebende von dem Gedanken an das Geschick nach dem Tode gequält und – ich kann kein anderes Wort dafür finden – durch die schrecklichen Vorstellungen, die sie sich machten, innerlich zerstört wurden. Ihr Lebensglück zerbrach, ihr Seelenfrieden war vernichtet, und zwar nicht, weil sie im Leben hier auf etwas verzichten mußten, sondern weil sie die fürchterliche Vorstellung hatten, der Bruder, der Sohn, die Frau oder der Ehemann seien in physischer Angst und Qual gestorben, die sie auch in Zukunft unaufhörlich in unerträglicher Weise peinigen würden.«

Es waren diese Erlebnisse, die Farrar dazu führten, mit aller Leidenschaft, die ihm zur Verfügung stand, die hergebrachte Lehre von den ewigen Höllenqualen abzulehnen.

Großbritannien zur damaligen Zeit läßt sich kaum verstehen, wenn man nicht diesen Teil der kirchlichen Glaubenslehre berücksichtigt. Diese Auffassung wurde gegen Ende der Regierungszeit Königin Viktorias aufgegeben. Aber im Erscheinungsjahr von *Eternal Hope* (1873) war es ein orthodoxer Glaubenssatz, daß die Sünder mit ewigen Qualen im höllischen Feuer bestraft würden und nur wenige dieser Verdammnis entrinnen könnten. 1880 verfaßte Dekan Goulburn eine ausführliche Abhandlung zu diesem Thema mit dem reißerischen Titel *Everlasting Punishment* (Ewige Strafe). Darin vertrat er den offiziellen Standpunkt der Kirche, und Farrar hatte selbst erlebt, daß auch die meisten Mitglieder seiner Gemeinde den gleichen Standpunkt einnahmen. Man muß zugeben, daß unter solchen Umständen Mut dazu gehörte, von der Kanzel der Westminster Abbey gegen diese Doktrin zu predigen.

Das Buch *Eternal Hope* war eine Zusammenfassung seiner 1877 gehaltenen fünf Predigten. Es war keine wissenschaftliche theologische Arbeit, obwohl Farrar einige gezielte Angriffe gegen die aus dem Griechischen übernommenen Worte »Verdammnis«, »Hölle« und »ewig« richtete. Er wendete sich an den schlichten Bürger, der unter den Auswirkungen viktorianischer Bigotterie zu leiden hatte. Das war ein bewußt gegen die Lehren der Schriftgelehrten und Pharisäer geführter Schlag, und zwar in einer Sprache, die uns heute schwülstig erscheinen mag, damals aber hochexplosiv wirkte. »Wenn man ... schweren Herzens an ihren offenen Gräbern gestanden ... durfte man sie dann auch in der geheimsten Kammer des Herzens – wie man es hätte logischerweise tun müssen, wenn man den offiziellen Glaubenssätzen zustimmte – der nie endenden Qual jener Hölle überantworten, die man lehrte? Oder bäumt sich dein Herz ... dein Glaube an Gott, dein Glaube an den, vor dem du jeden Sonntag singst, daß seine Gnade ohne Grenzen sei, dann nicht gegen alles auf, was dein Beruf von dir verlangt?« Er vertrat keine radikalen Auffassungen und glaubte immer noch, daß die Sünde auch eine Strafe verlangt. Aber was er von der Kanzel verkündete, fand einen starken Widerhall. Diese Reaktion drückt sich wohl am prägnantesten in einem Satz aus, der in den Londoner Slums die Runde machte: »Schon gut ... Farrar sagt, es gibt keine Hölle.« Aus der ganzen christlichen Welt, aus Ceylon, Norwegen und Amerika erreichte ihn eine Flut von Briefen, ein kollektiver Seufzer der Erleichterung. Den Behörden gefiel das nicht, sie waren aber vernünftig genug, ihn nicht öffentlich zurechtzuweisen. Die Kontroverse wurde in aller Form ausgetragen. Aber Farrar kann sich dabei an höherer Stelle kaum beliebt gemacht haben, und wir haben gute Gründe zu vermuten, daß er recht hatte, wenn er glaubte, seine unorthodoxe Haltung habe ihn die Ernennung zum Bischof gekostet. Unter anderem hatte er auch das Verbrechen begangen, das ein späteres Establishment seinem Enkel nicht vergeben konnte; er hatte seinen Vorgesetzten die Schau gestohlen, als er wagte, sich direkt an die Massen zu wenden.

Als Bernard Montgomery 1887 geboren wurde, hatte Farrar eine große Anhängerschaft. 1885 ging er zu einer Vortragsreise nach Nordamerika, wo er kein Unbekannter mehr war. Dekan Stanley hatte recht gehabt: »Wenn Kanonikus Farrar jemals dieses Land besuchen sollte, dann wird er Furore machen. Es ist genau der Mann, der den Amerikanern gefallen würde.« Er legte sich keine besondere Zurückhaltung auf, und man kann sich vorstellen, wie er auf die Leute wirkte, wenn man den folgenden Auszug aus einer Predigt liest, die er in Philadelphia gehalten hat:

»... Und wenn Sie von nichts anderem reden, an nichts anderes denken, nichts anderes im Sinne haben als Geld, Geld, Geld den ganzen Tag, wenn Sie nicht schnell genug reich werden können und dabei Ihre Unschuld verlieren, wenn Sie bereit sind, zwar nicht gerade Urkundenfälschung zu begehen oder zu stehlen, um es zu bekommen, aber doch schlechte Ware anzubieten, schludrig zu arbeiten, Bilanzen zu frisieren und Gewichte zu fälschen, andere um ihr Recht und ihre Ansprüche zu bringen und damit Ihr Gewerbe, Ihr kaufmännisches Unternehmen oder ihren Beruf auf eine Grundlage zu stellen, die vielleicht juristisch unanfechtbar ist, sich aber doch an den Grenzen der Unehrlichkeit bewegt, wenn sie sich um Geld abmühen, weil sie es für das wertvollste aller irdischen Güter halten und bewundernd zu denen aufblicken, die es erworben haben, als seien diese Leute kleine Götter in Menschengestalt, wenn Sie es anhäufen, darauf sitzen und Ihren Erfolg im Leben nur daran messen, wenn Sie Ihre Söhne und Töchter nur nach solchen Gesichtspunkten verheiraten – ist dann Gott noch der Gott, zu dem Sie beten? Dann ist das nur noch ein Lippenbekenntnis. In Ihrem Leben gibt es diesen Gott dann nicht mehr.«

Das war der Stil der Erweckungsprediger, und Farrar predigte in bis auf den letzten Platz gefüllten Kirchen.

Seine Tochter Maud hatte bei der Auswahl ihres Gatten nicht mitzureden. Als man sie mit Henry Montgomery verlobte, war sie erst vierzehn Jahre alt, und die Hochzeit fand zwei Jahre später statt. Er war vierunddreißig. Heute kann man es sich kaum vorstellen, daß eine solche Ehe anders als mit einer Scheidung endet. Der Altersunterschied zwischen den Eheleuten ist in Frankreich im allgemeinen größer als in Großbritannien. Das ideale Alter der Braut berechnet man dort so, daß es die Hälfte des Alters des Bräutigams plus zehn Jahre betragen soll. In den so toleranten siebziger Jahren unseres Jahrhunderts ist es ungewöhnlich, wenn jemand eine Frau heiratet, die nur halb so alt ist wie er selbst. Wenn ein sechzehnjähriges Mädchen heiratet, dann macht sie Schlagzeilen. Nach heutiger Auffassung ist es noch eigenartiger, daß Henry Montgomery Maud kennenlernte, als sie elf und er neunundzwanzig Jahre alt war. Das ist nicht das, was man sich gewöhnlich unter einer »Kinderliebe« vorstellt, sondern eher eine recht ausgefallene Verbindung. Brian Montgomery berichtet von einem Brief, den Maud damals geschrieben hat: »Um ganz offen zu sein, muß ich sagen, daß ich zunächst in unserer Ehe nicht sehr glücklich war. Mein Mann liebte mich aufrichtig, aber die gegenseitige Zuneigung war für ihn zu sehr eine Selbstverständlichkeit. Ich war jung und töricht und wollte hören, daß ich geliebt wurde ... Mein Mann ging jeden Abend aus, und ich erinnere mich, wie ich im Wohnzimmer saß und bittere Tränen vergoß, weil ich nichts zu tun hatte und mich so einsam fühlte.« In diesem eigenartigen und potentiell explosiven Haushalt, in dem beide Ehepartner aus Familien kamen, in denen die Begriffe der Pflicht, des Dienens und der streng christlichen Lebensführung großgeschrieben wurden, wurde am 17. November 1887 Bernard Montgomery geboren.

Die Kindheit in Tasmanien

Die Montgomerys hatten neun Kinder. Bernard hat sich später recht selbstgefällig über sein Elternhaus geäußert: »Wir haben uns alle an die gültigen Regeln gehalten. Es gab keine Familienskandale. Keiner von uns ist vor Gericht gestellt worden oder hat eine Gefängnisstrafe erhalten, und kein Familienmitglied hat sich scheiden lassen. Man könnte sagen, es sei eine uninteressante Familie gewesen. Vielleicht – und wenn sich meine Mutter das vorgenommen hatte, dann hat sie es erreicht.« Diese Worte sagen mehr über Bernard Montgomery aus als über seine Familie. Sie zeigen, welch großen Wert er auf die Achtbarkeit und den guten Ruf legte, und wie sehr sein Charakter von einem fast pedantischen Streben nach Ehrbarkeit beherrscht wurde. Hier zeigt sich aber auch, eine wie feindliche Einstellung er gegenüber seiner Mutter hatte und welche Haltung er später gegenüber seinen Geschwistern einnahm; eine Haltung, die man bestenfalls als wohlwollende Gleichgültigkeit bezeichnen kann.

Zwar sind die Angehörigen der Familie Montgomery in dieser Generation – bis auf eine Ausnahme – ganz normale Durchschnittsmenschen gewesen, aber da der Platz Bernards in der Rangordnung der Familie auf seine spätere Entwicklung einen nicht unerheblichen Einfluß gehabt hat, müssen wir uns auch kurz mit seinen Geschwistern beschäftigen. Die älteste Schwester war Queenie. Sie wurde 1882 geboren, starb aber schon im Alter von neun Jahren. Dann kam der 1883 geborene älteste Bruder Harold, ein sehr guter Sportler und Reiter, der mit siebzehn Jahren in der Hoffnung, sich am Burenkrieg beteiligen zu können, in die Imperial Yeomanry eintrat. Kurz vor Kriegsende traf er in Südafrika ein, gab die militärische Laufbahn auf und ging zur südafrikanischen Polizei. Er heiratete und hatte einen Sohn, Garry. Später ging er als Kolonialbeamter nach Ostafrika und stieg bis zum Rang des Senior Provincial Commissioner in Kenya auf. Als Henry Montgomery 1932 starb, erbte Harold den Familienbesitz New Park, Moville, an den Ufern des Lough Foyle in Irland. Das nächste Kind war der 1886 geborene Donald, ein zarter, gutaussehender Junge. Er besuchte die St. Paul's School und dann das Selwyn College in Cambridge. Mit zweiundzwanzig Jahren wanderte er nach Kanada aus, wurde Rechtsanwalt und schließlich King's Counsel. Er heiratete eine Kanadierin, hatte zwei Söhne und ließ sich in Vancouver nieder.

Harold und Donald schlossen sich mit ihren Freunden zu einer lokkeren Gruppe zusammen, und so ist es kein Wunder, daß das vierte Kind, Bernard, auf das fünfte warten mußte, um in ihm einen Spielgefährten zu finden. Es war ein Mädchen, die Schwester Una. Bernard scheint am liebsten mit dieser Schwester zusammengewesen zu sein, und zwar einmal, weil Harold und Donald mit der für kleine Jungen typischen egozentrischen Grausamkeit dem ungebärdigen Bernard den Zutritt in ihren magischen Kreis verwehrten, dann aber auch, weil Una ein ungewöhnlich attraktives Kind war.

Innerhalb von acht Jahren hatte Maud Montgomery, nachdem sie von der Schulbank ihrem Gatten in die Arme geführt worden war, fünf Kinder geboren. 1889 wurde Henry zum Bischof von Tasmanien geweiht. Seine Familie mußte die Heimat verlassen, um auf der anderen Seite der Erdkugel neue Wurzeln zu schlagen. Was Bernard auch von seiner Mutter gehalten haben mag, es fällt einem schwer, den Mut dieser bemerkenswerten jungen Frau nicht zu bewundern. Alan Moorehead schreibt über dieses neue Abenteuer im Leben des Bischofs Montgomery:

»Seine Frau ... scheint die Sache sehr entschlossen in die Hand genommen zu haben. Sie war eine Ausnahmepersönlichkeit ... und ungewöhnlich methodisch ... Die in rascher Folge nacheinander geborenen fünf Kinder hatten ihr nichts von ihrer übersprudelnden Vitalität genommen. Nicht einen Augenblick haben ihre Jugend oder ihre Unerfahrenheit die Energie beeinträchtigt, mit der sie alles anpackte. Während Henry in seiner Kirche um den Beistand Gottes betete, packte seine Frau Koffer und Kisten und behielt die aufgeregten Kinder fest in der Hand.«

In den Worten »behielt die aufgeregten Kinder fest in der Hand« liegt der Schlüssel zu den Beziehungen zwischen Bernard Montgomery und seiner Mutter – und auch zu einem großen Teil der Beziehungen, die Bernard Montgomery im späteren Leben zu seinen anderen Mitmenschen hatte.

Bernard war noch nicht zwei Jahre alt, als sie nach Tasmanien abreisten. Aber er hat sehr deutlich gefühlt, daß seine Geschwister, die in jenen hektischen ersten zehn Jahren geboren waren, anders behandelt wurden als die in Tasmanien geborenen. »Es fehlte das liebevolle Verständnis für die Probleme junger Menschen, vor allem, soweit es die fünf älteren Kinder betraf. Ich hatte den Eindruck, die jüngeren Geschwister hätten es immer etwas leichter. Vielleicht hat die Erziehung ihrer älteren Kinder meine Mutter erschöpft, besonders aber der Umgang mit mir.« Von ihren als richtig erkannten Erziehungsmethoden ließ sie sich nicht abbringen.

»Es gab bestimmte Regeln für uns Kinder; sie mußten unbedingt befolgt werden. Jedem Ungehorsam folgte die Strafe auf dem Fuß. Eine weniger strenge Disziplin und mehr liebevolles Verständnis hätten bei mir bessere und sicher ganz andere Resultate gebracht. Meine Geschwister waren nicht so schwierig. Sie paßten sich besser an und lehnten sich nicht auf. Ich war das schwarze Schaf in der Familie, der Rebell, und deshalb wurde ich schon sehr früh selbständig. Wir älteren Geschwister haben nie eine Familie gebildet, die zusammenhielt. Die jüngeren haben es vielleicht getan, weil meine Mutter mit den Jahren nachsichtiger wurde.«

Man hat den Eindruck, daß der Mangel an Einigkeit unter den in London geborenen Geschwistern Bernard nicht gefiel. Er, der ständig ungehorsam war und oft Stockschläge bekam, fand bei seinen älteren Brüdern kein Verständnis. »Sie waren biegsamer und anpassungsfähiger und fügten sich leichter in das Unvermeidliche.« Una andererseits war »sehr hilfsbereit und verständnisvoll, aber meist mußte ich mit meinen Schwierigkeiten allein fertigwerden. Ich habe meine Missetaten nie geleugnet, sondern die Strafen auf mich genommen.« Bernard war ein Einzelgänger, und er war sich dessen bewußt.

Das Leben in Tasmanien war in vieler Hinsicht idyllisch. Nach dem tragischen Tod von Queenie begann die Familie, wie Maud sich ausdrückte, »den Charme, die Einfachheit und großzügige Gastfreundschaft des Koloniallebens« zu genießen. Wer damals nach Hobart kam, wurde an ein altes englisches Landstädtchen erinnert. Hier gab es auch »die engen, verschachtelten Straßen und viele alte, eigenwillig gebaute Häuser«. Die Villen waren »solide nach englischem Muster gebaut. In den Gärten wuchsen prächtige englische Bäume und Blumen, und das Land erinnerte mit seinem saftigen Grün an die englische Heimat. Auf der einen Seite lag der Hafen, dahinter erhoben sich die bewaldeten Hänge des Mount Wellington, dessen Gipfel viele Monate des Jahres von Schnee bedeckt

war.« Das stille Hobart spürte in den neunziger Jahren nichts von den Erschütterungen, die der Kontinent erlebte.
Über Bishop's Court, wo die Familie zwölf Jahre zubrachte, schreibt Henry: »Was war das für ein liebenswürdiges Haus. Wir dürfen nicht damit rechnen, je wieder ein so herrliches Haus zu bewohnen.« An der Sonnenseite ließ Maud Erkerfenster einbauen. Ein Freund der Familie berichtet, es sei hier stets fröhlich zugegangen, und man habe viel gelacht. Oft unternahm man Ausflüge und Picknicks. Ein Augenzeuge schreibt:
»Der Bischof mit seinem seidigen Bart und freundlichen Gesicht ... sah immer aus ... wie ein Bischof aus dem Bilderbuch. Mrs. Montgomery war die schönste Frau, die ich je gesehen habe ... eher die ältere Schwester als die Mutter ihrer Kinder ... Una ... sehr hübsch, ein zartes Kind im halblangen schwarzen Samtrock ... Dann der stämmige Harold und Donald, der atemberaubend gut aussah (Feldmarschall Montgomery hat das später mit einer recht verächtlichen Bemerkung bestritten) ... und schließlich der unberechenbare Bernard; ganz glattes Haar und kühle graue Augen ...«
Das Leben konnte wirklich fröhlich sein, aber Maud stellte immer noch hohe Anforderungen an die Disziplin, und der Tageslauf war spartanisch streng geregelt. Die Kinder standen im Morgengrauen auf, räumten die Zimmer auf, putzten die Schuhe und hackten Brennholz. Der Unterricht begann um 7.30 Uhr. Um 8.00 Uhr wurden die Schlafzimmer inspiziert. Es folgte eine Andacht, und dann erst durfte gefrühstückt werden. Nach dem Frühstück ging der Unterricht weiter. Abends mußten die Kinder allein essen.
Daß die ganze Familie sich an der Hausarbeit beteiligte, ergab sich aus der finanziellen Lage und den äußeren Umständen, und das galt für die gesamte Hausordnung. Die Kinder durften ihre Eltern nachts nicht wegen eines kleinen Unwohlseins wecken. Bei einer so großen Familie war das verständlich. Süßigkeiten waren streng verboten, und zwar mit der Begründung, daß die meisten Australier so schlechte Zähne hätten, weil sie Süßigkeiten äßen. Noch verständlicher war Mauds kompromißloser Kampf gegen den australischen Akzent. Jeder, der sich einen Aussprachefehler zuschulden kommen ließ, mußte das beanstandete Wort vor der ganzen Familie mehrmals korrekt wiederholen. Die Verschwendung von Taschengeld war ein Vergehen, das mit Stockschlägen geahndet wurde.

Das war eine harte Notwendigkeit, denn die Finanzlage des Bischofs, die sich sonst nach seiner Beförderung vielleicht gebessert hätte, wurde durch die Wirtschaftskrise Anfang der neunziger Jahre schwer in Mitleidenschaft gezogen. Eine der vier Banken in Tasmanien und elf Banken in Melbourne brachen in rascher Folge zusammen. Der Bischof meinte: »Wir alle waren gezwungen, so billig wie möglich zu leben.« Viele waren von seiner Sparsamkeit schokkiert. In der Eisenbahn fuhr er zweiter Klasse, was man – vielleicht nicht ganz zu Unrecht – als unter seiner Würde betrachtete. Kaninchen galten als Ungeziefer, aber im Hause des Bischofs gab es häufig Kaninchenbraten, und der Bischof war stolz darauf, daß Maud als die am schlechtesten angezogene Frau in Hobart galt. Er berichtet: »Wir gaben Wagen und Pferde, Kutscher und Gärtner und alles auf, worauf wir verzichten konnten. Was wir erübrigen konnten, ging an die Diözese. In einem Jahr verzichteten wir auf £ 300 aus unserem Einkommen. Natürlich rückten wir unter solchen Umständen näher zusammen, aber ich hoffe, ähnliche Prüfungen werden mir künftig erspart bleiben. Ich bin dabei stark abgemagert.« Wie sein Schwiegervater verdiente auch Henry weniger, während seine Familie größer wurde und sein Verantwortungsbereich sich ausdehnte. Heute ist es kaum vorstellbar, daß ein Familienoberhaupt unter solchen Umständen einen so großen Teil seines Einkommens für karitative Zwecke opfert. »Vornehme Leute« erleben auch noch heute schwere Zeiten, aber in unserem Zeitalter des Wohlfahrtsstaates fühlen sie sich nicht mehr durch »Verpflichtungen« gebunden. Noch weniger sehen sie sich veranlaßt, derartige Pflichten über den äußeren Schein zu stellen. Pfarrer werden zwar schlecht bezahlt, es ist aber eine Ausnahme, wenn einer von ihnen auf Kosten seiner Familie große Summen für wohltätige Zwecke ausgibt. Doch der Bischof fühlte sich verpflichtet, ein Beispiel zu geben und für den Bau einer Kanzel in der Kathedrale eine größere Summe zu spenden. Er war bereit, das Opfer auf sich zu nehmen, und erwartete von seinen Familienmitgliedern die gleiche moralische Kraft.

Auf Henry selbst wirkten diese Dinge so, als müsse er eine bittere Medizin schlucken. Seine Amtspflichten zwangen ihn, häufig zu verreisen. Deshalb nahm er nur sporadisch am Familienleben teil. Maud als das eigentliche Familienoberhaupt muß diese Situation sehr bedrückt haben. Ihr Pflichtbewußtsein hat deshalb sicher nicht abgenommen, aber wie wirkte sich das alles auf ihre Selbstachtung

aus? Sie war jetzt fast dreißig Jahre alt und hatte rasch hintereinander sieben Kinder geboren. Zwar war sie eine »Lady«, hatte aber nie erlebt, was es bedeutet, als Frau behandelt zu werden und Bewunderer zu haben, die sich um ihre Gunst bemühten. Wie oft hatte ein Mann ihr ein Kompliment gemacht, wie Frauen es gerne hören? Sie war ein Kind gewesen und ohne Übergang zur Frau geworden. Nie war sie wirklich ein junges Mädchen oder eine junge Dame gewesen. Aus klösterlicher Abgeschlossenheit war sie sofort in ein hartes, arbeitsreiches Leben gestoßen worden, vor dem es kein Ausweichen gab. Jetzt in der Wirtschaftskrise sah die Lage noch hoffnungsloser aus.
Ihr selbst wird es kaum Freude bereitet haben, als schlecht gekleidet zu gelten. Die Kinder gut zu versorgen, war sicher anstrengend genug. Queenie war drei Wochen nach ihrem Eintreffen in Tasmanien gestorben. Donald und Una waren zart, und Bernard wäre fast einer Darminfektion erlegen. Im allgemeinen wurde er nicht angesteckt, wenn die Geschwister die üblichen Kinderkrankheiten durchmachten, aber diesmal wäre der Achtjährige fast nicht davongekommen. Welche psychologischen Auswirkungen die Krankheit auf Bernard gehabt hat, läßt sich kaum mehr feststellen. In Maud muß sie jedoch einen gewissen Fatalismus erzeugt haben, den es zwar zu allen Zeiten gegeben hat, der jedoch die damalige Zeit deutlich von der heutigen unterscheidet.
Eine weniger robuste viktorianische Ehefrau hätte diesen Anspannungen vielleicht nicht standhalten können oder wäre sogar selbst gestorben. Maud gab den Kampf nicht auf, ließ aber ihre Launen an den Kindern aus, und zwar besonders an Bernard. Das war verständlich, denn er war allein so ungezogen wie alle anderen zusammen. Er aß Süßigkeiten, obwohl sie es verboten hatte, und unternahm weite Spaziergänge, um den verdächtigen Mundgeruch zu vertreiben. Er versuchte, seine Brüder herumzukommandieren, entfremdete sie sich aber dadurch nur. Er verkaufte sein Fahrrad, um sich mit dem Geld eine Briefmarkensammlung anzulegen – ein besonders verabscheuungswürdiges Verbrechen, denn das Fahrrad war ein Geschenk. Seine Mutter holte das Rad zurück und sperrte ihm das Taschengeld, bis es wieder bezahlt war. Dann wurde er beim Rauchen erwischt, was das Eingreifen des Vaters erforderlich machte. Der Bischof befahl ihn in die Seitenkapelle der Kirche, wo beide eine Viertelstunde zum Gebet niederknieten. Am Schluß er-

klärte der Vater, da Bernard gestanden habe, sei ihm vergeben. Aber vor der Kapelle wartete die Mutter, um ihm die verdiente Tracht Prügel zu verabreichen. Das war bezeichnend. Das Schlimme war, daß Bernard nicht verlogen oder hinterhältig war. Er gestand seine Vergehen – weil seine Mutter, wenn sie ihn bestrafte, Notiz von ihm nahm. Das ist ein bekanntes Syndrom. Der Delinquent sehnt sich nach Aufmerksamkeit und Zuneigung. In solcher Lage kommt es leicht zu einem *circulus vitiosus,* wenn man sich nicht bewußt bemüht, sich dann um das Kind zu kümmern, wenn es gehorsam ist, und es nicht zu beachten, wenn es ungezogen ist. Leider hatte Maud weder die Zeit noch die Geduld, sich intensiver um ihr viertes Kind zu kümmern.

Daß Bernard ein unmögliches Kind war, wird von allen bestätigt, die ihn kannten. Später schrieb Harold: »Er war das schwarze Schaf in der Familie; boshaft von Natur und seiner Veranlagung nach ein Individualist.« Ein Jugendfreund schildert eine besonders unerfreuliche Episode:

»Eine Gruppe von Kindern, die sich vor ihm aufgestellt hatten, schrie er einmal an: »Wer hat Angst?« – »Ich nicht«, sagte ein neu hinzugekommener Junge und trat vor. »Lügner!« brüllte Bernard. Er band uns die Hände zusammen und ließ uns eine Leiter hinaufsteigen, auf das Dach klettern, dort herumgehen und wieder herunterkommen. Ich weiß noch, wie ich mich dagegen wehrte, bis die Schnur mir tief in die Handgelenke schnitt. Aber schließlich folgte ich ihm nach oben. Zu meiner Überraschung fand ich mich unverletzt unten auf dem Rasen wieder. Ungerührt zog er sein Taschenmesser heraus und schnitt meine Fesseln durch. Die Sache hatte ein Nachspiel. Weder unseren noch seinen Eltern gefiel dieses Abenteuer.«

Bei einer Kindergesellschaft in Tasmanien ermahnte die Gastgeberin die jungen Gäste, still zu sein, bevor sie das nächste Spiel erklärte. Die Stille wurde von einem kleinen Jungen im Samtanzug mit Spitzenkragen unterbrochen, der rief: »Ruhe auf dem Schweinemarkt! Die alte Sau hat etwas zu sagen.« Der kleine Bernard wurde zur Bestrafung hinausgeführt. Ein anderes Mal verfolgte er ein kleines Mädchen durch das ganze Haus mit einem Schnitzmesser. Sicher hatte er recht, wenn er später sagte: »Ich war ein schrecklicher kleiner Junge. Ich glaube, heute würde sich niemand mehr ein solches Betragen gefallen lassen. Ich hatte eine gräßliche Kindheit.«

Andrew Holden, der Sohn eines Landarztes in Stanley, der in den Jahren 1894 bis 1896 zur weiteren Ausbildung nach Hobart kam und später Una Montgomery geheiratet hat, war Zeuge einiger dieser Vorfälle. Er hatte eine schlechte Meinung von Bernard und revidierte sie erst in den zwanziger Jahren. Er meinte, an dem gespannten Verhältnis zu seiner Mutter sei Bernard selbst schuld gewesen. Er bewunderte »diese sorglos fröhliche Frau, die so temperamentvoll sein konnte und uns herumkutschierte. Immer wieder gingen ihr die Pferde durch, aber sie ließ sich durch keinen kolonialen Viktorianismus in die Schranken weisen. In mancher Hinsicht war sie eine schwierige junge Frau. Sie hatte einen sehr starken Charakter. Aber zu unattraktiven Menschen war sie freundlich und beschäftigte sich immer mit den ›lahmen Enten‹. Bernard andererseits ›zeichnete sich weder durch irgendwelche Fähigkeiten noch durch persönlichen Charme aus. Er hatte überhaupt keinen Charme; ein schwieriger Bursche. In dieser Phase seines Lebens hatte er nichts Anziehendes an sich‹.«
Das lag zum Teil an der innerhalb der Familie geltenden Rangordnung. Man hatte aus England einen Hauslehrer kommen lassen, der die Kinder unterrichtete. Andrew Holden gehörte ebenso wie Harold, Donald und drei andere Pfarrerskinder aus dem gleichen Ort zu der Gruppe seiner älteren Schüler. Bernard war für diese Gruppe noch zu jung. Er nahm gemeinsam mit Una am Elementarunterricht für Mädchen teil. Das war, wie man verstehen wird, ein traumatisches Erlebnis für ihn. Es muß in der Tat schrecklich gewesen sein. Allerdings gibt es keine Anzeichen dafür, daß Bernards Männlichkeit darunter gelitten hätte. Aber ebensowenig läßt sich sagen, seine Mutter habe, wie dies in der viktorianischen Periode oft geschah, in ihm den Wunsch geweckt, ein Mädchen zu sein. Der Anzug, den Bernard tragen mußte, hat ihn aber sicher manchmal irritiert. In seiner äußeren Erscheinung gab es jedenfalls etwas ausgesprochen Weibliches. Zwar war er für seine Körpergröße recht kräftig, aber doch zart gebaut. Er hatte immer eine sehr hohe Stimme, die häufiger imitiert als analysiert worden ist. Wenn H. G. Wells mit seiner Theorie recht hat, Männer seien langsam und dumm, Frauen aber schnell und töricht, dann hatte Bernard ein typisch weibliches Temperament. Er war ungewöhnlich schnell und oft sehr töricht.
Bei einer Führerpersönlichkeit darf einen das nicht überraschen.

Aber für einen General waren solche Eigenschaften – wenigstens bis dahin – etwas sehr Ungewöhnliches. Der typische britische General zur Regierungszeit der Königin Viktoria und Georges war eher langsam und dumm – um nicht zu sagen gesund und stiernackig –, ein Typus, den C. S. Forester glänzend geschildert hat. Männer wie Henry Wilson waren die Ausnahme. Aber bei den wirklich bedeutenden Menschenführern wie Napoleon, Nelson, Lloyd George, Hitler und Kennedy stellt man eine gewisse Geschlechtslosigkeit fest, die fast unentbehrlich erscheint. Napoleon sorgte sich wegen seines femininen Äußeren. Nelson war in mancher Hinsicht feminin. Lloyd George war flatterhaft wie eine Frau. Hitler war wahrscheinlich impotent. Und John Kennedy strahlte einen ausgesprochen weiblichen Charme aus. Robustere Männer scheinen solche Eigenschaften bei ihren Führern zu achten und sogar zu erwarten. Britische Premierminister, unter ihnen auch der emotionale Churchill und Macmillan, haben ihre politischen Erfolge augenscheinlich unter anderem auch solchen Eigenschaften zu verdanken. Vielleicht findet man sie nicht bei zufriedenen Männern, wohl aber bei solchen, die charismatische Führereigenschaften besitzen, und es ist unmöglich, Montgomery zu verstehen, ohne auch die weibliche Seite seines Wesens zu berücksichtigen.
Damit hängt es wahrscheinlich auch zusammen, daß es der junge Bernard, wie Andrew Holden berichtet, wenn er krank war, nicht vertragen konnte, angefaßt zu werden, und bei solchen Gelegenheiten zu kreischen anfing. Daß ein ungeliebtes Kind zur Hysterie neigt, stellt man in der Jugend vieler Männer fest, die sich später durch eine fast fanatische Zielstrebigkeit ausgezeichnet haben. Der Apostel Paulus könnte ein solcher Mann gewesen sein. T. E. Lawrence war es sicher. Diese Dinge liegen so sehr im Zentrum des männlichen Gefühlslebens, daß sich hier ein Vergleich zwischen Montgomery und Lawrence anbietet. Sie waren sich zwar in vieler Hinsicht ganz unähnlich, betrachtet man sie aber näher, dann hat man den Eindruck, sie hätten untereinander viel mehr Ähnlichkeit als jeder einzelne von ihnen mit irgendeiner anderen prominenten Persönlichkeit.
Beide Männer konnten zugleich sehr aktiv und sehr verschwiegen sein. Zwar ging Lawrence weiter als Montgomery, denn er verbreitete sogar falsche Informationen über sich selbst. Aber auch Montgomery gefiel sich darin, den Eindruck der Rätselhaftigkeit zu er-

wecken. Beide fühlten sich wohl im Rampenlicht und waren fasziniert von der Wirkung, die sie auf die Masse ausübten. Beide hatten eine fast krankhafte Scheu vor körperlicher Berührung, und beide waren Asketen. Beide standen unter starker Spannung, und beide erlebten einen Nervenzusammenbruch. Bei Lawrence war dies Ereignis dramatischer und zog sich über eine längere Zeit hin, denn er war charakterlich weniger stabil. Aber Montgomery verlor kurz nach dem Tode seiner Frau jedes Gefühl für Sinn und Richtung seines Lebens.
Ganz offensichtlich gab es zwischen beiden Männern große Unterschiede. Lawrence war ein Gelehrter und ein Mystiker, während es Montgomery an jedem intellektuellen Forschungsdrang fehlte. Lawrence war künstlerisch veranlagt; Montgomery dagegen für Kunst in jeder Form blind und taub. Lawrence war unverheiratet, während Montgomery wenigstens kurze Zeit eine glückliche Ehe geführt hat. Lawrence war ein uneheliches Kind, aber an der Achtbarkeit des Elternhauses von Montgomery gab es nichts zu rütteln. Lawrence war in jeder Hinsicht die komplexere Persönlichkeit. Vor allem besaß er einen natürlichen Charme, mit dem er es verstand, wichtige Leute für sich einzunehmen, wenn er glaubte, daß ihm das nutzen werde. Auch Montgomery besaß diese Fähigkeit, aber er mußte sich dazu zwingen. Lawrence hatte viel technisches Verständnis und konnte nicht nur ein Motorrad reparieren, sondern entwarf sogar ein Flugzeug für den Seenotrettungsdienst. Montgomery wußte kaum, wie ein Panzer von innen aussieht.
Das waren aber in erster Linie intellektuelle Unterschiede. Emotional glichen sich beide in erstaunlicher Weise. Beiden waren die Gefühle anderer überraschend gleichgültig. Beide versuchten, mit den eigenen Schwächen ebenso fertigzuwerden wie mit denen anderer Menschen. Anders als etwa Alexander, machte sich Montgomery wenig daraus, einen Untergebenen von seinem Kommando abzulösen, und Lawrence konnte einen Delinquenten kaltblütig erschießen lassen. Gegenüber Helden stellten sich beide anders ein als gegenüber ihren gewöhnlichen Mitmenschen. Im Falle von Lawrence war der Held Trenchard, bei Montgomery waren es Alan Brooke und Churchill. Beide waren geborene Rebellen. Unter anderen Voraussetzungen kann man sich Montgomery als Insurgentenführer vorstellen. Beide waren Meister der Zerstörungskunst. Sie brauchten die Gewalt, um sich auszuleben, und ohne einen

Weltkrieg hätte es keiner von beiden weit gebracht. Beide waren Perfektionisten und selbstkritisch bis zum Selbsthaß. Die erste Hälfte seines Lebens verbrachte Montgomery damit, sich zu »meistern«. Das sei ihm, wie er sagte, erst im Alter von zweiundvierzig Jahren gelungen. Aber vor allem anderen waren beide intolerant, puritanisch und introvertiert.

Nach Auffassung »normaler« Menschen wie Andrew Holden hatte der ungezogene kleine Junge alle Strafen verdient, die seine vielgeplagte Mutter ihm zuteilte. Man kann aber auch sehr viel Verständnis für dieses Kind haben, das sich von seiner Mutter abgelehnt fühlte und damit wahrscheinlich recht hatte. Der Junge war eine so starke Persönlichkeit, daß er sie durch seine Ungezogenheiten zwang, sich mit ihm zu beschäftigen. Das führte natürlich zu allen möglichen Komplikationen im Hinblick auf die Ablehnung und Zuneigung in seinen Beziehungen zu anderen Menschen. Bernards jüngere Schwester Winsome zeigt viel Verständnis für den Bruder. Sie sagt, Maud habe Bernard ganz einfach nicht geliebt. Der Grund kann auch nicht nur darin gelegen haben, daß er ebenso häßlich wie ungezogen war, denn sie liebte auch Una nicht, und Una war das hübscheste von allen Kindern und sehr attraktiv. Maud wurde zugänglicher und weicher, als sie ihre vier jüngeren Kinder erzog. Die Atmosphäre war zu dieser Zeit einigermaßen heiter. Doch vorher starb die älteste Tochter Queenie, und daß die beiden ältesten Brüder sich ihrer strengen Mutter fügten, hat sie augenscheinlich mit Nachsicht belohnt. Bernard hatte den stärkeren Charakter, und das Vergehen von Una lag darin, daß sie sich auf die Seite des Bruders stellte.

Winsome meint, Maud und Bernard seien sich zu ähnlich gewesen. Zwei positive Pole in einer Familie können einander abstoßen. Deshalb und zum Teil auch, weil alle anderen Familienmitglieder außer Una ihn ablehnten, hat sich eine offenbar enge Beziehung zwischen ihm und seinem Vater entwickelt. Wie Bernard selbst sagt, war der Bischof einer der drei Menschen in seinem Leben, die er wirklich geliebt hat. Die anderen waren seine Frau Betty und sein Sohn David. Seinem Vater schenkte Bernard die ganze kindliche Zuneigung und Liebe. Er verehrte ihn und hielt ihn für einen Heiligen. Vor allem aber fürchtete er ihn nicht, wie er seine Mutter fürchtete. Doch leider war der Vater meist die Hälfte des Jahres auf Dienstreisen unterwegs.

In seiner Studie über Montgomery als Militärbefehlshaber zitiert Ronald Lewin die Biografie Marlboroughs von Winston Churchill: »Nach heutiger Auffassung mißt man den Einflüssen der ersten Lebensjahre auf die Charakterbildung immer größere Bedeutung zu. Das ganze Leben von John Churchill hat sicherlich den Stempel seiner Jugend getragen. Die undurchdringliche Zurückhaltung, die sich hinter geschliffenen und höflichen Manieren verbarg; die eiserne Sparsamkeit und Genügsamkeit, die er auch angesichts glänzender Erfolge und des Überflusses nie aufgegeben hat; jene leidenschaftliche Ablehnung aller Verschwendung und Intoleranz ...« Bernard wiederum hatte schon sehr früh das Fürchten gelernt, allzu früh, wie er selbst gesagt hat. Er gewöhnte sich daran, bestraft zu werden, ohne daß man ihm erklärte, wofür, und ohne ihm die Möglichkeit zu geben, sich zu erklären. Mit der Furcht kam das Schuldbewußtsein. So konnte er durch den Garten laufen, sich ins hohe Gras werfen und ausrufen: »Was habe ich getan? Was habe ich getan?« Diese Furcht, die von vielen Psychologen als Antithese der Liebe bezeichnet wird, erklärt den Mangel an Liebe im Leben Montgomerys. Aus Furcht, abgewiesen zu werden, konnte er keine Liebe geben. Wir dürfen kaum daran zweifeln, daß die traumatischen Erlebnisse in Tasmanien die Ursache dafür sind. Unter anderen Voraussetzungen hätte er seine Mutter geliebt. Aber da sie ihn zurückstieß, wagte er es nicht, seine Liebe anderen anzubieten. Bis zum Ersten Weltkrieg wäre eine Versöhnung vielleicht noch möglich gewesen. Aber die Geschenke, die er ihr schickte, behielt sie nicht, sondern gab sie weiter. Zu einem Mantel, den er ihr schickte, legte er eine Notiz. »Schenke ihn nicht den Belgiern. Du sollst ihn selbst tragen.« Er hatte sich inzwischen daran gewöhnt, daß es persönliche Bindungen auch ohne Liebe geben konnte. An die Stelle der Furcht war die Anerkennung der Autorität getreten. Aber die Fähigkeit zu lieben hatte er verloren. Was übrigblieb, war die Toleranz gegenüber denjenigen, die sich ihm nicht widersetzten, gegenüber Untergebenen, besonders seinen Adjutanten, die – wie sein Chef des Stabes de Guingand und sein Nachrichtenoffizier »Bill« Williams – umgängliche Leute waren, und gegenüber seiner Frau und seinem Sohn. Er verhielt sich so, als erblicke er in jedem Konkurrenten seine Mutter.

Die Zeit in Tasmanien erklärt nicht nur, weshalb seine Einstellung gegenüber anderen Menschen oft so feindlich war, sondern auch, weshalb seine Haltung in allen Auseinandersetzungen mit seinen Gegnern ganz ausgesprochen persönlich gewesen ist. Vielleicht hat er die Fotos von Rommel und Rundstedt im Wüstenkrieg und in der Normandie deshalb in seinem Befehlswagen aufgehängt, weil er das Gefühl hatte, ein persönliches Duell mit seinen Gegnern auszufechten, in dem er Sieger bleiben wollte. Seine Erklärung, er habe sie psychologisch ergründen wollen, trifft auf intellektueller Ebene sicher ebenfalls zu. Aber vielleicht hat sein leidenschaftlicher Entschluß, sich nicht schlagen zu lassen, ihn dazu geführt, den Konflikt auf die persönliche Ebene zu verlagern. Diese Motivation erklärt zum Teil auch seinen für viele kaum erträglichen Führungsstil; die gewaltigen und manchmal weit über das notwendige Maß hinausgehenden Vorbereitungen für jede einzelne Schlacht. Von Geburt an verfolgte ihn die physische Angst, ein Verlierer zu sein. Als er im Alter von mehr als achtzig Jahren völlig zurückgezogen in Isington Mill in Hampshire lebte, sagte er in einem Satz, wie er sich selbst einschätzte, und offenbarte damit seine ganze Verwundbarkeit: »Ich bin niemals geschlagen worden – nur durch den Tod meiner Frau.«

Die Schulzeit in St. Paul's

Während der Zeit in Tasmanien gab es ein kurzes Zwischenspiel, als die ganze Familie 1897 zur Lambeth Conference nach England kam. Sie bezog in Canterbury, wo Farrar damals Dekan war, ein Pfarrhaus. Bernard und seine Brüder besuchten die King's School in Canterbury, blieben aber nicht lange genug dort, um irgendeinen Eindruck zu hinterlassen. Wer die Familie zu dieser Zeit kennenlernte, war vor allem erstaunt darüber, daß sie alle nach Tasmanien zurückkehren wollten. Sie hatten nicht den Wunsch, den Aufenthalt in England zu verlängern, und noch bevor das Jahr zu Ende gegangen war, reisten sie wieder nach Hobart ab.

Doch vier Jahre später, am 6. Juni 1901, erhielt der Bischof eine Berufung, die er nicht ablehnen konnte. Ironischerweise war es sein Erfolg als Missionar in Melanesien und bei den Eingeborenen im Busch, der die vorgesetzten Behörden veranlaßte, ihn nach London zurückzuholen. Die Gesellschaft für die Verbreitung des Evangeliums brauchte einen neuen Sekretär und beauftragte einen Ausschuß, den dafür geeigneten Mann ausfindig zu machen. Bischof Henry, der erfahren hatte, daß der bisherige Sekretär zurücktreten werde, hatte an seine Freunde unter den Bischöfen geschrieben und ihnen mitgeteilt, welche Eigenschaften der neue Sekretär haben solle. Der Ausschuß kam zu der Überzeugung, daß Bischof Henry diese Eigenschaften selbst besitze. Er erhielt also ein von beiden Erzbischöfen und den Bischöfen von London, Winchester, Bath und Wells und Newcastle unterzeichnetes Telegramm, in dem er aufgefordert wurde, nach London zu kommen.

Es fiel ihm schwer, alle seine Freunde in Australien zurückzulassen. Er kabelte zurück: »Ist es ein bischöfliches Amt? Die Antwort lautete: »Weltweiter Überblick ist in der Tat bischöflich, wenn Australien Sie entbehren kann.« Es war nicht seine Art, sich einem solchen Ersuchen seiner Oberen entgegenzustellen. Er schrieb an den Dekan Farrar:

»Die Kirchenführer haben das für uns bestimmt ... Zunächst habe ich ihnen alles vorgetragen, was dagegen spricht – wie ich versprochen habe, hierzubleiben, und wie ich dieses Land und seine neuen

Probleme liebe; jedes Argument, das ich finden konnte. Sie wollten aber nicht darauf eingehen ... Und jetzt kann ich ehrlich sagen, es gibt keinen Posten in der Welt, den ich lieber übernehmen würde. Eine Art Außensekretariat für die anglikanische Mission mit einem Bischof an der Spitze zu schaffen; in allen Großbritannien betreffenden Fragen Berichterstatter und Ratgeber zu sein; hier bieten sich gewaltige Möglichkeiten ... Manchmal kommt mir die Aufgabe in ihrem Umfang paulinischer vor als die jedes anderen anglikanischen Bischofs, und deshalb auch bischöflicher. Das war zunächst die schwierigste Frage. Aber jetzt bin ich mir darüber klargeworden.« Mancher Truppenoffizier hat lautstärker protestiert, wenn man ihn in einen Stab versetzen wollte.

Im November traten sie die Heimreise an, und am 1. Januar 1902 übernahm der Bischof sein neues Amt. Die Familie bezog ein Haus oberhalb des Flusses an der Bolton Road, Chiswick, und nannte es Bishopsbourne. Harold ging sofort nach Südafrika, und Donald und Bernard traten als Externe in die St. Paul's School ein.

Für Bernard eröffneten sich hier ganz neue Möglichkeiten. Sein Horizont erweiterte sich, und er konnte sich auszeichnen. Der Beginn war dramatisch. Am ersten Schultag fragte man ihn, ob er in die Militärklasse, die sogenannte *army class,* eintreten wolle. Das war die für die mehr praktisch und weniger akademisch veranlagten Schüler gedachte Klasse an den englischen Oberschulen. Es mutet einen seltsam an, daß man von ihm die sofortige Entscheidung erwartete und ihm nicht die Gelegenheit gab, die Sache zu überdenken. Aber er stimmte sofort zu. Als er seinen Eltern noch am gleichen Abend davon erzählte, waren sie entsetzt. Vielleicht hatten sie den falschen Eindruck, daß der Eintritt in die *army class* Montgomery unwiderruflich für die militärische Laufbahn bestimme. Die Familie hatte keine militärischen Traditionen, mit Ausnahme des Eingreifens von Sir Robert Montgomery bei der indischen Meuterei. Der Bischof hatte allerdings bestimmt, sein ältester Sohn Harold solle, da er ein guter Reiter war, in die Yeomanry eintreten. Der Bischof und seine Frau hatten angeblich beabsichtigt, Bernard für die geistliche Laufbahn ausbilden zu lassen, eine Wahl, die er selbst wahrscheinlich nicht getroffen hätte, wenn man bedenkt, wie aufsässig er war. Was die Eltern erschütterte, war die Plötzlichkeit seines Entschlusses. Sie waren empört darüber, daß er – und das war typisch – die Angelegenheit nicht vorher mit ihnen besprochen hatte. Montgomery selbst berichtet, der Bischof habe nicht versucht, ihn umzustimmen. Maud protestierte jedoch, und es kam zu einer Szene. Aber Bernard blieb fest. Zwar hätte er nach Abschluß der Militärklasse die Möglichkeit gehabt, sich für eine ganze Reihe anderer Berufe zu entscheiden, aber jetzt stand sein Entschluß fest. Er sagte: »Ich will Soldat werden.«

Wie lange hatte der junge Bernard schon an eine militärische Laufbahn gedacht? Dieses Geheimnis wird sich vielleicht nie lüften lassen. Montgomery hat sich in diesem Punkt selbst widersprochen. Eine Zeitlang behauptete er, er könne sich nicht erinnern, wann er den Entschluß gefaßt habe. Vor einiger Zeit hat er jedoch gesagt, er habe schon mit fünf oder sechs Jahren die Absicht gehabt, zur Armee zu gehen. Er hat es fertiggebracht, diese wichtige Frage in seinen Lebenserinnerungen gar nicht zu erwähnen.

Wenn wir uns bei seinen Freunden und Verwandten erkundigen, dann wird die Verwirrung noch größer. Hier widersprechen sich die Aussagen seiner Schwester, der späteren Winsome Holderness, und der Familie Holden. Winsome behauptet, er habe »immer« die Absicht gehabt, Soldat zu werden. Andrew Holden ist überzeugt, er habe nie daran gedacht. Andrews Frau Una hat sich mit Bernard besser gestanden als jedes andere Familienmitglied. Außerdem könnte man erwarten, Bernard hätte Andrew manches anvertraut, was er einem Mädchen nicht sagen wollte. Bernard hat aber mit niemandem über diese Frage gesprochen. Wir können nur zu dem Schluß kommen, daß er – was immer Winsomes Eindruck sein mag – nie ernstlich daran gedacht hat, Soldat zu werden, denn sonst hätte er es Una gesagt. Wie es seiner Veranlagung entsprach, hätte er seinen Entschluß wahrscheinlich demonstrativ und unmißverständlich zum Ausdruck gebracht.

Wir wissen, daß ihn in Tasmanien kurze Zeit die Verladung der für den Krieg in Südafrika bestimmten Truppen fasziniert hat und er zeitweilig mit nichts anderem spielte als mit Soldaten. Das hätte aber auch jeder andere zwölfjährige Junge tun können, besonders in dieser hurrapatriotischen Atmosphäre. Er ließ das Schlachtfeld mit den Bleisoldaten aber sehr bald wieder im Stich.

Am wahrscheinlichsten ist es, daß er schon in jungen Jahren mit dem Gedanken gespielt hat, Soldat zu werden, dies aber nie wirklich sein Ehrgeiz gewesen ist. Hätte es an der St. Paul's School keine Militärklasse gegeben, dann wäre er darüber auch nicht böse gewesen. Er hätte mit der Zeit wahrscheinlich einen Zivilberuf gefunden, in dem es mehr auf Energie und Initiative ankam als auf Intelligenz. Er könnte aber auch instinktiv und ohne viel nachzudenken reagiert haben. Wie in seinem späteren Leben, hat er auch hier vielleicht nicht gern zugeben wollen, möglicherweise einen Fehler begangen zu haben. Deshalb blieb er auch gegen die elterlichen Vorbehalte bei seiner Entscheidung. Was aber als typisch erscheint, ist die Tatsache, daß er seinen Entschluß schon am ersten Schultag gefaßt hat, obwohl er genau wußte, seine Mutter würde sich sehr darüber erregen. Sein Verhalten war eine Revolte, und gerade das könnte ihm daran gefallen haben. Daß er nicht darum bat, die Entscheidung so lange aufzuschieben, bis er mit seinen Eltern darüber gesprochen hatte, spricht für diese Erklärung. Er hatte bisher sein ganzes Leben versucht, gegen sein Elternhaus zu revoltieren, war aber nie zum Ziel gekommen, weil er allein war. Er hatte versucht, sich mit seinen Brüdern zu verbünden, aber sie hatten ihn zurückgewiesen. Jetzt stand die Schule auf seiner Seite – eine zweite Autorität, und zum erstenmal in seinem Leben hatte er die Chance, seine Mutter zu besiegen. Vielleicht hat er sie nicht verwunden wollen, und sicher wollte er seinen Vater nicht verletzen, aber der ganze Vorfall schmeckt nach einem reflexartigen Schlag gegen die Mutter, eine Gelegenheit, auf die er vierzehn Jahre gewartet hatte – ohne an die Folgen zu denken, die sich für ihn daraus ergeben konnten. Wenn das nicht die Erklärung ist und er schon vorher entschlossen war, Soldat zu werden, warum hat er die Sache dann nicht schon früher zur Sprache gebracht? Einer Auseinandersetzung mit seiner Mutter ist er nie aus dem Wege gegangen, und dies wäre ein dauernder Konfliktstoff gewesen.

Diese Erklärung paßt auch genau zu der seelischen Verfassung, in der er sich damals befand. Er stürzte sich in das Schulleben mit einer Energie, die sich andere Kinder für die Ferien aufsparen. Aber zu Hause war er schlecht gelaunt und eigensinnig. In der Schule fand er Kameraden, die bereit waren, sich ihm unterzuordnen, aber es fiel ihm schwer, anderen zu gehorchen. Übergab man ihm jedoch das Kommando, dann war er sehr selbstsicher und leistete auch etwas. Bei sportlichen Wettkämpfen und besonders im Cricket zeichnete er sich aus. Bald wurde er Kapitän der Cricket- und Rugbymannschaften. Das war eine erstaunliche Leistung, denn in Australien hatte er sich nicht an diesen Sportarten beteiligt. Aber

er zeigte die Beweglichkeit und Ausdauer, die man auch bei anderen in Australien aufgewachsenen jungen Leuten findet, und das trug ihm den Spitznamen »Monkey« (Affe) ein. In der Schülerzeitschrift erschien eine Karikatur, deren Text uns einen sehr lebendigen Eindruck davon vermittelt, wie der junge Mann damals gewirkt hat: »Der Affe ist tückisch, ungewöhnlich energisch und wird von den anderen Tieren gefürchtet, weil er ihnen die Kopfhaare ausreißt. Er nennt das ›angreifen‹ ... Gegenüber fremdländischen Tieren zeigt er keine Gnade. Er tritt ihnen auf den Kopf, verdreht ihnen den Hals und quält sie auf alle mögliche Weise. Sicher will er ihnen damit seinen Patriotismus beweisen ... Es ist daher ratsam, den Affen nicht zu jagen.«
Sein Bruder Donald berichtet: »Er war ungesellig und hatte keine gesellschaftlichen Kontakte, besaß aber die erstaunliche Fähigkeit, sich andere gefügig zu machen.« Donald war mathematisch sehr begabt und erhielt ein Stipendium für Cambridge. Er hätte hinzufügen können, daß Bernard ein unbegabter Schüler gewesen sei. Seine Zeugnisse waren nur mittelmäßig, und er scheint sich so lange keine Mühe gegeben zu haben, bis er durch eine ernste schriftliche Mahnung aufgerüttelt wurde. Hier hieß es, wenn er nach Sandhurst kommen wolle, dann müsse er mehr Zeit für das Lernen aufwenden. Dazu war er ein völliger Philister. Die einzigen Bücher, die ihn interessierten, waren Longfellows *Hiawatha* und die Kurzgeschichten von O. Henry. Von Musik und bildender Kunst verstand er nichts. Auch hatte er keine Liebhabereien. Kulturellen Einflüssen war er weder zu Hause noch in seiner australischen Umwelt ausgesetzt worden. Er war engstirnig, und auf der St. Paul's School hat man offenbar nichts unternommen, um seinen Horizont zu erweitern. Er besaß auch keine engen Freunde. Es kam ihm nur darauf an, sich auszuzeichnen; und da ihn nichts anderes davon ablenkte, gelang es ihm auch. Jedenfalls fiel er auf und behauptete der bekannteste Junge der ganzen Schule gewesen zu sein.
Zu Hause benahm er sich ganz anders. Hier war er launisch und still. Seine Mutter forderte ihn immer wieder auf, geselliger und höflicher zu sein, aber ohne Erfolg. Man hatte den Eindruck, es mit zwei ganz verschiedenen Menschen zu tun zu haben. Es ist aber nicht schwer, für dies Verhalten eine Erklärung zu finden. Obwohl er seinen Vater liebte, langweilte ihn wahrscheinlich das Leben im Elternhaus, aber es drängte ihn nicht mehr, das zu zeigen. So über-

rascht es nicht, daß die anderen Familienmitglieder ihn wenig anziehend fanden. Wer ihn nicht akzeptieren wollte, den strafte er mit Verachtung.
Analysiert man den Charakter Montgomerys zu dieser Zeit, dann stellt man fest, daß die Behauptung, die zu religiöse Erziehung habe ihn bedrückt, eine Legende ist. Denn wer in ihm nur einen bigotten Soldaten sieht, der ständig Bibelsprüche zitierte und Gott bei jeder Gelegenheit um Beistand anrief, der könnte auf diesen Gedanken kommen. In Wirklichkeit hat er immer wieder betont, daß die Religion ihn damals nicht interessiert habe. Über seine Zeit an der St. Paul's School schreibt er selbst: „Ich hatte damals noch nicht erkannt, daß man eine religiöse Bindung braucht.« Wenn man berücksichtigt, daß die Familie immer noch an dem strengen religiösen Ritual festhielt und jeden Sonntag zur Kirche ging, dann war das eine regelrechte Ketzerei. Es widerspricht auch seinen späteren Äußerungen darüber, wie seine Erfahrungen im Ersten Weltkrieg an der Westfront auf ihn gewirkt hätten, als, wie er behauptete, sein Glaube an einen »allwissenden Gott« erschüttert wurde. Die religiöse Erziehung hat aus Bernard keinen frommen Schuljungen gemacht, der dem Romanhelden Eric glich; und er wollte auch kein fanatischer Glaubensstreiter sein. Wie die Geschichte zeigt, hat es viele egozentrische religiöse Männer gegeben, und eine ganze Reihe von ihnen waren Produkte des viktorianischen Systems. Aber Montgomery gehörte nicht zu ihnen. Er war kein religiöser Mensch im Sinne von Cromwell oder »Stonewall« Jackson, Wingate oder etwa Dwight Eisenhower. Er betete auch nicht so fleißig wie die anderen Mitglieder seiner Familie – und er war bestimmt kein religiöser Fanatiker, wie manche von ihm behauptet haben.
So löste sich Bernard allmählich von seiner Familie. Zunächst wurde dieser Prozeß in den Ferien unterbrochen, besonders in den sechs Wochen dauernden Sommerferien, die man gemeinsam in New Park, Moville in Donegal, zubrachte, um dort – fast wie in Tasmanien – das Leben in der freien Natur zu genießen. Es wurde geschwommen, man veranstaltete Picknicks und unternahm ausgedehnte Bergwanderungen, spielte Squash, Gesellschaftsspiele und Scharaden. Mit Una ruderte Bernard aus dem Lough Foyle ins offene Meer hinaus, um bei jedem Wetter Congeraale zu fangen. Die meisten Geschwister hatten auch ihre Freunde mitgebracht, und zum Abendessen versammelten sich oft mehr als zwanzig Personen

um den Eßtisch. Abends las Maud mit wohlklingender Stimme aus irgendeinem Buch vor. In einem Jahr war es *Taifun* von Joseph Conrad. Sonntags versammelte der Bischof seine Söhne in einer Familienkapelle im oberen Stockwerk des Hauses und hielt ihnen eine Ansprache. Diese Zusammenkünfte beeindruckten den heranwachsenden Bernard tief. Viel später hat er mit Wehmut daran zurückgedacht. Mit den Ortsbewohnern verstand er sich gut. Einmal soll er einen Jungen, der einen Krug hatte fallenlassen, davor bewahrt haben, von seiner Mutter verprügelt zu werden. »Wenn Sie ihn nicht bestrafen, werde ich Ihnen zwei der besten Krüge kaufen, die es in Derry gibt«, soll er gesagt haben. Vielleicht hat er dabei daran gedacht, wie schlimm es für ihn gewesen war, ungerecht bestraft zu werden, und wollte nicht zulassen, daß es diesem Jungen ebenso erging. Aber zu solchen verhältnismäßig ernsten Auftritten kam es nur selten. Der größte Teil der Sommerferien bestand aus fröhlichen Unternehmungen, an denen sich die ganze Familie und alle Freunde beteiligten. Selbst die weniger angenehmen Aspekte der Pubertät scheinen ihm kaum zu schaffen gemacht zu haben. Ein Mädchen, das an einer abendlichen Gesellschaft teilgenommen hatte, berichtet: »Ich erinnere mich, daß ich nach dem Abendessen mit Bernard getanzt habe. Er war aber recht unbeholfen und behandelte so kleine Mädchen wie mich eher geringschätzig. Die anderen waren amüsanter . . .«

Das waren die letzten glücklichen Zeiten im Familienkreis. Später zerrissen nacheinander alle Familienbande. Der einzige, mit dem Montgomery im späteren Leben noch verkehrte, war Brian, und selbst mit ihm gab es Streit. Am längsten dauerten die Beziehungen zu Una und Winsome. Nachdem er in die Armee eingetreten war, verlor er Una eine Zeitlang aus dem Auge. Aber dann kamen sie wieder zusammen, besonders während des Zweiten Weltkriegs. Am Vorabend der Schlacht bei Alamein schrieb er sogar einen Brief an ihren Mann. Aber nach dem Krieg hat er mit keinem Mitglied seiner Familie mehr korrespondiert. Um seine Neffen und Nichten kümmerte er sich nicht und hat kaum eines dieser Kinder kennengelernt.

Auch Winsome ließ er schließlich fallen. Früher war er sehr freundlich zu ihr gewesen, und im Ersten Weltkrieg war sie sehr stolz auf diesen Bruder. Wenn er erfuhr, daß einer ihrer Freunde gefallen war, schrieb er ihr, damit sie die Nachricht hatte, bevor sie die Verlustlisten in der Zeitung las. Er beschenkte sie und ging sogar mit ihr aus, um ihr einen neuen Hut zu kaufen. Jahrelang blieben sie in enger Verbindung, und auch im Zweiten Weltkrieg schrieb Bernard seiner Schwester viele Briefe. Als ihr Mann starb, schickte er ihr £ 20 und schrieb dazu: »In solchen Zeiten fehlt es einem oft an Bargeld.« Im Fall von Winsome traf das zu. Dann kam es aber doch zum Bruch. Das Traurige daran ist, daß Bernard später zugab, er habe seine Schwestern nicht gemocht. »Sie haben versucht, sich an mir zu mästen«, behauptete er, nachdem der Erfolg gekommen war. In großen Familien kann man immer wieder ähnliche Entwicklungen beobachten. Aber im Fall von Bernard ging dem endgültigen Bruch mit den einzelnen Familienmitgliedern immer ein Streit voraus. Die einzige Ausnahme war sein Vater. Mit der Mutter hatte er völlig gebrochen. Als Erwachsener hat er sie kaum wiedergesehen. Er selbst sagt dazu: »Man kann die Vergangenheit nicht vergessen.« Einmal besuchte er sie mit seiner Frau, seinen Stiefkindern und seinem Sohn in Irland, und sie erwiderte den Besuch in Portsmouth, nachdem seine Frau 1937 gestorben war. Im übrigen gab es jedoch praktisch keine Verbindung. Als die Mutter 1949 starb, hatte er sie zehn Jahre nicht gesehen. Er nahm nicht einmal an ihrem Begräbnis teil. Der Bruch erfolgte im Januar 1907, als er in das Royal Military College in Sandhurst eintrat.

Soldat im Frieden

Um die Jahrhundertwende war die britische Armee, jedenfalls in ihren höheren Rängen, oft der Kritik ausgesetzt. Obwohl sie geeignet war, gegen relativ schlecht ausgerüstete rebellische Stämme in Indien und Afrika Polizeiaktionen durchzuführen, stellte es sich im Burenkrieg heraus, daß sie mit gut ausgebildeten und bewaffneten Insurgenten nicht fertigwerden konnte. Bei Ausbruch des Ersten Weltkriegs sah sie sich vor die Probleme eines Krieges in großen Dimensionen gestellt, deren sie zunächst ebensowenig Herr werden konnte. »Schweiß spart Blut«, hieß das alte Motto, doch augenscheinlich begriffen nur wenige, daß Klugheit einem beides ersparen kann. Während der ersten dreißig Jahre von Montgomerys militärischer Laufbahn brachten viele Generäle ihre Zeit damit zu, sich auf den vorigen und nicht auf den bevorstehenden Krieg vorzubereiten, und dieses Versagen wurde Montgomery im Lauf der Zeit immer deutlicher bewußt. Seine erste traumatische Begegnung mit diesem Übelstand hatte er, als er 1914 an die Front kam – bewaffnet mit einem Säbel, über dessen praktische Verwendung er in seiner Ausbildung nichts gelernt hatte – und plötzlich das Gewehr eines deutschen Infanteristen auf sich gerichtet sah. Die Soldaten, die er befehligte, waren ausgezeichnet. Ihre Waffen waren es nicht. Jedes Bataillon verfügte nur über zwei Maschinengewehre.

Das zeigt, welchen Eindruck Montgomery in der ersten Zeit seiner militärischen Laufbahn von der Armee hatte, und erklärt, in welcher Hinsicht er später diese Armee reformieren wollte.

Die 1914 beim Oberkommando der Armee festzustellenden Unzulänglichkeiten resultierten daraus, daß es nicht genügend Zeit gehabt hatte, sich den organisatorischen Neuerungen bei den Armeen auf dem Kontinent anzupassen, seit die Versuche in dieser Richtung im Jahr 1904 begonnen hatten. In diesem Wettlauf gegen die Zeit wurden die Bemühungen des Oberkommandos durch die Rivalitäten behindert, die zwischen den Truppengattungen und unter den Politikern bestanden. Viele der an diesen inneren Kämpfen beteiligten Persönlichkeiten, Angehörige der Armee, der Flotte und der Zivilverwaltung, waren kluge und begabte Leute, aber in der Zusammenarbeit kam es zu Konflikten, es fehlte die klare Linie. Mit einschläfernder Monotonie stellte Montgomery immer wieder die Frage: »Wie sieht der Plan aus? Es muß doch einen Plan geben!« Diejenigen, die wirklich einen Plan hatten, muß diese Frage verwirrt haben, und sie ist ihnen vielleicht sogar pedantisch erschienen. Das Positive daran war jedoch, daß sie die Unklarheiten in einem Plan deutlich machte, die eine Vielzahl von Interpretationen zuließen. Bei anderen Gelegenheiten mußte man feststellen, daß es mehrere Pläne gab, die im Nebel der Ungenauigkeit für *einen* Plan ausgegeben wurden. Diese Unklarheiten waren oft von rivalisierenden Interessen diktiert. Das war 1914 die britische Verteidigungspolitik. Es gab keinen umfassenden nationalen Kriegsplan. Es überrascht daher nicht, daß Montgomery, der noch unter den Folgen dieses Zustandes zu leiden hatte, so oft die unbequeme Frage gestellt hat: »Wie sieht der Plan aus?«

In dem gewaltigen Drama des Aufeinanderprallens der Interessen vor dem Ersten Weltkrieg war die Armee der aktivste Teil. Sie war schlecht gerüstet. Abgesehen vom Krieg in Südafrika hatte sie sich seit dem Krimkrieg an keinem größeren Feldzug mehr beteiligt. Sie hatte eine Reihe schwerer Rückschläge erlitten, wie zum Beispiel bei Majuba und Spion Kop. Gegen den entschlossenen und kühnen Widerstand der Buren nahmen sich ihre Leistungen recht kläglich aus. Das Schauspiel, das Sir Redvers Buller hier bot – seine schwachsinnige Taktik und Strategie und die völlig unzureichende Versorgung der Truppe –, zwang die Armee schließlich angesichts der immer schärfer werdenden Kritik der Öffentlichkeit, sich einige grundsätzliche Fragen zu stellen. Die Massaker in der südafrikanischen Steppe bewiesen, daß das Kriegsministerium sich nicht auf einen Krieg vorbereitet hatte. Es war eine Friedensorganisation und hatte seine Existenzberechtigung nur gelegentlich mit begrenzten Operationen zur Herstellung der inneren Sicherheit nachgewiesen. Solche Unternehmungen konnten, wenn es zum Schlimmsten kam, sogar fehlschlagen, ohne daß die Öffentlichkeit sich besonders darüber erregte. In solchen Fällen ließ sich der örtliche Befehlshaber zum Sündenbock machen. In Südafrika war das nicht möglich. Hier waren patriotische Gefühle geweckt worden, zum Teil auch durch die Presse. Eine Niederlage wäre ebenso demütigend gewesen wie das, was die Amerikaner viel später in Vietnam erlebt haben, und hier hätte sich das Kriegsministerium nicht mehr um die Verantwortung drücken können. Es war Roberts und Kitchener zu verdanken, daß dem Ministerium diese Schande erspart blieb, aber nur um Haaresbreite. Der Armee war eine »imperiale Lektion« erteilt worden. Was konnte man tun, um die Wiederholung eines solchen Gemetzels zu verhindern, das ein zweites Mal mit einer Katastrophe enden konnte?

Was dem militärischen Establishment am meisten fehlte, waren kluge Köpfe. Das war nicht verwunderlich. Das Staff College, das heute die Ausbildungsstätte für einige der intelligentesten Männer in Großbritannien ist, hatte seit seiner Gründung 1858 nur sehr wenige scharfsinnige oder radikale Denker hervorgebracht. Bei seiner Bewährungsprobe im Jahr 1914 erwies sich der Führungsstab im Vergleich mit den Stäben der Kontinentalmächte als weit unterlegen. Um die Jahrhundertwende gab es in Großbritannien nichts, was sich mit dem in Deutschland von Moltke geschaffenen Generalstab messen konnte, dem Instrument, das dazu bestimmt war, Kriege zu gewinnen.

Dieser Mangel wirkte in Großbritannien um so beunruhigender, als man zum erstenmal fürchtete, Deutschland könne im nächsten Krieg der Gegner sein. Diese Befürchtung, die sich als Folge des Flottenprogramms des Kaisers verstärkte, wurde durch den Besuch Edwards VII. in Paris und die Unterzeichnung einer Entente Cordiale mit dem britischen Erbfeind offiziell bestätigt. Die sich aus dieser Lage für die Armee ergebenden Konsequenzen waren alarmierend. Wenn das Kriegsministerium im Kampf gegen die Buren fast eine Niederlage hatte einstecken müssen, wie konnte sich die britische Armee dann gegen die Deutschen behaupten? Das militärische Denken bedurfte einer doppelten Revolutionierung. Die ganze schlechtgeölte Maschinerie mußte überholt werden. Es war notwendig, ein Instrument, das nur für Polizeiaktionen geeignet war, umzurüsten, damit es in einem Feldzug gegen einen wohlgerüsteten Gegner bestehen konnte. Die Kontinentalmächte, oder wenigstens Deutschland und in geringerem Ausmaß auch Frankreich, waren an diese Art der Kriegführung gewöhnt und hatten ihre Armeen entsprechend gegliedert und bewaffnet. Sogar Mächte, die in neuerer Zeit keine Kriege geführt hatten, waren mit solchen Aufgaben vertraut. Um hier gleichzuziehen, mußte Großbritannien gewaltige Anstrengungen unternehmen, aber zehn Jahre waren eine zu kurze Zeit, um fundamentale Mängel auszugleichen.

Als Montgomery von der St. Paul's School in das Royal Military College überwechselte, stand in seinem Zeugnis der Vermerk, er sei in seiner Entwicklung »für sein Alter zurück«. Wie er selbst zugibt, hat er die Schule zu spät beendet, weil er zu faul gewesen war. Zwar war er mit neunzehn Jahren nur wenig älter als seine Kameraden in Sandhurst, aber doch unreifer als die meisten von ihnen. Die erste Zeit seiner militärischen Laufbahn brachte nicht nur schwache Leistungen, sondern verlief sogar recht wechselvoll. Daß es ihm überhaupt gelungen ist, im Royal Warwickshire Regiment Offizier zu werden, verdankte er allein der Tatsache, daß sich freundliche Menschen für ihn verwendeten. In Sandhurst war er so aufsässig, daß er in Schwierigkeiten geriet und Glück hatte, seine Prüfungen zu bestehen. Die Leistungen bei den ersten Examen reichten nicht aus, um in die indische Armee aufgenommen zu werden, was sein Herzenswunsch gewesen war. So kam er schließlich im Alter von einundzwanzig Jahren verhältnismäßig spät mit einer nicht gerade glänzenden Beurteilung in ein Regiment, das nicht zu den vornehmsten gehörte. Hier ergibt sich eine Analogie zur Laufbahn des ungestümen jungen Winston Churchill dreizehn Jahre zuvor. Churchill war nur noch starrköpfiger und unbeliebter. Aber er war ohne Zweifel begabter, hatte bessere Beziehungen und war reicher. Das versetzte ihn in die Lage, sein Schicksal selbst in die Hand zu nehmen und an mehr Schlachten teilzunehmen als alle anderen Offiziere seines Regiments. Für Montgomery gab es diesen fliegenden Teppich nicht. Wenn er vorankommen wollte, dann konnte er das nur mit eigenen Leistungen schaffen.
Von hundertsiebzig in Sandhurst aufgenommenen jungen Leuten stand er an zweiundsiebzigster Stelle. Jetzt wurde ihm zum erstenmal bewußt, was sein Entschluß, Soldat zu werden, wirtschaftlich für ihn bedeutete. Sandhurst war eine Hochburg der privilegierten, wohlhabenden Leute mit einer gesicherten Existenz, und hierher kam Bernard Montgomery von einer wenig bekannten Schule mit einem elterlichen Wechsel in Höhe von £ 2 monatlich. Verglichen mit dem, was die meisten Kameraden bekamen, war das ein lumpiges Taschengeld. Er besaß nicht einmal eine Armbanduhr, und in seinen Erinnerungen erzählt er, mit welchem Neid er die Uhren seiner wohlhabenderen Kameraden betrachtet habe. Doch trotz dieser äußeren Benachteiligung hatte er einen guten Start. Er gehörte der Rugbymannschaft des College an, die ihren traditionellen

Rivalen, die Mannschaft der Military Academy in Woolwich, 1907 entscheidend schlug. Aber auch seine Arbeit wurde anerkannt. Damals war es üblich, nach einem Aufenthalt von sechs Wochen in Sandhurst einige der besten Kadetten für die Beförderung zum Gefreiten auszuwählen, und Montgomery gehörte zu dieser Gruppe. Das bedeutete die Anerkennung seiner guten Veranlagung, und damit verband sich die Erwartung, auch künftig rasch befördert zu werden. Aber im Fall von Montgomery kam es fast zu einer Katastrophe. Der eine Ärmelstreifen, den er jetzt tragen durfte, hatte ihn übermütig gemacht, und so wurde er zum Anführer einer Gruppe von Rowdies, die in jedem anderen Gemeinwesen einen nicht unbeträchtlichen Teil ihrer Zeit im Gefängnis zugebracht hätten.

Da Montgomery in der aus hundertsiebzig Anwärtern bestehenden Rangliste nur einen Platz in der Mitte einnahm, hätte er in normalen Zeiten nie die Chance gehabt, in die indische Armee aufgenommen zu werden. Jetzt bekam er sie und griff sofort danach. Sein Entschluß, künftig härter zu arbeiten, wurde ihm durch seine finanzielle Lage und sein Temperament erleichtert. Mit einem Monatswechsel von £ 2 konnte er es sich nicht leisten, viel am geselligen Leben des College teilzunehmen, denn dazu gehörten Fahrten nach London, Dinnereinladungen und Bälle. Schon jetzt zeigte sich deutlich seine Neigung zur Askese. Er rauchte und trank sehr wenig. Frauen erschienen ihm nicht geheimnisvoll, sondern der Umgang mit ihnen war für Bernard Zeitverschwendung. Er war unter Frauen aufgewachsen, und die Erfahrungen, die er mit einer von ihnen – mit seiner Mutter – gemacht hatte, gefielen ihm nicht. Liebesabenteuer überließ er anderen. Montgomery kam es einzig und allein auf den Erfolg und die Macht an, die damit verbunden war.

Er begann sich für die kleinsten Details des militärischen Lebens zu interessieren und entwickelte eine Leidenschaft dafür. Um auf diese Weise seine ehrgeizigen Pläne zu verwirklichen, war es allerdings zu spät. Er mußte nach den letzten Prüfungen zu den dreißig Besten gehören. Nur dann würde er mit Sicherheit in die indische Armee aufgenommen werden. Ganz selten gelang es auch noch dem fünfunddreißigsten Kandidaten. Als die Ergebnisse bekanntgegeben wurden, stand Montgomery auf der Liste mit hundertfünfzig Namen an sechsunddreißigster Stelle. Obwohl er die Note »ausgezeichnet« erreicht hatte, war er bitter enttäuscht. Weniger überrascht waren seine Ausbilder. Sein vorlautes und überhebliches Betragen und der fast vollständige Mangel an dem in Sandhurst verlangten gesellschaftlichen Schliff hatten sie geärgert, und einer seiner Offiziere ließ sich dazu hinreißen, ihn so zu tadeln, wie er selbst das später mit größerer Wirkung oft getan hat. Er sagte: »Sie sind ein Nichtsnutz und werden es in der Armee nicht weit bringen.« Zu den Leistungen von Auchinleck und Montgomery in Sandhurst sagte Sir John Smyth, es spreche für das hohe Niveau dieser Institution, daß »diese beiden fähigen Offiziere mit relativ niedrigen Listenplätzen in das College aufgenommen und wieder daraus entlassen wurden«. Montgomery selbst sieht das natürlich in einem ganz anderen Licht. In seinen Erinnerungen schreibt er: »Ich selbst kenne keinen Fall, in dem ein Kadett, der dort an der Spitze seiner Kompanie stand, später in der Armee in den höchsten Rang aufgerückt wäre. Wahrscheinlich haben sich diese Leute zu früh entwickelt und zu rasch verausgabt.«

Daß Montgomery fast in die indische Armee aufgenommen worden wäre, bedeutete insofern einen Vorteil für ihn, als er jetzt damit rechnen durfte, sich das britische Infanterieregiment, in das er eintreten wollte, aussuchen zu können. Da er keine besonderen persönlichen Beziehungen zu irgendeiner englischen Grafschaft hatte, war ihm diese Frage verhältnismäßig unwichtig. Er entschied sich für das Warwickshire Regiment, weil es einen guten Ruf hatte und ihm, wie er sagt, das an der Mütze getragene Regimentsabzeichen gefiel. Bald nach ihm nahm das Regiment auch noch einen zweiten Mann auf, dessen Name später bekannt werden sollte, William Slim. Cyril Newall, der spätere Marschall der Royal Air Force und Chef des Luftstabes, war dort bereits Leutnant. Es war ein typisches Linienregiment.

Aber Montgomery war alles andere als ein typischer Soldat. Eine Erscheinung wie er mußte im Offizierskasino auffallen. Es läßt sich schwer sagen, in welchen Beruf ein junger Mann seiner Veranlagung damals am besten gepaßt hätte. Vielleicht hätte er sich besser für die Kolonialpolizei geeignet. Im Gegensatz zu den meisten Kameraden in seinem Regiment fehlte es ihm an Schliff. Er hatte keine persönlichen Beziehungen zu hohen Militärs. Er war kein besonders guter Reiter. Er war ein unbequemer Untergebener. Das gesellschaftliche Leben interessierte ihn nicht. Er war keine ele-

gante Erscheinung und saß meist schweigend dabei, wenn die anderen sich unterhielten. Im Kasino wurde nicht über dienstliche Dinge gesprochen, und Montgomery konnte nicht verstehen, weshalb das so war. Andere Interessen hatte er nicht, und da er sich nun einmal für den Soldatenberuf entschieden hatte, wollte er ganz darin aufgehen. Mit anderen Worten, er war ein eifriger Soldat, und man sah ihm das auch an. Sein Diensteifer war so groß, daß er sogar indische Sprachen lernte – Urdu und Pushtu –, denn er wußte, daß das I. Bataillon des Warwickshire-Regiments zum Kontingent der britischen Armee in Indien gehörte.
Trotzdem tat er gewissenhaft seinen Dienst und bemühte sich, den Anforderungen seiner Vorgesetzten zu genügen. Die Beurteilung, die er aus Sandhurst mitgebracht hatte, war vielleicht nicht besonders gut, aber jetzt hatte er augenscheinlich begriffen, worauf es ankam. Sein Debut als junger Leutnant in der indischen Garnisonsstadt Peshawar beim I. Bataillon des Regiments war undramatisch. Der damalige Leutnant und spätere Brigadier Tomes berichtet, Peshawar sei damals eine angenehme Garnison gewesen; man habe großen Wert auf die Ausbildung der Truppe gelegt, es habe immer die Möglichkeit für eine Expedition ins Grenzgebiet bestanden, und es sei viel Sport getrieben worden. Montgomery beteiligte sich vor allem am Hockey und Cricket. »Ich erinnere mich, daß er sich mit Schwung und Begeisterung in all diese Aktivitäten stürzte. Es ist dieser Eifer, der mir am deutlichsten im Gedächtnis geblieben ist.« Zur allgemeinen Überraschung kaufte er sich das indische Kavalleriepferd Probyn und beteiligte sich damit an den Jagden der Peshawar Vale Hounds. Er nahm auch an einem Pferderennen teil, an das sich alle noch lange erinnert haben.
Die Vorgesetzten müssen Montgomerys Diensteifer anerkannt haben, denn er wurde als Leutnant zum stellvertretenden Adjutanten und Regimentsquartiermeister ernannt. Das Exerzieren, die Paraden und Schießübungen haben ihm offenbar gefallen, und er begeisterte sich für das militärische Detail. Es fiel fast unangenehm auf, daß er sich zu sehr auf seine militärischen Pflichten konzentrierte. Doch war es vermutlich für diejenigen, die das nicht taten, ganz angenehm, jemanden wie ihn zu haben. Seine Begeisterung entsprang offensichtlich dem Verlangen, sich auszuzeichnen und zu bewähren, aber seine finanziell bedrängte Lage war sicher auch nicht ganz unschuldig daran.

Ende 1910 wurde das Bataillon nach Bombay verlegt, eine wenig beliebte Garnison. Hier gab es keine guten Möglichkeiten für die Ausbildung im Gefechtsdienst, und die Versuchungen waren groß, die Zügel schleifen zu lassen. Tomes, der inzwischen Bataillonsadjutant geworden war, staunte über Montgomerys Eifer, stellte aber auch fest, daß er zum Widerspruch neigte und gelegentlich nicht tat, was man ihm befahl. Beide traten in den Royal Bombay Yacht Club ein und segelten im Hafen auf der Jacht des Regiments *Antelope.* So beteiligten sie sich auch ohne besonderen Erfolg an den jeden Samstag stattfindenden Regatten. Schließlich kaufte sich Montgomery ein Motorrad. Er war der einzige Offizier seines Bataillons, der ein solches Vehikel besaß. Fahrräder wurden akzeptiert, aber Motorräder betrachtete man nicht als angemessene Fortbewegungsmittel von Gentlemen.
Im Januar 1913 kehrte das Bataillon nach England in das Lager Shorncliffe bei Folkestone zurück, um sich im Rahmen des ganzen Regiments an Übungen zu beteiligen. Tomes berichtet, Montgomery habe sich dort hervorragend bewährt. Bei dieser Gelegenheit machte er die Bekanntschaft des Hauptmanns Lefroy, eines jungen Offiziers, der ihm zum erstenmal die Augen für die Probleme der Kriegführung und Strategie öffnete. Im verhältnismäßig fortgeschrittenen Alter von fünfundzwanzig Jahren begann er mit dem systematischen Studium der Kriegskunst und stellte die ersten zögernden Fragen nach dem tieferen Sinn seines Berufs. Damals gab es in der Armee nicht allzu viele Lefroys, und einen solchen Mann kennenzulernen, war eine Offenbarung. Montgomery selbst meint, er habe das nur einem glücklichen Zufall zu verdanken gehabt.
Einige der 1904 in Whitehall beschlossenen Reformen machten sich jetzt auch für ihn bemerkbar. Sein Leben bekam allmählich eine bestimmte Richtung. Die notwendigen Anstöße gaben ihm jedoch die Sorgen und Enttäuschungen, mit denen er in den folgenden vier Jahren konfrontiert wurde.

Der Erste Weltkrieg

Anfang 1913 war das I. Bataillon des Royal Warwickshire Regiments nach England zurückgekehrt. Hier erlebten Montgomery und seine Kameraden eine kurze Ruhe vor dem Sturm. In Indien hatte er sich daran gewöhnt, hart zu arbeiten und Verantwortung zu tragen. Er hatte sich auch mit militärtheoretischen Fragen beschäftigt. Die Lektüre von Clausewitz war ihm zu schwierig gewesen, aber in seinen langen Gesprächen mit Lefroy hatte er zum erstenmal begriffen, wie man sich »wirklich mit der Kriegskunst auseinandersetzen muß«. Ohne es zu ahnen, stand er jedoch vor Erlebnissen, die ihn in grausiger und unvergeßlicher Weise lehren sollten, welche Schwächen die britische Armee hatte.

Im August 1914 wurde das Bataillon in Shorncliffe mobil gemacht. Montgomery war jetzt sechsundzwanzig Jahre alt. Drei Wochen später stand er in Frankreich an der Front. Die Mobilmachung verlief in einer für die damalige britische Armee typischen Weise. Unter anderem mußten die Offiziere ihre Säbel beim Waffenmeister der jeweiligen Einheit zum Schleifen abgeben, obwohl sie – wie Montgomery in seinen Erinnerungen schreibt – zu nichts anderem verwendet wurden als zum Salutieren. Was war das für eine Armee, in der so unsinnige Vorschriften galten! Man darf nicht vergessen, daß es den Begriff des Berufssoldaten, also des Mannes, der sich ausschließlich mit den Problemen der Kriegführung beschäftigt, praktisch noch nicht gab. Die britische Armee, die zum erstenmal seit hundert Jahren für einen Krieg auf dem europäischen Festland mobil machte, war eine kleine, introvertierte Organisation mit einem starren Kastensystem, die allem mißtraute, was ein entschiedenes Engagement forderte oder nach Sachkenntnis roch. Die aktiven Offiziere gehörten in der Mehrzahl dem gehobenen Mittelstand an. Politisch waren sie konservativ und, was politische Theorien betraf, fast völlig ahnungslos. Religiös fühlten sie sich an die Church of England gebunden, kümmerten sich aber nicht um irgend welche spirituellen oder theologischen Fragen. Ihre Hauptinteressen waren erschreckend philiströs – Pferde, Cricket und derbe Kasinospäße, die oft in Roheiten ausarteten. Wahrscheinlich wollten sie damit ihre Männlichkeit beweisen. Jagdreiten, ein einigermaßen geregeltes Geschlechtsleben und das saisonmäßige Abschießen von Jagdvögeln hielt man für angemessene und gute Unterhaltung. Daß ein Offizier sich literarisch betätigte, malte, im Kasino über militärische Dinge sprach oder irgend etwas mit kommerziellen Angelegenheiten zu tun hatte, wurde als unmöglich angesehen. Es herrschte eine unglaubliche soziale, rassische und religiöse Intoleranz. Ausländer lehnte man ab, und wie Onkel Matthew, die Romanfigur von Nancy Mitford, betrachtete man das Ausland generell als eine Region, in der ein Engländer nichts verloren hatte – natürlich mit Ausnahme solcher Außenposten des Empire, wo die Eingeborenen wußten, was sie den englischen Herren schuldig waren, und wo es fleißige und gehorsame Dienstboten gab.

Das ist natürlich nur die eine Seite des Bildes. Die Offiziere und Soldaten der britischen Armee waren damals wie zu fast allen Zeiten tapfere und treue Männer. Correlli Barnett meint sogar, daß die britische Expeditionsarmee, die im Sommer 1914 nach Frankreich ging, »die am besten ausgerüstete, gegliederte und ausgebildete Armee war, die Großbritannien je bei Beginn eines Krieges ins Ausland geschickt hat«. Aber die Armee war der Lage in keiner Weise gewachsen. Der Glaube, der Krieg werde in wenigen Wochen zu Ende sein – den auch Montgomery teilte –, war erschütternd naiv. Die starken, hervorragend ausgebildeten deutschen Armeen stießen, wie es der Schlieffenplan vorsah, ohne auf nennenswerten Widerstand zu treffen, durch Belgien nach Frankreich hinein und öffneten damit ein riesiges Tor, dessen Angelpunkt in der Nähe der Festung Verdun lag.

Sieben deutsche Armeen, anderthalb Millionen Mann, führten die Offensive gegen die Franzosen und die schwachen britischen Expeditionsstreitkräfte. Am 23. August 1914 trat die deutsche 1. Armee, deren Aufklärung offenbar versagt hatte, zu einem Frontalangriff gegen eines der beiden britischen Korps an und erlitt im gezielten Infanterieschnellfeuer schwere Verluste. Das war die berühmte Schlacht von Mons, die erste, die seit 1815 von britischen Truppen auf europäischem Boden geschlagen wurde.

Zwei Tage danach traf das Bataillon Montgomerys in Frankreich ein, und beim ersten feindlichen Angriff gegen seine Stellung erkannte der junge Subalternoffizier zum erstenmal ganz klar, was der britischen Armee fehlte. In seinen Erinnerungen schreibt er:

»Unser Bataillon hatte sich in zwei Staffeln zum Angriff bereitgestellt. Meine Kompanie und die zweite lagen in vorderster Linie, die beiden anderen Kompanien außerhalb unserer Sichtweite etwa 200 Meter rückwärts. Der Kommandeur galoppierte an die vorn eingesetzten Kompanien heran und rief uns zu: ›Sofort den vor uns auf einer Anhöhe liegenden Feind angreifen!‹ Das war der ganze Befehl. Es gab keine Aufklärung, keinen Angriffsplan und keinen Feuerschutz. Wir stürmten die Anhöhe hinauf, gerieten in schweres Feuer, mein Kompanieführer wurde verwundet, und wir hatten schwere Verluste. Niemand wußte, was zu tun sei. Wir kehrten deshalb in die Ausgangsstellung zurück, aus der wir zum Angriff angetreten waren.
Wenn das der wirkliche Krieg war, dann kam er mir sehr seltsam vor und stimmte nicht mit den Vorstellungen überein, die ich mir bei der Lektüre militärischer Bücher gemacht hatte.«
Für Montgomery und sein Bataillon folgte nun der deprimierende Rückzug von Mons, während die deutschen Armeen ihre Stoßkraft zurückgewannen und gegen Paris vorrückten. Paris wurde gerettet, der Gegenangriff der Alliierten an der Aisne brachte keine Entscheidung, und die Fronten erstarrten. Im Oktober und November 1914 versuchten beide Seiten verzweifelt und unter hohen Verlusten, eine Entscheidung zu erzwingen, aber allmählich stellte sich heraus, daß Europa dazu verdammt war, nicht wochenlang, sondern jahrelang Krieg zu führen. Es sollten Jahre eines erbitterten Grabenkriegs werden, in dem Millionen von Soldaten und Massenarmeen eingesetzt wurden, nicht aber schwache, nur aus Berufssoldaten bestehende Expeditionsstreitkräfte. Auf den Werbeplakaten erschien das Bild Kitcheners mit drohend erhobenem Zeigefinger, und Ende 1914 hatten sich fast zwei Millionen Freiwillige gemeldet.
Wer nicht weiß, wie schwierig die Aufgabe ist, eine Bürgerarmee mobil zu machen, kann sich kaum vorstellen, welches Chaos diese plötzliche Vermehrung der Streitkräfte zur Folge hatte.
Unter diesen wenig günstigen Voraussetzungen begann der Leutnant Montgomery, die Grundlagen der Truppenführung aus erster Hand zu lernen. Das war nicht leicht für ihn. Während Kitchener in der Heimat die Bürgerarmee aufstellte, führte Montgomery einen aus dreißig Mann bestehenden Zug in der ersten Schlacht von Ypern gegen eine Häusergruppe am Rande des Dorfes Meteren. Als

er mit seinen Männern zum Angriff antrat, zog er den Säbel – den er erst kürzlich beim Bataillonswaffenmeister hatte schleifen lassen – und rief, wie er es gelernt hatte: »Mir nach!« Seine Männer taten es, und als sie sich ihrem Angriffsziel näherten, stand Montgomery plötzlich vor einem von Deutschen besetzten Schützengraben. Einer von ihnen legte sein Gewehr auf den nur mit einem Säbel bewaffneten englischen Offizier an. Montgomery hatte nichts anderes gelernt, als damit zu salutieren, was ihm in dieser Lage wenig geholfen hätte. Was nun folgte, kann kaum besser geschildert werden als mit seinen eigenen Worten: »Jetzt mußte ich einen Entschluß fassen. Ich sprang auf den Deutschen zu und stieß ihn so fest ich konnte in den Unterleib. Der Stoß traf eine empfindliche Stelle. Ich hatte viel darüber gelesen, wie wichtig der Überraschungseffekt im Krieg sei. Ohne Zweifel war auch der Deutsche überrascht, und dies war für ihn eine neue Kampfmethode. Er stürzte zu Boden, krümmte sich vor Schmerzen, und ich hatte meinen ersten Gefangenen gemacht.«

Die Kampfhandlungen dauerten noch den ganzen Tag, während Montgomerys Zug versuchte, das Dorf vom Feind zu säubern. Wenige Meter weiter stand Montgomery gerade ungedeckt da, um seinen Zug neu zu gliedern, als er von einem deutschen Infanteriegeschoß getroffen wurde, das seine rechte Brustseite durchschlug. Er fiel auf den schlammigen Boden, und einer seiner Männer lief zu ihm, um ihn mit einem Verbandspäckchen zu verbinden. Auch dieser Soldat wurde getroffen und fiel auf Montgomery. Während beide dort lagen, wurden sie weiter von den Deutschen beschossen. Montgomery wurde zum zweitenmal, ins Knie, getroffen, und der Soldat erhielt einen tödlichen Schuß. Es war drei Uhr nachmittags, und bis zum Abend blieb Montgomery blutend an der gleichen Stelle liegen, wurde aber vor dem deutschen Infanteriefeuer durch seinen gefallenen Kameraden geschützt. Nachts brachten Sanitäter sie auf Tragbahren im Schutz der Dunkelheit zurück. Der schwerverwundete und bewußtlose Montgomery wurde von den Ärzten aufgegeben. Man hatte schon ein Grab für ihn geschaufelt. Aber mit dem für ihn bezeichnenden Starrsinn weigerte er sich, zu sterben, und als die Einheit verlegt wurde, mußte man ihn mitnehmen. Man brachte ihn in einem Sanitätsfahrzeug zum Truppenverbandsplatz und verlegte ihn dann in ein Lazarett nach England, wo er seine Verwundungen ausheilte und feststellte, daß er zum Hauptmann be-

fördert und mit dem Distinguished Service Order (DSO) ausgezeichnet worden war.
In seinen Lebenserinnerungen und in den meisten Berichten über diese Episode wird versucht, die Angelegenheit herunterzuspielen. Um ihre Bedeutung richtig zu verstehen, dürfen wir nicht vergessen, daß der DSO eine der höchsten Tapferkeitsauszeichnungen ist, die die Armee zu vergeben hat. Der Orden wird normalerweise nur an Offiziere im Rang eines Majors oder darüber für Tapferkeit vor dem Feinde verliehen. Es kommt nur sehr selten vor, daß ein Subalternoffizier die hohe Auszeichnung erhält, und in der Armee betrachtet man sie als fast so wertvoll wie das Viktoriakreuz. Montgomerys lakonischen Bericht über das Gefecht bei Meteren muß man mit einigem Vorbehalt lesen. Welche Gefühle der junge Offizier auch gehabt haben mag, einen Mangel an physischem Mut darf man ihm nicht vorwerfen.
Nachdem er sich erstaunlich schnell von seinen Verwundungen erholt hatte, wurde er Anfang Januar 1915 aus dem Lazarett entlassen, wo er reichlich Zeit gehabt hatte, sich über seine Aufgaben als Soldat Gedanken zu machen. Er schreibt, er sei zu dem Schluß gekommen, daß das alte Sprichwort recht habe, demzufolge die Feder stärker sei als das Schwert. Er wurde dem Stab einer neuaufgestellten Freiwilligendivision zugeteilt und bildete dort einige der vielen tausend begeisterten, aber oft verwirrten jungen Leute der neuen Bürgerarmee aus. 1916 ging er im Alter von achtundzwanzig Jahren als dienstältester Generalstabsoffizier einer Brigade (Planstelle Brigademajor) nach Frankreich zurück. Das war damals, obwohl die Armee schwere Verluste hatte und die Offiziere rasch befördert wurden, eine beachtliche Auszeichnung. Seine Auffassung von den Pflichten eines Stabsoffiziers muß einigen seiner Kameraden recht eigenartig vorgekommen sein. Es war die Zeit, die Siegfried Sassoon mit den Worten gekennzeichnet hat: »Die Majore mit ihren scharlachfarbenen Generalstabsstreifen an den Hosen saßen bei den Stäben und schickten Helden wider Willen an die Front und in den Tod.« Oft hatten die Offiziere bei den Stäben keine persönlichen Kontakte zu den Männern im Schützengraben, die nur als Kanonenfutter angesehen wurden, als Rohmaterial für die strategischen Pläne des Oberkommandos. Die ketzerische Auffassung Montgomerys, die sich die Armee seither zu eigen gemacht hat, war es, daß der Stab der Truppe zu dienen habe und daß ein

guter Generalstabsoffizier seinem Kommandeur und den Soldaten dienen, selbst jedoch anonym bleiben müsse.
Nach 1915 zeigte sich der wahre Charakter Montgomerys. Bei Meteren hatte er zum erstenmal dem gewaltsamen Tod Auge in Auge gegenübergestanden – nicht seinem eigenen, sondern dem seiner Kameraden und vor allem dem Tod jener so fremdartigen Gestalt, die nur der Soldat kennt, der im Gefecht gestanden hat – »meines Freundes, des Gegners«. Wer es nicht erlebt hat, daß seine Soldaten im Kampf neben ihm sterben, oder wer einem anderen Mann nicht in die Augen gesehen hat, bevor er ihn im Nahkampf tötete, kann auch nicht verstehen, welche Veränderung sich in Montgomery nach diesem Erlebnis vollzog. Alle, die ihn damals kannten, sagen, er habe sich in mancher Hinsicht auch äußerlich verändert. Sein Gesichtsausdruck wurde strenger, der Blick durchdringender, die Stimme schärfer und herrischer. Aber unter der Oberfläche vollzog sich ein viel grundsätzlicherer Wandel. Die ihm eigentümliche Einfachheit verhärtete sich. Die Vergeudung menschlichen Lebens in den Schützengräben drang tief in das Bewußtsein des jungen Mannes ein und hat sein Verhalten als Befehlshaber auf dem Schlachtfeld in späteren Jahren entscheidend beeinflußt. Seine Reaktion war nicht Mitleid oder Humanität. Er verachtete ganz einfach als Fachmann die Vergeudung dessen, was im Krieg das Wichtigste war, des menschlichen Lebens. Wenn Soldaten sterben mußten, dann sollte das in Verfolgung eines sorgfältig vorbereiteten Plans geschehen. Wie er später in Afrika zeigen sollte, haben ihn seine Erfahrungen im Ersten Weltkrieg nicht veranlaßt, unter allen Umständen menschliches Leben zu schonen. Wo andere dazu kamen, das Waffenhandwerk und den Krieg zu verabscheuen, begann sich Montgomery darauf zu konzentrieren, wie man in diesem Beruf das Beste leisten könne, und zwar unter der Voraussetzung, daß der Krieg ein Übel sei, das im Wesen des Menschen liege und daß man seine Schrecken nur durch einen kalten und entschlossenen Professionalismus mildern könne. Er unterzog jedes Problem einer unemotionalen, unerbittlichen logischen Analyse. Alles, was nicht unmittelbar mit dem zu lösenden militärischen Problem zusammenhing, existierte nicht für ihn. Seine geistige Welt glich, wie Alan Moorehead sehr treffend sagt, der des Geografen in der Antike: sie war flach, und wenn man über den Rand hinausging, stürzte man ab.

Für Montgomery kam es allein auf den Plan an. Wenn man wußte, was man wollte – wenn man, militärisch gesprochen, das Ziel einer Operation kannte –, dann faßte man einen Plan, den man schrittweise und sorgfältig realisierte, ohne das Ziel aus den Augen zu verlieren, und unter Einsatz aller dafür zur Verfügung stehenden Mittel. Diese für die Entwicklung einer militärischen Operation glänzend geeignete Philosophie bestimmte von nun an das ganze Leben Montgomerys. Alkohol, Zigaretten und Frauen waren in diesem Zusammenhang entbehrlich, und deshalb verbannte er sie aus seinem Leben. Er nahm sich kaum Zeit für irgendeine Liebhaberei, für die kleinen Freuden des Lebens, mit denen sich weniger einseitig orientierte Menschen ablenken. Er entwickelte sich zu einem erstaunlichen Individualisten, zu einer Persönlichkeit, wie man sie nicht selten unter Menschen antrifft, die nach Macht und Autorität streben. Er war zäh und ausdauernd, machte den Eindruck eines Fanatikers, und nur gelegentlich gab er seine rücksichtslose Haltung auf, um ganz unerwartet charmant und großzügig zu sein. Er studierte mit großem Fleiß und war in fast erschreckender Weise unnahbar und selbstbeherrscht – jedenfalls hatte man diesen Eindruck von ihm.

Daß er nach außen hin den Eindruck machte, seinen scharfen Verstand ausschließlich in den Dienst des Waffenhandwerks zu stellen, sagt aber noch längst nicht alles über ihn. Die emotionalen Auswirkungen dieses furchtbaren Krieges zeigten sich auch anderswo. Die Beziehungen zu seiner Familie wurden wieder enger. Er schickte sogar Geschenke an seine Mutter. Unter dem Eindruck seiner schrecklichen Erlebnisse an der Westfront kümmerte sich der junge Offizier jetzt wieder mehr um seine Schwester Winsome. Bevor er nach Hause kam, hat er ihr oft geschrieben. »Ich komme zum Urlaub nach Hause. Möchtest Du eine Gesellschaft geben? Sage mir, wen Du einladen willst. Ich werde die Kosten übernehmen.« So lud sie einige Freunde zum Essen in ein Restaurant im Londoner Westend ein. Der Bruder bezahlte gern die Rechnung – nahm aber selbst nicht an dem Vergnügen teil. Er setzte sich in eine Ecke und beobachtete die anderen. Auch anderen Fronturlaubern muß es Schwierigkeiten bereitet haben, so unvermittelt wieder am gesellschaftlichen Leben teilzunehmen, aber nur wenige haben ihre Gefühle wahrscheinlich so zu verbergen gewußt wie er.

Dieser beachtenswerte und irgendwie exzentrisch wirkende Mann begann nun seinen unaufhaltsam raschen Aufstieg auf der militärischen Stufenleiter. Anfang 1917 wurde er zweiter Generalstabsoffizier in der 33. Division und übernahm Ende des gleichen Jahres dieselbe Stellung im IX. Armeekorps. Dabei machte er sich auf allen Ebenen mit der Generalstabsarbeit in der Operationsabteilung vertraut. Im Juli 1918 wurde er erster Generalstabsoffizier in der 47. Londoner Division. Das war eine Oberstleutnantsstelle, doch er war erst Hauptmann auf der Planstelle eines Majors. Wer mit den in der militärischen Hierarchie geltenden Regeln nicht vertraut ist, wird nicht sofort erkennen, welche Bedeutung diese Beförderung hatte. Die Generalstabsoffiziere gelten seit jeher als Elite in den militärischen Stäben. Ihre Aufgabe besteht in der Planung und Leitung von Gefechtsoperationen und in der Beschaffung von Feindnachrichten, auf die sich alle erfolgreichen Operationen stützen. Montgomery hatte zu dieser Zeit auf all diesen Gebieten und auf allen Kommandoebenen Erfahrungen gesammelt. Er war Bataillonsadjutant und Generalstabsoffizier bei einer Brigade, einer Division und einem Korps gewesen. Dabei hatte er überall so Hervorragendes geleistet, daß er ungewöhnlich rasch befördert wurde. Sein eigentlicher Rang war der eines Hauptmanns. Man hatte ihm jedoch den Aufgabenbereich des nächsthöheren Rangs, des Majors, übertragen. Das bedeutete die Dienststellung eines Stabsoffiziers. Mit solchen beschleunigten Beförderungen wurden Offiziere ausgezeichnet, von denen man erwartete, daß sie später in die höchsten Stellen der Armee aufsteigen würden. In seiner neuen Dienststellung hatte er nun die Aufgaben eines Oberstleutnants übernommen. Das war für einen dreißigjährigen Offizier eine hervorragende Leistung. Neben der Verleihung des DSO war er achtmal im Heeresbericht erwähnt worden. Schon jetzt hatte sich herausgestellt, daß er ein ausnehmend fähiger Offizier war. Noch fehlte ihm jedoch der Funke, der Katalysator, der all dieses militärische Können in Begeisterung und Inspiration umsetzen konnte. Wie er auf die anderen Offiziere wirkte, mit denen er umging, zeigt eine Bemerkung, die der stellvertretende Kommandeur eines Füsilierbataillons nach Kriegsende in Köln gemacht hat. Sein Bataillon war, wie Montgomery das nannte, »einen Hundedreck wert«. Die Moral der Soldaten war schlecht und der Ausbildungsstand mäßig. Montgomery wurde vom Generalstab zu diesem Bataillon kommandiert, um es wieder »auf Vordermann« zu bringen. Das tat er mit der

von ihm zu erwartenden Energie. Er ließ die Soldaten exerzieren und an Feldübungen teilnehmen. Die Moral versuchte er durch Spiele und sportliche Wettkämpfe zu heben. Der stellvertretende Kommandeur meinte dazu: »Aber drei Monate lang mußte ich beim Essen neben diesem Burschen sitzen. Eine Unterhaltung war unmöglich. Er konnte nur über militärische Dinge reden.« Hier liegt eine wesentliche Seite des Charakters von Montgomery verborgen. Man kann sich gut vorstellen, wie dieser seltsame Mann, fast ein Messias, sich auf das Bataillon stürzte und sich darum bemühte, den Soldaten leidenschaftlich und mit aller ihm zur Verfügung stehenden Überzeugungskraft etwas zu geben, woran sie glauben und für das sie leben konnten, und wie er dann abends die Offiziere im Kasino zum Sterben langweilte. Aber das ist eine oberflächliche Beurteilung. Wer in dem Montgomery des Jahres 1918 die Ursprünge dessen entdecken will, aus dem im Zweiten Weltkrieg ein legendärer Volksheld wurde, muß etwas tiefer schürfen.
Eine seiner charakteristischen Eigenschaften, die sich schon hier zu zeigen begann, war die Fähigkeit, seine Erfahrungen auf die Praxis zu übertragen. Aus allem, was er erlebte und was um ihn her geschah, zog er Lehren für späteres Handeln. Es kam ihm darauf an, alles Überflüssige fortzulassen und mit unerbittlicher Logik das zu analysieren, was ihm relevant und bedeutungsvoll erschien. Die Kriegsphilosophie, der er von 1939 bis 1945 gefolgt ist, hatte ihre Wurzeln in seinen Erfahrungen der Jahre 1914 bis 1918. Die wichtigste war vielleicht, daß unfähige Führer und mangelhafte Planung zu einer sinnlosen Opferung von Menschenleben in erschreckendem Umfang geführt hatten. Siegfried Sassoon hat das in den folgenden ironischen Versen zum Ausdruck gebracht:

»Guten Morgen, Soldaten!« rief der General,
Als wir an die Front marschierten.
Die meisten sind tot, die ihn lächeln sahn,
Weil unfähige Schweine sie führten.
»Ein netter Kerl«, sagte Harry zu Jack;
Sie trugen nach Arras Gewehr und Gepäck,
Doch sein Angriffsplan warf sie tot in den Dreck.

Für den Berufssoldaten Montgomery genügte es nicht, ironisch zu sein. Wen der Krieg nicht völlig brutalisiert hat, der kann den Anblick von Menschen nicht vergessen, die in Stücke gerissen, mit dem

Bajonett durchbohrt, verstümmelt, von Giftgas erstickt oder im Schlamm ertränkt werden. Zu erkennen, daß es geschah, nicht weil es notwendig war, sondern weil bei den Stäben und der höheren Führung eine kriminelle Nachlässigkeit und Dummheit herrschten, war für Montgomery erschütternd. Er beschloß, zu verhindern, daß es je wieder zu einer Schlacht an der Somme oder bei Passchendaele käme. Er wollte der sinnlosen Vergeudung menschlichen Lebens ein Ende setzen. Alles mußte mit peinlichster Sorgfalt vorbereitet, jedes Risiko sollte kalkuliert und jede Eventualität in den Planungen berücksichtigt werden. Zwar hat ihm diese Haltung später die Kritik eingebracht, er sei zu pedantisch und zu vorsichtig, aber in ihr lag auch das Geheimnis der Wirkung seiner Persönlichkeit auf die einfachen Soldaten, die wußten, daß – solange »Monty« Befehlshaber war – niemand von ihnen verlangen würde, daß sie ihr Leben in einer sinnlosen, schlecht vorbereiteten und nachlässig geführten militärischen Operation fortwarfen. Es gab auch noch anderes zu lernen, und zwar aus der erschütternden Ahnungslosigkeit der Soldaten, die ins Gefecht gehen mußten, ohne zu wissen, was und weshalb sie es taten. Tausende von jungen Männern kamen nach Frankreich, ohne eine Vorstellung davon zu haben, in welchem strategischen Zusammenhang sie kämpften, und ohne zu wissen, weshalb Krieg geführt wurde oder gegen wen sie kämpften, denn man hatte ihnen nur gesagt, es seien die Boches, die Hunnen oder die verdammten Deutschen. Sie mußten wenige Meter über eine von Granattrichtern zerrissene, schlammige Erde voranstürmen, diese Anhöhe oder jenes Dorf angreifen und starben oft einen qualvollen Tod, ohne eine Ahnung davon gehabt zu haben, was der Sinn dieses Angriffs war. Einsichten wie diese veranlaßten Montgomery, das System der »Befehlsausgabe« einzuführen. Damit sollte sichergestellt werden, daß alle Dienstgrade bis hinunter zum einfachen Soldaten, zum Kanonier und Pionier »im Bilde« waren, und daß jeder genau wußte, was er tat und warum.

Auch die tiefe Kluft zwischen den Stäben und der kämpfenden Truppe hatte ihre Auswirkungen. Er sorgte dafür, daß seine Stäbe auf allen Ebenen sich als Diener des Soldaten an der Front betrachteten, und führte sein berühmtes System der Verbindungsoffiziere ein, die dafür zu sorgen hatten, daß die Führungsstäbe, die ein Unternehmen planten und leiteten, in ständigem Kontakt zu den Truppenführern an der Front blieben. Die Gefechtsausbildung war für

ihn etwas sehr Wichtiges. Unter seinem Kommando sind nie unausgebildete Truppen in die Schlacht geworfen worden.
Über all diesem stand jedoch das, was Montgomery für den wichtigsten Faktor im Kriege hielt, die Kampfmoral. Er hatte einen der fundamentalen Widersprüche begriffen, die es hinsichtlich der Moral des Soldaten im Gefecht gibt. Wenn man Männer zu Soldaten ausbilden will, dann ist es unvermeidlich, ja notwendig, den eigenen Willen des einzelnen auf ein Mindestmaß zu reduzieren. Lehrt man den Soldaten, in einer bestimmten und vorgeschriebenen Weise seinem Instinkt zu folgen, wenn sein Leben und das seiner Kameraden in Gefahr ist, dann gehört zur Ausbildung ein hohes Maß an kollektivem, diszipliniertem Handeln. Das ist der tiefere Sinn des Drills und vieler anderer Aktivitäten, die Nichtsoldaten (und auch manche Soldaten) für unverständlich und unwichtig halten. Sobald man sich mit der Tatsache abgefunden hat, daß diese Männer töten und im Rahmen ganz bestimmter äußerer Umstände getötet werden, dann muß ein Ausbildungsziel darin bestehen, den natürlichen Widerwillen, den normale zivilisierte Menschen gegen das Töten haben, zu verringern und nach Möglichkeit auszuschalten. Sie müssen lernen, mit der instinktiven Angst fertigzuwerden, die sie davor haben, verwundet oder getötet zu werden. Die militärische Ausbildung hat deshalb zum Ziel, die ideosynkratischen Reaktionen des Einzelnen aufzuheben und an ihre Stelle disziplinierte kollektive Reaktionen eines Truppenverbandes zu setzen. Dazu gehört jedoch, daß dieselben Männer, die, um im Kampf zu überleben, im Kollektiv ausgebildet werden, immer als Einzelpersönlichkeiten zu behandeln sind. Sie müssen lernen, als Gruppe, als Zug oder als Regiment zu kämpfen. Aber sie werden immer als einzelne menschliche Wesen denken und fühlen. Einer der schwerwiegendsten Fehler des Oberkommandos im Ersten Weltkrieg war, daß es diese fundamentalen Wahrheiten nicht begreifen wollte. Nicht nur die Ausbildung der neuen Armee war schlecht, sondern Montgomery erkannte auch sehr bald, daß der Begriff des menschlichen Individuums für die Führung kaum existierte. Die Offiziere, die im engen persönlichen Kontakt zu ihren Soldaten standen – die Zugführer, Kompanieführer und Bataillonskommandeure –, hatten oft eine fast mystische innere Beziehung zu ihren Männern. Hier fehlte es nicht an Mitgefühl und gegenseitiger Rücksichtnahme. Aber beim Stabe im weit hinter der Front liegenden Château des

Oberbefehlshabers war es ganz anders. Divisionen wurden in die Schlacht geworfen, als seien es nur die Fähnchen auf den Generalstabskarten. Zehntausende von Offizieren und Mannschaften wurden nur als Masse von Material angesehen, mit dem man manövrieren konnte. Diese erschütternde Haltung kam in dem Satz zum Ausdruck, den man damals in fast jedem Operationsbefehl lesen konnte, wenn es hieß, die Angriffe seien »ohne Rücksicht auf Verluste durchzuführen«.

Montgomery lehnte diese Haltung schon damals ab und hatte begonnen, eine Auffassung zu entwickeln, die er dreißig Jahre später in einer Universitätsvorlesung über militärische Führung erläuterte: »Ein Befehlshaber muß sich ein sehr klares Bild über die menschliche Natur machen. Das Rohmaterial, mit dem er es zu tun hat, sind Menschen, und es ist wichtig zu erkennen, daß alle Menschen verschieden sind ... Wenn ein Befehlshaber glaubt, alle Menschen seien gleich, und wenn er die große Masse menschlichen Materials so behandelt, dann wird er scheitern.«

Heute mag uns das nicht als eine besonders tiefe oder originelle Einsicht erscheinen. Für Montgomery war es eine der fundamentalen Erkenntnisse aus dem Ersten Weltkrieg.

Die Grundlagen des Professionalismus

Wenn der Erste Weltkrieg die Auffassungen Montgomerys von der Kriegskunst entscheidend beeinflußt hatte, dann hinterließ er auch sehr deutliche Spuren in seinem Gefühlsleben und in seiner Weltanschauung. Allerdings ist es sehr schwierig, diese Dinge zu quantifizieren oder präzise darzustellen. 1970 erinnerte er sich noch daran, wie sehr seine Vorstellungen von einem wohlgeordneten Universum an der Westfront erschüttert worden waren. »Damals, in meinen jungen Jahren, bedeutete die Religion mir sehr viel. Aber mein Glaube wurde erschüttert. Wie konnte ein allwissender Gott es zulassen, daß so etwas geschah!«

In den ersten Monaten nach Kriegsbeginn wurde Montgomery, wie er sagte, zum »Agnostiker«. Das enttäuschte natürlich seinen Vater, den Bischof, aber er war vernünftig genug, seinen Sohn bei der Erforschung seines Gewissens nicht zu stören. Es fehlte Montgomery jedoch der weite geistige Horizont, der notwendig gewesen wäre, um das Gesellschaftssystem und das Phänomen des Krieges, innerhalb deren er seine traumatischen Erfahrungen gemacht hatte, einer umfassenden Kritik zu unterziehen; und deshalb konnte er die ausgetretenen Pfade intellektueller Auseinandersetzung mit solchen Problemen nicht verlassen. Er suchte vielmehr nach etwas, das ihn von der Richtigkeit der Lehre des traditionellen Christentums überzeugen konnte. Er verlangte nach einer Erfahrung, die seinem Leben einen verläßlichen Mittelpunkt geben und ihn nicht dazu zwingen würde, seine Grundvorstellungen neu zu überdenken.

Anfang der zwanziger Jahre, als sich seine Erinnerungen an den Krieg vielleicht schon verwischten, fand er die Erfahrung, die er suchte, bei der Lektüre des Buches *When it was Dark* von Guy Thorne. Das war ein edwardianisches Melodrama über einen Juden, der versucht, die christliche Religion durch den Beweis zu zerstören, daß die Auferstehung nie stattgefunden habe. Sein kurzfristiger Erfolg mit diesen Machenschaften bedeutete, so Montgomery mit seinen eigenen Worten, daß »die tierischen Instinkte im Menschen wach, entfesselt und ungehemmt waren, Grausamkeit und Wollust die Häupter erhoben«. Der furchtbare Anblick überzeugte Montgomery von der Wahrheit der christlichen Lehre. Er ging wieder zur Kommunion.

Zu dieser Neuerweckung des Glaubens, die seinem Leben eine entscheidende Wende gab, muß es in erster Linie gekommen sein, weil Montgomery nur allzu bereit war, zu seinen alten Überzeugungen zurückzukehren, um sein Gewissen nicht zu sehr zu belasten. Er brauchte einen wenig anspruchsvollen Glauben, der ihm helfen sollte, auch in Zukunft unangefochten seine beruflichen Pflichten zu erfüllen. So hat ihn das Buch von Thorne (ein recht unerfreuliches Traktat mit moralisierenden und antisemitischen Tendenzen) in den sicheren Hafen der anglikanischen Kirche zurückgeführt. Nun konnte er seine Laufbahn in einer Armee fortsetzen, deren Unvorbereitetsein 1914 eines seiner schlimmsten Schockerlebnisse gewesen war.

Es ist interessant festzustellen, daß Montgomery ein zutiefst konservativer Mensch gewesen ist. In den zwanziger und dreißiger Jahren setzte er sich mit großer Leidenschaft für eine Steigerung der militärischen Leistungsfähigkeit ein. Alte Armeen haben seit jeher zum Konservativismus geneigt, und die britische Armee jener Zeit war konservativer als die meisten, besonders in ihrem nach einem starren Klassensystem gegliederten Offizierkorps. Montgomery war das klassische Beispiel eines radikalen Reformers, der die Grundwerte, die für dieses Offizierkorps galten, bereitwilliger akzeptierte als die meisten von denen, die er reformieren wollte. Die Kriegserfahrungen haben den geistigen Horizont Montgomerys nicht erweitert, sondern ihn augenscheinlich sogar eingeengt. Selbst während des Kriegs haben ihn seine Schockerlebnisse nur veranlaßt, seine Leistungsfähigkeit als Berufssoldat zu steigern, und Anfang der zwanziger Jahre war dieses Bemühen dadurch ergänzt worden, daß er die Weltanschauung übernahm, die in dem Berufsstand galt, dem er angehörte. Mit den umfassenderen Problemen von Krieg und Frieden oder einer Neuorientierung der Gesellschaft hat sich der künftige Feldmarschall nie wieder ernsthaft beschäftigt. Er hatte seine eigene gesicherte Weltanschauung, die es ihm erlaubte, sich nicht um solche Fragen zu kümmern. Seine Hauptsorge bestand jetzt darin, in dem einmal gewählten Beruf voranzukommen und seine Ideen zu realisieren. Hier gab es viel zu tun, denn augenscheinlich besaß die Armee auch nach dem Kriege kein

klares militärpolitisches Konzept. Viele Offiziere waren froh, daß der Krieg vorüber war und sie sich wieder ernsthaft den Aufgaben des Soldaten im Frieden zuwenden konnten.
Am 1. April 1919, während Montgomery als Stabsoffizier bei der britischen Besatzungsmacht in Deutschland diente, wurde das Staff College in Camberley mit einem acht Monate dauernden Lehrgang für ausgewählte Offiziere neu eröffnet. Montgomery war davon überzeugt, das Waffenhandwerk sei ein lebenslanger Lernprozeß. In seinen Erinnerungen schreibt er: »In dieser Phase meines Lebens beschloß ich, ganz in meinem Beruf aufzugehen, seine Details zu meistern und alles andere beiseite zu stellen.« Er war über das Stadium des bloßen Lernens hinaus. Die Armee war jetzt mehr für ihn als ein Beruf, sie war eine Lebensaufgabe, die keine anderen Interessen neben sich duldete. Er nahm sich fest vor, in das Staff College aufgenommen zu werden. An dem Lehrgang von 1919 nahm er nicht teil, hoffte aber, für den folgenden Nachkriegskursus ausgewählt zu werden, der im Januar 1920 beginnen und ein ganzes Jahr dauern sollte. Dies war im übrigen der letzte, für den die Teilnehmer nominiert wurden. 1921 wurde eine Aufnahmeprüfung eingeführt.
Doch Montgomerys Name erschien nicht auf der Liste der für 1920 ausgewählten Offiziere. Er beschloß deshalb, seine Beziehungen spielen zu lassen. Unter den Großen und Mächtigen hatte er keine Freunde, aber er hatte eine seit jeher für junge Offiziere sehr wertvolle Qualifikation; er war ein guter Sportler. Er ließ sich von seinem Oberbefehlshaber, Sir William Robertson, zum Tennis einladen. Der General spielte gern hin und wieder eine Partie mit seinen jüngeren Offizieren, um sich körperlich fit zu halten. Montgomery bot ihm mehr, als er erwartet hatte. Er war nicht nur ein kampfstarker Gegner, sondern erzählte Sir William auch von seinen ehrgeizigen Plänen und seinem Kummer darüber, daß er nicht am Lehrgang am Staff College teilnehmen könne. Bald stand auch Montgomerys Name auf der Liste, und er erhielt den Befehl, sich im Januar 1920 in Camberley zu melden. Wenn, wie Montgomery glaubte, die beiden Ereignisse in einem Zusammenhang standen, dann könnte man sagen, die Schlacht bei Alamein sei auf den Tennisplätzen von Köln gewonnen worden. Hier haben wir jedenfalls ein typisches Beispiel dafür, wie man damals in der Armee Karriere machen konnte.

Über die Leistungen Montgomerys während des Lehrgangs im Staff College wissen wir nur wenig. In seinen Erinnerungen geht er schnell über dieses Thema hinweg und sagt nur, er habe den Lehrgang absolviert. In Camberley gab es kein Abschlußexamen, und es kam also nur selten vor, daß ein Teilnehmer den Lehrgang nicht erfolgreich beendete. Montgomery sagt, »ich glaube, ich habe eine gute Beurteilung bekommen, weiß es aber nicht genau, denn ich habe nie erfahren, ob sie gut oder schlecht war ...« Daß Montgomery in Camberley einen guten Eindruck gemacht hat, scheint sich dadurch zu bestätigen, daß er fünf Jahre später als Ausbilder dorthin zurückkehrte.

Inzwischen hatte er sich an den Operationen gegen die Sinn Fein beteiligt und einen Vorgeschmack davon bekommen, was die Armee als »Aufgaben zur Unterstützung der Zivilbehörden« bezeichnet. Das sind im allgemeinen die deprimierendsten und demoralisierendsten Erfahrungen, die ein Soldat machen kann. Hier befindet man sich nicht im Kriege, aber auch nicht im Frieden. Der »Feind« läßt sich sehr schwer identifizieren. Oft trägt er keine Uniform, und wenn er nicht gerade Bomben in Polizeirevieren legt, Streifen aus dem Hinterhalt überfällt oder Zivilisten ermordet, macht er den Eindruck eines normalen Bürgers, der sich nur um seine eigenen Angelegenheiten kümmert. Die britische Armee hatte reiche Erfahrungen mit solchen Operationen, und es beweist die anständige Haltung der Soldaten, daß sie sich dabei stets ungewöhnlich zurückhaltend und geduldig zeigten. Wenn Männer dazu ausgebildet sind, zu töten – das heißt gegen einen einwandfrei ausgemachten Feind das Höchstmaß an Gewalt einzusetzen –, dann ist es nicht leicht, ihre Instinkte und Reflexe in andere Bahnen zu lenken und von ihnen zu verlangen, daß sie nach den Grundsätzen handeln, die für eine Polizeiaktion gelten, wo man mit einem Mindestmaß an Gewalt ein oft nicht klar definiertes Ziel erreichen will. Manchmal sind Haß und Mißtrauen bei solchen Auseinandersetzungen zu stark, und es kommt zu Vergeltungsmaßnahmen und Brutalität. In Palästina, Zypern, Aden und Ulster haben wir immer wieder Zeiten erlebt, in denen es zu grausigen Ausschreitungen kam.

Die Sinn Fein operierten nach den bei allen Terroristen oder Stadtguerillas üblichen Methoden. Sie unternahmen Nachtangriffe gegen isolierte Posten, verschleppten Polizisten und sprengten mit selbstgebastelten Bomben Häuser. Einmal detonierte eine ferngezündete Bombe der Sinn Fein in der Marschkolonne einer Regimentskapelle auf dem Weg zur Kaserne. Dabei starben mehrere Soldaten und Militärmusiker. Bald darauf schloß dasselbe Regiment etwa zwanzig Terroristen in einem Gebäude ein. Die Terroristen wollten sich nicht ergeben. Die Soldaten steckten das mit Stroh gedeckte Haus in Brand und erschossen die Überlebenden, als sie versuchten, auszubrechen.

In dieser Atmosphäre lernte Montgomery – inzwischen Major – einen neuen Aspekt seines tödlichen Handwerks kennen. Als Brigademajor war er für die Planung und Koordinierung der Operationen des Infanteriebataillons verantwortlich – Hausdurchsuchungen, Streifengänge und Hinterhalte. Obwohl er berichtete, er sei froh gewesen, als alles vorüber war, scheint er seine Aufgaben objektiv, leidenschaftslos und erfolgreich erfüllt zu haben. Sicher hat er dabei etwas gelernt. Als die Sinn-Fein-Krise 1922 zu Ende ging, wurde er als Brigademajor zur 3. Division nach England versetzt (einer Division, die er 1939 in Frankreich übernahm und ins Gefecht führte). Hier begegnete er einem Offizier, der auf die Weiterentwicklung seines militärischen Denkens entscheidenden Einfluß nehmen sollte. Das war sein Kommandeur, Brigadegeneral S. E. (»Tom«) Hollond. Hollond war der geborene »Ausbilder«. Er glaubte, das Geheimnis einer disziplinierten und zufriedenen Truppe läge bei den loyalen und für ihren Beruf begeisterten Offizieren. Er hielt nichts von der sturen Befolgung langweiliger Dienstvorschriften, sondern verlangte ein abwechslungsreiches Ausbildungsprogramm, das die Soldaten anspornte, gute Leistungen zu zeigen. Darauf hatte Montgomery nur gewartet, und während Hollond ihn ermutigte und anleitete, übernahm Montgomery praktisch die Führung der Brigade.

1923 ging er als zweiter Generalstabsoffizier nach Yorkshire zur 49. West Riding Division, und zwar immer noch als Major. Er bezog Quartier im Offizierskasino des West Yorkshire Regiments, zu dessen jüngeren Offizieren Francis de Guingand, der spätere Generalstabschef Montgomerys in Nordafrika und in der Normandie, gehörte. Zu den Aufgaben Montgomerys gehörte es, Organisation und Ausbildung der Division zu überwachen. Dazu hielt er aus eigener Initiative Unterricht für Offiziere ab, die sich auf das Staff College vorbereiteten. Er war der einzige Lehrer für alle Fächer,

entwarf Prüfungsaufgaben und korrigierte die danach geschriebenen Arbeiten. Abends besuchte er die interessierten Schüler in ihren Unterkünften, um sich auch dort noch mit ihnen über militärische Fragen zu unterhalten.
De Guingand erinnert sich, daß Montgomery abends selten ausging und lieber Bridge spielte, wenn er sich nicht weiterbildete oder anderen beim Studium half.
Den größten Eindruck machte er jedoch auf seine Kameraden im Kasino. Obwohl es damals nicht üblich war, sich so diensteifrig zu zeigen, waren seine Kameraden davon beeindruckt, wie sehr er sich darum bemühte, die jüngeren Offiziere zu informieren und zu fördern. De Guingand berichtet, alle, die damals mit ihm in Berührung kamen, seien überzeugt gewesen, daß Montgomery Karriere machen werde. Er selbst gefiel sich darin, seine Grundsätze in einer etwas dramatischen Weise zu verkünden. Seinen skeptischen und leicht amüsierten Zuhörern pflegte er zu sagen: »Man kann nicht ein guter Soldat und zugleich ein guter Ehemann sein.«
Von York ging Montgomery 1925 zu seinem Regiment zurück, um dort eine Kompanie zu übernehmen. Das war eine Dienststellung, die seinem Rang entsprach. Er war elf Jahre fortgewesen, und für einen Offizier, der so lange bei Stäben Dienst getan hat, ist es nicht leicht, sich wieder an das Leben bei der Truppe zu gewöhnen. Die Truppenoffiziere sind gegenüber Generalstäblern seit jeher mißtrauisch gewesen, und zwischen den Kriegen war der Abstand größer als heute. Montgomery vertiefte die Kluft, indem er den Truppenoffizieren unmißverständlich bedeutete, daß sie ihre Aufgaben nicht ernst genug nähmen, und daß sie keine Ahnung von ihren eigentlichen Berufspflichten hätten. Welchen Eindruck dieser provokant diensteifrige Mann (den einer seiner Zeitgenossen als »flink wie ein Wiesel und ungefähr ebenso liebenswert« bezeichnet hat) in dieser verschlafenen Friedensgarnison machte, kann man sich lebhaft vorstellen. Oft erklärte er im Kasino, welche vier Kategorien von Offizieren es nach dem Ausspruch eines berühmten deutschen Offiziers (des Generalstabschefs von Moltke) gäbe. Dann verkündete er mit seiner hohen, durchdringenden Stimme: »Es gibt die Klugen und Fleißigen. Aus ihnen werden die tüchtigsten Generalstäbler. Die Dummen und Faulen sind brauchbare Kompaniechefs. Die Klugen und Faulen eignen sich für die höchsten Kommandostellen. Aber die Dummen und Fleißigen sind gefährlich und müs-

sen hinausgeworfen werden.« Da man annehmen muß, daß ein nicht unbeträchtlicher Teil seiner Zuhörer in die vierte Kategorie gehörte, wird diese Erklärung mit gemischten Gefühlen aufgenommen worden sein.
1926 war Montgomery fast neununddreißig Jahre alt, und nun begann für ihn die nächste wichtige Phase in seiner Laufbahn. Zwar gehörte er zweifellos in die Kategorie der »Klugen und Fleißigen« und hatte sich nie gescheut, Verantwortung zu übernehmen, aber seine Karriere war alles andere als spektakulär gewesen. Kein ehrgeiziger Offizier der britischen Armee würde heute sehr glücklich sein, wenn er seinen vierzigsten Geburtstag noch als Major feiern müßte. In der modernen israelischen Armee sind viele Offiziere mit neununddreißig Jahren schon General und denken ernsthaft daran, sich pensionieren zu lassen, um jüngeren Männern Platz zu machen. Aber in den zwanziger Jahren wurde die britische Armee ständig verringert, während sich die öffentliche Meinung für die Abrüstung begeisterte und der Wehretat von allen Seiten heftig angegriffen wurde. Montgomerys langsamer Aufstieg war daher nichts Ungewöhnliches.
Bei seinen intensiven militärischen Studien war er zu einigen wichtigen Schlußfolgerungen gelangt. Er glaubte, obwohl die Kriegführung sich im allgemeinen auf erprobte Grundsätze stützen müsse, sei es die Aufgabe militärischer Befehlshaber, die bisher verwendeten Methoden kühl und objektiv zu prüfen und sie im Licht der eigenen Erfahrungen und des gesunden Menschenverstandes zu verbessern. Für Montgomery war der Erste Weltkrieg die unmittelbare Vergangenheit; ein Krieg der Massenheere, bei dem die Befehlshaber versucht hatten, den Gegner durch das vernichtende Trommelfeuer der Artillerie zu zerschlagen, um ihn dann mit in Wellen angreifenden Infanteriemassen zu überrennen. Die Überlegenheit an Feuerkraft und Truppenstärke war entscheidend gewesen. Taktische Feinheiten waren unbekannt. Der Sieg wurde mit brutaler Gewalt erzwungen, und dazu bedurfte es keiner besonderen Phantasie oder Intelligenz. Montgomery lehnte dieses Konzept der Kriegführung ab. Er vertrat einen der ältesten taktischen Grundsätze der Geschichte, die Theorie, daß man, um Erfolg zu haben, an dem Punkt überlegen sein müsse, an dem man den entscheidenden Schlag führen will. Eines der frühesten Beispiele für die praktische Anwendung dieses Grundsatzes war der Sieg des

Epaminondas von Theben über die Spartaner in der Schlacht von Leuktra im Jahr 371 vor Christus. Bis dahin hatten sich die Armeen in der geradlinigen Phalanx gegenübergestanden und am rechten Flügel den Schwerpunkt gebildet. Als Epaminondas die Spartaner in dieser Schlachtordnung aufmarschieren sah, massierte er seine Kräfte am linken Flügel und durchbrach mit seinen hier überlegenen Soldaten ihre Reihen. In einer Artikelserie in *The Antelope* (dem Nachrichtenblatt des Royal Warwickshire Regiments) bezeichnete Montgomery diesen Grundsatz als das oberste Gesetz der Angriffstaktik und erklärte, es habe sich im Verlauf der ganzen Kriegsgeschichte nichts daran geändert.

Gestützt auf diesen Grundsatz entwickelte Montgomery eine Gefechtstheorie, die nach seiner Auffassung dem Massenschlachten des Grabenkriegs um Lichtjahre voraus war. Dabei unterstrich er die Bedeutung des Sammelns von Feindnachrichten und der intensiven Aufklärung vor jeder Schlacht zur Feststellung der Stärken und Schwächen des Gegners. Danach müsse der Abschnitt in der gegnerischen Stellung ausgewählt werden, an dem die Angriffskräfte zu konzentrieren und damit der Schwerpunkt des Angriffs zu bilden seien. Dazu gehörten Ablenkungs- und Täuschungsmanöver mit dem Ziel, die feindlichen Verteidigungskräfte aus diesem Abschnitt abzuziehen. Der Angriffsplan müsse bis ins letzte Detail ausgearbeitet werden, damit jeder Soldat genau wisse, was er zu tun habe. Erst nach sorgfältiger Vorbereitung der gesamten Operation, in der jedes eingesetzte Truppenkontingent seine bestimmte Aufgabe zu übernehmen habe, dürfe zum Angriff angetreten werden.

Heirat und Tragödie

Die drei Jahre, die Montgomery als Lehrer am Staff College zugebracht hat, müssen auf seine Entwicklung als Truppenführer einen wesentlichen Einfluß gehabt haben. Er selbst scheint sich an sie aber nur flüchtig zu erinnern. Offenbar machte es ihm Freude, mit so hervorragenden Leuten wie dem Kommandeur der Schule, Ironside, der 1939 Chef des Empiregeneralstabs wurde, und Alan Brooke, der später den gleichen Posten übernahm, zusammenzuarbeiten. Zu seinen Schülern gehörten Alexander, der im Krieg unter Montgomery Befehlshaber war, Oliver Lees, John Harding und Miles Dempsey, die alle unter ihm dienten. Aber Anfang 1926, vor seiner Kommandierung nach Camberley, kam es zu einem Ereignis, das seinen Charakter und sein Verhalten nachhaltiger beeinflussen sollte als irgend etwas anderes seit seiner Kindheit in Tasmanien. Er lernte seine künftige Frau kennen.

Es gibt einander widersprechende Berichte über die Umstände, die ihn veranlaßt haben, zu heiraten. Alan Moorehead meint, Montgomery sei noch vor der ersten Begegnung mit seiner Frau 1925 zu dem Schluß gekommen, es sei Zeit für ihn, an Heirat zu denken. Dann habe er folgerichtig den Verlauf der Ereignisse eingeleitet, zu denen auch ein erfolgloses Erkundungsunternehmen in Dinard gehörte, wo er Tanzstunden nahm, ohne irgendwelche romantischen Beziehungen anknüpfen zu können. Im Januar 1926 folgte ein Urlaub in Lenk im Berner Oberland. Wenn auch dieser Aufenthalt zu dem Gesamtunternehmen gehörte, dessen Ziel das Auffinden der für ihn geeigneten Ehefrau sein sollte, dann war die Schweizer Gebirgslandschaft sicher nicht das geeignete Jagdgebiet, und man kann sich kaum vorstellen, daß Bernard Montgomery in seinem Aufzug, den er für einen sportlichen Skidress hielt, bei den jungen Damen Furore gemacht hat. Er trug weite graue Flanellhosen, die unterhalb der Knie mit Gummibändern zusammengehalten wurden, dazu einen voluminösen Wollpullover mit V-Ausschnitt von unbestimmbarer Farbe, und über dem schmalen Vogelgesicht sah man zum erstenmal die Kopfbedeckung, die später zu seinem Markenzeichen werden sollte, eine weiche schwarze Baskenmütze. In

diesem eigenartigen Kostüm unternahm er energische Angriffe auf Hänge und Berge. Man erinnert sich weniger an seinen eleganten Abfahrtsstil als vielmehr an das leidenschaftliche Bemühen, ständig in Bewegung zu bleiben.
Das Programm seines Besuchs in Lenk hätte einen auch nicht vermuten lassen, daß er sich auf Freiersfüßen befand. Zunächst ernannte er sich zum Organisator von Langläufen, bei denen es darauf ankam, möglichst schnell möglichst weite Strecken zurückzulegen. Man kann sich kaum vorstellen, daß sich dabei die Gelegenheit zu romantischen Abenteuern ergeben hat oder daß er anschließend noch die Energie aufbringen konnte, sich mit weniger anstrengenden Dingen zu beschäftigen. Aber er lernte doch eine Dame kennen, und zwar ein weibliches Wesen, das auf den ersten Blick so wenig zu ihm und zu seinem Temperament zu passen schien, daß einen die zwei Jahre später erfolgte Heirat zunächst überraschen muß. Es wurde eine kurze Ehe, und sie nahm ein erschreckkend tragisches Ende. Die Auswirkungen dieser Tragödie auf Montgomery für den Rest seines Lebens waren so tiefgreifend, daß ich die chronologische Darstellung der Ereignisse jetzt verlassen will, um diese Geschichte für sich zu erzählen.
Betty Carver war die Frau eines englischen Offiziers, der im Ersten Weltkrieg bei Gallipoli gefallen war. Für den Krieg konnte sie sich nicht begeistern, obwohl sie sicher keine Pazifistin war. Die oft wiederholte Behauptung, sie habe ihren beiden kleinen Söhnen nicht erlauben wollen, mit Soldaten zu spielen, ist wahrscheinlich erfunden, obwohl sie den Jungen gelegentlich verboten hat, in ihren Blumenbeeten Schützengräben anzulegen. Jeder, der sie gekannt hat, erinnert sich an sie als eine charaktervolle Persönlichkeit. Fotos zeigen sie als dunkelhaarige Frau mit etwas groben Gesichtszügen. Sie war nicht schön, strahlte aber Güte und Intelligenz aus. Sie war fröhlich, unaffektiert und sanft. Ihr einziger Ehrgeiz bestand darin, ihre Kinder zu anständigen Menschen zu erziehen. Bei ihren Freunden galt sie als etwas exzentrisch. Aber das lag sicher nur an ihren künstlerischen Neigungen. Ihre Liebhabereien waren die Malerei und das Modellieren, und sie lebte in einer Künstler- und Schriftstellerkolonie bei Chiswick. Damals genügte das schon, um als etwas eigenartig angesehen zu werden.
Sie verbrachte mit ihren beiden Söhnen Richard und John und einigen Freunden die Ferien in Lenk, als der sonderbare Bernard

Montgomery fast buchstäblich in ihr Leben schlitterte. Die Jungen vermittelten die Bekanntschaft. Montgomery hatte sein ganzes Leben kaum je der Versuchung widerstehen können, anderen Leuten zu sagen, wie man es machen müsse. Ob sie seinen Rat befolgen wollten oder nicht, war ihm gleichgültig. Auf dem Staff College hatte er nicht nur darauf bestanden, seinem Kommandeur ein Radiogerät zu schenken, das der etwas verdutzte Offizier gar nicht haben wollte, sondern bestimmte auch genau, wo es im Arbeitszimmer des Generals aufgestellt werden müsse. Jetzt nahm er sich vor, Dick und John das Skifahren und Schlittschuhlaufen beizubringen. Sie waren natürlich begeistert, einen väterlichen Freund gefunden zu haben, der sich so um sie kümmerte. Außerdem waren sie so jung, daß ihnen der unmögliche Aufzug Montgomerys nicht weiter auffiel. Er verstand es, mit jungen Leuten umzugehen, eine Gabe, die es ihm im Zweiten Weltkrieg erleichtert hat, gute Beziehungen zu seinen jungen Ordonnanz- und Verbindungsoffizieren herzustellen. Bald entwickelte sich zwischen ihm und den jungen Carvers ein freundschaftliches Vertrauensverhältnis. Ganz reibungslos verlief die Bekanntschaft nicht, denn die Jungen entsprachen nicht seinen Vorstellungen von gehorsamen Kindern. Sie waren übermütig – vielleicht weil sie keinen Vater hatten –, und ihre Mutter hielt es in der bohemienhaften Atmosphäre von Chiswick nicht für notwendig, sie täglich von der Schule abzuholen. John Carver kann sich heute nicht daran erinnern, daß Montgomery viel Interesse für ihn und seinen Bruder gehabt habe: »Wir gehörten zu einer undisziplinierten und aufsässigen Gruppe junger Leute, und ich habe den bestimmten Eindruck, daß man uns nicht mit besonderem Wohlwollen betrachtet hat.« Aber die Jungen mochten ihn, und er war bereit, seine Vorbehalte gegen ihren Übermut weitergesteckten Zielen zu opfern. Natürlich wurde auch die Mutter im Lauf der Zeit in diese Freundschaft einbezogen, aber alles dauerte länger und wurde förmlicher betrieben, als dies heute der Fall wäre. Nach seiner Rückkehr aus dem Urlaub unternahm Montgomery ein paar vorsichtige Erkundungsvorstöße in das Niemandsland der Künstlerkolonie bei Chiswick. Gewöhnlich betrat er das Haus von Mrs. Carver nicht. Wahrscheinlich fürchtete er, dort mit gefährlichen Bohemiens konfrontiert zu werden, deren lockere Moral und freies Benehmen ihn schockiert hätten.

Im Januar 1927 beschloß er, seinen Urlaub zum zweitenmal in Lenk zu verbringen, wo er auch diesmal Betty Carver mit ihren Söhnen antraf. Er erneuerte sofort seine Bekanntschaft mit den Jungen, und nachdem er in aller Form seiner Überraschung und Freude darüber Ausdruck verliehen hatte, sie wiederzusehen, begann er, die Mutter mit Geschick und Entschlossenheit zu verfolgen. Diesmal spielte der Langlauf keine so große Rolle mehr. Monty konzentrierte sich mit der für ihn typischen Ökonomie der Kräfte ganz auf das Hauptziel. Zu Ostern beschlossen sie, zu heiraten, und am 27. Juli 1927 fand die Hochzeit in der Gemeindekirche von Chiswick statt. Das führte zu einer vollständigen Umstellung des Lebens von Montgomery in fast jeder Hinsicht. Erstens hatte er sich in eine Lage gebracht, auf die er in keiner Weise vorbereitet war. Was er später schriftlich und mündlich über seine Frau geäußert hat, zeigt, daß er sie tief und aufrichtig liebte. Das Gefühl einer solchen Zuneigung ließ sich nicht kontrollieren, und für einen Mann, der sein ganzes Leben fähig gewesen war, Neigungen, die mit seinen Hauptinteressen nichts zu tun hatten, zu verdrängen, muß das recht beunruhigend gewesen sein. Er galt dazu nicht ganz zu Unrecht als Weiberfeind. Das hatte mit dem ernsten Konflikt zwischen ihm und seiner Mutter Maud begonnen, der Narben hinterlassen hatte, die nie ganz ausgeheilt sind. Bis er Betty Carver kennenlernte, hatte er Frauen mit einer Mischung aus Gleichgültigkeit und Ablehnung behandelt. Am gesellschaftlichen Leben hatte er kein Vergnügen. Es fehlte ihm die unbeschwerte Fröhlichkeit, die oft die traumatischen Spannungen einer emotionalen Bindung lockern kann. Er hatte auch nicht die Gabe, sich über Nebensächlichkeiten zu unterhalten. Seit er erkannte, daß seine Mutter seine Feindin war, hatte seinem Leben eine wesentliche Dimension gefehlt; und das führte zu Hemmungen, die wiederum eine emotionale Unreife zur Folge hatten. Diesen Zustand hatte er bis dahin akzeptiert.

Jetzt schien sich plötzlich alles zu verändern. Er und Betty waren unzertrennlich. Alles, was sie unternahmen, taten sie gemeinsam. Wie er später in seinen Erinnerungen schreibt, hatte er es bisher für unmöglich gehalten, daß es eine solche Liebe und Zuneigung gäbe. Nur zweimal mußten sie sich aus dringenden dienstlichen Gründen trennen. Einmal ging Montgomery unmittelbar nach seiner Kommandierung ans Staff College nach Palästina, wohin seine Frau ihm etwas später folgte, und einmal mußte er sie 1935 nach dem Erdbeben von Quetta aus Indien nach Hause schicken. In Betty fand er

Eigenschaften, die er bei einer Frau nicht erwartet hatte: Freundschaft, Loyalität, Verständnis und sogar Anerkennung. Für den ernsten Montgomery, dessen Vorurteile sich in den vielen Jahren der strengen Behandlung durch seine Mutter verhärtet hatten, erschien die Welt jetzt in einem neuen Licht. Sofort nach der Hochzeit übernahm er das Kommando und wies seiner Frau die Rolle eines zwar charmanten, aber doch unwissenden Untergebenen zu. Er übernahm die Haushaltsführung und bestimmte, was beim Lebensmittelhändler, Bäcker und Fleischer eingekauft werden dürfe, was gelegentlich katastrophale Folgen hatte. Mit dem für ihn bezeichnenden Bestreben, für alle Eventualitäten gerüstet zu sein, ließ er in der »ehelichen Unterkunft« solche Mengen von Brennholz und Kohlen stapeln, daß die Unterkünfte einer ganzen Division damit einen strengen Winter überstanden hätten. Natürlich übernahm er auch die Verantwortung für die Erziehung der Söhne. Die Organisation eines Hausstandes bedeutete für ihn dasselbe wie die generalstabsmäßige Planung einer militärischen Operation. Dabei kümmerte er sich um jede Kleinigkeit wie Einkaufslisten und Bankkonten, kurz um alles, wo sich sein Sinn für Ordnung und Disziplin ausleben konnte.

Die Ehe war aber keine einseitige Angelegenheit. Betty Carver setzte nicht weniger als Montgomery ihren Willen durch, und ihre künstlerischen Neigungen sind oft überschätzt worden. Sie hatte eine ähnliche Erziehung genossen wie ihr zweiter Mann. Ihre Familie, die Hobarts, waren strenge Protestanten, und viele ihrer männlichen Mitglieder waren Militärpfarrer gewesen. 1944 arbeitete Montgomery sogar mit seinem Schwager Percy zusammen. Die Hobarts besaßen auch ein Haus in Ulster. Die Carvers, die Familie, aus der Bettys erster Mann stammte, waren Baumwollkaufleute in Cheshire. Nach dem Tod ihres Mannes hatte sie eine Zeitlang in einer recht stickigen methodistischen Atmosphäre gelebt. Ihre Schwiegermutter war Präsidentin der Total Abstinence Society, der englischen Blaukreuzlergesellschaft. Die einzige Möglichkeit, dieser klösterlichen Atmosphäre zu entfliehen, bot ihr der Bruder Percy mit seinem großen Freundeskreis und seinen zahlreichen Interessen. Durch ihn lernte sie A. P. Herbert kennen, der ihr ein Haus auf der Chiswick Mall anbot. Das Leben in Chiswick war im Vergleich mit dem, was sie in Cheshire durchgemacht hatte, traumhaft schön. Hier machte sie zahlreiche interessante Bekanntschaften. Aber sie fühlte sich in dieser so leichtlebigen Gesellschaft niemals ganz zu Hause. Sie erlaubte zum Beispiel ihren Söhnen nicht, länger als ein paar Tage dort zu bleiben, denn sie wollte sie »zu anständigen Menschen« erziehen.

Wahrscheinlich hat sie sich ebensosehr danach gesehnt, wieder zu heiraten, wie Montgomery gewünscht hatte, die richtige Frau zu finden. Seine Lebensumstände und seine Art schreckten sie nicht ab. Sie entsprachen dem, was sie vom Leben zu erwarten gelernt hatte. Ihr Sohn John erinnert sich, daß die zweite Reise nach Lenk für Betty ein sehr wichtiges Unternehmen war. Trotz einer akuten Geldknappheit gab sie für diese Ferien mühsam Erspartes aus. Wahrscheinlich hat sie länger als Montgomery zu dem Entschluß gebraucht, wieder zu heiraten, weil sie glaubte, auf ihre Söhne Rücksicht nehmen zu müssen, und nicht wußte, wie sie auf das neue Regiment reagieren würden. Aber die Jungen kamen während der zweiten Ferien gut mit ihrem zukünftigen Stiefvater aus. Dadurch ließ sie sich überzeugen. Als sich ihre Freunde in Chiswick überrascht zeigten, meinte sie: »Ich habe mich bekehren lassen.« Und damit hatte sie in gewisser Weise recht.

Die Beziehungen zwischen Montgomery und seiner Frau waren sehr komplex. Äußerlich war es eine glückliche und zufriedene Ehe. Betty Montgomery behandelte ihren starrköpfigen, dogmatischen Ehemann mit einer Mischung aus Zuneigung und sanftem Spott. Sie förderte seine beruflichen Interessen, ohne sich einzumischen. In militärischen Kreisen kennt man ein gefürchtetes Phänomen, die Ehefrau, die sich für die dienstlichen Aufgaben ihres Mannes »interessiert«. Gewöhnlich weiß sie in der Rangliste besser Bescheid als der Verteidigungsminister. Sie wacht mit Argusaugen darüber, daß das strenge Protokoll beachtet wird. Es kommt sogar vor, daß sie deprimierend genau über den taktischen Einsatz des Bataillons im Manöver orientiert ist. Aber Betty Montgomery war zu intelligent und wohlerzogen, um in eine solche Falle zu geraten. Ganz unmerklich verstand sie es, etwas von der Atmosphäre ihres Lebens in Chiswick in die neue Umgebung hineinzubringen. Montgomery, der es nicht gewohnt war, über Bücher und Malerei zu sprechen, hörte interessiert und respektvoll zu und enthielt sich der abfälligen Kommentare, mit denen er sonst auf die Ansichten seiner Zeitgenossen über militärische Fragen zu reagieren pflegte.

Für Montgomery war ein Bann gebrochen. Zum erstenmal in

seinem Leben hatte er eine menschliche Beziehung angeknüpft, bei der es nichts gab, wogegen er opponieren oder dem er einen inneren Widerstand entgegensetzen mußte. Mit der Gewandtheit eines Judokämpfers nutzte Betty seine Aggressivität aus, um selbst die Oberhand zu gewinnen. Das war nicht die harte, bedrückende Herrschsucht seiner im Grunde ihrer selbst nicht sicheren Mutter, sondern die sanfte Gewalt der Zuneigung und des Verstehens. Sie konnte ihn, wie ihre Freunde meinten, »um den Finger wickeln«. In Nebensächlichkeiten fügte sie sich meist dem starken Willen ihres Mannes. Wenn sie aber eine Sache für wichtig hielt, dann setzte sie ihm Widerstand entgegen, und wenn sie sich durchgesetzt hatte, dann erklärte Montgomery, er habe es sich noch einmal überlegt und seine Meinung geändert.

Es läßt sich kaum abschätzen, welche Opfer Betty bei dieser psychotherapeutischen Behandlung selbst gebracht hat. Es gibt Anzeichen, aus denen man entnehmen kann, daß nicht alles so idyllisch war, wie es nach außen erscheinen mochte – oder wie Montgomery es nach vielen Jahren in seiner Erinnerung gesehen hat. Lange Zeit ging es ihr gesundheitlich nicht gut, besonders 1928 nach der Geburt ihres Sohnes David.

Nach einem dienstlichen Aufenthalt in Alexandria, einem Urlaub in Japan und einem zweiten Auslandskommando in Quetta kamen sie 1937 mit ihrem kleinen Sohn nach England zurück. Hier übernahm Montgomery den Posten eines Brigadekommandeurs in Portsmouth. Jetzt, nach zehn Jahren, war die Ehe gefestigt, und seine militärische Laufbahn war gesichert. Sie bezogen bei Portsmouth ein geräumiges Haus, das die Armee ihnen zur Verfügung stellte, und Montgomery begann sofort, die Wohnung mit Möbeln, Büchern, Teppichen und Souvenirs einzurichten. Kaum war das geschehen, ging er mit seiner Brigade zum erstenmal ins Manöver, während Betty und David zur Erholung nach Burnham-on-Sea fuhren. Doch plötzlich und unerwartet zerbrach das geborgene und friedliche Dasein Montgomerys in tragischer Weise. Eines Tages wurde Betty krank. Sie glaubte, von irgendeinem Insekt ins Bein gestochen worden zu sein. Zuerst hielt man die Sache für harmlos. Da sie sich aber sehr elend fühlte, nahm man sie zur Beobachtung im Krankenhaus auf und verständigte Montgomery. Als er eintraf, erkannte man schon deutlich, daß Betty schwer erkrankt war. Das Bein war stark geschwollen, die Infektion breitete sich aus, und nach einer Amputation und einem einige Wochen dauernden schmerzhaften Krankenlager starb sie am 19. Oktober 1937. Das letzte, was sie vor ihrem Tode hörte, war seine Stimme, als er ihr den Psalm vorlas:

> Der Herr ist mein Hirte, mir wird nichts mangeln;
> Er weidet mich auf einer grünen Aue,
> Er führet mich zu frischem Wasser . . .

Zum erstenmal in seinem Leben war Montgomery ein geschlagener Mann. Er vergrub sich in seinem großen Haus bei Portsmouth, deckte die Möbel zu, verschloß die meisten Zimmer, und es begann eine alptraumhafte Zeit für ihn, in der er wie ein Besessener arbeitete, nie ausging und mit keinem Menschen über den Tod seiner Frau sprach. In seinen Erinnerungen schreibt er: »Ich war vollkommen geschlagen und zermarterte mir den Kopf darüber, was ich falsch gemacht hätte und weswegen mir ein so vernichtender Schlag zugefügt worden war. Ich konnte es nicht verstehen. Mein Innerstes empörte sich gegen diese offensichtliche Ungerechtigkeit. Jede Lebensfreude war mir genommen. Außer David hatte ich keinen Menschen, den ich lieben konnte, aber er war nicht zu Hause. Er war auf der Schule.«

Später stellte sich heraus, daß die Liebe Montgomerys zu seinem Sohn nicht ganz so leidenschaftlich war, aber was er erfahren hatte, traf ihn zutiefst. Ebensowenig wie man bei der Beurteilung seines Charakters seine tragische Kindheit vergessen sollte, darf man außer acht lassen, welche tiefe Wunde der Tod der einzigen Frau, die den Schlüssel zu seinem komplexen und zerrissenen Wesen gefunden hatte, bei ihm hinterließ, und das nach einer zehnjährigen Ehe, die, wie er selbst sagt, für ihn »das absolute Glück« bedeutet hatte. Nachdem Betty gestorben war, hat ihn nie wieder eine Frau interessiert. Viele Jahre später schrieb er im Epilog zu seinem Buch *The Path to Leadership* eine fast mystische Passage, in der er einen Traum schildert, in dem ihm die Gestalt seines verstorbenen Vaters im Garten seines Hauses in Hampshire erschienen war. Nachdem er eine Weile mit ihm gesprochen hatte, lächelte der alte Mann und ging den Gartenweg hinunter von ihm fort.

Dann (so schreibt Montgomery) schien sich im Garten irgend etwas zu ereignen, und ich wollte sehen, was es war. Es erhob sich eine leichte Brise, und auch im Gebüsch fing es an, sich zu regen. Es war nicht wie das Flüstern der Blätter im Wind- sondern menschlicher, als wenn sie in ihrer Sprache etwas flüsterten, und ich glaubte, menschliche Gestalten zu erkennen, Schattengestalten, die ich nicht deutlich sehen konnte. War meine Frau, meine geliebte Betty, im Garten? Ich lief die mit Gras bestandenen Pfade zwischen den Blumenbeeten hinunter, am Flußufer entlang und durch den Obstgarten, konnte sie aber nicht sehen – und ich wußte, ich würde noch eine Weile warten müssen.«

Eine Beziehung, die noch nach einem Vierteljahrhundert in einem Mann mit dem Gemüt Montgomerys solche Gefühle wecken konnte, verdient unsere besondere Beachtung.

Eine kritische Phase

Als Montgomery 1927 heiratete, war er vierzig Jahre alt, ein älterer Major, dessen Ansehen in den Kreisen der höheren Offiziere ständig wuchs, die in geheimen Konklaven die Karriere eines jeden Offiziers des Heeres bestimmten.

Montgomery hatte in den drei Jahren als Taktiklehrer in Camberley fleißig gearbeitet und betrachtete dieses Kommando als erste wichtige Stufe seines Aufstiegs in der Militärhierarchie. Die offizielle Anerkennung milderte sein schroffes Auftreten, und seine Ehe unterstützte diese Tendenz. Er stellte fest, daß man seine Ideen eher akzeptierte, wenn er sie weniger selbstbewußt und rechthaberisch vortrug. Als er das Staff College 1930 verließ, ging er zu seinem Regiment zurück, das damals in Woking stationiert war. Aber sehr bald wurde er zum Sekretär des Ausschusses im Kriegsministerium ernannt, der eine Neufassung der Ausbildungsvorschrift für die Infanterie ausarbeiten sollte. Das war ein wichtiger Auftrag, und Montgomery übernahm ihn mit der für ihn typischen Haltung. Wie er seine Aufgabe ansah, die für die meisten Offiziere nur darin bestanden hätte, die Überlegungen des Ausschusses zu koordinieren und festzuhalten, ist bezeichnend. Er sagt: »Ich wurde vom Kriegsministerium dazu ausersehen, eine Neufassung der Ausbildungsvorschrift für die Infanterie auszuarbeiten.« Er ging sofort an die Arbeit. Er ackerte die noch geltende Dienstvorschrift kapitelweise durch und setzte an die Stelle der veralteten Anweisungen seine Ideen vom Infanteriegefecht. Als der aus erfahrenen höheren Offizieren bestehende Ausschuß es wagte, gewisse Abweichungen vorzuschlagen, empfahl er die sofortige Auflösung des Ausschusses und sagte, er wolle den Text allein ausarbeiten.

Er tat es, ohne einen einzigen Vorschlag des Ausschusses zu berücksichtigen. Mit seiner hochmütigen Art verärgerte er eine ganze Reihe von Offizieren im Ministerium, die das Erscheinen der neuen Dienstvorschrift mit der Begründung hinauszögerten, sie sei stilistisch schlecht, und die Art und Weise, wie Montgomery den Ausschuß behandelt habe, sei unerträglich. Als das Buch schließlich gedruckt wurde, entsprach es jedoch im wesentlichen seinem Entwurf, und bei Kriegsbeginn 1939 war es noch immer das Evangelium der infanteristischen Ausbildung in der britischen Armee. Mit olympischer Schlichtheit hat Montgomery später gesagt: »Ich habe mich darin zur gesamten Kriegskunst geäußert.«

Als das kleine Werk erschien, wurde es – in erster Linie von seinem Verfasser – als hervorragend bezeichnet. Seine überhebliche Art als Autor eines Büchleins, das keineswegs umfassend oder vollkommen war, zeigt deutlich seine Selbstüberschätzung und seinen übertriebenen Ehrgeiz. Doch welche Mängel immer dies Buch haben mag, es enthielt einen Abschnitt über die Führerqualitäten, der im Licht der späteren Leistungen von Montgomery sehr aufschlußreich ist: »Führungsgabe basiert auf einfachen und geradlinigen menschlichen Eigenschaften. Ein militärischer Führer muß vor allem das Vertrauen seiner Männer haben. Das Vertrauen gewinnt er, wenn er ihre Achtung genießt, Achtung vor seiner Entschlossenheit und Bereitwilligkeit, Verantwortung zu übernehmen, vor der Klarheit und Einfachheit seiner Befehle und der Festigkeit, mit der er dafür sorgt, daß sie ausgeführt werden; vor seiner gründlichen Fachkenntnis, vor seinem Gerechtigkeitssinn, vor seinem gesunden Menschenverstand, vor seiner Intelligenz, Energie und seinem Weitblick, vor seinem Sinn für Humor, vor seinem Mut angesichts persönlicher Gefahr und vor seiner Bereitschaft, alle Strapazen mit seinen Soldaten zu teilen; vor seinem Gleichmut in schwierigen Lagen und vor seinem Stolz, ihr Befehlshaber zu sein.«

Läßt man den Sinn für Humor fort, dann könnte das ein Selbstporträt Montgomerys sein – und vielleicht hat der Verfasser das damals auch geglaubt. In den folgenden Jahren sollte er als militärischer Führer jedoch durch eine Krise gehen, in der einige seiner Zeitgenossen den Eindruck hatten, daß es ihm deutlich an den Qualitäten mangele, die er in »seiner« Dienstvorschrift so zuversichtlich aufgezählt hatte.

Im gleichen Jahr, 1930, wurde Montgomery zum Kommandeur des I. Bataillons seines Regiments, der Royal Warwickshires, ernannt. Das war damals weit mehr als heute die wichtigste Stufe im Werdegang eines Infanterieoffiziers. Ein Infanterist, der nie Regimentskommandeur gewesen war, konnte praktisch nie in die höchsten Ränge der Armee aufsteigen. Montgomery war jetzt zu dem Dienstgrad befördert worden, den er als vorläufigen Rang bereits zwölf Jahre zuvor bei Kriegsende innegehabt hatte. Aber nun stand er auf der ersten Stufe der Rangordnung, von der aus der weitere Aufstieg möglich war. Im Januar 1931 wurde sein Bataillon nach Palästina verlegt, und er erhielt eine Stellung, von der jeder Infanterieoffizier träumt. Sein Bataillon war das einzige britische Truppenkontingent in Palästina, wo die Konfrontation zwischen Arabern und Juden noch nicht zu so blutigen Ausschreitungen geführt hatte wie später. Hier war Montgomery nicht nur Bataillonskommandeur, sondern führte auch die großartige Dienstbezeichnung eines Befehlshabers in Palästina. Zum erstenmal in seinem Leben leitete er einen ganz selbständigen Verband, und zum erstenmal sollten seine Führerqualitäten im Ernst auf die Probe gestellt werden.

Das Zwischenspiel in Palästina dauerte nicht lange. Montgomerys Stabsquartier befand sich in Jerusalem, und er nutzte die Gelegenheit, die heiligen Stätten zu besuchen und seine Beziehungen zum Herrn der himmlischen Heerscharen zu festigen, auf dessen Unterstützung er sich später mit einer so absolut monopolistischen Zuversicht berufen hat, daß man wirklich auf den Gedanken kommen konnte, kein anderer General sei sich der göttlichen Hilfe so sicher wie er. Die Intensität seiner religiösen Überzeugungen hat sich damals wahrscheinlich noch durch den Tod seines im Alter von neunundachtzig Jahren gestorbenen Vaters vertieft. Dieser fromme Mann stand im Mittelpunkt der einzig glücklichen Erinnerungen, die Montgomery von seiner Kindheit besaß. In den letzten Jahren war er augenscheinlich der Lieblingssohn des Bischofs gewesen, der glaubte, daß er für große Dinge ausersehen sei, auch wenn er sich in seiner militärischen Laufbahn bisher noch nicht besonders hervorgetan hatte. Montgomery liebte seinen Vater aufrichtig, und als ihn in Palästina die Nachricht vom Tode des alten Herrn erreichte, dachte er an die Worte des Bischofs, die er in seinem Buch *A Generation of Montgomerys* an die Mitglieder seiner Familie gerichtet hatte und die nun in seinem Sohn ein gewisses Verantwortungsgefühl weckten: »Ihr, meine geliebten Kinder, tragt die heilige Tradition der Gottesfurcht und Demut, des ständigen Strebens und der wahren Frömmigkeit weiter, damit der Name Montgomery, der in der Vergangenheit fleckenlos geblieben ist, auch dann nicht Schaden leidet, wenn ihr ihn in eure Obhut nehmt.«

Noch vor Jahresende 1931 wurde Montgomerys Bataillon nach Ägypten in die Garnison Alexandria verlegt. Das war einer der

wichtigsten Abschnitte in seinem Leben. Der Herr der himmlischen Heerscharen hat sich offenbar schon jetzt um seine Zukunft gesorgt, denn wenn Montgomery nicht das Glück gehabt hätte, einen ungewöhnlich einsichtigen und tüchtigen Brigadekommandeur und Oberbefehlshaber zu bekommen, dann hätte seine militärische Laufbahn in Alexandria ein unrühmliches Ende nehmen können. Bestenfalls wäre er in ein Linienregiment versetzt worden und hätte sich mit so langweiligen Aufgabe beschäftigen müssen wie Truppenverlegungen oder Standortverwaltung, um schließlich sang- und klanglos pensioniert zu werden.
Zwischen den Kriegen war das Leben eines Soldaten in der Garnison eine wenig aufregende Sache. Es bestand aus Paraden, Sport und gelegentlichen, wenig anspruchsvollen Gefechtsübungen, die als Ableistung einer unumgänglichen Pflicht und nicht so sehr als Vorbereitung auf den Krieg abgehalten wurden. Solange die Soldaten stramm exerzieren konnten, körperlich in gutem Zustand waren und bei der Bevölkerung einen ordentlichen Eindruck machten, hatten sie viel freie Zeit und durften nach Belieben darüber verfügen. Das entsprach jedoch nicht den Vorstellungen Montgomerys von den Aufgaben der Armee. Wenn ein Offizier oder Mann sich außer Dienst so verhielt, daß er damit seine militärische Leistungsfähigkeit beeinträchtigte, hatte er sich eines Vergehens schuldig gemacht. Ausgehend von der puritanischen Vorstellung, daß alles, was dem Menschen Freude macht, verderblich sei, betrachtete er die Bars und Bordelle in Alexandria mit Mißtrauen und Unbehagen. Natürlich darf man nicht sagen, daß alles, was in den dunklen Nebenstraßen dieser sehr leichtlebigen Stadt an Abwechslungen geboten wurde, harmlos gewesen sei. Die Prostitution florierte in allen denkbaren levantinischen Variationen. Geschlechtskrankheiten grassierten, und am Ende einer durchschwärmten Nacht kam es oft zu Gewalttätigkeiten und sogar Mord. Aber ein intelligenter Offizier oder Soldat konnte durchaus sein Vergnügen haben, ohne sich anzustecken oder ermordet zu werden, eine Möglichkeit, mit der Montgomery offenbar nicht rechnete. Angesichts dieser Versuchungen, denen sein Bataillon ausgesetzt war, ernannte er sich zu einer Ein-Mann-Heilsarmee. Offiziere wurden zum Kommandeur befohlen, um von ihm wegen ihrer intimsten persönlichen Dinge abgekanzelt zu werden. Soldaten wurden wegen der lächerlichsten Vergehen disziplinarisch bestraft, meist unter Berufung auf den

von allen Feldwebeln so geschätzten Abschnitt aus dem Militärgesetz, in dem es um »Verstöße gegen die Ordnung und militärische Disziplin« ging. Montgomery führte nicht nur ein unvernünftig strenges Regiment, sondern er ließ es dabei auch vollkommen an Verständnis und Takt fehlen. Die unvermeidliche Folge war das Absinken der Moral und das allgemeine Nachlassen der Disziplin. Kein Kommandeur hat je ein erstklassiges Bataillon befehligt, wenn er seine Offiziere abkanzelte und gegen die Soldaten mit ungerechtfertigt strengen Disziplinarmaßnahmen vorging. Als Montgomerys Vorgesetzte kamen, um das neue Garnisonsbataillon zu besichtigen, stellten sie fest, daß Offiziere und Mannschaften ihren Kommandeur nicht ausstehen konnten und als ihren Feind betrachteten. Die Soldaten, die nicht gerade die Arrestzellen bevölkerten, machten einen ungepflegten Eindruck. In der Kaserne herrschte die dumpfe, gedrückte Atmosphäre, die bezeichnend ist für ein schlechtes Bataillon.

Es stellte sich heraus, daß die beiden direkten Vorgesetzten von Montgomery ungewöhnliche Führerqualitäten besaßen. General Sir John Burnett-Stuart war Oberbefehlshaber in Ägypten, und Brigadegeneral »Tim« Pile befehligte die Brigade, zu der die Royal Warwickshires gehörten. Beide waren sehr tüchtige aktive Offiziere, die es einerseits nicht durchgehen ließen, daß ein Untergebener ihnen Schwierigkeiten machte, die aber auf der anderen Seite Verständnis für den Offizier zeigten, der militärisch Überdurchschnittliches leistete. Diese Leistungen zeigten sich zu deutlich, um übersehen zu werden, wenn Montgomery mit seinem Bataillon zu Truppenübungen in die Wüste ging, wo die Soldaten nicht der entnervenden Kasernenatmosphäre ausgesetzt waren. Hier wurde der Bataillonskommandeur zu einem anderen Menschen. Aus der sonst so langweiligen militärischen Ausbildung machte er ein interessantes und fesselndes Unternehmen für seine Offiziere und Mannschaften. Die Royal Warwickshires, die in Alexandria beim Exerzieren ihre Unteroffiziere zur Verzweiflung brachten, bewiesen bei den Gefechtsübungen erstaunliches Geschick und großen Eifer. Burnett-Stuart und Pile beschlossen daher, Montgomerys Eigenheiten zu ertragen, die immer wieder zu kleinen Katastrophen führten und sie veranlaßten, von Kairo oder Ismailia nach Alexandria zu eilen, um eine peinliche Situation in Ordnung zu bringen, die entstanden war, weil der Bataillonskommandeur einen unüberlegten Befehl

gegeben oder einen seiner Soldaten zu hart bestraft hatte. Zu einem dieser Zwischenfälle kam es, als Montgomery allen Bataillonsangehörigen befahl, die Regimentszeitung zu abonnieren. Regimentszeitungen sind im allgemeinen unglaublich langweilig und banal, und Montgomery war vermutlich nicht zu Unrecht zu der Überzeugung gekommen, niemand, der seine fünf Sinne beisammen hatte, würde sie lesen, wenn man ihn nicht dazu zwang. Es gibt jedoch erprobte und legitime Methoden, diesen schwer verkäuflichen Artikel unter die Leute zu bringen, aber ein Bataillonsbefehl, der die Soldaten zwingt, die Zeitung zu kaufen, gehört nicht dazu. Wie nicht anders zu erwarten, weigerten sich einige robuste und selbständig denkende Angehörige des Bataillons, dem Befehl nachzukommen, und landeten mit der gleichen Zwangsläufigkeit im Arrest. Die Angelegenheit konnte schlimme Folgen haben, denn Montgomery hatte nicht das Recht, diesen Befehl zu erlassen. Wären die Soldaten vor einem Kriegsgericht unter Anklage gestellt worden, und zwar mit der beim Militär üblichen Begründung, weil sie »einen von einem Offizier erteilten rechtmäßigen dienstlichen Befehl verweigert« hätten, dann hätte es bei der Verhandlung zu einer kleinen Sensation kommen können. Diesmal kamen die Vorgesetzten Montgomerys ihm sehr diplomatisch zu Hilfe und lösten das Problem so, daß die Lösung von allen Beteiligten akzeptiert wurde. Der Befehl wurde zurückgenommen, die Bestraften wurden aus dem Arrest entlassen und kauften, damit der Kommandeur das Gesicht wahrte, die Zeitung.
Montgomery machte hier nicht nur wertvolle Erfahrungen in der Kunst der Menschenführung, sondern lernte auch taktisch einiges dazu. Bisher war er noch nicht von der Zweckmäßigkeit nächtlicher Unternehmungen überzeugt gewesen. Wie Liddel Hart in seinen Erinnerungen schreibt, fürchtete Montgomery wie die meisten Befehlshaber aus dem Ersten Weltkrieg, daß der Versuch, nachts Truppen zu bewegen, zu Unordnung und Verwirrung führen müsse und der Befehlshaber dabei die Kontrolle über seine Verbände verlieren könnte. Das waren für Montgomery unerträgliche Vorstellungen. Brigadegeneral Pile war jedoch ein begeisterter Verfechter von Nachtoperationen und verlangte, daß die Truppe intensiv in dieser Gefechtsart ausgebildet würde. Bei einer solchen Übung in der Wüste sollten die Soldaten nur nachts kämpfen und am Tage ruhen. Montgomery wehrte sich entschieden dagegen, erhielt aber

den Befehl, seine Einwände aufzugeben und die Übung wie geplant vorzubereiten. Im Verlauf des Manövers unternahm er mit seinem Bataillon einen langen Nachtmarsch durch die Wüste, um anschließend einen erfolgreichen Nachtangriff gegen die Stellung eines zweiten »feindlichen« Bataillons zu führen. Bei den alljährlich stattfindenden Brigademanövern kam es zu einer Begegnung die ihre Schatten auf künftige Ereignisse vorauswarf.

In einem der anderen Bataillone der gleichen Brigade diente auch der Major de Guingand, der zehn Jahre zuvor als Subalternoffizier in York dem gleichen Truppenteil angehört hatte wie Montgomery. Brigadier Pile setzte seine Offiziere, wie es in der Armee üblich war, bei der Ausbildung in Positionen ein, die höher waren als ihre gegenwärtigen Planstellen. Als Montgomery die Rolle des Brigadekommandeurs übernahm, teilte Pile ihm de Guingand als Brigademajor zu. So wurde hier die Zusammenarbeit vorweggenommen, die beide Männer im Zweiten Weltkrieg zu großen Erfolgen führen sollte. De Guingand erzählt in seinen Erinnerungen, wie sie mit Flugzeugen und an Fallschirmen befestigten Leuchtbomben die feindliche Kolonne ausmachten, die sich zum Angriff gegen ihr Lager bereitstellte. Montgomery griff darauf den Gegner im Schutz der Dunkelheit an und errang einen entscheidenden Sieg. Von diesem Tage an wurde Montgomery, der stets bereit war, etwas dazuzulernen, ein begeisterter Anhänger von Nachtoperationen, und als er 1942 als Befehlshaber der Achten Armee nach Ägypten zurückkehrte, ließ er auf dem Vormarsch von Alamein bis Tunis immer wieder Nachtangriffe durchführen, um die feindlichen Verteidigungsstellungen zu durchbrechen.

Was mit großen Zweifeln und wenig Zuversicht begonnen hatte, endete recht positiv, und es ist interessant, die damals von den Vorgesetzten Montgomerys verfaßten vertraulichen Beurteilungen zu lesen. Burnett-Stuart hält sich mit seinem Urteil etwas zurück, und in dem für militärische Beurteilungen typischen knappen Stil findet man bestimmte Schlüsselworte, die dem Kenner zeigen, wie man einen Untergebenen loben und gleichzeitig auf seine Schwächen hinweisen kann. »Er ist intelligent, energisch, ehrgeizig und ein sehr begabter Ausbilder; doch um sich selbst gerecht zu werden, muß er sich um Takt, Toleranz und Diskretion bemühen ... Sehr erfrischend, mit ihm zusammen zu sein. Er verlangt nach Unabhängigkeit und ist verantwortungsfreudig.« Auch die Beurteilung durch

Brigadier Pile ist aufschlußreich, wenn auch etwas positiver. »Ein Offizier mit großen militärischen Fähigkeiten, der keine Verantwortung scheut. Er ist sehr rasch, verfaßt sehr klare Denkschriften ... Entschieden über dem Durchschnitt. Er wird es in der Armee wahrscheinlich zu einem hohen Rang bringen. Das kann ihm nur mißlingen, wenn eine gewisse Selbstüberschätzung, die ihn gelegentlich überkommt, zu deutlich wird ... Er ist sehr beliebt bei seinen Mannschaften, die er achtet und behandelt, als seien es seine eigenen Kinder.«

Man hat diesen Beurteilungen in den verschiedensten Berichten über den Werdegang Montgomerys große Bedeutung zugemessen und geglaubt, schon damals hätten seine Vorgesetzten sein miltärisches Genie erkannt. Wer das behauptet, zeigt, daß er keine Ahnung von Form und Stil dieser vertraulichen Beurteilungen hat. Solange über einen Offizier nicht das Gegenteil gesagt wird, ordnet man ihn normalerweise in eine von vier Kategorien ein, innerhalb derer seine Fähigkeiten in eine Relation zu seinem Rang und seiner Dienststellung gebracht werden. Der Offizier kann als hervorragend, überdurchschnittlich, durchschnittlich oder unter dem Durchschnitt beurteilt werden. Als hervorragend gelten nur Offiziere, von denen man annimmt, daß sie für die höchsten Stellen in der Armee geeignet sind. Daß Montgomery in die zweite Kategorie eingestuft wurde, zeigt, daß sein Brigadier und sein Oberbefehlshaber 1934 glaubten, er könne es bis zum Generalmajor bringen. Wäre nicht der Zweite Weltkrieg ausgebrochen, dann hätte er seine militärische Laufbahn wahrscheinlich auch mit diesem Dienstgrad beendet. Jetzt hatte er eine schwierige Phase hinter sich; er hatte gelernt, wie man aus seinen Soldaten die besten Leistungen herausholt. Er hatte sich als Mann mit eigenen Ideen erwiesen, als begeisterter Ausbilder und zielstrebiger Berufssoldat. Das waren wichtige Eigenschaften, denn als der Krieg kam, verfügte er über ein eindrucksvolles technisches und taktisches Rüstzeug. Doch als er Ägypten 1934 verließ, um sein Bataillon in Indien zu übernehmen, war er noch nicht mehr als ein fähiger Bataillonskommandeur, von dem niemand annehmen konnte, daß er einmal bis an die oberste Spitze gelangen würde.

Der Aufstieg in eine hohe Führungsposition bereitet sich vor

In den dreißiger Jahren war Poona die typisch archetypische indische Garnisonsstadt. Das Leben drehte sich um die militärischen Unterkünfte, den Teil der Stadt, in dem die Soldaten und ihre Familien untergebracht waren: den Gymkhana-Klub, ein indisches Haus wie aus dem Bilderbuch mit langsam rotierenden Ventilatoren, Bambuskorbsesseln, kleinen indischen Whiskygläsern und schweigsamen indischen Dienern, und um das Napier-Hotel mit seinen Veranden, purpurfarbenen Bougainvilleas und scharfgewürzten Curryspeisen am Samstagabend. Die Militärhierarchie gliederte sich nach einem starren Kastensystem. Die Inder waren zum größten Teil entweder Kaufleute oder Diener, und man hielt auf eine strenge Rassentrennung. Die Gegenwart eines Inders in einem Klub oder einer anderen Einrichtung, die dem Sahib vorbehalten war, hätte einen kleinen Aufstand zur Folge gehabt, es sei denn, der Mann hielt sich dort in einer dienenden Funktion auf. Die militärischen Aufgaben der Garnison beschränkten sich auf strammes Exerzieren, und die Beachtung der Regimentstraditionen war unendlich viel wichtiger als Gefechtsausbildung oder Taktik. In diesen Bereichen galten noch anachronistische Begriffe wie das »Befestigen eines Lagers« oder das »Einpfählen einer Anhöhe«. Als der Außenseiter Montgomery und seine rauhen Warwickshires hier eintrafen, war die Katastrophe eigentlich schon vorprogrammiert. Er machte sich kurz mit der allgemeinen Situation vertraut und wußte sofort, daß er sich nach den drei Jahren bei seinem Bataillon nun bald nach einer anderen Beschäftigung würde umsehen müssen. Das Risiko für seine militärische Laufbahn war in Poona zu groß. Er reichte sofort ein Gesuch für einen dreimonatigen Urlaub ein und fuhr mit seiner Frau nach Japan.
Er hatte die Lage richtig beurteilt. Als er aus dem Urlaub zurückkehrte, lag der Befehl für seine Versetzung schon vor. Er sollte als dienstältester Ausbildungsoffizier an das Staff College der Armee nach Quetta gehen, und zwar im Rang eines Obersten als erster Generalstabsoffizier. Wie in Camberley ergriff er auch hier sofort

die Gelegenheit, das Evangelium Montgomery zu verkünden, ein Lehrgebäude, das in der Armee schon ein Begriff war. Der erste Biograf Montgomerys, Alan Moorehead, beschreibt den Unterricht für die Offiziere in Quetta wie folgt:

»Die Wandtafel im Rücken und die lernbegierigen Offiziere vor sich, erklärt er, ohne müde zu werden, immer wieder: ›Sollte es wieder zum Kriege kommen, dann müssen Sie sich an die folgenden Regeln halten, und die Sache wird ganz einfach sein.

1. Moral. Lernen Sie den einzelnen Soldaten kennen. Schaffen Sie eine Atmosphäre des Erfolgs. Von der Moral hängt alles ab.

2. Vereinfachen Sie das Problem. Stellen Sie fest, welche wesentlichen Punkte die Grundlage des künftigen Handelns sein müssen. Wenn Sie das wissen, sorgen Sie dafür, daß an diesen Grundvoraussetzungen festgehalten wird und sie nicht in der Masse der Einzelheiten untergehen. Als Befehlshaber legen Sie in großen Zügen fest, was nach Ihrer Meinung getan werden muß, und in diesem Rahmen gewähren Sie Ihren Untergebenen möglichst große Handlungsfreiheit. Erklären Sie ihnen den Plan sorgfältig und ausführlich. Dann treten Sie selbst zurück und lassen Sie sich nicht durch Nebensächlichkeiten ablenken.

3. Sie müssen lernen, aus Ihren Untergebenen ein gutes Team auszuwählen, und wenn Sie diese Leute haben, halten Sie sich an sie und vertrauen Sie ihnen. Alle Menschen sind verschieden, und alle Generale sind verschieden; ebenso die Brigaden und Divisionen. Wenn Sie sich aber intensiv mit der menschlichen Natur beschäftigen und Ihre Leute kennen, dann werden Sie sie auch an den richtigen Platz stellen.

4. Werden Sie sich darüber klar, was Sie wollen, und haben Sie den Mut und die Entschlossenheit, es zu erreichen. Sie müssen den Willen haben, zu siegen. Es ist viel wichtiger, gut zu kämpfen, wenn es schlecht steht, als wenn alles zu gelingen scheint. Denken Sie daran, daß eine Schlacht nur selten so verläuft, wie sie geplant ist. Große Geduld ist erforderlich, und Sie müssen nur so lange durchhalten, bis der Gegner aufgibt. Wenn Sie sich Sorgen machen, dann machen Sie sich damit nur selbst verrückt.‹«

Montgomery war schon fast ein Jahr in Quetta, als er wieder mit de Guingand zusammentraf. Die West Yorkshires waren in diese Garnison verlegt worden. Wieder hatte ihre Zusammenarbeit Auswirkungen auf die Zukunft. Sie war ein weiteres Glied in der Kette der

Ereignisse, die sie schließlich in Nordafrika zusammenführen sollte. Bevor er nach Quetta kam, hatte de Guingand sich an der Aufnahmeprüfung für das Staff College beteiligt und dafür qualifiziert. Es bewarben sich aber sehr viele Offiziere, und am Schluß mußten unter denen, die die Prüfung bestanden hatten, diejenigen ausgewählt werden, die wirklich aufgenommen werden konnten. Da de Guingand die Prüfung im letzten Jahr vor der Erreichung der Altersgrenze abgelegt hatte, war dies die letzte Möglichkeit, auf das College zu kommen. Ganz ähnlich wie seinerzeit Montgomery Sir William Robertson beim Tennis für sich gewonnen hatte, bat nun de Guingand Montgomery um seine Unterstützung. Er wurde zugelassen, denn Montgomery hatte einen Empfehlungsbrief geschrieben, in dem er sich sehr deutlich für ihn aussprach: »Ich bin es nicht gewöhnt, auf das falsche Pferd zu setzen, wenn ich mich an höherer Stelle für jemanden verwende. Wenn ich das täte, würde ich mir nur selbst schaden!«

In Quetta war de Guingand oft Dinnergast im Hause der Montgomerys. Wer in späteren Jahren Montgomerys Gastfreundschaft genossen hat, wird vielleicht überrascht sein, zu hören, daß de Guingand diese Einladungen »sehr amüsant« gefunden hat. Betty Montgomery war eine fröhliche und amüsante Gastgeberin, aber nachdem sich die Damen zurückgezogen hatten, setzten sich die Herren – meist junge, vielversprechende Offiziere, aus einem von Montgomery ausgewählten Kreis – bei Portwein und Kaffee zusammen, um sich über Probleme zu unterhalten, die der Gastgeber ihnen vorlegte. Vielleicht entspricht das nicht den Vorstellungen mancher Leute von einer interessanten Abendgesellschaft, aber für junge Offiziere, die sich für ihren Beruf interessierten, war es eine anregende Abwechslung nach der philiströsen Langeweile, die ihnen nach dem Essen im Kasino geboten wurde.

Die Montgomerys verlebten sehr glückliche und zufriedene Jahre in Quetta »mit Ausnahme«, wie er lakonisch in seinen Erinnerungen schreibt, »des Erdbebens im Mai 1935«. In einer schwülen Sommernacht um zwei Uhr morgens vernichtete eines der stärksten Erdbeben der Geschichte die aus Lehmhütten bestehende Eingeborenenstadt Quetta. In der Unterkunft außerhalb der Stadt, wo Montgomery und die englischen Truppen in geordneter Ruhe lebten, hob sich der Boden und schwankte gefährlich, aber hier wurden keine schweren Schäden angerichtet. Die nur wenige Kilometer entfernte Stadt dagegen wurde buchstäblich zertrümmert. Die armseligen, leicht gebauten Häuser stürzten zusammen und zerfielen zu Staub. Riesige Erdspalten öffneten sich, und Menschen, Tiere, Bäume, Straßen und Häuser verschwanden darin. Feuer brach aus, die Abwasserleitungen barsten, und die zu Tode erschrockene indische Bevölkerung lief, soweit sie mit dem Leben davongekommen war, in Panik zwischen den Ruinen umher. Als es Tag wurde, machten sich die Soldaten an die Arbeit. Mit Gasmasken ausgerüstet, kamen sie in die Stadt, um zu sehen, wie sie helfen könnten. Aber Quetta war nur noch ein rauchender Trümmerhaufen. Die Rettungsarbeiten gingen Tag und Nacht weiter, aber schließlich mußte das Gelände mit Stacheldraht abgesperrt werden, ein riesiges Massengrab für sechzigtausend Einwohner, deren Leben mit einem gewaltigen Schlag ausgelöscht war.

Im Sommer 1937 wurde Montgomery zum Brigadegeneral befördert, kehrte von Indien nach England zurück und übernahm das Kommando der 9. Infanteriebrigade. Sein Kommandeur in Quetta hatte ihn als guten Ausbilder beurteilt und geschrieben, er halte ihn für geeignet, in der vorgeschriebenen Zeit zum Generalmajor befördert zu werden. Montgomery selbst hatte das Gefühl, »den Wind im Rücken zu haben«. Seine Vorgesetzten waren bisher sehr fähige und verständnisvolle Offiziere gewesen, und er selbst hatte sich offenbar seine gröbsten Taktlosigkeiten und Rechthabereien abgewöhnt. Innerhalb von sechs Jahren war aus dem unbekannten Bataillonskommandeur ein Brigadegeneral mit roten Kragenspiegeln und rotem Mützenband geworden. Das war kein spektakulärer Aufstieg, aber doch eine Karriere, mit der man zufrieden sein konnte. Gerade um diese Zeit starb seine Frau, und damit verwandelte sich sein ganzer Lebensstil von Grund auf. Von nun an kannte er nichts anderes mehr als seinen Beruf. Nachdem er sich vom ersten Schock erholt hatte, stürzte er sich mit geradezu dämonischer Energie in die Arbeit. Seine beachtliche Konzentrationsfähigkeit wurde unterstützt durch die große Einsamkeit, die der Tragödie folgte. Der einzige Mensch, der einen besänftigenden Einfluß auf ihn gehabt hatte, war nicht mehr da, und seine Zielstrebigkeit in dem Bemühen, sein Handwerk zu meistern, nahm eine erschreckende Intensität an. Die 9. Infanteriebrigade wurde zur »Starbrigade« der britischen Armee. Wie das I. Bataillon der Royal Warwickshires

war auch dieser Verband kein Truppenteil, der auf dem Exerzierplatz und bei Paraden glänzen konnte. Aber bei Gefechtsübungen war sie eine Klasse für sich. Das Kriegsministerium wählte sie aus, um 1937 und 1938 in den beiden letzten Jahren vor dem Krieg neue Ausrüstungsgegenstände und Waffen zu erproben. Im zweiten Jahr kam Montgomery wieder für kurze Zeit mit de Guingand zusammen, der berichtet, wie schmerzlich es ihm bewußt geworden sei, daß Montgomery seinen Kummer in unermüdlicher Arbeit ersticken wollte. Bei einer dieser Erprobungen ging es darum, im geheimen chemische Waffen und die gegen sie anzuwendenden Techniken zu testen. Am Schluß der Übungen schrieb General Wavell, der Oberbefehlshaber des Kommandos Süd: »Brigadier Montgomery ist einer der klügsten Köpfe, die wir unter den höheren Offizieren haben; ein ausgezeichneter Ausbilder und begeisterter Soldat. Was er dieses Jahr bei der Erprobung chemischer Kampfmittel geleistet hat, ist erstklassig. Er zeigt gewisse Mängel, die für den Enthusiasten typisch sind, wird gelegentlich ungeduldig, wenn etwas nicht so rasch geht, wie er es wünscht, oder wenn andere nicht so schnell und klar denken können wie er selbst.«
Diese warme Anerkennung mit ihren unvermeidlichen und uns inzwischen bekannten Vorbehalten führt uns die exzentrische Art der Pflichterfüllung Montgomerys als Brigadekommandeur deutlich vor Augen. Zu einer der ersten Begegnungen Wavells mit seinem übereifrigen Brigadekommandeur kam es bei einer Invasionsübung 1938. Es war eine der wenigen Übungen im großen Rahmen, die ein Jahr vor dem Kriege in Großbritannien abgehalten wurden, und es ist dabei augenscheinlich zu einem ziemlichen Fiasko gekommen. Montgomerys Brigade schiffte sich auf einer Flottille ein, die aus dem Kreuzer *Southampton* und mehreren Zerstörern bestand. Der Verband lief aus dem Hafen von Portsmouth aus und unternahm eine »Landungsoperation« gegen die Küste von Dorset. Obwohl sich Montgomery bemühte, die Übung so realistisch wie möglich zu gestalten, konnte sein dynamischer Enthusiasmus nicht darüber hinwegtäuschen, daß sich die britische Armee unvorstellbar schlecht auf Landungsoperationen vorbereitet hatte. Wavell war entsetzt. Obwohl man im Stabsquartier Montgomerys angeblich dreißigtausend Bogen Schreibmaschinenpapier bei der Vorbereitung der Übung verbraucht hatte, gab es, wie der Oberbefehlshaber in strengem Ton feststellte, »nur ein sogenanntes Landungsfahrzeug, ein

Versuchsfahrzeug, das schon viele Jahre alt war und das man für diese Übung von irgendeinem Schrotthaufen geholt hatte, in den man es wahrscheinlich hatte versenken wollen. Die anderen Soldaten landeten in offenen Ruderbooten, wie man das schon seit zweihundert Jahren oder noch länger getan hat.« Als Vorübung für einen Angriff gegen die »Festung Europa« war das Unternehmen eine Mischung aus Katastrophe und Komödie. Aber Montgomery nahm die Sache ganz ernst. Bei der Manöverkritik berichtete er begeistert über den Verlauf der Übung. Wavells Komentar war kurz, aber vielsagend: »Ich sehe!« Dann stieg er in seinen Wagen. Der Fahrer, der sich wahrscheinlich auf seine Weise dazu äußern wollte, fuhr mit dem Fahrzeug des Generals prompt in einen Misthaufen.

Wavell hatte aber schon den Eindruck gewonnen, Montgomery sei ein ungewöhnlich fähiger Offizier. Das lag vielleicht daran, daß der diensteifrige Brigadier am Ende dieses bizarren Manövers Initiative und Organisationstalent gezeigt hatte. Bei der Landung der Truppe sah es aus, als müsse man mit schlechtem Wetter rechnen. Deshalb teilte der Kapitän der *Southampton,* der spätere Admiral Sir Arthur Peters, Montgomery mit, falls das Wetter noch ungünstiger werden solle, werde er die Truppe vier Stunden vor Beginn der Verladung auf die Schiffe verständigen. Wenn sie aber bis dahin nicht zurück sei, müsse er der Flotille den Befehl zum Auslaufen geben. Der Brigadier antwortete, er habe einen Taschenbarometer und werde sich über die Entwicklung der Wetterverhältnisse auf dem laufenden halten. Im Lauf des Tages konnte man erkennen, daß sich ein Sturm zusammenbraute, der rasch näher kam. Deshalb teilte der Kapitän den Landungsstreitkräften über Funk mit, daß die Einschiffung in vier Stunden beginnen müsse. Die Brigade ließ sich jedoch nicht sehen, und die Flotille lief aus, obwohl Peters dabei ein ungutes Gefühl hatte. Aber die Schiffe ließen keinen zornigen Brigadekommandeur zurück, der mit seinen Männern die Nacht im Freien verbringen mußte. Nicht weit von Dartmouth hatte Montgomery eine Meldung bekommen und an Ort und Stelle für die Unterbringung seiner Soldaten gesorgt. Der Kapitän zur See, der das Royal Naval College leitete, war ein alter Bekannter von ihm und hatte ihm die benötigten Unterkünfte zur Verfügung gestellt.

Soldaten vom Format eines Wavell waren von dem Organisationstalent Montgomerys und seinen anderen militärischen Fähigkeiten beeindruckt; aber Wavell erkannte auch, daß Montgomery »aus irgendeinem Grund bei höheren Offizieren nicht beliebt« war. Wavell muß gewußt haben, daß der Grund für diese Unbeliebtheit ein ganz simpler war. Die meisten Kameraden von Montgomery waren keine sehr befähigten Soldaten. Sie interessierten sich nicht so sehr für seine bewundernswerten militärischen Qualitäten, sondern waren empört über seine unglaubliche Arroganz. In Portsmouth stand Montgomery zum Beispiel im Mittelpunkt eines seltsamen Vorkommnisses, das erklärt, weshalb ältere Offiziere sich nicht gerade danach drängten, ihn ihrer Hochachtung zu versichern. Es handelte sich um die Affäre mit dem Standortfußballplatz. Sie ist ungezählte Male wiedererzählt worden; manchmal um zu zeigen, wie gut Montgomery für seine Soldaten sorgte und wie wenig er von bürokratischen Vorschriften hielt, manchmal aber auch als Beispiel für seinen völligen Mangel an Takt und seine augenscheinlich unerschöpflichen Möglichkeiten, andere Menschen zu irritieren. In der Brigadekasse – diese Gelder waren dazu bestimmt, Soldaten und ihre Familien im Notfall zu unterstützen – herrschte Ebbe, und er beschloß, sie auf unorthodoxe Weise wieder aufzufüllen. Er vermietete deshalb den Fußballplatz Clarence in Southsea Common auf einem Gelände, das dem Kriegsministerium gehörte und nur für militärische Zwecke zur Verfügung stand, an einen Veranstalter für einen Jahrmarkt am Bankfeiertag. Der Mann bot ihm £ 1000 dafür an, denn er dachte wahrscheinlich, er habe es mit einem gewöhnlichen Offizier zu tun. Monty verlangte £ 1500.

Der Stadtrat von Portsmouth hörte von den Absichten des Brigadiers und verweigerte die Genehmigung für diese Veranstaltung in Southsea Common. Darauf wandte sich Montgomery an den Bürgermeister von Portsmouth, der selbst ein anderes Lieblingsprojekt hatte, und bot ihm £ 500 an, wenn es ihm gelingen sollte, die Genehmigung des Stadtrats für den Jahrmarkt am Bankfeiertag zu erwirken. Der Stadtrat stimmte zu, Montgomery erhielt seine £ 1500, zahlte £ 500 an den Bürgermeister und gab den Rest so schnell wie möglich für den Unterstützungsfonds seiner Soldaten aus. Wenn diese Version des Berichts über den Vorfall zutrifft (und da es Montgomerys Version ist, dürfen wir nicht daran zweifeln), dann hat er hier zwei Dinge getan, die gewöhnlich nicht in den Pflichtenkreis eines Offiziers gehören. Er hatte bewußt gegen die Vorschriften verstoßen und das Mitglied eines Stadtrats bestochen.

Das Kriegsministerium hat, was verständlich ist, die humoristische Seite dieser Angelegenheit nicht verstehen wollen, war jedoch bereit, darüber hinwegzusehen, sofern Montgomery die £ 1500 sofort zurückzahlen würde. Er meldete jedoch mit unwiderlegbarer Logik, das könne er nicht tun, denn er habe das Geld ausgegeben, sei aber bereit, die Quittungen vorzulegen.

Diese Unverfrorenheit löste im Kriegsministerium einen Sturm der Entrüstung aus, und eine Zeitlang schien Montgomerys Karriere ernstlich gefährdet. In Friedenszeiten haben Offiziere schon für viel weniger ernste Verstöße gegen die militärischen Grundregeln den Abschied nehmen müsen. Montgomery wurde wahrscheinlich von Wavell gerettet und übernahm sehr bald sein nächstes Kommando. Nachdem er etwas länger als ein Jahr in Portsmouth gewesen war, wurde er im Oktober 1938 Kommandeur der 8. Division in Palästina und gleichzeitig zum Generalmajor befördert. Abgesehen von der Bedeutung dieser Ernennung im Rahmen seiner militärischen Laufbahn, kam es dadurch zu einem entscheidenden Wendepunkt in den Beziehungen zu seinem Sohn David.

Als Betty Montgomery im Cottage Hospital in Burnham-on-Sea unter großen Qualen starb, befand sich der neunjährige David auf der Vorschule von Hindhead. Monty hatte ihm nicht erlaubt, seine Mutter am Krankenbett zu besuchen. Er wollte nicht, daß der Junge sie leiden sähe. Auch durfte der Sohn nicht zur Beerdigung kommen. Erst danach fuhr Montgomery nach Hindhead und sagte David, was geschehen war. Sicher hatte Montgomery in seiner geraden und ehrlichen Art getan, was er für richtig hielt. Aber die Auswirkungen seines spartanischen Vorgehens auf das Gemüt eines empfindsamen Kindes müssen verheerend gewesen sein. Nach dem Tode Bettys verbrachte Montgomery noch ein paarmal die Ferien mit seinem Sohn und glaubte selbst, daß das Zusammensein sehr harmonisch verlaufen sei. Aber nun mußte er David verlassen, und damit ging ein Abschnitt im Zusammenleben von Vater und Sohn ein für allemal zu Ende.

Es ist ganz aufschlußreich, daß er sich weigerte, David seiner Schwester Winsome anzuvertrauen. Vielleicht war es ihm unangenehm, daß ein Mitglied seiner Familie den Jungen beeinflußte. Er ließ ihn bei Freunden in Portsmouth und hat ihn während der folgenden zehn Jahre nicht wiedergesehen. Ein enges persönliches Verhältnis zu seinem Sohn hatte nie bestanden. Für die Erziehung des kleinen David war Betty verantwortlich gewesen, und der Junge hatte jede Einmischung seines Vaters abgelehnt. Als David in die Vorschule eintrat, hatte Montgomery energisch versucht, die Zügel in die Hand zu nehmen, aber dabei überzog er die Rolle des strengen Vaters, und David reagierte mit leidenschaftlichen Protesten. Auch später gab es Schwierigkeiten. 1967 berichtete David in einem Fernsehinterview, in seiner Kindheit sei sein Vater »immer sehr freundlich« zu ihm gewesen – eine recht farblose Aussage –, das Leben sei aber sehr diszipliniert und streng geordnet verlaufen; Lunch um ein Uhr mittags »mit dem Glockenschlag«, alles mit der Präzision eines militärischen Dienstplans.

Nun ging sogar dieses reichlich unpersönliche Zusammenleben zu Ende, und in den entscheidenden Entwicklungsjahren, in denen er zu einem zwanzigjährigen jungen Mann heranwuchs, sah David seinen Vater nicht wieder. Zunächst verbrachte er seine Ferien bei Freunden oder in Ferienheimen, aber als Montgomery 1942 nach Afrika ging, schickte er ihn zu Major Reynolds, dem Direktor der Vorschule, die er in Hindhead besucht hatte. In seinen Erinnerungen schreibt Montgomery, bei seiner Abreise habe er von Major Reynolds und dessen Frau noch keine Zusage gehabt. »Ich hatte aber keine Befürchtungen. Sie nahmen David auf und behandelten ihn wie ihren eigenen Sohn. Ich habe mich nicht mehr von ihm verabschiedet.«

In der Zeit, die David in Winchester und Cambridge zubrachte und auch später, als er ein erfolgreicher Geschäftsmann geworden war, blieb sein Vater für ihn eine am fernen Horizont kaum sichtbare Gestalt. Monty war offensichtlich enttäuscht, daß sein Sohn nicht aktiver Offizier geworden war, und betrachtete den kaufmännischen Beruf Davids sogar als etwas, dessen man sich fast schämen mußte. Für ihn hatte David 1947 den Höhepunkt seiner Laufbahn erreicht, als er den Offizieranwärterlehrgang in Bovington als Klassenbester abschloß. Der Feldmarschall überreichte ihm persönlich das »Ehrenkoppel«. Die späteren Erfolge Davids als Direktor einer, wie sein Vater abwertend zu sagen pflegte, »Wohlgeruchsfirma« waren für diesen nie mehr als eine peinliche Antiklimax.

Von Palästina bis Dünkirchen

Als Generalmajor Montgomery 1938 nach Palästina kam, stellte er fest, daß sich die Lage hier im Verlauf der letzten sieben Jahre erheblich verändert hatte. Damals hatte sein Bataillon genügt, um die Ruhe und Ordnung im ganzen Lande als Polizeitruppe zu gewährleisten. Jetzt wurden die Verhältnisse unter dem Druck der Widersprüche zwischen der Balfour-Erklärung und den britischen Verpflichtungen gegenüber den Arabern nach Artikel 22 des Völkerbundstatuts immer schwieriger. Nachdem es schon 1929 zu heftigen Auseinandersetzungen gekommen war, berichtete damals ein Untersuchungsausschuß prophetisch: »Die Araber erblicken jetzt in der jüdischen Einwanderung nicht nur eine Bedrohung der Grundlagen ihrer Existenz, sondern sehen in den Juden auch ihre möglichen künftigen Herren.« In einer Erklärung des Kolonialamts vom Jahr 1930 wurde den Beziehungen Großbritanniens zu den Arabern ein gewisser Vorrang eingeräumt. In den Augen der Araber widersprach dem jedoch der versöhnliche Brief, den Ramsey Macdonald im Februar 1931 an Chaim Weizmann schrieb.
1933 verstärkten sich die Befürchtungen der Araber, als in Deutschland die Nationalsozialisten an die Macht kamen und der Zustrom jüdischer Einwanderer nach Palästina sich in dramatischer Weise verstärkte. 1935 reagierte die britische Regierung auf arabische Proteste mit dem Vorschlag gewisser Verfassungsänderungen, die ihre Stellung sichern sollten. Die Vorschläge wurden jedoch im Unterhaus von beiden Parteien als antizionistisch angegriffen, und im April 1936 war eine arabische Revolte in vollem Gange. Als Montgomery 1938 nach Palästina kam, herrschte dort der Ausnahmezustand. Es war eine Lage, die jeder kennt, der innenpolitische oder Sektenkonflikte erlebt hat. Arabische Nomaden verübten Anschläge gegen die Eisenbahn und sprengten Kraftwerke. Die Juden ergriffen Gegenmaßnahmen, und politische Morde waren an der Tagesordnung. Die Briten versuchten diese explosive Situation mit zwei Brigaden zu meistern – einer im Süden und einer im Norden. Das war, wie man sich denken kann, ein zum Mißerfolg verurteiltes Unternehmen, und Montgomerys Ernennung gehörte zu

einem neuen politischen Gesamtplan, nach dem die Situation militärisch unter Kontrolle gebracht werden sollte. Es wurden zwei Divisionen aufgestellt, um den über das Land verstreuten einzelnen Truppenverbänden einen straffen organisatorischen Rückhalt zu geben. Montgomery übernahm die 8. Division im Norden. Der Kommandeur der im Süden eingesetzten Division war Richard O'Connor. Gemeinsam gelang es ihnen, die Ordnung nach außenhin einigermaßen wiederherzustellen. Jedenfalls ergriffen sie die klassischen Maßnahmen gegen subversive Aktionen. Das Land wurde in Sektoren eingeteilt. Man arbeitete eng mit der örtlichen Polizei zusammen, baute ein wirksames Nachrichtensystem auf und kontrollierte streng alle Bewegungen der Zivilbevölkerung. Aufgegriffene Terroristen wurden rasch und oft drakonisch bestraft.

Das war ein Einsatz, wie er Montgomerys totalem militärischem Engagement entsprach. Die politischen Hintergründe interessierten ihn nicht. Nach seiner Ansicht waren die Politiker für das hier entstandene Chaos verantwortlich, und wie schon so oft hatte die Armee die wenig beneidenswerte Aufgabe, Ordnung zu schaffen. In dem ihm zugewiesenen Bereich ging er mit Begeisterung vor und ließ keinen Zweifel daran, wer hier etwas zu sagen hatte. Einmal schlossen die Juden ihre Läden, um zu demonstrieren, daß sie mit einem Befehl der Armee nicht einverstanden seien. Montgomery ließ die jüdischen Führer kommen und fragte sie, wann sie die Geschäfte wieder öffnen wollten. Sie sagten »morgen«. »Nein«, sagte Montgomery, »Sie schließen Ihre Läden für einen Tag. Ich schließe sie für sieben Tage.« In Zukunft verlor die Schließung von Geschäften ihren Reiz als Mittel politischer Demonstration. Als die Araberrevolte im Frühjahr 1939 abflaute, hatte Montgomery den von seiner Division besetzten Teil Palästinas fest in der Hand.

Im Winter 1938 erhielt er die Mitteilung, er werde im August 1939 die 3. Division in England übernehmen. Das war ein wichtiges Kommando. Die 3. Division, die alte Eiserne Division aus dem Ersten Weltkrieg, war einer der wenigen Truppenteile, die man als einigermaßen »gefechtsbereit« bezeichnen durfte. Sie gehörte zu den britischen Expeditionsstreitkräften, die im Falle eines Krieges nach Europa gehen sollten, und Montgomery wußte, daß sie dort an der vordersten Front kämpfen würde. Der bisherige Kommandeur der 3. Division, General Bernard, war zum Gouverneur der Bermudas ernannt worden, und Monty war begeistert, sein Nach-

folger zu werden. Diese Begeisterung hätte sich vielleicht gelegt, wenn er gewußt hätte, unter welchen Umständen die Wahl auf ihn gefallen war.
Der Oberbefehlshaber des Kommandos Süd, zu dem die 3. Division gehörte, war immer noch Wavell, und als man ihn bat, einen Nachfolger für General Bernard namhaft zu machen, entschied er sich sofort für Montgomery, der ihn ein Jahr zuvor mit dem guten Ausbildungsstand seiner 9. Brigade so beeindurckt hatte. Wavell berichtet, die anderen Armeebefehlshaber hätten erleichtert aufgeatmet: »Montys Name war vorher schon einige Male im Ernennungsausschuß gefallen. Jedesmal war man sich darin einig, daß er befördert werden müsse. Aber jeder andere Befehlshaber, der einen Posten mit einem Generalmajor zu besetzen hatte, fand immer neue stichhaltige Gründe, einen anderen angeblich besser geeigneten General für die betreffende Aufgabe vorzuschlagen.«
Aber im Mai 1939, nach Beendigung des Araberaufstands, als sich die Kriegsgerüchte in Europa verdichteten, wurde Montgomery krank. Zunächst konnten sich die Militärärzte nicht erklären, weshalb er zunehmend schwächer wurde. Schließlich stellten sie einen Schatten auf seiner Lunge fest und vermuteten Tuberkulose. Die eingeleitete Behandlung zeigte keinen Erfolg, und man rechnete damit, daß Montgomery sterben würde. Er selbst war instinktiv davon überzeugt, wenn man ihn nach England zurückbrächte, werde er genesen, und überredete die Ärzte, ihn nach Hause zu schicken. Im Sommer 1939 brachte man ihn in Port Said mit einer Tragbare auf ein Passagierschiff der P. & O.-Linie, wo zwei Krankenschwestern und zwei Pfleger für ihn sorgten. Er machte den Eindruck eines Schwerkranken, aber schon nach wenigen Tagen, als das Schiff friedlich durch das Mittelmeer dampfte, fühlte er sich viel besser. Bei der Ankunft in Malta erschien der bisher an die Tragbahre gefesselte Patient an Deck. In Tilbury ging er von Bord und fuhr direkt zum Millbank Hospital nach London, wo man ihm mitteilte, er sei vollkommen gesund und der Schatten auf seiner Lunge verschwunden.
Der Zeitpunkt der Erkrankung und seine rasche Genesung haben Anlaß zu Spekulationen gegeben, es habe sich hier vielleicht um einen psychosomatischen Fall gehandelt. Doch heute läßt sich die Krankheitsgeschichte einigermaßen genau überblicken. Der Kronzeuge ist Generalmajor E. B. Marsh, damals beratender Militärarzt

im Mittleren Osten, der in Kairo stationiert war und Montgomery in Haifa untersuchte. Er ist überzeugt, daß es keine Tuberkulose gewesen ist, sondern eine Infektion an der alten Verwundung aus dem Ersten Weltkrieg. Er sagte, Montgomery sah »sehr elend aus. Seit drei Wochen oder sogar noch länger hatte er ständig erhöhte Temperatur. Man hatte alle Routineuntersuchungen sehr sorgfältig vorgenommen und dabei auch eine Röntgenaufnahme des Brustkorbs gemacht. Sie zeigte einen kleinen Schatten an der oberen rechten Lungenspitze. Man vermutete Lungentuberkulose. Als ich seine Brust untersuchte, entdeckte ich eine kleine Narbe an seinem Rücken, wahrscheinlich der Ausschuß des Infanteriegeschosses, das ihn 1914 verwundet hatte. Beim Studium der Röntgenaufnahmen stellte ich fest, daß der Schatten im gleichen Bereich lag wie die Geschoßwunde. Klinisch ließ sich die Tuberkulose nicht nachweisen, und auch im Sputum fand man keine Tuberkelbazillen«.
Marsh stellte damals die folgende Diagnose: »Ich bin ganz sicher, daß es keine Tuberkulose ist. Die Ursache der Erkrankung kann ich nicht genau angeben. Ich nehme aber an, daß es sich um eine leichte Infektion am Schußkanal der alten Wunde handelt, die vollkommen ausheilen wird. Er ist stark überanstrengt und sorgt sich um sein Kommando im bevorstehenden Krieg. Ich empfehle daher dringend, ihn so bald wie möglich nach Hause zu schicken.« Marshs Bericht ging an das Stabsquartier nach Jerusalem, und er glaubt, Montgomery habe es seiner Diagnose zu verdanken gehabt, daß er nicht als invalide entlassen wurde. Seine Bemerkung über die Sorgen, die Montgomery sich um seine Zukunft machte, ist aufschlußreich, besonders angesichts einer Erklärung von Montgomery nach dem Kriege: »Ich habe mir nie Sorgen gemacht und glaube, ich habe meinen guten Gesundheitszustand und dessen Erhaltung dem Umstand zu verdanken, daß ich mir grundsätzlich niemals Sorgen um etwas mache.« Aber wahrscheinlich hatte Marsh doch recht, und dies war eine der Gelegenheiten, bei denen Montgomery wirklich depremiert gewesen ist, denn es bestand die Möglichkeit, daß andere, weniger fähige Offiziere ihn überflügelten. Während des ganzen Krieges hat er sich immer wieder um seine Karriere Sorgen gemacht. Auf diese Periode in seinem Leben trifft Montgomerys Behauptung jedenfalls ebensowenig zu wie seine eigene Diagnose: »Wahrscheinlich hat der Doktor seinen Daumen auf die Röntgenplatte gelegt, und dabei ist der Schatten entstanden.«

Der Arzt, der ihn in der Normandie betreute, Dr. Robert Hunter, heute Vice Chancellor der Universität Birmingham, nimmt an, es sei ein Lungenabszeß gewesen, der aufgebrochen und dann wieder ausgeheilt sei – eine Art Lungenentzündung. Seit Meteren hatte Montgomery seinen Brustkorb nicht mehr richtig dehnen können, und er wußte, daß er diese »Achillesferse« hatte. Deshalb achtete er auch immer besonders auf seine Gesundheit.
Montgomery war überzeugt, jetzt »seine« 3. Division übernehmen zu können, aber zu seinem Unglück war die Mobilmachung angeordnet worden, und alle Neuernennungen wurden automatisch ausgesetzt. General Bernards Versetzung auf die Bermudas wurde vorläufig außer Kraft gesetzt; er sollte seine Division behalten. Montgomery erklärte, er wolle nach Palästina zurückkehren und die 8. Division übernehmen, doch man teilte ihm mit, der neue Kommandeur sei schon ernannt, und er würde in die Generalsreserve versetzt werden.
Das spornte ihn natürlich zu noch größerer Aktivität an. Er hielt es für undenkbar, daß ausgerechnet der Offizier, den er für den besten Divisionskommandeur der britischen Armee hielt, bei der Mobilmachung mit anderen Generalmajoren auf die Warteliste gesetzt würde. Er hatte sich im übrigen schon selbst für die 3. Division entschieden, bevor das Kriegsministerium ihn für dieses Kommando vorgesehen hatte. Ehe er 1938 nach Palästina ging, hatte er mit anderen Kameraden die halbjährlich erscheinende Rangliste der Armee durchgesehen und für jeden Offizier seines Dienstgrads einen Vorschlag gemacht: »Er sollte die ... Division übernehmen ... Dieser Mann sollte unverzüglich aus der aktiven Rangliste gestrichen werden ... Ja, und das (dabei zeigte er auf seinen eigenen Namen) ist der Mann, der die 3. Division übernehmen muß!« In den folgenden zehn Tagen machte er jedem Offizier, den er im Kriegsministerium auftreiben konnte, die Hölle heiß, und am 28. August 1939, ein knappe Woche vor der Kriegserklärung, wurde er zum Kommandeur der 3. Division ernannt. Seine Zielstrebigkeit und Entschlossenheit hatten triumphiert. Wieder hatte Montgomery erreicht, was er wollte. Sein Vorgänger ging als Gouverneur auf die Bermudas und war hoffentlich damit zufrieden. Montgomery wurde mit den britischen Expeditionsstreitkräften nach Frankreich verlegt.
Für Großbritannien war dies eine Zeit der erstaunlichsten Selbst-

täuschungen. Der Kriegsminister Hore-Belisha erklärte im Unterhaus: »Unsere Armee ist so gut, wenn nicht besser ausgerüstet als jede vergleichbare Armee«, eine Feststellung, die, wenn man sie näher betrachtet, noch weniger Zuversicht ausdrückt, als sie wecken konnte. Die Presse behauptete, die britischen Truppen in Frankreich stellten die bestausgerüstete Armee dar, die je die britischen Inseln verlassen habe, und die Deutschen taugten nichts und hätten den Krieg schon verloren, bevor er begonnen habe. Wer die Tatsachen kannte, in der Öffentlichkeit aber nichts sagen durfte, hatte einen ganz anderen Eindruck. Francis de Guingand beschreibt in seinem Buch *Operation Victory,* wie tief er 1937 von einem Besuch der deutschen Infanterieschule beeindruckt gewesen sei. »Ein Vergleich zwischen unseren und den deutschen Kriegsvorbereitungen fällt für uns sehr ungünstig aus.«

Montgomery schildert die Lage in seinen Erinnerungen mit rücksichtsloser Offenheit:

»Im September 1939 war die britische Armee nicht in der Lage, auf dem europäischen Kontinent Krieg zu führen ... In den Jahren vor Kriegsausbruch hatte man seit längerer Zeit in England keine großen Truppenmanöver mehr abgehalten. Die aktive Armee konnte sich gar nicht an realistischen Gefechtsübungen beteiligen ... Zu unserer Schande muß gesagt werden, daß wir unsere Armee mit einer völlig unzureichenden Bewaffnung und Ausrüstung in diesen hochmodernen Krieg geschickt haben ...«

Wie Correlli Barnett schreibt, befand sich die britische Armee bei Kriegsausbruch in einer sehr unglücklichen Phase des Aufbaus. Die verfügbaren Kampftruppen waren zu schwach, und die neuaufgestellten Divisionen litten noch an den Kinderkrankheiten unzureichender Organisation und Ausrüstung. Er sagt: »Die in Großbritannien geltenden taktischen Grundsätze für Infanterie- und Panzerverbände waren ein halbherziger Kompromiß zwischen den bei den Deutschen verwirklichten und von Fuller und Liddell Hart vertretenen Ideen und der orthodoxen britischen Lineartaktik aus den Jahren 1914/18 ...« Lidell Hart meinte, die Armee werde nicht in der Lage sein, vor 1940 gutausgebildete, gefechtsbereite Divisionen ins Feld zu schicken.

Trotz dieser verzweifelten Lage – oder vielleicht gerade deswegen – ging Montgomery daran, seine neue Division ebenso energisch und intensiv auszubilden wie seinerzeit die 9. Brigade. Er hielt sich fast

nur bei der Truppe auf und überließ alle Verwaltungsaufgaben seinem Stab. Hier begann er, den Führungsstil zu perfektionieren, den er schon so lange Zeit predigte, und der sich zu Beginn seines Einsatzes in der nordafrikanischen Wüste noch so hervorragend bewähren sollte. Er suchte die Truppenkommandeure seiner Division persönlich auf und beeindruckte sie und ihre Untergebenen ebenso wie seine Vorgesetzten mit seinen detaillierten Kenntnissen. Dabei wußte er sich geschickt in Szene zu setzen, was später viele Kritiker und konservative Kameraden empört hat, die sein Verhalten für persönliche Propaganda hielten. Für Nachtübungen ließ er an seinem Fahrzeug eine farbige Beleuchtung anbringen, und als er nach dem Zweck gefragt wurde, antwortete er mit unwiderlegbarer Logik: »Damit die Soldaten wissen, wo ich bin.«
Die britischen Expeditionsstreitkräfte versammelten sich im Raum um Lille nahe der belgischen Grenze am äußersten Nordflügel der alliierten Verteidigungsstellungen. Es war eine bizarre Situation, denn obwohl die britischen Divisionen Monate damit zubrachten, in dieser Linie Schützengräben auszuheben, Bunker zu bauen und Panzersperren zu errichten, glaubte niemand, daß diese Anlagen je Verwendung finden würden. Alles deutete auf eine deutsche Offensive hin, die sich nicht gegen die Maginotlinie richten, sondern aus einem Vorstoß durch Belgien und die Niederlande bestehen würde. Am 19. Oktober 1939 schrieb Montgomerys Korpskommandeur in sein Tagebuch, er habe den Vormittag damit zugebracht, »unseren Vormarsch nach Belgien für den Fall zu planen, daß die Deutschen die belgische Neutralität verletzten«. Zwar erkannte er, wie gefährlich es sein würde, eine gut ausgebaute Verteidigungsstellung zu räumen, um einen starken und gut ausgerüsteten Gegner in einer behelfsmäßigen Abwehrstellung zu bekämpfen – und versuchte vergeblich, diese seine Befürchtungen dem Oberbefehlshaber Gort verständlich zu machen –, doch wußte Brooke sehr gut, daß man stark mit dieser Möglichkeit rechnen mußte. Am 17. November entschied sich der Oberste Kriegsrat in Paris für ein solches Vorgehen und erklärte: »Angesichts der Notwendigkeit, die deutschen Streitkräfte so weit ostwärts zu binden wie möglich, kommt es wesentlich darauf an, im Falle eines deutschein Einmarsches nach Belgien die Linie Maas–Antwerpen zu halten.« Mit anderen Worten, wenn die Deutschen Belgien angriffen, womit man unbedingt rechnen mußte, dann würden die briti-

schen Expeditionsstreitkräfte ihre gutausgebauten Verteidigungsstellungen verlassen und hundert Kilometer nach Osten durch ein von Panik ergriffenes, desorganisiertes Land auf Straßen, die sie nicht beherrschten, zum Fluß Dyle vorstoßen, um sich dort in einer nicht ausgebauten Verteidigungsstellung dem feindlichen Angriff entgegenzustellen. Die belgischen Behörden weigerten sich mit einer heute selbstmörderisch anmutenden Verantwortungslosigkeit, den Truppen Gelände zur Verfügung zu stellen, bevor Belgien nicht tatsächlich angegriffen wurde.

Während des ganzen unvergeßlich harten Winters beobachtete Brooke, wie sein Korps die Feldbefestigungen aus der gefrorenen Erde hackte, und wußte dabei, daß die Soldaten praktisch ihre Zeit vergeudeten. Am 28. November schrieb er in sein Tagebuch: »Ich habe das Gefühl, daß wir die Front, für deren Ausbau wir so viele Überlegungen und so harte Arbeit aufgewendet haben, niemals verteidigen werden.«

Für den realistischen Montgomery gab es solche Zweifel nicht. Er schreibt in seinen Erinnerungen: »Die 3. Division hat den Winter bei harter Ausbildung nützlich zugebracht.« Im Hinblick auf die Besetzung der Verteidigungsstellungen bei Lille machte er sich keine Illusionen. Er wußte, daß seine Division im Fall eines deutschen Angriffs gegen Belgien im Abschnitt bei Louvain am Dyle eingesetzt werden würde. Er übte deshalb die sehr schwierige Verlegung durch ungünstiges Gelände in die neuen Verteidigungsstellungen. Da er nicht nach Osten über die belgische Grenze marschieren konnte, marschierte er die gleiche Strecke in westlicher Richtung nach Frankreich hinein. Das Manöver wurde zu einem großen Erfolg. Es wurde in der Nacht durchgeführt, während Montgomery wie ein Schäferhund seine Soldaten umkreiste und dafür sorgte, daß die von seinem Stab bis ins letzte Detail ausgearbeiteten Pläne genauestens befolgt wurden. Auch dies war ein wichtiger Abschnitt in seinem militärischen Leben. Damals erkannte Alan Brooke, welch ein hervorragender Truppenführer der exzentrische, aber anregende Kommandeur der 3. Division war. Die von Montgomery veranstalteten Übungen hatten ihm, wie er sagt, die Augen für seine Fähigkeiten als Ausbilder geöffnet. Dieser günstige Eindruck hat zweifellos dazu beigetragen, daß Brooke seinen Untergebenen vor den Folgen einer jener Ungeschicklichkeiten rettete, die Montgomery immer wieder beging.

Die britischen Expeditionsstreitkräfte blieben, wie nicht anders zu erwarten, von der alten Berufskrankheit des Soldaten nicht verschont. Die Geschlechtskrankheiten nahmen zu. Die meisten Divisionskommandeure nahmen diesem Problem gegenüber eine gelassene, ihrer Würde entsprechende Haltung ein und begnügten sich damit, allgemeine Direktiven herauszugeben, nach denen Verhütung und Behandlung Sache der Sanitätsoffiziere war. Bezeichnenderweise beschloß Montgomery, auch diese Sache persönlich in die Hand zu nehmen, und unterzeichnete einen Divisionsbefehl, in dem er, wie er in seinen Erinnerungen mit entwaffnender Naivität erklärt, »das Problem sehr freimütig analysierte und offen sagte, wie ich mir seine Lösung vorstellte«.
Es gibt Meinungsverschiedenheiten über dieses Dokument – Brooke behauptet, es sei ein Divisionsbefehl gewesen, Montgomery bezeichnet es als einen vertraulichen Brief. Doch abgesehen von dieser Frage zeigt es einen bemerkenswerten Mangel an Einsicht und Differenziertheit.

Betrifft: Verhütung von Geschlechtskrankheiten.

Div. 179/A
15. Nov. 39

Liste »A«

1. Die Lage im Hinblick auf die Verbreitung der Geschlechtskrankheiten in der Division mißfällt mir. Seit dem 18. Oktober sind in den Feldlazaretten der Division 44 neue Fälle eingeliefert worden.
2. Ich bin der Auffassung, daß der Fragenkomplex Frauen, Geschlechtskrankheiten usw. von den Truppenoffizieren behandelt werden muß, besonders aber vom jeweiligen Kommandeur. Man muß ganz offen und freimütig mit den Männern sprechen, und je höher der Dienstgrad des Offiziers ist, der das tut, desto besser.

   Ich meine, wenn ein Mann eine Frau braucht, dann soll er sie haben; er muß aber vernünftig sein und die notwendigen Präventivmaßnahmen gegen eine Ansteckung treffen – sonst wird er durch seine eigene Nachlässigkeit ausfallen, und das nutzt dem Feind.

   Unsere Aufgabe ist es, ihm die Mittel dafür zur Verfügung zu stellen. Er muß sich in der Kantine Präservative kaufen können,

und im Krankenrevier muß er die Möglichkeit für eine Vorsorgebehandlung (Sanierung) haben.
Was die Krankenreviere betrifft, so nutzt es nichts, wenn für jedes Bataillon nur eines da ist. In jedem Kompaniebereich muß ein Krankenrevier eingerichtet werden. Der Mann, der in einem Rübenfeld in der Nähe seines Kompaniereviers eine Frau gehabt hat, wird kaum zwei Kilometer weit laufen, um sich sanieren zu lassen.
Wenn jemand Präservative in einem zivilen Geschäft kaufen will, dann sollte er wissen, daß es sie in den Drogerien unter der Bezeichnung ›Capote Anglaise‹ gibt.

3. Ich weiß sehr gut, daß sich unsere Soldaten bei Mädchen anstecken, die sie irgendwo auflesen. Deshalb ist die Beschaffung von Präservativen und die Bereitstellung von Sanierungsmöglichkeiten notwendig.
In Lille gibt es Bordelle, die regelmäßig inspiziert werden und wo die Ansteckungsgefahr praktisch ausgeschaltet ist. Sie sind der Militärpolizei bekannt, und jeder Soldat, der einer horizontalen Erfrischung bedarf, sollte sich an einen Militärpolizisten wenden und ihn nach der Adresse fragen.
4. Der Soldat muß wissen, welche Strafen ihm im Fall einer Ansteckung drohen und weshalb.
5. Schließlich wünsche ich, daß alle Einheitsführer sich um das Problem der Geschlechtskrankheiten kümmern, ganz offen mit ihren Männern darüber sprechen und alles tun, um den Soldaten in dieser schwierigen Angelegenheit zu helfen.«

gez. Unterschrift

Dieser Brief erregte das Mißfallen und die Empörung der Militärseelsorger. Geistliche aller Konfessionen beschwerten sich über Montys verfrühten Flirt mit der Philosophie der freien Liebe. Für sie gab es nur eine Lösung dieses Problems. Wer sich nicht anstekken wollte, sollte sich des Vergnügens enthalten, das zu einer Ansteckung führen kann. Bezeichnend dafür, wie ernst solche Fragen damals genommen wurden, ist die Tatsache, daß die Angelegenheit dem Oberbefehlshaber Gort vorgetragen wurde, der verlangte, Montgomery solle den Befehl zurücknehmen.
Brooke erkannte sofort, daß der damit verbundene Prestigeverlust die Ablösung Montgomerys als Divisionskommandeur zur Folge

haben würde. Er schaltete sich deshalb ein und bat seinen Vorgesetzten, die Angelegenheit selbst in Ordnung bringen zu dürfen. Er ließ Montgomery kommen und sagte ihm, er habe mit diesem Befehl sein Ansehen gefährdet, und seine literarischen Leistungen seien seiner militärischen Fähigkeiten nicht würdig. Montgomerys Reaktion war bezeichnend. Normalerweise lehnte er jede Kritik an seinem Verhalten schroff ab. Aber diesmal ahnte er vielleicht, welchen Einfluß Brooke auf seine weitere militärische Laufbahn haben konnte, und da er glaubte, diesem Vorgesetzten vertrauen zu dürfen, zeigte er Reue. Brooke berichtet: »Er bedankte sich dafür, daß ich ihn auf einen Fehler aufmerksam gemacht hatte, und sagte, er habe die Schwäche, gelegentlich Dummheiten zu machen, und hoffe, ich würde ihm auch in Zukunft in solchen Fällen helfen.« Es kommt einem paradox vor, zu sehen, wie Montgomery plötzlich bereit war, sich zu beugen und gegen jede Gewohnheit einen Fehler einzugestehen.

Am 10. Mai begann die erwartete deutsche Offensive. Die britischen Expeditionsstreitkräfte traten zum Vormarsch nach Osten an, und Montgomerys Division übernahm die Vorhut. Die sorgfältige Ausbildung bewährte sich, und die Division rückte, ohne daß es zu irgendwelchen Zwischenfällen kam, in die vorgesehenen Stellungen ein. Hier traf Montgomery auf eine belgische Division, deren Kommandeur die Verteidigung der Stadt nur ungern einem Verbündeten überlassen wollte. Während Brooke sich mit dem belgischen König in Verbindung setzte, löste Monty das Problem auf seine Weise. Er schmeichelte dem belgischen Kommandeur mit dem Vorschlag, er wolle sich ihm unterstellen. Als die Deutschen das Feuer eröffneten, ließ er seine Verbände in aller Ruhe die vordersten Stellungen besetzen, und die Belgier waren klug genug, in die Reserve zu gehen.
Hier entwickelte Montgomery den Führungsstil, der später zu seinem Markenzeichen werden sollte. Tagsüber war er draußen bei der Truppe, traf Entscheidungen und gab seine Befehle an Ort und Stelle. Zur Teestunde fuhr er in sein Stabsquartier zurück, versammelte seinen Stab und traf die Anordnungen für die Nacht und den folgenden Tag. Nach dem Abendessen ging er sofort zu Bett, und niemand durfte sich erlauben, seine Nachtruhe zu stören. Als die Deutschen eines Nachts in Louvain eindrangen, weckte ihn der

Offizier vom Dienst, weil er glaubte, der Divisionskommandeur müsse von dieser gefährlichen Lage unterrichtet werden. »Gehen Sie!« sagte Montgomery scharf. »Stören Sie mich nicht und sagen Sie dem Brigadier in Louvain, daß er sie wieder hinauswerfen soll.«
Unter dem Druck der deutschen Offensive war der Rückzug unvermeidlich, und so begann der lange Marsch nach Dünkirchen. In der letzten Maiwoche war das II. Korps wieder in der Verteidigungsstellung bei Lille, die es im Winter ausgebaut hatte. Es blieb hier aber nur wenige Tage. Dabei gelang Montgomery ein militärisches Meisterstück, eine Operation, die es wegen ihrer Kühnheit und Geschicklichkeit verdient, neben seinen anderen großen Leistungen gefeiert zu werden. In der Nacht vom 27. zum 28. Mai kapitulierten die Belgier. Damit entstand zwischen der linken Flanke des II. Korps und der französischen schweren motorisierten Division im Norden eine Lücke. Um sie zu schließen, bevor die Deutschen über den Fluß Yser vorstoßen und den britischen Truppen den Rückzug abschneiden konnten, befahl Brooke, Montgomery solle seine Division aus den Stellungen in Roubaix herausziehen, um sie in den gefährdeten Raum nördlich von Ypern zu werfen. Jeder Soldat wird sofort erkennen, daß hier eines der schwierigsten und gefährlichsten Manöver verlangt wurde; eine Flankenbewegung bei Nacht quer zur Front eines feindlichen Angriffs. Montgomery mußte sich bei Roubaix vom Feind lösen, seine Division auf die Fahrzeuge verladen und sie bei Dunkelheit ohne Fahrzeugbeleuchtung vierzig Kilometer über schlechte Straßen in einen anderen Abschnitt bringen, wo sie sich in unbekanntem Gelände eingraben und gegen den mit überlegenen Kräften geführten deutschen Angriff verteidigen sollten.
Dieses Unternehmen konnte jeden Augenblick scheitern, und eine einzige falsche Bewegung genügte, um die ganze Division ziellos durch französisches und belgisches Gebiet ziehen zu lassen. Um Erfolg zu haben, mußte die Truppe hervorragend ausgebildet sein, die Stäbe mußten saubere Arbeit leisten, und der Befehlshaber brauchte Nerven aus Stahl. Da die 3. Division diese drei Voraussetzung erfüllte, lag sie im Morgengrauen genau in der von Brooke befohlenen Stellung. Sein kurzer Tagebucheintrag über die Leistungen von Montgomery lautet: »Wie üblich hat er auch hier das fast Unmögliche möglich gemacht.«
Im weiteren Verlauf des Rückzugs nach Dünkirchen fand sich zum

erstenmal ein Triumvirat zusammen, das auch später einige der entscheidendsten militärischen Operationen des Krieges leiten sollte; Brooke, Alexander und Montgomery. Alexander war Kommandeur der zum I. Korps gehörenden 1. Division, die zeitweilig dem II. Korps von Brooke unterstellt wurde. Über seine beiden hervorragenden Divisionskommandeure schreibt er:

»Es war ungeheuer interessant, ihn (Alexander) und Monty in diesen kritischen Tagen zu beobachten. Beide blieben völlig gelassen und behielten die Lage fest in der Hand, wenn sie auch charakterlich völlig verschieden sind. Monty mit einer Gabe, jede militärische Lage sofort richtig beurteilen zu können, war sich der kritischen Situation, in der er sich befand, und der Gefahren und Schwierigkeiten, mit denen wir zu kämpfen hatten, sehr wohl bewußt, aber auf ihn wirkten sie nur als Stimulans. Seine Aufgabe spornte ihn zu höchsten Leistungen an. Alex andererseits machte auf mich den Eindruck, als habe er den Ernst der Lage gar nicht begriffen ... In dieser angespannten Situation habe ich mir über die beiden Kommandeure ein Urteil gebildet, das mich später veranlaßt hat, sie bei dem triumphalen Marsch von Alamein nach Tunis zusammenarbeiten zu lassen.«

Nach dem Rückzug ging Brooke nach England und übergab Montgomery (dem dienstjüngsten seiner drei Generalmajore) das Kommando des II. Korps. Der Oberbefehlshaber Gort erhielt von der Regierung den Befehl, einen General namhaft zu machen, der die Evakuierung der Truppen aus dem Brückenkopf von Dünkirchen leiten sollte. Da das I. Korps zuletzt verschifft werden sollte, benannte Gort dessen Kommandeur, Generalleutnant Barker. Montgomery, der sein Armeekorps erst vierundzwanzig Stunden zuvor übernommen hatte, teilte dem Oberbefehlshaber mit, das sei ein Fehler. General Barker sei gegenwärtig nicht in der Lage, diese Aufgabe zu übernehmen. Der richtige Mann sei Alexander, dessen 1. Division jetzt wieder zum I. Korps gehörte. Wahrscheinlich hat sich Gort von so viel Anmaßung überrumpeln lassen. Jedenfalls stimmte er zu, und Alexander führte die Evakuierung in seiner ruhigen und vertraueneinflößenden Art erfolgreich durch.

Montgomery, der sich bis zum letzten Augenblick aktiv an dem Unternehmen beteiligt hatte, ließ sich vor Dünkirchen von einem Zerstörer aufnehmen und landete am Morgen des 1. Juni in Dover.

Die kampferprobte 3. Division Montgomerys wurde sofort neu ausgerüstet und erhielt den Befehl, auf das Festland zurückzukehren. Aber noch ehe die Einschiffung begann, kapitulierte Frankreich. Jetzt kam es darauf an, sich auf die zu erwartende deutsche Invasion vorzubereiten. Brooke wurde Oberbefehlshaber der Streitkräfte in der Heimat, und Auchinleck übernahm das Kommando Süd, in dessen Bereich der deutsche Angriff erfolgen mußte. Montgomery gehörte zu den wenigen, die sofort erkannten, daß Dünkirchen eine demütigende Schlappe gewesen war und Großbritannien in die Gefahr gebracht hatte, besetzt und geschlagen zu werden. Die Propaganda, die den Rückzug als glänzenden Sieg feierte, irritierte ihn, und die Soldaten, die auf den Straßen Londons stolz ihre Ärmelstreifen mit der Aufschrift »Dünkirchen« spazierentrugen und sich als Helden einer großartigen Waffentat der britischen Armee gebärdeten, ärgerten ihn.
Er bekam den Befehl, mit seiner Division Verteidigungsstellungen an der Küste von Sussex zu beziehen und auszubauen. Sie waren Teil eines riesigen Komplexes aus Stacheldrahthindernissen, Schützengräben und Sandsackbarrikaden, aus dem heraus jeder Zollbreit britischen Bodens gegen die Deutschen verteidigt werden sollte. Befestigte Stellungen waren zwar ein wesentliches Element des Verteidigungsplans, doch konzentrierten sich die Planer, die sich durch eine Invasion bedroht sahen, nahezu ausschließlich auf diesen Aspekt, ohne an andere Möglichkeiten zu denken. Vielfach vernachlässigte man die Beweglichkeit der Kampfführung gegenüber dem Plan, jeden deutschen Soldaten ins Meer zurückzuwerfen, ehe er auch nur einen Fußbreit britischen Bodens gewonnen hätte. Viele höhere Offiziere betrachteten die Vorstellung, man könnte im Rahmen eines Verteidigungsplans einzelne britische Städte aufgeben, als verabscheuungswürdigen Verrat. Die britische Bevölkerung, die immer wieder in rührender Weise bereit ist, ihrer eigenen Propaganda zu glauben, war überzeugt, wenn die Armee nicht durch irgendwelche Verbündete behindert werde, könne sie ohne weiteres mit den Deutschen fertig werden.

Die Grundsätze jeder Verteidigung wurden in dieser patriotischen Stimmung nur allzu leicht vernachlässigt. Zum Glück erkannten einige Fachleute – unter ihnen auch Brooke – die Gefahren einer starren Front, gegen die der Feind mit überlegenen Kräften den Angriff an einer von ihm gewählten Stelle führen konnte. Wenn die Briten ihr ganzes Verteidigungspotential in einer noch so eindrucksvollen linearen Front einsetzten, dann hatten sie für den Fall eines Durchbruchs keine Reserven. Gelang es den Deutschen, nur eine einzige Bresche in die Befestigungen zu schlagen, dann konnten sie, ohne auf militärischen Widerstand zu treffen, in das ungeschützte Hinterland vorstoßen. Man organisierte deshalb eine flexible Abwehr, zu der bewegliche, für Gegenangriffe ausgebildete und ausgerüstete Kräfte für den Fall in Reserve gehalten wurden, daß es dem Gegner gelänge, die vordersten Verteidigungsstellungen zu durchbrechen. Auch Montgomery lehnte die statische Verteidigung ab. Er verlangte, daß seine 3. Division, die er nicht zu Unrecht als den einzigen gefechtsbereiten Verband der britischen Armee bezeichnete, ihren Abschnitt einer weniger gut ausgebildeten Truppe überlassen solle, um für den beweglichen Gegenangriff ausgebildet zu werden. Als Winston Churchill die Division in Brighton besuchte, trug Montgomery ihm seinen Plan vor und erhielt darauf die notwendigen Transportmittel und den Auftrag, die von ihm verlangte selbständige Aufgabe zu übernehmen. Die Ausarbeitung der Pläne überließ man jedoch nicht ihm allein. Auch andere Planer gingen in dem üppig wuchernden Dschungel von Whitehall an die Arbeit. In rascher Folge befahl man ihm, seine Division für die Besetzung der Azoren, ein Unternehmen gegen die Kapverdischen Inseln und die Besetzung von Cork und Princetown in Südirland bereitzustellen, wo eine Flottenbasis für die U-Boot-Bekämpfung im Atlantik eingerichtet werden sollte.
In dieser Phase des Krieges überschlugen sich die Planungen für eine unübersehbare Zahl von Eventualfällen. Man suchte auf den Generalstabskarten nach möglichen strategischen Zielen und leitete die Beschlagnahme von Gelände ein, ohne von der späteren Verwendung der für militärische Zwecke reservierten Räume eine klare Vorstellung zu haben. Die gut ausgebildete und ausgerüstete 3. Division stellte für die Planer eine zu große Versuchung dar, als daß man es ihr überlassen wollte, sich selbständig auf die Abwehr der Invasion Großbritanniens vorzubereiten. Später erklärte Mont-

gomery: »Es mutete eigenartig an ... daß ein vernünftiger Mensch sich vorstellen konnte, der Premierminister werde zu einer Zeit, da England fast wehrlos war, zulassen, daß die einzige kriegsmäßig ausgerüstete, gefechtsbereite Division Großbritannien verließ.«

Aber das Vertrauen Montgomerys zum Premierminister war vielleicht nicht ganz gerechtfertigt. Ihm fehlte das Verständnis für den impulsiven und unberechenbaren Churchill. Als er im Juli mit dem Premier in Brighton zusammentraf, konnte er ihn nicht für seine Ideen begeistern. Aber Brooke und andere höhere Offiziere begriffen, wie wertvoll ein so begabter Soldat wie Montgomery in dieser kritischen Zeit war, und deshalb wurde er jetzt rasch befördert. Im Juli 1940 übernahm er das in Dorset und Hampshire stationierte V. Armeekorps. Im April 1941 wurde er Kommandeur des XII. Korps in dem entscheidend wichtigen Abschnitt von Kent, und im Dezember 1941 wurde er zum Befehlshaber des Verteidigungsabschnitts Südost ernannt. Das war eine hohe Stellung, und jetzt durfte er auch erwarten, in hohe Kommandostellen im Felde aufzurücken. Die Katastrophe in Frankreich hatte die Führung der britischen Armee aufgerüttelt. Nun ergaben sich gute Beförderungsmöglichkeiten für begabte Offiziere. Wie es oft nach einer Niederlage geschieht, richtete sich die Armee in ihren Entscheidungen jetzt nach den militärischen Notwendigkeiten. Montgomery hatte sich in Frankreich als ausgezeichneter Fachmann bewährt. Seine Vorgesetzten waren beeindruckt, als er ihnen seine Auffassung über die Notwendigkeit einer beweglichen Verteidigung Englands vortrug. Vor 1940 hatten ihn andere Gesichtspunkte bei den höheren Offizieren unbeliebt gemacht, und seiner Beförderung im Wege gestanden. Jetzt spielten solche Gesichtspunkte keine so große Rolle mehr, und es kam nur noch auf seine militärischen Leistungen an.

Damit soll nicht gesagt sein, daß er seine Schroffheit und Intoleranz abgelegt hätte. Er war immer noch fähig, seine Vorgesetzten zu schockieren. Nach Dünkirchen besuchte er General Sir John Dill, den Chef des Empiregeneralstabs. Dill war verzweifelt. »Ist Ihnen klar, daß unser Land zum erstenmal seit tausend Jahren von einer feindlichen Invasion bedroht wird?« sagte er. Zu Dills Ärger fing Montgomery an zu lachen. Er erwiderte: »Die Engländer würden keinen Augenblick lang glauben, von einer Invasion bedroht zu sein, wenn sie wüßten, daß das Heimatheer zum Teil von unfähigen Generalen befehligt wird.« Dann nannte er einige Beispiele.

1940 war Auchinleck als Oberbefehlshaber des Kommandos Süd Montgomerys unmittelbarer Vorgesetzter. Bei den britischen Expeditionsstreitkräften hatte Montgomery seinen Kommandierenden General Brooke nach Kräften unterstützt und war mit ihm einverstanden gewesen. Jetzt versagte er seinem Vorgesetzten ganz bewußt diese Anerkennung. Er ließ sich in militärischen Fragen so sehr von persönlichen Gesichtspunkten leiten, daß man sofort versteht, weshalb die Offiziere im Beförderungsausschuß des Kriegsministeriums 1939 so ungern die Verantwortung dafür hatten übernehmen wollen, ihm einen höheren Kommandoposten zu übertragen. Nur in der angespannten Lage während des Krieges konnte Montgomery in ein hohes militärisches Amt aufsteigen. Was Auchinleck betrifft, so hat sich Montgomery augenscheinlich nicht vor dem Versuch gescheut, ihn zu demütigen und zu ärgern.

Man kann darüber streiten, ob es richtig gewesen ist, daß sich die Generalität ein so exzentrisches Verhalten gefallen ließ. Wären andere Generale seinem Beispiel gefolgt, dann hätte es zum Chaos geführt. Keine Armee kann zulassen, daß ein Untergebener nur die Befehle der Vorgesetzten befolgt, die ihm gefallen, und gerade das hat Montgomery oft getan. 1940 sah man jedoch darüber hinweg, weil er ein so hervorragender Fachmann war. Seine Ausbildungsmethoden und sein Führungsstil waren vielleicht ungewöhnlich, aber er hatte Erfolg damit.

Für das wichtigste Erfordernis hielt er die gute körperliche Verfassung des Soldaten. Zwar hatte er selbst behauptet, ein gesunder Geist sei ebenso wichtig, denn er glaubte an den Grundsatz *mens sana in corpore sano*. Er hielt es aber für unmöglich, körperlich nicht voll leistungsfähig und dabei doch geistig aktiv zu sein. Montgomerys Methode, die Offiziere und Mannschaften körperlich zu trainieren, war bezeichnend einfach. Die kämpfende Truppe mußte ein hartes Ausbildungsprogramm absolvieren, und zwar ohne Rücksicht auf das Wetter oder andere äußere Umstände. Die Soldaten und Offiziere hatten keine Zeit, sich zu verweichlichen. Aber es gab auch noch die Stäbe und rückwärtigen Dienste, und Montgomery nahm sich ihrer mit solcher Gründlichkeit an, daß eine Welle des Entsetzens durch alle Kommandostellen ging. Er befahl, daß alle Angehörigen der Stäbe einmal wöchentlich an einem Zehnkilometerlauf teilzunehmen hätten. Als ein rundlicher Oberst ihm erklärte, er werde sterben, wenn er zehn Kilometer laufen müsse, meinte der

Kommandierende General ganz kühl, sein Tod bei der Ausbildung werde weniger Komplikationen bereiten, als wenn er im Gefecht falle. Wenn sein Gesundheitszustand zu wünschen übrig lasse, dann sei es besser, er beteilige sich am Sport und stürbe jetzt, als daß er die Truppe belaste, nachdem die Schlacht begonnen habe.

So versammelten sich denn – innerlich fluchend und protestierend – Stabsoffiziere, Schreiber, Köche und Burschen jeden Alters im Morgengrauen je nach Geschmack sportlich gekleidet zum Geländelauf, der sie eine Woche lang für ihre Arbeit in der Küche oder in den Schreibstuben leistungsfähig halten sollte. Daß Montgomery so großen Wert auf die körperliche Ertüchtigung legte, lag wahrscheinlich auch an seiner eigenen spartanischen Lebensführung. Er rauchte und trank nicht. Er ließ es zwar zu, daß die Offiziere im Kasino mäßig tranken, ging aber rücksichtslos gegen jeden vor, der seine Einsatzbereitschaft durch übermäßigen Genuß von Alkohol gefährdete. Ohne seine ausdrückliche Erlaubnis wagte es niemand, in seiner Gegenwart eine Zigarette anzuzünden. Damals entstand auch die Anekdote von der Dreiminutenpause, in der gehustet werden durfte. Wenn der Kommandierende General eine Vorlesung hielt oder zu seinen Offizieren sprach, war das Husten nur in den dafür vorgesehenen Pausen erlaubt, und wie es mit vielen Legenden geschehen ist, so hat auch diese die Phantasie der Leute derart eingenommen, daß jetzt jeder davon überzeugt ist, er sei persönlich bei einer solchen Gelegenheit dabeigewesen.

Montgomery mischte sich aber auch in das Privatleben seiner Offiziere und Mannschaften ein, besonders in das der Offiziere. Damals war es üblich, daß die Ehefrauen und Kinder von Offizieren sich den Truppenverbänden anschlossen und in Hotels oder Heeresunterkünften wohnten, oft auch in den Städten oder Dörfern an der Küste, wo man jederzeit mit der deutschen Invasion rechnete. Dadurch kam es im militärischen Bereich zu gewissen Schwierigkeiten, und Montgomery war nicht gewillt, sich damit abzufinden. Man behauptete, es sei gut für die Moral der Offiziere, wenn ihre Frauen in der Nähe blieben, – ein ganz überzeugendes Argument, wenn auch die Frage offenblieb, wie es in dieser Hinsicht um die Mannschaften bestellt war, die dieses Vorrecht nicht genossen. Montgomery glaubte jedoch, die Offiziere würden bei einem feindlichen Angriff so besorgt um ihre Familien sein, daß sie ihre militärischen Pflichten vernachlässigen könnten. Er befahl deshalb, daß Frauen

und Kinder das Einsatzgebiet verlassen müßten, eine Entscheidung, deren Befolgung er streng überwachen ließ, und die besonders unter den Frauen Empörung auslöste.
Montgomery verlangte aber nicht nur körperliche Leistungsfähigkeit und Einsatzbereitschaft, sondern auch technische Vollkommenheit im Gefecht. Besonderen Wert legte er auf die Leistungen der Kommandostellen und Stäbe, und seine Anforderungen waren hoch. Bei Nachlässigkeiten, Unfähigkeit oder Unaufmerksamkeit in wichtigen Einzelheiten war er Ankläger, Richter und Geschworener in einer Person. Wen er als einen Versager betrachtete, bezeichnete er als »nutzlos, völlig nutzlos«. Dieses Urteil sprach er kalt und ungerührt, und es gab keine Berufung. Wenn ein Truppenführer oder Generalstabsoffizier seinen Ansprüchen nicht genügte, dann hieß es: »Sie nutzen mir gar nichts, überhaupt nichts«, und damit war die Sache erledigt.
Seine Rücksichtslosigkeit machte Montgomery zu einem gefürchteten Vorgesetzten. Goronwy Rees erinnert sich, wie man ihn bemitleidete, als er in den Stab dieses exzentrischen Generalleutnants versetzt wurde. Doch als er Montgomery etwas besser kennengelernt hatte, wußte er, daß die allgemeinen Vorstellungen, er sei ein eitler und egozentrischer Schauspieler, falsch waren. Wie schon seine Vorgesetzten 1940 festgestellt hatten, beherrschte der General alle taktischen Feinheiten der Abwehrschlacht, deren Vorbereitung man ihm anvertraut hatte.
Die vielleicht beste Anekdote, die es über Montgomery gibt, hat Montgomerys Ordonanzoffizier dem Kanadier Dick Malone erzählt, der als Oberst zum Stabe des Generals kommandiert war und das Buch *Missing from the Record* geschrieben hat. Eines Tages befahl Montgomery Spooner zu sich und sagte ihm, er sei erschöpft und bedürfe einer kurzen Ruhepause. »Wir werden uns für vier bis fünf Tage in einen kleinen Landgasthof zurückziehen und uns dort etwas erholen.« Auf einer Karte zeigte der General ihm das Gebiet, in dem er ein geeignetes Haus vermutete. Doch Spooner konnte dort kein den Wünschen seines Befehlshabers entsprechendes Hotel oder Gasthaus finden. Schließlich wandte er sich an das Wehrkreiskommando, wo man ihm versicherte, es gebe hier nicht das, was er suche, und ihm empfahl, seinen Vorgesetzten auf einem der Herrensitze einzuquartieren. Man sei überzeugt, jeder Gutsbesitzer würde sich freuen. Montgomery als Gast bei sich aufzu-

nehmen. Der erste Schloßherr, ein Mitglied des Oberhauses, versicherte Spooner, er sei gerne bereit, Montgomery für ein paar Tage einzuladen. Monty freute sich über den Erfolg seines Ordonnanzoffiziers, aber dann kamen ihm gewisse Zweifel. Würde Seine Lordschaft ihn vielleicht stören oder bei Tisch mit seinem Geschwätz langweilen? Er beschloß, seinen eigenen Koch mitzunehmen und sich das Essen in einem besonderen Zimmer servieren zu lassen. Spooner erhielt den Auftrag, es dem Lord mitzuteilen, der natürlich zunächst gekränkt war, sich aber beruhigte, als er hörte, Montgomery werde unter Umständen vertrauliche Gespräche mit einem anderen General führen müssen, der ihn dort aufsuchen wolle. Stolz auf sein diplomatisches Geschick meldete sich Spooner wieder bei Montgomery, der ihn fragte: »Hat der alte Herr das auch nicht in die falsche Kehle bekommen?« – »Nein, Lord B. hatte nichts dagegen einzuwenden«, antwortete Spooner. »Seine einzigen Bedenken waren, daß wir vielleicht noch dort sein könnten, wenn seine anderen Gäste in vierzehn Tagen kommen. Ich habe ihm versichert, wir würden nur drei bis vier Tage bleiben.« Nach einer kurzen Pause sagte Montgomery nachdenklich: »Nun, das weiß ich noch nicht genau. Sie haben mir gesagt, daß es dort sehr hübsch ist; schöne Gärten und so. Vielleicht bleiben wir drei oder vier Wochen. Ja, das werden wir tun. Wir werden einen Monat dort bleiben. Fahren Sie hin und sagen Sie ihm, ich hätte es mir anders überlegt und würde auch noch ein paar Ordonnanzen mitbringen.«

Recht bedrückt machte sich Spooner wieder auf den Weg. Der Lord war empört und erklärte: »Das kommt nicht in Frage ... Dies ist mein Haus, und er wird entweder mit der Gastfreundschaft vorliebnehmen, die ich ihm anbiete, oder gar nicht kommen ... Das ist eine Unverschämtheit ... Ich werde nicht hier sein, wenn er kommt. Das ist alles. Ich lasse mich in meinem eigenen Haus nicht so behandeln.« Der Ordonnanzoffizier versuchte den verärgerten Peer zu besänftigen und sagte, Montgomery habe bestimmt nicht die Absicht, ihn zu beleidigen. Er versprach, mit dem General noch einmal über die Sache zu sprechen.

Monty hörte sich den Bericht Spooners an, sagte zunächst nichts, sprang aber dann auf und beugte sich über eine Karte. »Sagen Sie mir, wo liegt eigentlich dieser Besitz. Zeigen Sir mir auf der Karte, wo das Haus liegt.« Spooner tat es. »Oh«, sagte Montgomery, »wie kommt es, daß er im Sperrgebiet lebt, in einem Verteidigungsabschnitt? Das darf er doch gar nicht! Werfen Sie ihn sofort hinaus! Sagen Sie ihm, er habe sein Haus zu räumen. Bei einer Invasion wird er uns nur im Wege sein.« So stand nun der Besitz des unglücklichen Lords ausschließlich Montgomery zur Verfügung, und der Kommandierende General verlebte dort einen angenehmen und ruhigen Urlaub. Die Armee beschlagnahmte das Haus bis Kriegsende. Über die Reaktion des Besitzers ist nichts überliefert.

Um diese Zeit begann sich die Legende zu entwickeln, die sich heute um die Gestalt Montgomerys rankt. Es gab Leute, die ihn wirklich haßten; Offiziere, die er rücksichtslos und in grober Form entlassen hatte, Ehefrauen, die gezwungen worden waren, sich von ihren Männern zu trennen, und vielleicht auch Großgrundbesitzer, deren Häuser er hatte beschlagnahmen lassen. Andere mißtrauten seinen Methoden und glaubten, er sei mehr Schauspieler als Soldat. Einige seiner Kameraden nahmen ihm übel, daß er sich überall ins Rampenlicht stellte, vor allem aber, daß er immer wieder behauptete, es gebe nur zwei Möglichkeiten für die Lösung eines militärischen Problems; seine eigene und eine falsche. Doch viel wichtiger als all dies war die Haltung der großen Mehrheit seiner Bewunderer, der Soldaten, der jungen Offiziere und der Öffentlichkeit. So unnahbar, kalt und egozentrisch er einigen seiner Zeitgenossen erscheinen mochte, die Mannschaften nannten ihn schon »Monty« und verehrten ihn trotz oder gerade wegen seines exzentrischen, aber im Grunde doch unkomplizierten Wesens. Seine Freundlichkeit und Zugänglichkeit beeindruckten sie. Aber noch mehr gefiel es ihnen, daß er größeren Wert auf hervorragende Leistungen in der Gefechtsausbildung legte als auf Paraden und das sinnlose Blankputzen von Stiefeln und Ausrüstungsgegenständen. Für die jungen Offiziere war er der Bilderstürmer, der die überlieferten Werte in Frage stellte, sich von veralteten Denkschemen löste, Trunkenbolde, Dilettanten und Dummköpfe ausmerzte und das militärische Establishment von unnützem Ballast befreite. Für die Öffentlichkeit, die im Lauf der Zeit immer mehr von ihm Notiz nahm, verkörperte er die Qualitäten des Truppenführers, für den jetzt, da das Land von einer Invasion bedroht war, ein tiefes psychologisches Bedürfnis bestand.

Nachdem Generalleutnant Montgomery 1941 den Befehl über den Südostabschnitt übernommen hatte, näherte er sich einer kritischen Phase in seiner Laufbahn. Er stand auf wichtigem Posten und wurde als Befehlshaber der zur Abwehr der Invasion bereitgestellten Streitkräfte zunehmend bekannter. Man hatte ihn trotz charakterlichen Schwächen wegen hervorragender militärischer Leistungen auf diesen Posten gestellt. Jetzt durfte er auch erwarten, bis an die höchste Spitze zu kommen. In diesem Zusammenhang ist es besonders interessant zu erfahren, welche Rolle er bei dem Kommandounternehmen gegen Dieppe gespielt hat. Die Operation war in fast jeder Hinsicht ein völliger Fehlschlag. Montgomery hat das nicht geschadet, sein Ruf hat nicht darunter gelitten. Noch nach dem Kriege hat er es sorgfältig vermieden, auch nur einen Teil der Verantwortung dafür zu übernehmen.

Die Ideee für ein Kommandounternehmen gegen den französischen Hafen Dieppe war Anfang April beim Combined Operations Headquarters geboren worden. Es war der ehrgeizigste einer ganzen Reihe von Überraschungsangriffen gegen die von den Deutschen besetzte Küste, mit denen Churchill den Gegner verwirren wollte, eine Operation, für die sich der Premierminister persönlich ganz besonders einsetzte. Der damalige stellvertretende Staatssekretär beim Kriesgkabinett und dem Auschuß der Stabchefs, Sir Leslie Hollis, berichtet, der Chef des Empiregeneralstabs habe geäußert, »der Premierminister war so von dieser Idee besessen, daß ... er alle unangenehmen Realitäten übersah, die sich dem Vorhaben entgegenstellten«. Der Hauptgrund für die Begeisterung Churchills war die Anfang 1942 getroffene Entscheidung, daß von einer sofortigen Rückkehr der Expeditionsstreitkräfte auf das europäische Festland keine Rede sein könne und sich die alliierte Planung auf das Unternehmen *Torch,* die angloamerikanische Landung in Nordwestafrika, konzentrieren müsse. Bei allen Generalstabsbesprechungen über die geplante Invasion in Europa hatte sich gezeigt, daß es eine wichtige Voraussetzung für jeden Erfolg gab; es mußte gelingen, vorher einen guten und noch intakten Hafen in die Hand zu bekommen. Im Rahmen der bedingungslos aggressiven Politik Churchills beschloß man deshalb, über den Kanal zu gehen und genau festzustellen, was ein solches Unternehmen bedeutete. Dabei entschied man sich für Dieppe als das geeignetste Angriffsziel. Der Hafen lag innerhalb der Reichweite britischer Jagdflugzeuge und hatte alle Anlagen, die man zur Unterstützung eines Landungsunternehmens im großen Stil brauchte.

Am 13. Mai hatte das Combined Operations Headquarters die

Unterlagen für mehrere Möglichkeiten des Vorgehens fertiggestellt, und die Chefs des Stabes stimmten einem Plan zu, bei dem ein Frontalangriff gegen die Stadt und den Hafen Dieppe durch Landungen an beiden Flanken unterstützt werden sollte. Die Befehlshaber der dazu vorgesehenen Verbände erhielten nun den Auftrag, Einzelpläne auszuarbeiten, und hier kommt auch Montgomery ins Bild. Man hatte beschlossen, für das Kommandounternehmen kanadische Truppen aus dem Korps einzusetzen, das dem Kommando Südost Montgomerys unterstellt war. Als Vertreter des Oberbefehlshabers der in Großbritannien stationierten Streitkräfte sollte er daher die Verantwortung für die Vorbereitung der Operationen der Landstreitkräfte bei diesem Angriff übernehmen. Sehr bald fiel eine Entscheidung, durch die Montgomery in eine erbitterte Kontroverse verwickelt wurde. Bei einer Besprechung der beteiligten Truppenführer am 5. Juni kam es zu einem Disput über die entscheidende Frage, ob man vor Beginn des Unternehmens die deutschen Verteidigungsstellungen mit schweren Bombenflugzeugen angreifen solle, um die Abwehrkraft des Gegners zu schwächen. Man entschied sich dagegen. Das war besonders angesichts einer späteren Meldung der deutschen Division in Dieppe, nach der die angreifenden Luft- und Seestreitkräfte bei weitem nicht stark genug waren, um die Verteidiger während der Landungen niederzuhalten und ihre Nachrichtenverbindungen zu zerstören, eine wichtige Entscheidung. Der Einsatz der Luftstreitkräfte, so wichtig er auch gewesen sein mochte, war nicht der einzige Faktor, der den Ausgang des Unternehmens gegen Dieppe bestimmt hat. Die Operation war ursprünglich für Ende Juni vorgesehen, denn dann begünstigten Mond und Gezeiten die Angreifer. Montgomery schreibt in seinen Erinnerungen jedoch, daß die Truppen erst am 2. und 3. Juli verschifft wurden (die Verzögerung ergab sich wahrscheinlich aus den etwas in die Länge gezogenen Vorübungen) und der Angriff am 4. Juli oder einem der folgenden Tage erfolgen sollte. Wie es bei Operationen dieser Art üblich war, wurden die Soldaten auf den Schiffen von der Außenwelt »abgeschirmt« – das heißt, es gab keinerlei Verbindung mit der Küste – und dann genau über den geplanten Verlauf des Unternehmens unterrichtet. An dem für den Beginn der Operation festgesetzten Tag war das Wetter ungünstig. Das blieb bis zum 8. Juli so, dem letzten Tag, an dem Mond und Gezeiten eine Durchführung des Angriffs zuließen. Die Truppe wurde wieder ausgeschifft und in Lager und Unterkünfte entlassen. Daraus ergab sich deutlich, was man bei künftigen Unternehmen ähnlicher Art würde beachten müssen. Ebenso wie die Soldaten jeder anderen Bürgerarmee unterhalten sich auch kanadische Soldaten über ihren Einsatz und neigen dazu, ihre persönlichen Freunde in der Zivilbevölkerung mit abenteuerlichen Geschichten über ihre Heldentaten zu beeindrucken. Geheime Operationen verlieren viel von ihrem Glanz, wenn man niemandem etwas davon erzählen darf. Da nun fünftausend Soldaten über die Pläne für das Unternehmen gegen Dieppe genau unterrichtet waren und jetzt die Kneipen und Cafés in Südengland bevölkerten, wäre es eine erstaunliche Leistung der Abwehr gewesen, wenn nicht früher oder später Einzelheiten darüber auch den zahlreichen feindlichen Agenten in diesem Gebiet zu Ohren gekommen wären.

Trotzdem wollte das Combined Operations Headquarters den einmal gefaßten Plan nicht aufgeben. Der Premierminister war entschlossen, einen Angriff gegen die Deutschen zu führen, und der Chef des Empiregeneralstabs stimmte ihm mit der Begründung zu, daß das Kommandounternehmen ein wichtiger Schritt bei den Vorbereitungen für eine spätere Landung großen Ausmaßes sei. Deshalb wurde am 27. Juli eine neue Direktive für die Operation genehmigt. Montgomery behauptet, er sei empört gewesen, als er davon hörte, und habe dem Oberbefehlshaber des Heimatheeres, General Paget, einen Brief geschrieben, in dem er ihm riet, das Kommandounternehmen gegen Dieppe ein für allemal abzublasen. Nachdem Montgomery angeblich so deutlich seine Meinung gesagt hatte, ging er am 10. August nach Nordafrika, um dort Befehlshaber der Achten Armee zu werden.

Entgegen den Empfehlungen von Montgomery begann am 19. August das Unternehmen gegen Dieppe. Nur der Angriff an der äußersten Westflanke war erfolgreich. Die Verluste waren sehr hoch. Die Kanadier, die wieder die Masse der Angriffstruppen gestellt hatten, verloren 68 Prozent ihrer Offiziere und Mannschaften. Der Gegner hatte nur geringe Verluste, und die offizielle britische Geschichte des Zweiten Weltkriegs bagatellisiert die Angelegenheit, wenn sie sagt: »Die Argumente für und gegen das Unternehmen halten sich die Waage.« Die kanadische offizielle Geschichte ist nüchterner:

»Bei dem nur neun Stunden dauernden Einsatz von weniger als

5000 Mann bei Dieppe verlor die kanadische Armee mehr Gefangene als in den ganzen elf Monaten des späteren Feldzugs in Nordwesteuropa oder während der zwanzig Monate, in denen kanadische Truppen in Italien kämpften. Noch trauriger waren die Verluste an Gefallenen. Es waren insgesamt 56 Offiziere und 851 Unteroffiziere und Mannschaften. Die kanadischen Gesamtverluste betrugen 3369 Mann.
Es ist gewiß nicht übertrieben, wenn man feststellt, daß das ganze Unternehmen ein blutiges Gemetzel war.
Über Montgomerys Rolle bei Dieppe hat es leidenschaftliche Diskussionen gegeben, besonders bei den Kanadiern, die meinten, als Verantwortlicher für einen großen Teil des ursprünglichen Plans müsse er auch einen wesentlichen Teil der Verantwortung für den Ausgang des Unternehmens tragen. Er selbst hat viel getan, um das zu widerlegen. Er hat nicht nur auf seine Empfehlung hingewiesen, das Unternehmen aufzugeben, sondern auch die Durchführung kritisiert und gesagt, zu viele Kommandostellen hätten sich daran beteiligt, und es habe keinen gemeinsamen Befehlshaber des gesamten Kampfverbandes gegeben. Seine Beurteilung ist ganz klar: »Ich glaube, wir hätten die notwendigen Informationen und Erfahrungen auch bekommen, ohne so viele großartige kanadische Soldaten zu opfern.« Diese Beurteilung hat er aber mit einem Satz in seinen Erinnerungen, um den sich ein heftiger Meinungsstreit entfacht hat, etwas entwertet: »In den umgearbeiteten Plan waren gewisse Modifizierungen aufgenommen worden. Die wichtigsten waren erstens der Verzicht auf Fallschirmtruppen, die durch Kommandoeinheiten ersetzt wurden, zweitens der Verzicht auf die Bombardierung der Befestigungsanlagen aus der Luft.« Weiter sagt er mit dem erhobenen Zeigefinger des Schulmeisters: »Ich selbst hätte diesen Änderungen nicht zugestimmt.«
Bei aller Nachsicht muß man doch sagen, daß sich Montgomery hier nicht ganz an die Tatsachen hält. Wie die offizielle Geschichte berichtet, hatte man schon mit dem ersten Plan beschlossen, auf die Bombardierung vor dem Angriff und den Einsatz von Luftlandetruppen zu verzichten, und nicht erst im revidierten Plan. Was nun den Einsatz von Bombenflugzeugen betrifft, so ist die Stellungnahme von Brigadekommandeur Sir Bernard Fergusson (des späteren Lord Ballantrae) aufschlußreich. In seinem Buch über die Geschichte von Combined Operations, *The Watery Maze* (1961), schreibt er:

»Weit davon entfernt, die Veränderungen abzulehnen, hatte er bei der Besprechung, in der diese Entscheidung fiel, sogar den Vorsitz, und das Protokoll enthält kein Wort über irgendwelche Einwände von ihm.«

Aus dieser Episode wird uns manches Rätsel an der komplexen Persönlichkeit Montgomerys klarer. Er war zu keinem Zeitpunkt persönlich oder entscheidend für die Gesamtplanung des Kommandounternehmens gegen Dieppe verantwortlich, und keine ausgewogene historische Beurteilung würde ihm die Schuld für den Fehlschlag geben. Seine Befürchtung, daß die Sicherheit der Operation durch den Aufschub im Juli gefährdet worden sei, war unbegründet. Im deutschen Gefechtsbericht vom 3. September 1942 erklärt der Oberbefehlshaber von Rundstedt, er habe von den Absichten des Gegners vorher nichts gewußt, wenn auch Hitler in seiner Direktive vom 23. März 1942 geschrieben hatte: »In naher Zukunft werden die europäischen Küsten der Gefahr feindlicher Landungsunternehmen ausgesetzt sein.« Entweder war der deutsche Nachrichtendienst in England 1942 schlecht organisiert, oder die über das Unternehmen unterrichteten kanadischen Soldaten waren ungewöhnlich verschwiegen.

Trotzdem wollte sich Montgomery unter allen Umständen von dieser umstrittenen und verlustreichen Operation distanzieren und mußte dazu, wenn auch unbewußt, ein Kapitel der Kriegsgeschichte umschreiben. Das Gedächtnis von Generalen hat in ähnlichen Fällen oft versagt, und bei Montgomery ist es vielleicht seine irische Abstammung gewesen, die ihn veranlaßt hat, die Tatsachen so zu korrigieren, daß sie dem Bild entsprachen, das die Welt von ihm haben sollte. Ronald Lewin hat das etwas freundlicher, aber doch ganz nüchtern wie folgt ausgedrückt: »Dies war eine der nicht wenigen Gelegenheiten, bei denen Montgomery eine Gedächtnislücke hatte, die ihm sehr gelegen kam – wie wenn jemand ein Hörgerät abschaltet, das ein unangenehmes Geräusch von sicht gibt.« Das allerunangenehmste Geräusch für Montgomery war die Kritik, und es gibt ungezählte Beispiele dafür, daß er jedesmal, wenn sich die Lage günstig entwickelte, davon überzeugt war, das sei seiner Weisheit und seinem Weitblick zu verdanken, während für jeden Fehlschlag ein anderer verantwortlich war, der diese Qualitäten nicht besaß.

Das Kommandounternehmen gegen Dieppe war das einzige größere Fragezeichen hinter den militärischen Leistungen Montgomerys in der Zeit von seiner Rückkehr aus Dünkirchen bis zu seiner Ernennung zum Befehlshaber der Achten Armee im August 1942. In zwei verzweifelten Jahren hatte man seine beachtlichen Fähigkeiten anerkannt, und er hatte die weite Kluft überwunden, die gute Divisionskommandeure von den Offizieren trennt, die die höchsten Kommandostellen besetzen. Nun befand er sich auf der Schwelle zu seinen größten Triumphen.

Befehlshaber der Achten Armee

Beim Studium der neueren Geschichte kann man die triviale, aber interessante Feststellung machen, daß unverhältnismäßig viele bedeutende Persönlichkeiten wichtige oder erregende Nachrichten erhalten haben, während sie sich rasierten. Am Morgen des 8. August 1942 war Montgomery mit dieser kontemplativen Tätigkeit beschäftigt, als er vom Kriegsministerium angerufen wurde. Am Tage zuvor hatte er den Befehl erhalten, General Alexander als Befehlshaber der Ersten Armee abzulösen und sich unter der Leitung von Eisenhower an den Vorbereitungen für das Unternehmen *Torch*, die für den November geplante Landung in Nordafrika, zu beteiligen. Doch der Anruf aus dem Kriegsministerium widerrief nicht nur diesen Befehl, sondern gab der militärischen Laufbahn Montgomerys eine ganz neue Richtung – und wahrscheinlich auch dem Verlauf des Krieges. Man sagte ihm, der Befehlshaber der Achten Armee, General Gott, sei bei einem Flugzeugabsturz ums Leben gekommen, und er müsse seinen Platz einnehmen.

Diese unerwartete und höchst bedeutsame Richtungsänderung im Leben Montgomerys ist oft sehr wenig verständnisvoll kommentiert worden. So hat man zum Beispiel behauptet, wäre Gott damals nicht gefallen, dann wäre Montgomery bei Kriegsende ein verhältnismäßig unbekannter und nicht besonders beliebter General gewesen. Mit anderen Worten, er sei als Befehlshaber der Achten Armee erst nach Gott, in zweiter Linie, in Frage gekommen und habe seine Ernennung, die zu den glänzenden Erfolgen und seinem raschen Aufstieg führte, nur dem Zufall zu verdanken. Wie bei den meisten Hypothesen dieser Art werden dabei eine Reihe von Faktoren übersehen, vor allem, daß Montgomery schon vorher der erste Anwärter auf diesen Posten und der gefallene Gott der zweite gewesen war.

Als Churchill in Begleitung des Chefs des Generalstabs Brooke im August nach Ägypten kam, hatte er vor, die höchsten Kommandostellen in diesem Gebiet neu zu besetzen. Seit dem 25. Juni war Auchinleck Oberbefehlshaber im Mittleren Osten und Befehlshaber der Achten Armee. Das war aus begreiflichen Gründen keine gute

Lösung. Wenn man von einem noch so fähigen und erfahrenen General verlangt, eine Feldarmee zu führen und zugleich die Verwaltungsaufgaben auf einem ganzen Kriegsschauplatz zu übernehmen, dann muß es zu Schwierigkeiten kommen. Diese Schwierigkeiten stellten sich in einer Form ein, die bei Churchill ein Ansteigen des Blutdrucks zur Folge hatte, und zwar als lähmender Mangel an Initiative bei der kämpfenden Truppe. Der Wüstenkrieg war in jüngster Zeit wenig glorreich für die englischen Waffen verlaufen. Die Achte Armee hatte sich 800 Kilometer weit zurückziehen müssen und dabei große Mengen von Ausrüstung und Waffen verloren. Das Nildelta und der Suezkanal waren augenscheinlich unmittelbar von einem deutschen Angriff bedroht. Bezeichnenderweise verlangte Churchill das Ende all dieser Rückzugsbewegungen. Während seine Generale ihm zur Vorsicht rieten, forderte er einen Sieg. Eine Meldung Auchinlecks vom 31. Juli besagte, daß sich vor September kaum die Gelegenheit ergeben werde, Rommel anzugreifen, und das veranlaßte ihn, einzugreifen. Jetzt war er überzeugt, Rommel könne nur nach einer Umbesetzung der Kommandostellen im Mittleren Osten zurückgeworfen werden.

Zunächst beschäftigte er sich – ebenso wie Brooke – mit dem Oberkommando der Achten Armee und kümmerte sich weniger um die Kommandostruktur auf dem gesamten Kriegsschauplatz. Churchills erste Wahl für den Posten des Befehlshabers war General Gott, ein im Wüstenkrieg erfahrener General, der damals das XVIII. Korps kommandierte. In Übereinstimmung mit Auchinleck glaubte Brooke jedoch, Gott sei überanstrengt und Montgomery eigne sich besser für diese Aufgabe. Als sie in Ägypten eintrafen, entwickelten sich die Dinge mit der für Churchill typischen Dynamik. Zuerst bot der Premierminister Brooke das Kommando an. Der Chef des Generalstabs lehnte es mit Recht ab, denn er glaubte, mehr nützen zu können, wenn er sich mit Churchill und nicht mit Rommel beschäftigte. Der entscheidende Tag war der 5. August, als Churchill das Hauptquartier der Achten Armee in der Wüste besuchte. Hier frühstückte er mit seinem Gefolge – wie er später angewidert feststellte – »in einem Käfig voller Fliegen und hoher Militärs«. Dieser unfreundliche Ausspruch – die hohen Militärs hatten sich vermutlich zu seinen Ehren versammelt, wenn auch nicht die Fliegen – war Ausdruck zunehmender Enttäuschung und Verärgerung. Nach dem Frühstück kam es zu einer wenig erfreulichen Begegnung mit zwei höheren Offizieren, Auchinleck und Dorman-Smith, bei der noch keine Entscheidung fiel. Nachdem sie ihm die Gründe für eine weitere Verzögerung der Offensive gegen Rommel vorgetragen hatten, war er nicht in der Stimmung, Gott viel Verständnis entgegenzubringen, als dieser dem Premierminister auf der Fahrt zum Flugzeug sagte, er sei erschöpft und brauche Urlaub. Churchill glaubte, auch Auchinlecks Kampfmoral habe gelitten und nicht nur die Achte Armee, sondern das gesamte Oberkommando im Mittleren Osten müßte einen neuen Oberbefehlshaber bekommen.

Am folgenden Morgen wurden drastische Vorschläge gemacht. Churchill meinte, das Kommando im Mittleren Osten solle aufgeteilt werden. Auchinleck solle den Oberbefehl im Raum Persien/Irak übernehmen, während Brooke als Befehlshaber der Achten Armee vorgesehen wurde. Brooke blieb jedoch bei seiner Auffassung, er gehöre an die Spitze des Generalstabs. Schließlich entschied Churchill, daß General Alexander das Unternehmen *Torch* aufgeben und in den Mittleren Osten kommen sollte. Gott sollte die Achte Armee behalten, während Montgomery anstelle von Alexander zum Befehlshaber der Ersten Armee im Rahmen des Unternehmens *Torch* ernannt wurde. Diese Entscheidung war Montgomery am 7. August mitgeteilt worden.

Nun kam es zu dem tragischen, aber historisch entscheidenden Tod von General Gott. Die Transportmaschine, mit der er auf einer bisher als sicher geltenden Route über die Wüste flog, wurde von zwei deutschen Jägern abgeschossen. Nach einer kurzen Besprechung, an der Churchill, Brooke und Feldmarschall Smuts teilnahmen (dessen Meinung beim Premierminister großes Gewicht hatte), ging ein an Attlee gerichtetes Telegramm nach London ab: »Premierminister an stellvertretenden Premierminister, 7. August 1942. Chef des Generalstabs empfiehlt Montgomery für Achte Armee. Smuts und ich glauben, Posten muß sofort besetzt werden. Bitte schicken Sie ihn umgehend mit Sonderflugzeug. Teilen Sie mit, wann er hier eintreffen wird.«

Der Kommandowechsel, der Montgomery nach Nordafrika brachte, war die unmittelbare Auswirkung von Churchills Überzeugung, daß es für die Kriegsanstrengungen der Alliierten von entscheidender Bedeutung sei, Rommel zu schlagen. Hinter dieser simplen, instinktiven Meinung stand ein komplexes Zusammenspiel der verschiedensten persönlichen und politischen Interessen.

Churchills Hauptsorge war die innenpolitische Situation in Großbritannien. Auf den heroischen Sommer 1940 war das Jahr 1941 gefolgt, in dem die Stimmung zuversichtlicher wurde. Hitler war in die Sowjetunion eingefallen und hatte die Russen nicht besiegt. Die Vereinigten Staaten waren in den Krieg eingetreten, wenn auch mit einer schwer angeschlagenen Flotte. Dann folgte eine Katastrophe nach der anderen, und das führte zur Sommerkrise 1942. Im Fernen Osten ging zunächst Malaya verloren, dann Singapur (ein besonders schwerer Schlag, da 100 000 Soldaten des Commonwealth vor 50 000 schlecht ausgerüsteten Japanern kapituliert hatten) und im Mai Burma. Während Wavell sich darauf vorbereitete, Ceylon gegen die siegreiche japanische Flotte zu verteidigen, war auch Indien bedroht. Zur See stiegen die Verluste der Handelsflotte. Im Juni gingen 124 Schiffe mit insgesamt 623 545 Tonnen verloren. In den ersten beiden Juliwochen waren es weitere 400 000 Tonnen. Wenn das so weiterging, dann konnten die Deutschen England innerhalb eines Jahres aushungern. Im Mittleren Osten hatte Rommel im Februar die Cyrenaika zurückerobert und im Juni die Achte Armee bei Gazala geschlagen. Am 21. Juni wurde Churchill bei einem Essen im Weißen Haus der Fall von Tobruk mitgeteilt, und er war davon verständlicherweise besonders betroffen, da auf seine persönliche Veranlassung hin die britische Propaganda Tobruk besonders in den Vordergrund gestellt hatte. Hitlers Jubel war entsprechend laut, und Churchills Laune wird sich kaum gebessert haben, als er die Schlagzeilen in der amerikanischen Presse las, die augenscheinlich damit rechnete, daß man ihm endlich einen Dämpfer aufsetzen werde. Malta hatte die schweren Bombenangriffe im April überlebt, aber im Juni erreichten von den beiden Geleitzügen, die die Insel versorgen sollten, nur zwei Schiffe ihr Ziel.

Man hatte den Eindruck, daß Malta, das 1941 ebenso wie Tobruk zu einem Symbol des britischen Widerstands geworden war, fallen müsse, wenn es den Briten nicht gelänge, die libyschen Flugplätze einzunehmen, von denen aus man die Geleitzüge aus der Luft schützen konnte. Der Verlust der Insel wäre ein viel schwererer Schlag gewesen als der Fall von Tobruk. Und doch hatte es den Anschein, als sei die Achte Armee nicht imstande, anzugreifen und die Flugplätze zu nehmen. Im Gegenteil, im Juni und Anfang Juli schien es, als zerbräche das Verteidigungssystem und das Mittelmeer würde zu einem von den Achsenstreitkräften beherrschten Gewässer.

Nach zwei Jahren dynamischer politischer Führung hatte Churchill daher im Juni 1942 das Gefühl, seine unangefochtene Stellung sei ins Wanken geraten. Die Rufe nach einem Versorgungsministerium oder einem dem Premierminister unterstellten Verteidigungsminister (bisher hatte er dieses Ministerium selbst geleitet) wurden immer lauter. Die schwere Niederlage bei den Nachwahlen in Maldon (der Kandidat der Koalitionsregierung erhielt nur 6226 von 20000 Stimmen) war ein deutliches Zeichen. »Das ist Tobruk«, sagte Churchill verzweifelt, als er die Nachricht erhielt. Am 2. Juli wurde ein Mißtrauensantrag im Unterhaus von der großen Mehrheit abgelehnt. Befürworter und Gegner waren sich nicht darüber einig, ob die Rückschläge auf die Vereinigung von zuviel Macht in der Hand Churchills oder auf die Verteilung von Verantwortlichkeiten zurückzuführen seien. Am 2. Juli berichtete Cripps Churchill von einer »allgemeinen Unzufriedenheit und dem Gefühl, daß irgend etwas nicht in Ordnung ist, was sofort wieder in Ordnung gebracht werden muß«. Diese Stimmung hätte sich entschieden verstärkt, wenn es zu weiteren militärischen Rückschlägen gekommen wäre. Die öffentliche Meinung in Großbritannien verlangte nach einem Sieg, und die nordafrikanische Wüste war der dafür geeignete Kriegsschauplatz. Ein Sieg in Nordafrika wäre für Churchill besonders wünschenswert gewesen, weil Rommel in letzter Zeit in Großbritannien zu einer Legende geworden war. Trotz ihren Niederlagen war die Achte Armee 1942 den Achsenstreitkräften materiell immer überlegen gewesen. Rommels Ansehen war sehr groß, und die Legende um ihn sollte noch lange lebendig bleiben, nachdem die Namen ebenso fähiger Generale wie Guderian und Manstein längst vergessen waren. Churchill stand offenbar selbst unter seinem Bann. Eines Tages im August kam Sir Ian Jacob zu ihm, als er im Zimmer auf und ab ging und vor sich hinmurmelte: »Rommel, Rommel, Rommel!«
Der zweite und augenscheinlich paradoxe Fragenkomplex, der Churchill von der Notwendigkeit eines Sieges in der Wüste überzeugte, betraf nicht so sehr die Vermeidung einer Niederlage als die Notwendigkeit, die Grundlagen dafür zu schaffen, daß Großbritannien später den ihm zukommenden Anteil an den Früchten des Sieges beanspruchen könnte. Obwohl der Juni ein krisenreicher Monat gewesen war, hatte sich die Lage im Juli in einigen entscheidenden Punkten zum Besseren gewendet. Die japanische Flotten-

offensive im Korallenmeer (7. bis 8. Mai) und bei den Midwayinseln (4. bis 7. Juni) waren zum Stehen gekommen. Die Gefahr einer Niederlage der Vereinigten Staaten war praktisch gebannt, und die amerikanische Armee würde am Schluß auch Großbritannien retten. Anfang Juli war sogar der legendäre Rommel von Auchinleck bei Alamein zum Stehen gebracht worden. Sein Vormarsch war im Sand steckengeblieben, und die Alliierten konnten Gegenangriffe führen. Zwar war die Entscheidung auf zwei Kriegsschauplätzen noch nicht gefallen, in Rußland und im Fernen Osten, aber es war möglich, mit der Planung für eine alliierte Offensivstrategie zu beginnen. Im Rahmen dieser Planungen brauchte Churchill eine gewonnene Schlacht.
Neben den Vereinigten Staaten und der Sowjetunion war Großbritannien nur ein Zwerg, dessen militärisches Potential – besonders was die Mannschaftsreserven betraf – im Sommer 1942 vollständig ausgeschöpft war. Im Mai 1942 hatte der Arbeitsminister Ernest Bevin eine Denkschrift über die vorhandenen Arbeitskräfte vorgelegt: »Aus diesen Zahlen läßt sich in erster Linie erkennen, daß wir die Masse unserer Arbeitskräfte eingesetzt haben und auch die Reserven schon stark angegriffen sind ... Weitere Anforderungen der Streitkräfte müssen hauptsächlich durch Freistellungen aus der Industrie befriedigt werden.« Churchill wußte sehr genau, daß Großbritannien (und auch er selbst) eine immer weniger bedeutende Rolle spielen würde. Das wurde am 15. Juli noch deutlicher, als Hopkins, Marshall und King aus den Vereinigten Staaten nach Großbritannien kamen, um mit Eisenhower, Spaatz und Stark über die Lage zu sprechen. Der Premierminister war stark verärgert, nicht an ihren Gesprächen über die künftige alliierte Militärpolitik beteiligt worden zu sein, was nach seiner Auffassung sein gutes Recht war. In den kritischen ersten beiden Kriegsjahren hatte Großbritannien den militärischen Widerstand aufrechterhalten, und nun wollte Churchill – nicht zu Unrecht – in der siegreichen Phase des Krieges einen handfesten Beweis dafür liefern, daß Großbritannien den ersten Anstoß dazu gegeben habe, die Deutschen zurückzudrängen. Die Vereinigten Staaten sollten nicht sagen können, sie hätten das Vereinigte Königreich »gerettet«, sondern die Briten sollten in der neuen Phase gleichberechtigte Partner der Amerikaner sein. Es fiel dem Premierminister schwer, anzuerkennen, daß Großbritannien jetzt eine untergeordnete Rolle spielte. Er verlangte nach

einem Erfolg. Bei Alamein, wo Rommels schwaches Afrikakorps einer immer stärkerwerdenden Achten Armee gegenüber festlag, ließ sich eine solche Demonstration veranstalten. Hier lag wahrscheinlich das einzige Schlachtfeld, auf dem sie möglich war.

Die dringende Notwendigkeit für einen möglichst im Mittleren Osten erfochtenen Sieg muß auch im Zusammenhang mit den Meinungsverschiedenheiten zwischen Churchill und den amerikanischen Chefs des Stabes gesehen werden. Sie vertraten die schlichte Auffassung, der Krieg müsse so rasch wie möglich gewonnen werden. Wenn Deutschland das Hauptangriffsziel war (und darin waren sich Churchill und Roosevelt im Dezember 1941 einig gewesen), dann war die beste Methode ein Angriff über den Kanal gegen die französische Küste. Der britische Generalstab hatte jedoch eine Landung in Frankreich für das Jahr 1942 *(Sledge-hammer)* als undurchführbar abgelehnt. Am 7. Juli teilte Churchill dem Präsidenten diese Entscheidung mit und schlug vor, die zweite Front mit einem Angriff gegen Nordwestafrika *(Gymnast)* zu eröffnen. Der amerikanische Generalstab und besonders Marshall, der sich energisch für eine europäische Strategie einsetzte, wollten sich nicht auf ein afrikanisches Nebengleis führen lassen. Sie glaubten, mit einer solchen Operation zerschlüge sich jede Hoffnung, vor 1944 in Europa eine zweite Front aufbauen zu können. Für den Fall, daß Großbritannien das Unternehmen *Sledge-hammer* ablehnte, empfahlen sie, den Schwerpunkt der amerikanischen Strategie in den pazifischen Raum zu verlegen. Der Präsident lehnte das ab, und nach harten Verhandlungen stimmte Marshall am 25. Juli dem Plan *Gymnast* für Nordwestafrika zu (der den Decknamen *Torch* erhielt). Churchill wollte Marshall und der amerikanischen Presse beweisen, daß das Leben amerikanischer Soldaten nicht für irgendwelche britischen Kolonialinteressen aufs Spiel gesetzt werden sollte. Wenn *Torch* daher nicht als ein Rettungsunternehmen für das in eine verzweifelte Lage geratene Großbritannien erscheinen durfte, dann mußte das Unternehmen einem erfolgreichen britischen Vorstoß nach Westen folgen.

Nach einem solchen siegreichen Vorstoß würde *Torch* auch militärisch vernünftiger erscheinen. Wenn Rommel zurückgeworfen wurde, dann würde die Bevölkerung in Algerien und Marokko das Vertrauen zu den Achsenmächten verlieren. Nach einem britischen Sieg in Libyen konnte *Torch* die französische Regierung in Vichy dazu bewegen, ihre Neutralität in diesen Ländern aufzugeben. Doch zumindest würde ein Sieg in der nordafrikanischen Wüste die Regierung in Algerien, Tunesien und Marokko veranlassen, sich sehr genau zu überlegen, ob sie einer alliierten Landung militärischen Widerstand leisten sollten.

Schließlich wußte Churchill auch, daß ein Erfolg gegen Rommel seine Verhandlungen mit den Russen erleichtern würde. Ägypten, wo er das Oberkommando im Mittleren Osten neu besetzt hatte, war eine Station auf seiner Reise in die Sowjetunion. Dort hatte er die schwierige Aufgabe, Stalins verständlichen Argwohn zu zerstreuen, er wolle russisches Blut opfern, um die Widerstandskraft der Deutschen zu schwächen. Ein britischer Sieg würde ihm helfen, dieses Mißtrauen zu überwinden.

Das also waren die Probleme, die Churchill belasteten, als er am 3. August in Kairo eintraf. Der Chef des Generalstabs Brooke, der sich bereits in Ägypten aufhielt, hatte mit anderen Schwierigkeiten zu kämpfen. Die Chefs des Stabes waren zu der Auffassung gelangt, daß die strategische Achse im Mittleren Osten die Ölraffinerien in Abadan sein müßten. Das erschien logisch, denn wenn diese Ölquellen ausfielen, konnten sich die Alliierten nur mit 270 Tankern versorgen, die das Öl auf dem gefährlichen Seeweg über den Nordatlantik heranbrachten. In der Praxis bedeutete das, wenn der Persische Golf verlorenging, mußte sich das britische Kriegspotential um 25 Prozent verringern. Am stärksten wurde der Golf vom Kaukasus her bedroht, wo die am 28. Juni begonnene deutsche Offensive im Juli weiter vorankam. Am 1. Juli fiel Sewastopol, und Mitte Juli schätzte der britische Generalstab, die deutschen Streitkräfte könnten bis zum 15. Oktober in Nordpersien sein. Abadan war besonders empfindlich gegen Angriffe aus der Luft, denn die Rohrleitungen lagen über der Erde, und die Anlagen konnten von deutschen Flugzeugen angegriffen werden, die im Kaukasus starteten. Zur Überraschung der Alliierten sind solche Angriffe aber niemals erfolgt.

Diese Lagebeurteilung des Generalstabs hatte eine Meinungsverschiedenheit zwischen Churchill und seinen Militärberatern im Hinblick auf die Aufgaben der britischen Streitkräfte in Ägypten zur Folge. Die Generalstäbler betrachteten Ägypten als Ganzes. Das bedeutete die Bereitstellung von Truppen zur Verhinderung eines Durchbruchs und die Planung für einen schrittweisen und kontrollierten Rückzug, bei dem britische Truppen Rommel den Zugang zu Persien verwehren mußten. Churchill durfte sich diesen militärischen Erwägungen nicht direkt verschließen, es standen ihm aber alle Möglichkeiten zur Verfügung, es auf indirektem Wege zu tun.

Am 3. Juli, als der Ausgang der ersten Alameinschlacht noch nicht entschieden war, erklärte Brooke dem Kriegskabinett, im Delta seien alle militärischen Anlagen zur Sprengung vorbereitet, und die Reste einer geschlagenen Achten Armee würden durchaus noch in der Lage sein, den Vorstoß der Achsentruppen ins Delta abzufangen. Am 9. Juli teilte der Verteidigungsausschuß für den Mittleren Osten dem Premierminister über Funk mit, die Deckungskräfte für Persien bestünden aus knapp zwei Divisionen und verfügten nur über schwache Luftstreitkräfte. In seiner Antwort befahl er, keine Kräfte aus Ägypten abzuziehen, bevor dort die Entscheidung gefallen sei. Außerdem behauptete er, die Deutschen würden vor Frühjahr 1943 kaum einen Durchbruch im Kaukasus erzielen können. Die Anfrage des Verteidigungsausschusses, ob Ägypten oder Persien die Priorität haben sollte, ließ er jedoch unbeantwortet. Er verlangte nach einem Sieg in Ägypten, wollte aber der Auffassung des Oberkommandos, Persien sei strategisch wichtiger, nicht widersprechen. Auchinleck war es jedoch klar, daß Churchill meinte, wenn Rommel in der Wüste nicht vernichtend geschlagen würde und dadurch nicht Verstärkungen für Persien freigemacht werden könnten, würden die Ölfelder verlorengehen, wenn den Deutschen an der russischen Front ein Durchbruch gelänge.

Am 29. Juli meldeten die Chefs des Stabes, vier Divisionen könnten im Frühherbst nach Persien geschickt werden. Sie erklärten sich damit einverstanden, die Cyrenaika und Tripolitanien als erstes Angriffsziel zurückzuerobern, betonten aber wieder, daß Abadan im Falle einer russischen Niederlage vor einem deutschen Vorstoß von Norden her auch um den Preis des Verlustes von Ägypten verteidigt werden müsse. Wieder weigerte sich Churchill, die notwendigen Schlüsse aus dieser Meldung zu ziehen. Als er im August nach Ägypten kam, war er so entschlossen wie eh und je. Luftmarschall Tedder schreibt in seiner Autobiografie über ein Treffen der Befehlshaber mit Brooke und Churchill am 4. August in Kairo: »Wir sprachen über die relative Bedeutung Ägyptens und die Ölversorgung aus Abadan. Wir stimmten darin überein, daß das Öl wichtiger sei als Ägypten. Wenn Abadan verlorenginge, würden wir auch Ägypten, die Vorherrschaft im Indischen Ozean sowie Indien und Burma verlieren.« Brooke sorgte sich besonders darum, was geschehen werde, wenn, wie man annehmen mußte, die Russen alle Kräfte bei Stalingrad zusammenzögen und schwache deutsche Truppen im Kaukasus durchbrächen. Er meinte, mit verhältnismäßig geringen Verstärkungen könnten sie den Winter über aufgehalten werden, bis eine Frühjahrsoffensive vorbereitet sei. Aber Churchill umging geschickt dieses Problem und sagte, er habe absolut Vertrauen zu den Russen und glaube, sie würden ihre Stellungen im Kaukasus halten können. Er war nicht bereit, Verbände aus Ägypten abzuziehen, bevor die Entscheidung in der nordafrikanischen Wüste gefallen war. Er weigerte sich sogar, zwanzig Jagdstaffeln nach Nordpersien zu verlegen, obwohl er einräumte, daß die Russen eine stärkere Unterstützung aus der Luft brauchten, wenn sie ihre Verteidigungslinie halten sollten.

Bei seinem kurzen Besuch in Ägypten war es Churchill gelungen, für den Angriff gegen die deutsch-italienischen Kräfte vor Alamein die absolute Priorität durchzusetzen und die Strategie aufzugeben, bei der man sich auf einen Angriff gegen Rommel vorbereiten und gleichzeitig den persischen Golf sichern sollte. Ebenso setzte er seinen Willen bei der Umbesetzung der Kommandostellen durch. Offenbar war er am 3. August mit dem Entschluß nach Ägypten gekommen, Auchinleck als Befehlshaber der Achten Armee abzulösen. Er hatte Auchinleck und dessen Probleme nie verstehen können. In den ersten Monaten des Jahres 1942 hatte er ihn ebenso wie Wavell mit Ratschlägen und Forderungen bombardiert. Im Februar 1942 hatte sich der Premierminister über die Weigerung Auchinlecks, sofort die Initiative zu ergreifen, geärgert, denn er betrachtete eine Offensive als die einzige Möglichkeit, Malta zu entlasten. Im Mai, als Churchill entschlossen war, in der Wüste eine siegreiche Schlacht zu schlagen, hatte Auchinleck angeboten, Truppen nach Indien zu schicken. So unternahm er jetzt das äußerste und *befahl* Auchinleck den Angriff. Das erkannte sogar Churchill als ungewöhnliche Maßnahme. Die Haltung des Premierministers gegenüber Auchinleck grenzte ans Irrationale. Nach Auffassung der meisten kompetenten Beobachter hatte Auchinleck stets sein Bestes getan. Die stellvertretenden Generalstabschefs Cripps und Nye beurteilten seine Haltung im März zum Beispiel als vollkommen korrekt. Churchill war anderer Meinung; jedenfalls besaß Auchinleck nicht das Vertrauen des Premierministers. Dafür gab es auch andere Gründe. Churchill konnte nicht verstehen, daß ein erfolgreicher Truppenführer die Befehlsgewalt über eine Armee weniger fähigen Männern wie Ritchie und Cunningham übertragen konnte. Churchill hatte eine besondere Vorliebe dafür, persönlich an den Schauplatz der Handlung zu eilen, und verstand es nicht, wenn jemand darauf achtete, daß der Dienstweg und die vorgeschriebene Rangordnung eingehalten wurden. Wie schon Wavell vor ihm, konnte sich Auchinleck nicht einer Anordnung Churchills widersetzen, die seiner eigenen Überzeugung entgegenstand und ihn an den Rand einer Katastrophe brachte, was ihn wiederum unbilligerweise einen großen Teil des Vertrauens kostete, das der Premierminister in ihn setzte. Bei Wavell war es um Griechenland gegangen, bei Auchinleck ging es um Tobruk. Er hatte dem damaligen Befehlshaber Ritchie ursprünglich befohlen, Tobruk aufzugeben und das dort liegende Kriegsmaterial lieber zu vernichten als eine neue Belagerung zu riskieren, ließ sich aber von Churchill umstimmen, als dieser von ihm verlangte, Tobruk unter allen Umständen zu halten. Am 16. Juni hatte er Ritchie gesagt: »Obwohl ich Ihnen eindeutig befohlen habe, sich nicht in Tobruk einschließen zu lassen, sehe ich jetzt, daß die Besatzung der Festung für kurze Zeit bis zum Beginn unserer Gegenoffensive isoliert werden könnte.« Diese ganz unklare Anweisung mußte zur Katastrophe führen. Am 19. Juni wurde Tobruk eingeschlossen. Auchinleck meldete dem Chef des Generalstabs, daß die in Tobruk lagernden Vorräte für acht Tage reichten, aber zwei Tage später befand sich Tobruk in den Händen der Achsenstreitkräfte.

Trotz seiner hervorragenden Leistungen bei der Führung der Achten Armee im Juli hat sich das Ansehen Auchinlecks in London und besonders bei Churchill nie wieder von diesem Schlag erholen können. Als er daher am 21. Juli über Funk meldete, er werde Rommel nicht vor Mitte September angreifen, beschloß Churchill, nachdem er abgeklärt hatte, wie starke Kräfte nach Persien überführt werden könnten, nach Ägypten zu fliegen, um die Dinge dort in Gang zu bringen. Damit war das Schicksal Auchinlecks besiegelt. Der temperamentvolle Premierminister beschloß, eine historische Entscheidung zu treffen. Es folgten einige Tage intensivster Aktivität. Das für unseren Bericht wichtigste Ergebnis war das Eintreffen von Bernard Law Montgomery am 12. August auf einem Flugplatz bei Kairo. Er trug immer noch die reguläre britische Tuchuniform. Jetzt übernahm er die Aufgabe, in deren Rahmen die Montgomery-Legende entstehen sollte.

Montgomery näherte sich jetzt dem Höhepunkt seiner militärischen Laufbahn. Endlich sollte er den Befehl über eine Feldarmee übernehmen, die Aufgabe, auf die er sich schon seit Jahren vorbereitet hatte und für die er sich so gut geeignet hielt wie niemand sonst. Den Offizieren und Mannschaften der Achten Armee sollte man es nachsehen, wenn sie diese Ernennung mit einiger Besorgnis erfüllte. Der Mann, der gekommen war, um die britischen Streitkräfte in der Wüste zu führen, hatte bei seinen Kameraden den Ruf eines Sonderlings. Sir Brian Horrocks hat gesagt, er sei wahrscheinlich der umstrittenste britische General gewesen.
Im Charakter Montgomerys zeigten sich um diese Zeit ungezählte Widersprüche. Er war rücksichtslos, unwahrscheinlich grob und gegenüber seinen unmittelbaren Untergebenen oft empörend ungerecht. Eines seiner ersten Opfer, Brigadekommandeur Casenove, wurde abgelöst, als Montgomery das V. Korps befehligte, weil er sich angeblich zu einer Besprechung um eine Viertelstunde verspätet und damit den Ausgang einer Übung gefährdet hatte. Montgomery hat ihm, wie es scheint, nie die Gelegenheit zur Rechtfertigung gegeben. Andererseits hat er sich aber auch oft darum bemüht, seinen Offizieren zu helfen und sie zu ermutigen – besonders die jungen und unerfahrenen.
Seit seiner Zeit als Bataillonskommandeur in Alexandria kannte man ihn als Offizier mit großen militärischen Fähigkeiten und beachtlichem militärischem Wissen. Dennoch war Wavell 1938 der einzige Kommandierende General gewesen, der diesem offensichtlich begabten Truppenführer eine Division anvertrauen wollte. Die bekannteste Anordnung Montgomerys beim Kommando Südost war sein Befehl über die Beteiligung aller Dienstgrade am Geländelauf. Aber im ersten Tagesbefehl nach der Übernahme der Achten Armee stand der Satz: »Wollen wir es uns alle so bequem wie möglich machen.«
Nach außen hin war seine Einstellung zum Waffenhandwerk kalt und logisch. Es fehlte ihm die emotionale Komponente, die bei der Truppenführung im Kriege oft für so wesentlich erachtet wird. In

einer im Mai 1942 verfaßten Denkschrift über den Gefechtsdrill stellte er fest, jeder Versuch, bei den Soldaten Haß oder Blutdurst zu wecken, sei vergeblich, denn das entspreche nicht dem britischen Temperament. Als er aber bei einer Befehlsausgabe vor einer kanadischen Einheit in Brighton gefragt wurde, wo man nach einer deutschen Invasion die Kriegsgefangenen lassen solle, erklärte er kalt, wenn die Deutschen landeten, dann erwarte er, daß sie getötet würden, »und damit erledigt sich die Frage, was mit den Kriegsgefangenen geschehen soll«.

Ein weiteres Paradox im Zusammenhang mit Montgomerys Charakter ist die Tatsache, daß er, der notorisch aufsässig und respektlos war, in ungewöhnlichem Ausmaß Loyalität und Unterstützung von seiten einiger Vorgesetzten erfuhr. Die Beförderungen zum Divisions- und Korpskommandeur sowie später zum Armeebefehlshaber verdankte er der unermüdlichen Unterstützung zweier Männer – anfangs war es Wavell und späterhin Brooke.

Die Persönlichkeit Montgomerys, die schon seit jeher alle unter seinem Kommando stehenden Truppen beeindruckt hatte und sich nun auch bei der Achten Armee auswirken sollte, hatte sich in vierunddreißig aktiven Dienstjahren auf drei Kontinenten entwickelt. Als er nach Nordafrika kam, besaß er noch viele Eigenschaften, die in seiner frühen Jugend wurzelten – in erster Linie in der schlechten Beziehung zu seiner Mutter und seinen Erfahrungen im Ersten Weltkrieg.

Das gleiche galt für seine Einstellung zur Autorität. Autorität war entweder schlecht, dann identifizierte er sie mit seiner Mutter. Oder sie war gut, dann war es die seines Vaters. Wenn sie schlecht war, dann revoltierte er hemmungslos dagegen und widersetzte sich der Persönlichkeit, die sie verkörperte. So lehnte er zum Beispiel Auchinleck ab und wollte nicht zugeben, daß er für die Vorbereitung des Unternehmens bei Alam Halfa verantwortlich gewesen sei. Andererseits war er sofort bereit, eine von ihm als »gut« angesehene Autorität zu bewundern und zu loben. Eine ganze Reihe von Männern wie Captain Lefroy im Jahr 1913, Brigadekommandeur Hollond Anfang der zwanziger Jahre und Brooke in den dreißiger und vierziger Jahren wurden von Montgomery mit dem ihm eigenen Charme behandelt, den er zwar nur selten zeigte, der ihm aber viel genutzt hat, wenn es um seine Karriere ging. Dieser Charme drückte sich nicht in der bei anderen Menschen üblichen Weise aus, aber Montgomery verstand es, damit zu sagen, daß er die betreffende Persönlichkeit bewunderte und respektierte. Attlee hat das Phänomen wie folgt beschrieben. Er sagte, ein Vorgesetzter, den Montgomery mochte, erkannte bald, daß Montgomery einen Menschen brauchte, dem er sein »knabenhaftes und unbegrenztes Vertrauen« schenken durfte. Alexander schreibt: »Montgomery besitzt viel persönlichen Charme. Ich mag ihn am liebsten, wenn ich mit ihm zusammen bin.« Solche Männer haben Montgomery immer wieder aus peinlichen Lagen gerettet, in die er sich durch die völlige Mißachtung der Auffassung anderer ihm Übergeordneter hineinmanövriert hatte.

Ein drittes Erbe aus der Kindheit, das ihn im späteren Leben in Schwierigkeiten gebracht und seinem Ansehen in der Öffentlichkeit geschadet hat, war seine Unfähigkeit, mit Gleichaltrigen und Gleichgestellten Freundschaft zu schließen. Es war ihm nicht möglich, Liebe zu geben, und das lag zum Teil daran, daß seine Mutter sie ihm verweigert hatte. Wie sie ihn beherrscht hatte, so wollte er später andere beherrschen.

War die Rangordnung klar definiert, so war für ihn alles in Ordnung. Mit jüngeren Offizieren oder Kindern fand er leicht Kontakt, denn hier beherrschte er die Situation als Älterer und Ranghöherer. Im Umgang mit seinen Vorgesetzten kam es darauf an, ob er sie anerkannte oder nicht, aber bei Gleichgestellten ging es um Werte, für deren Beurteilung er keine Erfahrungen aus der Jugend mitbrachte, und deshalb hatte er hier Schwierigkeiten.

Diese emotionalen Fehlleistungen suchte er durch seinen ständig wachsenden Ehrgeiz zu kompensieren. Er war von der Idee besessen, sich bewähren zu müssen. Sein Beruf bedeutete ihm alles. Schon vor dem Ersten Weltkrieg hatte er beschlossen, die Armee zu »seinem Leben« zu machen. Die Möglichkeit des beruflichen Versagens, was einer gescheiterten Existenz gleichgekommen wäre, wurde in seinem Bewußtsein dadurch ausgeschaltet, daß er an seine Bestimmung glaubte.

Doch wenn Montgomery diese Bestimmung selbst auch deutlich sah, dann hat er doch in der Gefahr geschwebt, das Ziel zu verfehlen. Seine Erkrankung im Jahr 1939 ist vielleicht eine Folge der Sorgen gewesen, die er sich um seine Beförderung machte. Zwar hat er nach dem Krieg einem anderen Offizier gesagt, es sei ganz unvermeidlich gewesen, daß er an die Spitze der Armee aufrückte,

aber er muß doch erkannt haben, daß er nicht Befehlshaber der Achten Armee geworden und die große Alameinschlacht nie geschlagen worden wäre, wenn er nicht den gefallenen General Gott hätte ablösen müssen. Einem jungen Mann, der ihn viel später in seinem Haus in Hampshire besuchte, sagte er: »Fangen Sie nicht zu spät an, sich um Ihre Karriere zu bemühen! Ich hätte es fast getan.« Sein Ehrgeiz wurde durch den festen Glauben an seine überraschenden Fähigkeiten am Leben erhalten. Er war überzeugt, Armeen kommandieren und Schlachten gewinnen zu können, und er glaubte, wer sein Genie nicht erkenne, sei mit Blindheit geschlagen. Seine militärischen Fähigkeiten gründeten sich auf seine geistige Veranlagung. Er war nicht überdurchschnittlich intelligent und nach allgemein geltenden Maßstäben ein akademischer Versager. Er besaß jedoch die Fähigkeit, unermüdlich zu arbeiten. Sobald er ein Problem erkannt hatte, konnte er sich absolut darauf konzentrieren, und er verstand es, aus Erfahrungen zu lernen. Bernard Shaw hat gesagt, er habe einen Blick wie ein »Brennglas«. Sein Verstand arbeitete offenbar nach dem gleichen Prinzip. Er stellte den Scheinwerfer seines begrenzten Intellekts mit aller Schärfe auf die Probleme des Waffenhandwerks ein und beleuchtete bestimmte militärtechnische Aspekte, ohne fähig zu sein, sie in ihrem größeren politischen oder strategischen Zusammenhang zu sehen.
Seine Lebensarbeit war bisher entscheidend von seinen Erfahrungen im Ersten Weltkrieg geprägt worden. Ronald Lewin schreibt: »Man kann nicht deutlich genug sagen, daß die Militärphilosophie, die er von 1939 bis 1945 in die Praxis umsetzte, das Resultat dessen war, was er in den Jahren von 1914 bis 1918 erlebt und in der Folgezeit in bezug auf Fehler und mögliche Verbesserungen analysiert hatte.«

Seine Analyse der Probleme und ihrer möglichen Lösungen war systematisch und gründlich. Ein laufend genau über die Lage unterrichteter, aus Fachleuten bestehender Stab mußte zunächst einen klaren Plan entwerfen. Die Truppe mußte geistig und körperlich möglichst leistungsfähig sein, um die ihr gestellte Aufgabe zu bewältigen. Der Befehlshaber formulierte seine Absichten in großen Zügen und mußte die Achtung seiner Truppe gewinnen, damit sein Wille, der durch sie zum Ausdruck kam, sich im entscheidenden Augenblick gegenüber dem des Gegners durchsetzte. Die resolute Zielstrebigkeit, mit der er das Chaos auf dem Schlachtfeld im Rahmen seines Gesamtkonzepts zu ordnen wußte, veranlaßte seinen Verbindungsoffizier bei den Planungen für Dieppe, Goronwy Rees, ihn als einen »denkenden« Befehlshaber zu bezeichnen: »Der Befehlshaber erkannte die Probleme mit klassischer Unmittelbarkeit und Klarheit. Wenn er eine militärische Lage darstellte, dann schien sie elementar einfache Formen anzunehmen. Das geschah aber nur, weil er sie einer so scharfen Analyse unterzogen hatte.« Rees meint, der Unterschied zwischen ihm und den anderen Befehlshabern habe darin bestanden, daß er wie ein Wissenschaftler oder Gelehrter dachte. Sein Werdegang in den Jahren zwischen den Kriegen war die Vorbereitung für den Aufstieg zur Spitze. Zunächst bildete er sich zum hervorragenden Generalstäbler aus und erwarb dabei auf allen militärtechnischen Gebieten beachtliche Kenntnisse. Als Befehlshaber verlangte er von seinen Stäben höchste Leistungen. Dieses Streben ging Hand in Hand mit seiner Tätigkeit als Ausbilder und Lehrer; und er war überzeugt, eine Armee sei nur so gut wie ihr Generalstab.

Montgomerys Auffassungen von den Beziehungen zwischen Befehlshaber und Truppe waren vielschichtiger. Anfang der zwanziger Jahre war er ein begeisterter Anhänger der Ausbildungsmethoden von Brigadekommandeur Hollond gewesen. Als Bataillonskommandeur in Köln hatte er 1919 die Gelegenheit, bei der Gefechtsausbildung seiner Soldaten Erfahrungen zu sammeln. Erst 1931 befehligte er größere Truppenverbände und stellte fest, daß das nicht so einfach war, wie er es sich vorgestellt hatte. Aber 1934 hatte er gelernt, mit den Soldaten umzugehen, und war auf diesem Gebiet sicherer geworden.

Er war aufrichtig um das Wohl der Mannschaften besorgt, was diese sofort spürten und anerkannten. Ihm ging es in erster Linie um das Vertrauen der Soldaten zu seiner Fähigkeit, für ihre Bedürfnisse zu sorgen. Zweitens wollte er ihr Selbstvertrauen stärken. Deshalb legte er so großen Wert auf die körperliche Ertüchtigung. Die Männer sollten *fühlen,* daß sie für den Einsatz gut vorbereitet waren – wenn auch sportliche Leistungen nicht unmittelbar etwas mit dem Einsatz im Gefecht zu tun haben.

Diese Ziele konnten nur erreicht werden, wenn die Truppe den General als Menschenführer anerkannte und er sie zu großen Leistungen anspornte. Dann würden die Soldaten ihm auch glauben, wenn er ihnen sagte, er werde sie nicht angreifen lassen »bevor alle

Vorbereitungen getroffen sind«. Sie würden davon überzeugt sein, daß der Erfolg – den Segen des Allmächtigen vorausgesetzt – ihnen sicher wäre. Hier lag eines der größten Probleme Montgomerys. Er konnte die Offiziere mit seinen intellektuellen Leistungen beeindrucken; er konnte einen gut funktionierenden Stab schaffen und dafür sorgen, daß die Soldaten gut verpflegt wurden; aber sie für etwas zu begeistern, war etwas anderes. Er war klein von Wuchs und sah in der normalen Offiziersuniform nicht besonders imponierend aus. Er glich mehr einem flinken Terrier als einem Mann, der zum Befehlen geboren ist. Nach dem Krieg sagte er in einem Vortrag vor der Royal Society of Medicine: »Der Einfluß eines Führers auf seine Männer gründet sich darauf, daß er selbst die ‚Angstparalyse' überwindet und es damit anderen ermöglicht, es auch zu tun.« Um sich diese Fähigkeit anzueignen, mußte sich der wenig charismatische Montgomery ein Image aufbauen, mit dem sich die Soldaten identifizieren konnten, das unverwechselbar war und ihn als überlegenen Truppenführer auswies.
Um dieses Image entstehen zu lassen (im August 1942 hatte es noch nicht seine spätere Perfektion erreicht), entwickelte Montgomery eine strenge Selbstdisziplin. Sie befähigte ihn, die Haltung einzunehmen, mit der er auf andere wirken konnte; diese Selbstdisziplin hatte er seit seiner Kindheit geübt. Als Befehlshaber in Südostengland hatte er es gelernt, überzeugend mit den Soldaten zu sprechen, vor allem durch ständiges Üben. Wenn er öffentlich auftrat, versetzte er sich zunächst in die richtige Stimmung, und dann hatten seine Ansprachen eine fast hypnotische Wirkung. Das war mehr als die Achtung der jungen Offiziere, denen er Vorlesungen über Taktik hielt. Er wußte, was seine Zuhörer hören wollten. So war zum Beispiel seine Erklärung vor den Kanadiern in Brighton über die Behandlung der Kriegsgefangenen mit tumultartigem Beifall aufgenommen worden. Montgomery hatte genau das gesagt, worauf die Soldaten warteten.
Aber die Fähigkeit, sich klar auszudrücken und dabei doch an das Gefühl zu appellieren, genügte nicht. Er brauchte noch etwas anderes, um sich von den üblichen Brigadekommandeuren, Generalen und Armeebefehlshabern zu unterscheiden. Man mußte sehen, daß er anders war. Schon sehr früh erkannte er den Wert der Publicity. Correlli Barnett beschreibt einen Vorfall, der sich 1939 in Palästina ereignete, als der bekannte Rebellenführer Abd el Karim erschossen

worden war. Montgomery kam als Divisionskommandeur zur Brigade von Godwin-Austen. Er hatte keine Ahnung, wer Abd el Karim war; aber als er mit seinem Gefolge die Leiche des Mannes besichtigt hatte, schrieb er in sein Notizbuch: »Heute haben meine Truppen den Rebellenführer Abd el Karim erschossen. Ich habe die Leiche identifiziert und erklärt, es sei die von Abd el Karim.«
Beim Kommando Südost hatte er seine exzentrischen Eigenheiten schon ganz bewußt zur Wirkung gebracht und erkannt, wie wertvoll sie sein konnten. Das strenge Verbot des Rauchens und Hustens bei den Vorlesungen, die Geländeläufe und die Rücksichtslosigkeit gegenüber Untergebenen machten aus ihm eine eigenartige und unorthodoxe Persönlichkeit. Dieser Umstand mußte jetzt ausgenutzt werden.
1939 hatte Sir Brian Horrox geschrieben: »Er war dafür bekannt, daß er rücksichtslos die größten Leistungen verlangte, aber in gewisser Weise auch ein Schauspieler war.« Für Montgomery lag nichts Widersprüchliches darin; um der rücksichtslosen Leistungsfähigkeit willen mußte er sich etwas von einem Schauspieler aneignen. Sorgfältige Planung und ein hohes Ansehen als militärischer Führer gehörten zusammen. 1939 und 1940 war er zum besten Divisionskommandeur der britischen Armee geworden. Sein Führungsstil hatte schon eine besondere Form angenommen, als sein Stab die Gefechtsaufgaben für die einzelnen Verbände ausarbeitete, während er selbst bei der Truppe war. In den Jahren von 1940 bis 1942 hatte er mit seinen Ideen über die Verteidigung gegen eine deutsche Landung großen Eindruck gemacht. Seine Methoden mochten den Leuten mißfallen, sie konnten aber nicht leugnen, daß er ein hervorragender Fachmann war.
Es gab Schwächen in seinen militärischen Vorstellungen. Sie lagen vor allem in seiner geistigen Veranlagung. Sein Mangel an Phantasie erschwerte es ihm, sich Situationen vorzustellen, die er noch nicht erlebt hatte. Daß er zum Beispiel in den zwanziger Jahren gewisse Ideen von Basil Liddell Hart nicht begriff, lag zum Teil an seiner Phantasielosigkeit.
Ein zweiter Mangel war seine Unfähigkeit, mit Gleichgestellten umzugehen, ein Umstand, der seine Karriere mehr als einmal ernstlich gefährdete. Obwohl er bei den ihm unterstellten Mannschaften beliebt war, muß es ihm bewußt gewesen sein, daß er scheitern konnte, wenn er seine Kameraden und Vorgesetzten auch weiter so

vor den Kopf stieß wie bisher. Der Hauptgrund für den bedauerlichen Mangel an Taktgefühl lag augenscheinlich darin, daß er keine Vorstellung davon hatte, wie er auf andere Menschen wirkte. Montgomery, dem militärisches Können alles bedeutete, war es unverständlich, daß seine Kameraden seine militärischen Fähigkeiten nicht erkannten und schätzten. Das hätten sie tun und sich seinem überlegenen Urteil beugen müssen. Es gibt aber vielleicht noch eine andere Erklärung, wenn man sich seine unbewußten Motivationen genauer ansieht. Daß er wegen seiner Konflikte mit anderen hohen Offizieren, mit Armeegeistlichen oder mit dem Kriegsministerium nicht schneller befördert wurde, deutet auf Ursachen hin, für die Montgomery nicht selbst verantwortlich war. Er konnte behaupten, nicht er, sondern das Kriegsministerium habe einen Fehler gemacht; er sei vielleicht grob gewesen, aber seine Fähigkeiten als Soldat dürften nicht in Frage gestellt werden. Für einen so ehrgeizigen und selbstbewußten Mann wie Montgomery mag das eine wichtige, wenn auch unbewußte, Überlegung gewesen sein.

Als er das Oberkommando in Nordafrika übernahm, war er ein ehrgeiziger und hervorragender Soldat. Trotz seiner intellektuellen Einseitigkeit war er überzeugt, den Schlüssel zu allen militärischen Problemen zu besitzen und seine Ideen verwirklichen zu können. Sein Selbstvertrauen war grenzenlos. Er näherte sich aber einem ganz besonderen psychologischen Wendepunkt. Wenn sich die ehrgeizigen Wünsche eines solchen Mannes ihrer Erfüllung nähern, dann gelingt es ihm oft, die in seinem Temperament und Charakter liegenden Schwächen, die ihn sonst erheblich behindern würden, auszuschalten oder wenigstens zu tarnen. Erst wenn er das Ziel seiner Wünsche erreicht hat, fallen alle Hemmungen, und die bis dahin energisch unterdrückten Schwächen kommen wieder deutlicher zur Geltung. Montgomery stand jetzt kurz vor dem Erreichen seiner ehrgeizigsten Ziele, und vor ihm lag die Bewährungsprobe für seinen Charakter und seine Fähigkeiten.

Wie stand es um die Offiziere und Mannschaften, deren Befehlshaber Montgomery jetzt werden sollte?

Die Armee, die er 1942 übernahm, setzte sich aus Truppenteilen zusammen, die aus dem ganzen Commonwealth kamen und schon seit einiger Zeit keine großen militärischen Erfolge errungen hatten.

Die Achte Armee und das Afrikakorps

Seit dem Januar war die Achte Armee von El Agheila, westlich von Benghasi, über eine Entfernung von fast 1000 Kilometern bis dicht vor die Tore Kairos zurückgetrieben worden. Eine verhältnismäßig schwache deutsche Armee, die von ihren italienischen Verbündeten ebenso sehr behindert wie unterstützt worden war, hatte sie geschlagen, und obwohl sich die Achte Armee Anfang Juli noch halten konnte, war sie unter keinen Umständen mehr in der Lage, das verlorene Gebiet im Gegenangriff zurückzugewinnen.

Es wäre falsch, zu sagen, der Kampfgeist der Achten Armee sei durch diese Rückschläge gebrochen worden, denn im Verlauf der Kampfhandlungen hatten einzelne Truppenführer glänzende Leistungen vollbracht. Es besteht jedoch kein Zweifel daran, daß das Afrikakorps den Briten moralisch überlegen war. Der Name Rommels war in England zu einem Begriff geworden, und in der Wüste betrachtete man ihn als unbesiegbar. Auchinleck hatte versucht, die Legende zu zerstören, es war ihm aber nicht gelungen.

Das schwierigste Problem lag darin, daß die alliierten Truppen angesichts der überlegenen deutschen Taktik im Bewegungskrieg und in der Verwendung von Panzern und Panzerabwehrwaffen unter einem Minderwertigkeitskomplex litten. Man hat oft behauptet, die Deutschen hätten ihre Erfolge nur ihrer besseren Bewaffnung zu verdanken gehabt, aber in Wirklichkeit waren die deutschen Panzer nur mit dem Kurzrohr-5-cm-Geschütz ausgerüstet, das dem britischen Standard-2-Pfünder unterlegen war. Während des größten Teils des Wüstenfeldzugs waren die britischen Panzer ebenso leistungsfähig wie die deutschen. Der deutsche Panzer III war mechanisch zuverlässiger als der britische Crusader und erheblich schneller als die schwergepanzerten Mathildas und Valentines, doch als im Mai 1942 der in Amerika hergestellte Grant auf dem afrikanischen Kriegsschauplatz eingesetzt wurde, war der Panzer III erheblich im Nachteil. Mit seinem 7,5-cm-Geschütz und seiner schweren Panzerung war der Grant ein starker Gegner, auch wenn das im Rumpf montierte Geschütz keinen sehr großen Schwenkbereich hatte. Bis zum Mai waren die Deutschen allerdings mit ihren Panzerabwehrwaffen weit überlegen. Die berühmte 8,8, die russischen Beutegeschütze mit dem Kaliber 7,62 cm und das 5-cm-Panzerabwehrgeschütz waren dem britischen Zweipfünder überlegen. Aber im Mai wurde auf britischer Seite zunehmend der neue Sechspfünder eingesetzt, der mindestens ebenso leistungsfähig war wie das deutsche 5-cm-Geschütz.

Der Grund für die britischen Rückschläge war die taktische Unterlegenheit. Die Verbände aus dem Commonwealth mußten aus bitterer Erfahrung lernen, wie man die verschiedenen Waffengattungen im Bewegungskrieg zum Einsatz bringt, eine Taktik, an die sich das Afrikakorps schon lange gewöhnt hatte. Im Mai und Juni erwies sich diese Überlegenheit bei den Gefechten um Gazala. Die zahlenmäßig weit unterlegenen deutschen Streitkräfte (in seiner Geschichte des Zweiten Weltkriegs schreibt Liddell Hart: »Bei realistischer Betrachtung waren die Briten zu Beginn des Aufeinandertreffens der Panzerverbände zahlenmäßig im Verhältnis 3 zu 1 und beim Beginn der Zermürbungsschlacht im Verhältnis 4 zu 1 überlegen.«) brachten einer mit 170 neuen Grant-Panzern ausgerüsteten britischen Armee (die am ersten Tag ein Drittel von Rommels Panzern abschossen) eine vernichtende Niederlage bei. Nachdem ein erstes Umfassungsmanöver mißlungen war, sahen sich Rommel und seine stark dezimierten deutschen beweglichen Verbände von der Masse der italienischen Infanterie durch einen breiten Minengürtel getrennt. Unter schwerem Artilleriebeschuß richtete er sich mit Erfolg zur Verteidigung ein und schrieb später: »Ritchie hatte seine Panzer nacheinander in schwachen Verbänden in die Schlacht geworfen und uns damit die Gelegenheit gegeben, ihm jedesmal eine genügende Anzahl eigener Panzer entgegenzustellen.« Die alliierten Panzerkräfte erschöpften sich in einer Reihe schlechtgeplanter Angriffe und rechtzeitig angesetzter deutscher Gegenangriffe, so daß Rommel am 13. Juni zahlenmäßig überlegen war. Diese Überlegenheit nutzte er zu einem einzigen vernichtenden Schlag, der die Commonwealth-Armee bis nach Alamein zurückwarf.

Die Deutschen setzten ihre Panzerabwehrgeschütze offensiv vor den Panzern ein, die in Deckung warteten und nur selten in der Bewegung schossen. Hervorragend ausgebildete Infanterieeinheiten arbeiteten mit den Panzern zusammen und griffen die feindlichen Panzerabwehrstellungen an. Diese Taktik war von deutschen Pan-

zerverbänden im Rahmen von Kampfgruppen entwickelt worden, die aus Panzern und Infanterie bestanden. Die britischen Panzerverbände leiteten ihre Kampfmethoden direkt von der alten Kavallerietaktik ab und verfügten nicht über solche Erfahrungen. Als die Commonwealth-Armee Ende Juni Alamein erreichte, hatte ihre Infanterie das Vertrauen zu den eigenen Panzern verloren und glaubte nicht, daß sie sie vor den deutschen Panzern schützen könnten. Der damalige Brigadekommandeur in der neuseeländischen Division, Kippenberger, schrieb später: »Damals bestand in der gesamten Achten Armee, und nicht nur bei der neuseeländischen Division, ein ausgesprochenes Mißtrauen, ja fast ein Haßgefühl, gegenüber den (britischen) Panzern.«
Aber Anfang Juni hatte der deutsche Angriff seinen Schwung verloren. Am 25. Juni hatte Auchinleck die Achte Armee übernommen, ließ sie die relativ gut zu verteidigende Alameinstellung besetzen und brachte Rommel mit einer klugen Mischung aus harter Abwehr und gutangesetzten Gegenangriffen zum Stehen. Am 2. Juli, als die britische Flotte aus dem Hafen von Alexandria auslief und Kairo seinen »Aschermittwoch« erlebte – es wurden Tausende von offiziellen Dokumenten verbrannt –, verfügte Rommel nur noch über vierzig einsatzfähige Panzer. Die in der Wüste eingesetzten britischen Truppen spürten sehr deutlich, daß die Deutschen ihre Stoßkraft verloren hatten. Der 1. und 2. Juli, als es Rommel nicht mehr gelingen wollte, durch kühne Überraschungsmanöver die britische Front zu durchbrechen, können mit Recht als Wendepunkt im Wüstenkrieg bezeichnet werden.
Bei der Taktik der Briten gab es aber noch immer erhebliche Schwächen. Ohne eine entschiedene Materialüberlegenheit wäre es Auchinleck nicht gelungen, Anfang Juli seine Stellungen zu halten, und seine Versuche, die erschöpften Achsentruppen im Verlauf des gleichen Monats aus ihren Stellungen zu werfen, mißlangen. Zwar hatte er diese Angriffe sorgfältig geplant, es mangelte aber an der richtigen Ausführung. Mellenthin, der die Schlacht auf deutscher Seite erlebt hat, spricht von einem »völligen Mangel an Koordination und Kontrolle« auf britischer Seite. Kippenberger schildert, wie zwanzig deutsche Panzer und die mit ihnen zusammenarbeitende Infanterie ohne große Schwierigkeiten drei aufeinanderfolgende Angriffe von zwei Infanterie- und zwei Panzerbrigaden der Alliierten abwehrten. Es fehlte den britischen Panzerregimentern

nicht an Mut, aber am 22. Juli verführte sie ihre Tapferkeit zu einem Unternehmen, das ein neuseeländischer Beobachter als »eine echte Balaklawa-Attacke« bezeichnete. Es war ein Panzerangriff ohne infanteristische Unterstützung. An diesem Tage fielen 118 alliierte Panzer aus. Die Deutschen verloren drei.

Als Auchinleck Ende Juli diese vergeblichen Angriffe einstellte und sich auf die Abwehr eines starken deutschen Angriffs vorbereitete, hatte man in London einen ungünstigeren Eindruck von der Lage als in der Wüste. Sicher hat man sich aber auch dort gefragt, was jetzt geschehen würde. Rommel befand sich am äußersten Ende sehr langer und verwundbarer Versorgungslinien, und die Ausrüstung der britischen Armee wurde ständig ergänzt. Doch die an das Wunderbare grenzende Fähigkeit des deutschen Befehlshabers, auch in scheinbar hoffnungslosen Lagen die Oberhand zu gewinnen – wie es in Gazala geschehen war – warnte die Commonwealth-Truppen vor einem zu großen Optimismus. Die Stimmung war daher Anfang August nicht gerade rosig.

Ihre Lage wurde auch noch von anderen Umständen beeinflußt. Da Auchinleck es angesichts eines entsprechenden Befehls des Kriegskabinetts für seine Aufgabe hielt, für den Fall, daß die Armee im Felde mit einer Niederlage rechnen mußte, einen Truppenverband zur Verfügung zu halten, hatte er den Rückzug aus der Alameinstellung vorbereitet und begonnen, eine starke Reserve zu bilden, um sie in Persien einsetzen zu können. Als Alexander das Kommando übernahm, erklärte er sich mit diesen Maßnahmen einverstanden. Daß jedoch der Befehlshaber einen so großen Teil seiner Zeit auf die Vorbereitung eines Rückzugs verwendete, stärkte nicht die Moral, besonders nicht bei den Angehörigen seines Stabes. Sir Charles Richardson schreibt: »Allabendlich hatten wir diese Besprechungen in Auchs Caravan über die Operationen des vergangenen Tages und versuchten, einen Ausweg aus dieser verfahrenen Lage zu finden, und unsere Moral war wirklich schlecht wegen der wiederholten Niederlagen oder weil es augenscheinlich nichts gab, womit wir die Lage hätten verbessern können.«

Den Befehl über eine so entmutigte Armee zu übernehmen, nachdem ihm die anspruchsvolle Aufgabe angeboten worden war, britische Streitkräfte beim ersten großen alliierten Gegenangriff im Westen zu führen, hätte Montgomery als ein Schritt in die falsche Richtung erscheinen können. In Wirklichkeit befand sich die Achte

Armee aber in einer sehr günstigen Lage, die sich im Lauf der Zeit nur noch verbessern konnte. Sie hatte eine für die Verhältnisse in der Wüste sehr starke Verteidigungsstellung bezogen. Die Qattara-Senke im Süden blockierte den von Rommel so sehr geschätzten »langen rechten Haken«, und selbst wenn es ihm gelingen sollte, im Südabschnitt durchzubrechen, bot der Höhenzug von Alam Halfa Schutz gegen einen raschen Vorstoß bis Kairo oder eine Flankenbewegung, mit der er die übrigen Stellungen der Commonwealth-Truppen hätte umgehen können. An den richtigen Stellen angelegte Minenfelder verstärkten diese natürlichen Verteidigungsanlagen.

Aber noch wichtiger war die Tatsache, daß große Mengen an Material und erhebliche Verstärkungen herangebracht wurden, als Churchill seinen Willen durchsetzte, die Truppen in Ägypten zu vermehren. Die im Juli begonnene Auffüllung mit Material und Mannschaften bedeutete eine wesentliche Stärkung nach Qualität und Quantität. Immer mehr Panzerabwehrgeschütze, und zwar die neuen Sechspfünder, kamen heran und, was noch wichtiger war, der dem deutschen Panzer III in fast jeder Hinsicht überlegene neue amerikanische Sherman-Panzer, der sogar besser war als die wenigen Panzer IV, über die Rommel verfügte, sollte in nächster Zeit eintreffen. Da die Nachrichtenverbindungslinien so kurz waren, gab es kaum Verwaltungsprobleme bei der Verteilung der neuen Ausrüstung an die Truppe.

Die zunehmende Stärke der von Montgomery zu übernehmenden Armee stand im scharfen Gegensatz zu den Schwierigkeiten, mit denen die Achsenstreitkräfte zu kämpfen hatten. Anfang August waren Rommels Vorräte an wichtigen Versorgungsgütern erschöpft, und er erkannte, wie gefährlich seine Lage war. Im Juni hatte der Oberbefehlshaber im Mittelmeerraum, Kesselring, ihm geraten, nicht weiter vorzustoßen als bis Tobruk. Das strategische Ziel der Achsenstreitkräfte war damals Malta gewesen. Aber Rommels siegreiche Offensive wurde dadurch beflügelt, daß Hitler vom Suezkanal träumte. Deshalb stießen die Panzer des Afrikakorps bis nach Ägypten vor. Als sie vom Gegner zum Stehen gebracht worden waren, stellte sich ein empfindlicher Mangel an Munition und Treibstoff heraus. Der Nachschub mußte von Italien herangebracht werden, und die Nachschubwege waren von den alliierten Streitkräften auf Malta bedroht. Nach dem Eintreffen des Geleitzugs

Pedestal im August ließen sich die Versorgungslinien der Achsenstreitkräfte wirksam bekämpfen.
Im August erhöhte sich die Zahl der versenkten deutschen Transportschiffe. Im September schrieb Graf Ciano in sein Tagebuch: »Wenn das so weitergeht, wird sich das Afrikaproblem in sechs Monaten von selbst lösen, denn dann werden wir zur Versorgung Libyens keine Schiffe mehr haben.« Selbst wenn die Schiffe bis Afrika gekommen waren, gab es noch Schwierigkeiten. Tobruk, Derna und Bardia waren schlechte Häfen. Es gab nicht genügend Lastkraftwagen. Die gesamte deutsche Produktion ging nach Rußland, wo am 28. Juni eine neue Offensive begonnen hatte; und was noch schlimmer war, auch Verbände der Luftwaffe wurden nach Rußland abgezogen. Tedders schwere Bomber konnten Versorgungslager und Straßen angreifen, ohne von feindlichen Jagdflugzeugen daran gehindert zu werden.
In mancher Beziehung hatte die Panzerarmee Rommels ihre Geschlossenheit verloren. Rommel war schwer krank und ließ sich am 22. August beurlauben. Sein Stellvertreter Stumme hatte kaum Erfahrungen im Wüstenkrieg. Rommels Stabschef litt unter einer schweren Migräne, und sein erster Generalstabsoffizier erkrankte an Gelbsucht. Die Beziehungen zwischen Rommel und seinem Luftwaffenkommandeur Hans Seidemann waren wegen ihrer Meinungsverschiedenheiten über die Versorgungslage gespannt. Natürlich gefiel Rommel der Kampf an den erstarrten Fronten nicht. Für den August entwarf er absurd und viel zu optimistisch anmutende Pläne, denn seine Panzer hatten nur noch Treibstoff für zwei bis drei Tage.
Das Kräfteverhältnis verschob sich zunehmend zugunsten der Briten, und als die Schlacht bei Alamein Ende Oktober begann, war die materielle Überlegenheit der Alliierten überwältigend. Montgomery verfügte über 1029 Panzer, Rommel nur über 527, und während Rommel nur 200 deutsche Panzer ins Gefecht führen konnte, standen auf der Seite der Alliierten 270 Shermans und 210 Grants. Montgomery befehligte 195 000 Mann. Die Panzerarmee Rommels war 104 000 Mann stark, aber 54 000 davon waren Italiener, deren Kampfwert viel geringer einzuschätzen war als der der deutschen Truppen. Den Deutschen standen nur noch 24 der gefürchteten 8,8-cm-Panzerabwehrkanonen zur Verfügung, während die Briten ihre Armee mit 849 neuen Sechspfündern aufgefüllt

hatten. In der Luft sahen sich 350 Flugzeuge der Achsenstreitkräfte 530 Maschinen der Desert Air Force gegenüber. Außerdem verfügten die Briten über die strategische Bomberflotte von Tedder.
So sah die Lage aber erst im Oktober aus. Im August war die britische Materialüberlegenheit noch nicht so groß. Montgomery übernahm eine desorganisierte Armee. Der Einfluß seiner Persönlichkeit und seiner militärischen Grundsätze sollte sich erst in der Zukunft auswirken.

Eine siegreiche Armee wird zusammengeschweißt

Montgomerys erste Aufgabe bestand darin, sich der Achten Armee als neuer Befehlshaber vorzustellen, unter dem sich die Lage zum Besseren wenden mußte. Zweifellos herrschte bei der Truppe eine Vertrauenskrise. Jetzt mußte sie spüren, daß sie mit fester Hand geführt wurde. John Strawson schreibt: »Die Notwendigkeit für einen realistischen Gesamtplan und dessen folgerichtige Durchführung war deutlich zu erkennen.« Die Armee war alles andere als entmutigt. De Guingand sagt: »Die Kampfmoral war nicht gebrochen. Es herrschte aber eine gewisse Unsicherheit ... Augenscheinlich verlangte die Truppe nach einer entschlossenen Führung und Inspiration.« Wenn ein neuer Befehlshaber unter solchen Voraussetzungen die Wirkung seiner Persönlichkeit fühlbar machen will, so kommt er um die Kritik an seinem Vorgänger nicht herum. Montgomery ging darin viel weiter, als notwendig gewesen wäre. Während er seine eigene Stellung festigte, war er nicht bereit, die entschiedenen Verdienste von Auchinleck und Dorman-Smith anzuerkennen, denen es gelungen war, Rommels Offensive zum Stehen zu bringen, und die jetzt eine Situation geschaffen hatten, in der es den Achsenstreitkräften unmöglich geworden war, in Nordafrika zum entscheidenden Erfolg zu kommen.

Wir wissen heute, daß Auchinleck und sein brillanter (wenn auch manchmal zu phantasievoller) Untergebener Dorman-Smith so bald wie möglich aus der Alameinstellung heraus angreifen wollten, und daß sie im Südabschnitt mit einer Offensive der Achsenstreitkräfte rechneten, die sie am Höhenzug von Alam Halfa abfangen wollten. Es gibt eine Meldung Alexanders, in der der Oberbefehlshaber das Kriegskabinett über die Lage unterrichtete, als er seinen Posten übernahm: »Man beabsichtigte, den Raum zwischen der See und dem Ruweisat-Höhenzug mit möglichst starken Kräften zu halten und jeden feindlichen Vorstoß südlich des Höhenzugs aus einer stark befestigten Stellung auf dem Höhenrücken von Alam Halfa zu bedrohen. Ich habe diesen Verteidigungsplan in großen Zügen übernommen ...« Zweitens gibt es die von Dorman-Smith am 27. Juli verfaßte Lagebeurteilung. Darin ist von einem Rückzug

nicht die Rede, vielmehr von der Abwehr eines erwarteten feindlichen Vorstoßes sowie von einer geplanten Gegenoffensive nach gründlicher Vorbereitung. Auchinleck wollte jedoch diese Lagebeurteilung zunächst modifizieren, weil sie zu wenig Offensivgeist zeigte.
Es läßt sich schwer sagen, ob Montgomery über die Absichten Auchinlecks genau informiert war. Höchstwahrscheinlich hat er eine ganz klare Vorstellung von den Plänen zur Verteidigung bei Alam Halfa gehabt. Aber zunächst hat er vielleicht nicht den Eindruck gewonnen, daß man entschlossen war, die Alameinstellung unter allen Umständen zu halten. De Guingand, dem es offenbar keine Freude gemacht hatte, die Vielzahl der von Dorman-Smith entworfenen Pläne zu lesen und zu sortieren, hat, wie Sir Brian Horrocks meint, Montgomery in einem Gespräch am 13. August einen falschen Eindruck vermittelt. Er hatte die Lagebeurteilung vom 27. Juli sicher gesehen, aber nur neben vielen anderen Plänen, die sich zum Teil auch mit dem Rückzug beschäftigten. Whitely, der zum Stab Auchinlecks gehörte, hatte zum Beispiel einen Plan für den Rückzug bis Khartum ausgearbeitet. So neigte de Guingand verständlicherweise zu der Annahme, Auchinleck sei in seinen Vorstellungen zu flexibel, und Montgomery konnte auch sehen, daß Truppenteile, die eigentlich in die Alameinfront gehörten, sich als Teile der Reserve von Auchinleck in Kairo befanden. Er war selbst in Kairo gewesen, wo nichtendenwollende Gerüchte über einen möglichen Rückzug der britischen Truppen kursierten, und er kam aus Großbritannien, wo man glaubte, Rommel stelle sich zur entscheidenden Offensive bereit.
Diese Umstände erklären oder rechtfertigen jedoch weder den Affront, daß Montgomery das Kommando zwei Tage zu früh übernahm, noch seine ständige Kritik an Auchinleck nach dem Krieg. Augenscheinlich mochte er Auchinleck persönlich nicht. Der General verkörperte nicht die »gute« Autorität der Begriffswelt von Montgomery. Er hatte selbst die Gabe, sich die richtigen Untergebenen auszusuchen, und war über Auchinleck verärgert gewesen, als dieser in Südengland von ihm verlangte, sich die Männer, die er brauchte, auf dem normalen Dienstweg zuweisen zu lassen. Dazu verachtete er Auchinleck, weil er nicht in der Lage gewesen war, sich für den richtigen Befehlshaber in der Wüste zu entscheiden. In seinen Memoiren finden wir eine besonders abwertende Passage:

»Der Vorschlag Auchinlecks, Corbett solle die Achte Armee übernehmen, ist völlig unverständlich ... Auch hätte niemand, der seine fünf Sinne beisammen hat, Ritchie als Nachfolger von Cunningham zum Befehlshaber der Achten Armee gemacht.« Auch Dorman-Smith gehörte nicht zu den von dem neuen Befehlshaber geschätzten Persönlichkeiten. In den zwanziger Jahren war Montgomery sein Lehrer gewesen, und es hatte ständig Reibereien zwischen ihnen gegeben.

In Montgomerys Haltung spürte man deutlich einen gewissen Groll, aber auch den bei ihm zu erwartenden Mangel an Verständnis. Als er am 12. August mit Auchinleck zusammentraf, führten beide Männer ein kurzes Gespräch unter vier Augen vor der Lagekarte. Was Montgomery darüber in seinen Erinnerungen schreibt, muß eine böse Verzerrung dessen sein, was Auchinleck ihm wirklich gesagt hat. Montgomery hat die Lage sicher ähnlich ungünstig beurteilt wie Auchinleck. Montgomery war im Grunde gehemmt, und bei diesem Zusammensein muß er große Schwierigkeiten gehabt haben, sich mit seinem Gesprächspartner zu verständigen. Er sagt: »Ich ging aus dem Zimmer, sobald ich das mit Anstand tun konnte.« Unfähig, sich in die Lage Auchinlecks zu versetzen, hat er die emotionale Spannung wahrscheinlich nicht ertragen können. Mit Ramsden hat er später Ähnliches erlebt. Deshalb hat er vielleicht nur wenig von dem behalten, was gesagt wurde – mit Ausnahme der Forderung, die Achte Armee müsse unter allen Umständen gerettet werden, auch wenn es den Rückzug bedeute. Er hat augenscheinlich absolut nicht verstanden, wie schwer es Auchinleck fiel, das Kommando abzugeben, und nicht gewußt, wie schmerzlich es für seinen Vorgänger sein mußte, zu erleben, wie Montgomery die Achte Armee zwei Tage zu früh übernahm. Später schrieb Montgomery: »Mit einem respektlosen Lächeln auf den Lippen schlief ich ein. Ich erteilte Befehle an eine Armee, von der ein anderer glaubte, daß er sie noch befehlige.«

Auchinleck ist hier offenbar unverdientermaßen gedemütigt worden. Aber ebenso wie die später erfolgte Ablösung von Ramsden und Lumsden war dies der erste Schritt im Rahmen einer logischen Entwicklung.

Montgomery machte unmittelbar nach seinem Eintreffen einen tiefen Eindruck auf den Armeestab und die höheren Offiziere. Seine erste Ansprache war unglaublich anmaßend: »Wenn wir hier nicht am Leben bleiben können, dann werden wir hier sterben ... Man hat mir gesagt, Rommel könne jeden Augenblick angreifen. Ausgezeichnet! Soll er angreifen. Ich werde es nicht dulden, daß hier herumgejammert wird. Wenn es jemandem nicht paßt, zu tun, was man ihm sagt, dann kann er verschwinden, und zwar sofort ... Jetzt kommt es nur darauf an, mit diesem Rommel ein für allemal fertigzuwerden. Das wird ganz leicht sein. Daran gibt es keinen Zweifel. Er ist eine Landplage, und deshalb werden wir ihn schlagen und ein Ende mit ihm machen.« Mit seinen Maßnahmen war Montgomery ebenso rücksichtslos. In wenigen Wochen gliederte er seinen Stab um und besetzte ihn mit neuen Leuten. Jedem, mit dem er sprach, sagte er das gleiche; die Lage habe sich geändert, und die »alten Zeiten« seien vorüber. Einen Rückzug oder ein Zurückweichen gebe es nicht. Die zur Verteidigung des Deltas bestimmten Truppen wurden so rasch wie möglich an die Front gebracht. Auchinleck wäre mit diesen Maßnahmen einverstanden gewesen und hatte sie sogar vorgesehen. Er konnte sie aber nicht so energisch verwirklichen, und es war ihm nicht gelungen, so viele Leute in so kurzer Zeit zu überzeugen. Das heißt nicht, daß Montgomery bei seinen unmittelbaren Untergebenen sehr beliebt gewesen wäre. Die Generale Lumsden und Tuker kritisierten ihn, und Horrocks, der das XIII. Korps übernahm, schrieb später, die alten Offiziere der Achten Armee hätten sich gegen die neuen Männer »mit den weißen Knien« gewehrt. Sogar Horrocks, der persönlich zugänglicher war als Montgomery, stellte fest, daß die Befehle, die er gab, auf wenig Gegenliebe stießen. »Es kam sogar zu ein paar unangenehmen Szenen, bevor ich mich durchsetzen konnte.« Aber jeder wußte genau, was der neue Befehlshaber wollte. Ein neuer Geist hatte Einzug gehalten. Ob es den Soldaten paßte oder nicht, jeder mußte das anerkennen. Was es bedeutete, hat ein in Tunesien in Gefangenschaft geratener deutscher General vielleicht am treffendsten ausgedrückt: »Der Wüstenkrieg hörte auf, ein Spiel zu sein, als Montgomery das Kommando übernahm.«

Sein Hauptproblem bestand jedoch nicht darin, seine oder Rommels Generale vom Wert seiner Persönlichkeit zu überzeugen. Er mußte die Masse der kampferprobten Soldaten überzeugen, die jetzt Mannschaftsersatz und Materiallieferungen aus England erhielten. »Es genügte nicht, die Befehle einer unbekannten Persönlichkeit zu befolgen. Sie mußten wissen, wer ich war. Das klingt vielleicht kalt wie eine am Schreibtisch gewonnene Einsicht. Das war es auch ursprünglich – und ich muß es zugeben ...« Montgomery hatte in England die Fähigkeit erworben, mit den ihm unterstellten Soldaten zu sprechen und auf sie zu wirken. In der Wüste verfeinerte er seine Methode zu einer Kunst. Mit dem Erfolg kam auch das Vergnügen am öffentlichen Auftreten. »Ich gebe gern zu, daß es mir persönlich Freude gemacht hat, im Mittelpunkt ihrer Aufmerksamkeit zu stehen.« Einer von Montgomerys Verbindungsoffizieren, John Henderson, schildert, wie seine Auftritte ihm zunehmend mehr Spaß machten. Gegen Ende des Afrikafeldzugs war Montgomery in fast peinlicher Weise darauf versessen, in der Kathedrale von Kairo das Evangelium zu verlesen. Im April 1943, während der Planungsphase für die Landung auf Sizilien, hielt er sich in Kairo auf, aber sein Aufenthaltsort war ein streng gehütetes Geheimnis. Deshalb bat man ihn, an diesem Sonntag auf sein Auftreten in der Kirche zu verzichten. Er schrieb an den Erzdiakon: »... mir sind keine Schwierigkeiten bewußt. Die Deutschen sollen nicht erfahren, daß ich nicht in Tunesien bin. Das wird mich aber nicht daran hindern, nach dem heutigen Abendgottesdienst in Ihrer Kirche zu den Soldaten zu sprechen. Ich habe die Absicht, es zu tun, und ich werde es tun.« Für einen Mann, der so wenige persönliche Beziehungen hatte, muß es sehr befriedigend gewesen sein, den Kontakt zu einer großen Zuhörerschaft zu finden, vor allem aber das Gefühl zu haben, bei seinen Soldaten beliebt zu sein. Auch jetzt erhielt er wie nach der Schlacht bei Alamein viele Zuschriften. Correlli Barnett erzählt, mit welcher Freude Montgomery den Brief einer jungen Engländerin aufnahm, deren Mann bei Alamein gefallen war. In den letzten Jahren seines Lebens gab er zu, kaum Freunde gehabt zu haben, behauptete aber, er habe sie nicht vermißt, weil »die Menschen aus dem Volk meine Freunde sind«. Der Befehlshaber der Ersten Armee in Tunesien, Anderson, konnte zu seinen Soldaten nicht so enge Beziehungen herstellen, obwohl er sich darum bemüht hat. Er versuchte sich in die richtige Stimmung zu bringen, wenn er an die Front fuhr, um mit den Soldaten zu sprechen. Doch sobald er vor ihnen stand und reden wollte, versagte er. Dieses Problem hat Montgomery nicht gekannt. Mit seiner Selbstbeherrschung hatte er keine Schwierigkeiten, öffentlich aufzutreten.

Die Wirkung Montgomerys auf seine Männer hatte verschiedene

Ursachen. Die augenfälligste war sein Anzug. Schon 1926 hatte er in einem Vortrag über Truppenführung in Camberley gesagt, der Befehlshaber müsse eine auffallende Kopfbedeckung tragen. Bald nach seiner Ankunft in Ägypten besichtigte er das australische Kontingent unter Morshead. Dabei trug er die Generalsmütze mit dem roten Band und ging begeistert auf den Vorschlag des australischen Verbindungsoffiziers ein, den breitrandigen australischen Hut aufzusetzen. Als er sich einen ausgesucht hatte, befestigte er das australische Regimentsabzeichen daran. Dann sammelte er Abzeichen anderer Truppenteile, bis der ganze Hut damit bedeckt war. Das amüsierte die Angehörigen der Achten Armee, die für ihre Nachlässigkeit im Anzug bekannt war. Dieser Hut war etwas Besonderes, wenn auch nicht sehr elegant, und er stand Montgomery schlecht. Er betonte sein schmales, spitzes Gesicht, und man hatte den Eindruck, er sei zu groß und könne ihm jeden Augenblick über die Ohren rutschen. Als die Schlacht bei Alamein begann, hatte er ihn gegen ein schwarzes Barett mit zwei Regimentsabzeichen vertauscht. Einigen Panzeroffizieren der Achten Armee wollte das nicht gefallen. Sie fanden es nicht gut, daß ein Infanterieoffizier ihre Kopfbedeckung trug. Aber das Barett kleidete ihn und wurde zu seinem bekanntesten Markenzeichen. Wenn man die Fotos von Montgomery vergleicht, auf denen er die reguläre Offiziersmütze, den australischen Hut und das schwarze Barett trägt, dann sieht man sofort, daß aus dem etwas unbeholfen wirkenden kleinen Mann ein fast verwegen aussehender, schneidiger Offizier geworden war, und so ist er auch in die Geschichte eingegangen.

Je mehr sich Montgomerys Persönlichkeit profilierte, desto geschickter verstand er es, die Beziehungen zu einer breiteren Öffentlichkeit herzustellen. Die Kriegsberichterstatter wurden großzügiger unterrichtet und erhielten mehr Bewegungsfreiheit. Persönlich hat er nicht oft mit ihnen gesprochen, aber auf den wenigen Pressekonferenzen, die er abhielt, beeindruckte er sie. Kurz vor dem entscheidenden Durchbruch bei Alamein, als die Front noch relativ stabil war und der Sieg für den Außenstehenden noch nicht sicher schien, erklärte er den Journalisten: »Ich habe den Gegner geschlagen. Jetzt werde ich ihn vernichten.« Anstatt nun detaillierte Angaben über die Lage auf dem Schlachtfeld zu machen, sprach er über sich selbst. »Wie gefällt Ihnen meine Mütze?« fragte er die Reporter. Aber er gab ihnen nicht nur auf den Pressekonferenzen

Stoff für ihre Berichte, sondern auch mit dem, was er tat. Der Vorfall mit dem Huhn Emma ist ein typisches Beispiel. Ein gewisser Gefreiter Walsh hatte ein Huhn namens Emma, das auf seinem Panzer mitfuhr. Die Eltern von Walsh schrieben einen Leserbrief an ihre Zeitung in Yorkshire und schlugen vor, Emma solle zum Feldwebel befördert werden. Der Reporter des *Daily Mirror* in Yorkshire erwähnte das in einem Brief an Montgomery. Der General antwortete, er habe sich nach der eierlegenden Emma erkundigt und sie zum Oberfeldwebel befördert. Diese Geschichte erschien am 8. Juli 1943 im *Daily Mirror.*

Allmählich nahm die »Monty-Legende« Gestalt an. Die Soldaten wußten, daß er unfähige Offiziere absetzte und höchste Anforderungen an seinen Stab stellte, und sie hörten mit Vergnügen Geschichten wie die von dem Generalstäbler, der in Montgomerys Stab versetzt wurde und bei seiner Ankunft hörte, der General habe beschlossen, ihn seines Postens zu entheben, weil er noch unterwegs sei. Das Ansehen von Montgomery wuchs, weil er als persönlich tapfer galt. Zwar war er nicht der Typ des Truppenoffiziers wie Rommel, konnte aber in gefährlichen Situationen die Ruhe bewahren. Einmal bat ihn de Guingand bei einem Luftangriff zu Beginn der deutschen Offensive bei Alam Halfa, in Deckung zu gehen. Aber der Befehlshaber sprach ruhig weiter und rührte sich nicht vom Fleck. Das gleiche geschah später bei Mareth, als Montgomery dicht hinter der vordersten Linie mit Leese eine Einsatzbesprechung abhielt und sich durch eine in der Nähe einschlagende Granate nicht stören ließ.

Seine Beliebtheit bei der Truppe gründete sich aber in erster Linie darauf, daß er gegenüber den Soldaten den richtigen Ton fand. Den Offizieren erzählte er Witze – manchmal sehr grobe. Am 19. und 20. Oktober hielt er zwei Offiziersbesprechungen ab und bekam jedesmal großen Applaus, als er sagte, in der bevorstehenden Schlacht müsse sich jeder darauf einstellen, Deutsche zu töten: »Auch die Patres – wochentags einen und zwei am Sonntag!« Im Umgang mit den einfachen Soldaten kam es jedoch auf Ehrlichkeit und Direktheit an. Am 6. Oktober malte er ihnen ein recht düsteres Bild von der Zukunft: »Die Infanterie muß bereit sein, zu kämpfen und zu töten, und zwar wird sie das über eine lange Zeit hinaus tun müssen.« Diese unverblümte Offenheit war seine Stärke. Oberstleutnant Peniakow berichtet von einem alten Haudegen, einem

Unteroffizier, der nach einer Besichtigung meinte, Montgomery »sprach mit den Offizieren und dann mit den Unteroffizieren. Er hat uns alles gesagt. Er erklärte uns seinen Schlachtplan, sagte uns, welche Aufgabe jedes Regiment hätte, und er sagte mir persönlich, was ich zu tun hätte. Wir werden es tun, Sir! Was ist das für ein Mann!«

Sehr bald war Montgomery »der General seiner Soldaten«. Nach wenigen Monaten glaubten die Männer alles, was er ihnen sagte. Sie waren bereit, für ihn zu sterben, weil sie überzeugt waren, er ginge nicht leichtsinnig mit ihrem Leben um. Das einmal gewonnene Prestige stärkte er durch ganz gezielte Maßnahmen. Er förderte das Ansehen der Heeresgeistlichen, die unter seinem besonderen Freund Hughes zu seinen begeistertsten Anhängern wurden. Der Weiberfeind Montgomery erkannte sogar den Wert der Frauen im Kriege. In Italien ließ er auch auf den Truppenverbandsplätzen Krankenschwestern arbeiten, weil er meinte, ihre Gegenwart werde die Verwundeten beruhigen.

Am Ende des Afrikafeldzugs hatte Montgomery die Achte Armee nach seinen Vorstellungen umgeformt. Er hatte die wichtigsten Grundsätze seiner militärischen Überzeugung verwirklicht. Nun verfügte er über eine wirksame Kommandostruktur und eine Armee, die ihm treu ergeben war. Jeden Vor- und Nachmittag fuhr er an die Front. Um die Teezeit kehrte er in seinen Gefechtsstand zurück und nahm die Meldungen seiner Verbindungsoffiziere entgegen. Um 9.00 Uhr abends ging er zu Bett. Am Morgen ließ er sich vor 7.00 Uhr wecken, blieb noch eine Zeitlang liegen und machte die Pläne für den bevorstehenden Tag. In der Schlacht versuchte er, jeden Kommandierenden General wenigstens einmal täglich persönlich zu sprechen. Er gab nur selten andere als direkte mündliche Befehle. Wenn die Operationen sich rasch entwickelten, führte er laufend Besprechungen mit de Guingand.

Montgomerys Methode hatte ihre Schwächen, war aber im allgemeinen flexibel und zuverlässig. Bis sich dieses System durchgesetzt hatte, kam es natürlich zu unerfreulichen Konfrontationen und persönlichen Zusammenstößen. Sie waren um so schärfer, weil er im Umgang mit einzelnen emotionale Schwierigkeiten hatte. Diese Mängel gehörten zu einer Gesamtpersönlichkeit, der es gelang, aus der Achten Armee eine ungeheuer leistungsfähige Streitmacht mit hervorragender Kampfmoral zu schmieden.

Doch die letzte Bewährungsprobe für einen General ist die Führung einer Armee in der Schlacht, und hier sollte Montgomery erheblichen Belastungen ausgesetzt werden.

Alam Halfa – das Vorspiel zum Sieg über Rommel

Kaum jemand hat Montgomerys überragendes Organisationstalent bestritten (wenn auch nicht jeder mit seinen Methoden einverstanden war), aber es gibt viele Kritiker seiner militärischen Entscheidungen in der Wüste. Es würde kaum überraschen, wenn auch der beste Infanterist in diesem für einen Bewegungskrieg idealen Gelände beim Einsatz seiner Truppen Fehler machte, besonders wenn der General zum erstenmal in seinem Leben eine Armee zu führen hat. Die Wüste gab dem Befehlshaber einen ungeheuer weiten Spielraum, aber sie setzte ihm auch Grenzen im Hinblick auf die hier besonders schwierige Versorgungslage. Es hat vielleicht Soldaten gegeben, die durch diesen doppelten Anreiz zu brillanten Lösungen geführt worden sind; aber für Montgomery bedeutete alles, worin er keine eigenen Erfahrungen hatte, ein Glücksspiel. Zwar hatte er alle Voraussetzungen, die Truppe so zu führen wie Grant in den Jahren 1864/65, aber mit einem Robert E. Lee kann man ihn nicht vergleichen. Wie Cyril Falls meint, ist die Fähigkeit, einen Gegner zu zermalmen, nur eine »zweitrangige Form der Kriegskunst«.

Das entscheidende Problem im Wüstenkrieg – das Versorgungsproblem – war für Montgomery in idealer Weise gelöst. Die Logistik erscheint vielleicht als einfaches Rechenexempel und Fleißaufgabe, aber in Wirklichkeit haben selbst so bedeutende Truppenbefehlshaber wie Rommel nicht damit fertigwerden können. Montgomery war zwar nie ein so großer Wüstengeneral wie Rommel, beide aber eigneten sich für jeweils einen anderen Aspekt der Kriegführung, und es bereitete ihnen Schwierigkeiten, mit den anderen fertigzuwerden. Rommel nutzte jede Gelegenheit für das Manöver, während Montgomery sich darum bemühte, die Logistik zu meistern. Auf diesem Gebiet begann er allerdings seinen Wüstenfeldzug mit einer Reihe von vorgegebenen Vorteilen. Anders als Rommel wurde er reichlich mit Nachschub versorgt und von Alexander in Kairo hervorragend unterstützt. Er hatte einen leistungsfähigen Verwaltungsstab um sich versammelt, und seine Versorgungslinien waren durch die fast ununterbrochene Luftüberlegenheit gesichert.

Unter solchen Umständen war es nicht schwierig, als Meister der Logistik zu gelten.
Montgomerys »militärisches Glaubensbekenntnis« beschäftigte sich in erster Linie mit der Organisation einer Armee. Auf der anderen Seite war er sehr gut mit der Infanterietaktik vertraut. Aber das weite Feld zwischen einer gutorganisierten Armee und dem selbständigen Handeln kleiner Infanterieverbände wurde durch nichts ausgefüllt als die Überzeugung, man müsse die Initiative in der Hand behalten und nicht »nach der Pfeife des Gegners tanzen«. Er verließ sich auf seinen scharfen Verstand bei der Lagebeurteilung und glaubte, sofort das Wesentliche erkennen und rasch zu einem Entschluß kommen zu können. Bei seinem Plan für das Kommandounternehmen gegen Dieppe ging es um einen fast selbstmörderischen Frontalangriff. Bei Alamein griff er den Gegner ebenfalls frontal an, begann jedoch eine gewisse Flexibilität zu zeigen. Das Gelände ließ ihm kaum eine Wahl, wenn auch einige Kritiker geglaubt haben, er hätte sowohl an der Küste als auch an der Qattara-Senke kleinere Umfassungsbewegungen machen können.
Abgesehen von den bestimmenden Geländeformen – der Küste, der Qattara-Senke und dem Dschebel Achdar – gab es drei Hauptpunkte, die seine Operationsführung bestimmten. Der erste war enge Zusammenarbeit zwischen der Armee und den Luftstreitkräften. Obwohl man das nicht als einen revolutionären Gedanken bezeichnen darf, war Tedder von der Haltung des neuen Befehlshabers angenehm überrascht. Im Sommer war das Stabsquartier der Armee Auchinlecks weit vom Gefechtsstand der Luftstreitkräfte entfernt gewesen; wahrscheinlich, weil der Armeebefehlshaber seine Truppen aus einem dicht hinter der Front gelegenen Stabsquartier führen wollte. Vielleicht wären die beiden Stäbe auch wieder – wie 1942 – zusammengelegt worden, als sich die Lage Rommels verschlechterte, aber Montgomery war sofort entschlossen, eng mit der Desert Air Force zusammenzuarbeiten, denn nach den Erfahrungen aus dem Jahr 1940 konnte man den Wert der Luftüberlegenheit gar nicht überschätzen. Horrocks hat geschildert, wie er und Montgomery bei den Besprechungen, die auf seine Übernahme des XIII. Korps erfolgten, immer wieder vor den Tiefangriffen deutscher Stukas in Deckung gehen mußten: »Monty, den unsere Vogelstraußpolitik zu ärgern schien, sagte, ›das wird es nicht mehr lange geben‹, und suchte mich davon zu überzeugen, wie

großartig die Desert Air Force unter Cunningham sei. ›Wir fangen erst an, die Luftüberlegenheit zu gewinnen, und wie Sie wissen, müssen Armee und RAF Hand in Hand arbeiten. Es ist eine Schlacht und nicht zwei. Bisher waren die Stabsquartiere voneinander getrennt. Jetzt haben wir sie zusammengelegt.‹ Von allen Generalen, die ich kenne, hatte Monty für die Belange der Luftstreitkräfte das größte Verständnis.« Rommel hat später gesagt, gegen einen in der Luft überlegenen Feind kämpfen zu müssen, sei das gleiche, wie der Kampf eines mit einem Speer bewaffneten Wilden gegen mit Maschinengewehren ausgerüstete Europäer.
Der zweite Umstand, mit dem Montgomery rechnen mußte, war die Tatsache, daß seine Truppen im allgemeinen den Deutschen unterlegen waren, obwohl zu Rommels Verbänden auch starke italienische Streitkräfte gehörten, deren geringer Gefechtswert den Ausgang der Schlacht entscheidend beeinflussen sollte. Das Afrikakorps hatte im Einsatz seiner ausgezeichneten Panzer und Panzerabwehrgeschütze eine verfeinerte Taktik entwickelt. Seine Truppenteile arbeiteten schon lange Zeit zusammen. Seine Kampferfahrungen waren vom Erfolg geprägt. Die Armee Montgomerys bestand dagegen aus neu herangeführten Einheiten. Ihre Ausrüstung war der des Gegners im August an Qualität und Menge überlegen, aber wie Dorman-Smith in seiner Lagebeurteilung vom 27. Juli feststellte, hatten diese Truppen bisher kaum die Gelegenheit gehabt, neue Taktiken zu entwickeln und zu vervollkommnen: »Kein Verband in der Achten Armee ist für Offensivoperationen ausreichend ausgebildet. Die Armee braucht dringend Verstärkungen durch gutausgebildete Truppenteile oder eine Ruhepause für die Ausbildung.«
Zu der alliierten Armee gehörten einige erstklassige Regimenter und Divisionen, besonders die australischen und neuseeländischen. Sie waren aber so wertvoll, daß man sie schonen mußte. Montgomery war sich dieses Umstandes bewußt. Er wollte seine Truppe auf den höchstmöglichen Ausbildungsstand bringen. Einem Reporter des *News Chronicle* sagte er, die Armee brauche mehr Korpsgeist. »Bei den Australiern, den Neuseeländern und den anderen Truppen aus den Dominions herrschen diese Kameradschaft und dieses Selbstvertrauen. Das muß in der ganzen Wüstenarmee so werden.« Aber dieser Korpsgeist ließ sich nicht in wenigen Wochen entwickeln. Seit das Afrikakorps in der Wüste kämpfte, war es ein schwer zu besiegender, erbittert kämpfender Gegner gewesen, mit

dem sich die britischen Truppen nicht messen konnten. Es hatte den weiten Raum der Wüste dazu ausgenutzt, unbewegliche, zahlenmäßig überlegene alliierte Verbände zu schlagen. Diese Verbände waren unbeweglich, weil sie auf die geschickt angelegten Überraschungs- und Scheinangriffe Rommels nicht rasch genug reagieren konnten. Montgomery beschloß deshalb, die zahlenmäßige Überlegenheit der alliierten Truppen auszunutzen, um die gegnerischen Kräfte zu binden und stückweise zu zerschlagen. Das erforderte Geduld und Ausdauer. Sie mußten gegen die Deutschen kämpfen und ihnen Verluste beibringen, auch wenn sie durch die bewegliche Kampfweise des Gegners abgeschnitten oder eingeschlossen waren. Die alliierten Soldaten sollten die Überzeugung gewinnen, daß eine Kapitulation undenkbar sei. Jeder einzelne Mann sollte kämpfen, bis er umfiel – und deutsche Soldaten töten. Viele Beobachter haben die Überbetonung dieses letzten Aspekts als hysterisch verurteilt. Man hat gesagt, angesichts der zunehmenden Materialüberlegenheit Montgomerys habe es dessen nicht bedurft. Doch die ständige Wiederholung des gleichen Themas war keine bloße Propaganda. Die Siege der Achsenstreitkräfte in Frankreich, in der Wüste, in Rußland und im Fernen Osten waren zum großen Teil von zahlenmäßig unterlegenen Kräften erfochten worden, und zwar aufgrund ihrer überlegenen Beweglichkeit. Die deutschen Armeen stützten sich auf ihre hervorragenden motorisierten Truppen, die Japaner auf ihre anspruchslose, todesmutig kämpfende Infanterie. Instinktiv praktizierten sie die von Liddell Hart empfohlene »indirekte Kampfmethode«. Für die im statischen Gefecht ausgebildeten alliierten Truppen war es schwierig, mit einem solchen Gegner fertigzuwerden. In erster Linie kam es darauf an, daß die britischen Soldaten genügend Selbstvertrauen entwickelten, um das Gefecht durchzustehen, denn die indirekte Methode beruhte großenteils auf ihrer moralischen Wirkung: Sie brachte den Gegner in Verwirrung und veranlaßte ihn zur Flucht. Der Befehl Montgomerys an seine Infanterie, sich einzugraben und Widerstand zu leisten, sollte das gleiche bewirken. Die Soldaten sollten weiterkämpfen, auch wenn der bewegliche Gegner sie scheinbar abgeschnitten oder eingeschlossen hatte. So wollte er der indirekten Methode begegnen. Die Achte Armee sollte die Deutschen durch die Masse ihrer materiellen und personellen Überlegenheit erdrükken, weil eine andere Taktik ihr nicht geläufig war.

Der dritte Faktor in Montgomerys Konzept vom Wüstenkrieg betraf die Verwendung von Panzern. Zwar hatte er zwischen den Kriegen die Theorien von Männern wie Liddell Hart nicht vollkommen begriffen. Aber im Blitzkrieg von 1940 hatte er eigene Erfahrungen gesammelt, und es war ihm klar, daß die Panzerwaffe im Wüstenkrieg, in dem für die Bewegungsschlacht am besten geeigneten Gelände, die Königin der Waffen war. Er wußte auch, welch ein gefährlicher Gegner das deutsche Hochleistungsgeschütz für seine Panzer war. Im Kampf gegen das Afrikakorps mußten die Panzer eingegraben werden. General Horrocks erhielt von Montgomery immer wieder solche Anweisungen. Ständig wurde ihm gesagt, wie wichtig es sei, aus der Deckung zu kämpfen, und er erhielt den Befehl, die amerikanischen Grant-Panzer auf keinen Fall dem Feuer der gegnerischen Panzerabwehrwaffen auszusetzen.
Montgomery hatte eine unterschiedlich ausgebildete Armee ohne gefestigte Kampfmoral übernommen, die jedoch laufend mit hochwertigem Material ausgestattet wurde. Er hatte seine eigenen Vorstellungen davon, wie das Afrikakorps zu besiegen sei. Er wollte es über eine lange Zeit hinaus erdrücken und ihm keine Möglichkeit geben, seine Überlegenheit in der Bewegungsschlacht zur Geltung zu bringen. Von allen Seiten berichtete man ihm von dem berühmten deutschen Panzerabwehrschirm, von dem alljährlich erfolgten Rückzug aus Benghasi und von den hohen Führerqualitäten Rommels. In seinem Befehlsfahrzeug hatte er eine Fotografie von Rommel, denn er glaubte, den Charakter des Mannes verstehen zu müssen, der für seine eigene Armee ein Halbgott war. Vor allem durfte er dem Gegner nicht die Gelegenheit geben, in der Schlacht seine Zaubertricks zu zeigen.
Montgomerys erste Chance kam mit der Schlacht von Alam Halfa, dem lange erwarteten letzten Versuch Rommels. Malta befand sich immer noch in alliierter Hand, und Rommel stand am äußersten Ende einer sehr langen Versorgungslinie. Jetzt konnte er nur noch erwarten, daß sich die Lage weiter zugunsten der Alliierten entwikkelte. Da er genau wußte, daß bald ein starker Geleitzug aus Amerika eintreffen würde, war er gezwungen, entweder anzugreifen oder den Rückzug einzuleiten. Das Mißlingen eines Angriffs war fast sicher, denn Rommel war in der Luft unterlegen, verfügte über nur 200 Panzer, während die Alliierten insgesamt mehr als 750 aufbieten konnten. Wie Dorman-Smith am 27. Juli schrieb, war

Rommel »kaum stark genug für den Versuch einer Eroberung des Deltas, es sei denn, er unternähme ihn als Glücksspiel und mit starker Unterstützung aus der Luft«.
Der Stab Auchinlecks hatte die Stoßrichtung des deutschen Angriffs genau vorhergesagt. Er hatte sogar gesagt, wie die Achte Armee ihn aufhalten werde. Falls die deutschen Panzer versuchten, im Süden durchzubrechen, sollte der linke Flügel der alliierten Front zurückgenommen werden. Eine starke, am Höhenzug von Alam Halfa eingerichtete, von Osten nach Westen verlaufende Verteidigungsstellung sollte jeden feindlichen Vorstoß nach Norden abwehren, und wenn die deutschen Truppen versuchten, in östlicher Richtung auf Kairo vorzugehen, sollten sie von hier aus in der Flanke gefaßt und angegriffen werden. Damit mußte die deutsche Armee in eine sehr schwierige Lage geraten. Wenn ihre Fahrzeuge sich in dem weichen Sand der Ragilsenke festfuhren, konnten sie nicht weiter nach Osten vorankommen, weil die Achte Armee ihre Versorgungslinien unterbrach. Wenn sie aber die ausgebauten alliierten Stellungen angriff, mußte sie mit schweren Verlusten rechnen.
Montgomery übernahm diesen Plan mit geringen Abweichungen und Schwerpunktverlagerungen. Bezeichnenderweise erweckt er jedoch in seinen Erinnerungen den Eindruck, als habe er allein den Plan entworfen. Er erklärt, er habe eine Schlacht schlagen wollen, die seinen Vorstellungen entsprach und nicht denen ehemaliger Befehlshaber der Wüstenstreitkräfte. Er habe die Absichten des Gegners richtig beurteilt und festgelegt, wie er geschlagen werden müsse. Das war nicht schwierig, denn in großen Zügen lag dieser Plan bereits vor. Churchill und Brooke wären weniger von Montgomerys Lagebeurteilung beeindruckt gewesen, wenn sie das bei ihrer Rückkehr aus Rußland Mitte August gewußt hätten.
Die Schlacht dauerte vom 31. August bis zum 6. September, aber ihr Ausgang stand von Anfang an fest. Die Achsentruppen konnten nur langsam durch die geschickt angelegten alliierten Minenfelder vorankommen. Rommel mußte wegen des akuten Mangels an Treibstoff schon sehr bald nach Norden einschwenken und traf hier auf die 22. britische Panzerbrigade. Nach heftigen Kämpfen zogen sich die Deutschen am 31. nach Süden zurück. Ihre in der Ragilsenke steckengebliebenen Versorgungsfahrzeuge lagen unter dem schweren Feuer der Artillerie und den Bombenteppichen der alliierten Luftstreitkräfte. Nun schickte Montgomery Verstärkungen in

den Raum zwischen Alam Halfa und den Neuseeländern. Eine südafrikanische Brigade sollte sie unterstützen. Am 1. September griff die Panzerarmee zum zweitenmal an und wurde wieder abgeschlagen, obwohl ihr an einer Stelle fast ein Einbruch in die britischen Linien gelungen wäre. In der Nacht meldeten die Kommandeure der deutschen Panzerregimenter Rommel, sie hätten fast keinen Treibstoff mehr. Am 2. September befahl Rommel den Rückzug.

Es gibt keine Anzeichen dafür, daß die Achte Armee sich während dieses Angriffs irgendwann in ernster Gefahr befunden hätte. Montgomerys Hauptbefürchtung war vermutlich, daß die Deutschen nicht im Süden, sondern im mittleren Abschnitt angreifen und die Stellungen der Neuseeländer zu durchbrechen versuchen würden. Aber Rommel setzte seinen Angriff dort an, wo Montgomery es gehofft hatte. Bei der Führung der Abwehrschlacht machte Montgomery keinen Fehler. Mit einer solchen zahlenmäßigen Überlegenheit am Boden und in der Luft war es allerdings auch fast ausgeschlossen, etwas falsch zu machen. Rommel ließ seine drei Divisionen aus der Ragilsenke langsam nach Westen ausweichen. Dabei waren sie ständig durch einen britischen Gegenangriff bedroht. Sie befanden sich hinter den britischen Hauptkräften, und der Treibstoff wurde knapp; dennoch weigerte sich Montgomery, seine Männer zum Gegenangriff gegen den geschwächten Gegner antreten zu lassen. Zu seiner Überraschung stellte Rommel fest, daß er sich unbehelligt auf seine alten Stellungen zurückziehen konnte, wo er bis zur Schlacht bei El Alamein blieb. De Guingand und Horrocks empfahlen Montgomery dringend, die Achsenstreitkräfte jetzt einzuschließen und zu vernichten, aber Montgomery weigerte sich. »Der Ausbildungsstand der einzelnen Verbände der Achten Armee erlaubte es nicht, daß ich sie jetzt einer Konfrontation mit dem Gegner aussetzte. Ich wollte es nicht riskieren, sie dabei zu verlieren.« Er war überzeugt, seine Truppen seien dem Afrikakorps unterlegen, und blieb bei seiner Entscheidung. Am 3. und 4. September ließ er neuseeländische Kräfte gegen die Deutschen vorstoßen, aber wie Ronald Lewin schreibt, war die *Operation Beresford* »der Angriff einer *ad hoc* zusammengestellten Kampfgruppe«, die dabei nur drei Kilometer in der freien Wüste vorankam und mehr als zwei Tage schwere Verluste hinnehmen mußte. Auch die 7. britische Panzerdivision sollte auf den Gegner einen gewissen Druck ausüben, aber Renton erhielt den ausdrücklichen Befehl, keine schweren Verluste zu riskieren. Feldmarschall Sir Michael Carver, der am Wüstenfeldzug teilnahm und heute Chef des britischen Verteidigungsstabes ist, glaubt, daß Montgomery am 1. September mit den Neuseeländern einen Gegenangriff gegen das Afrikakorps führen und ihm den Rückzug abschneiden wollte, diese Absicht aber aufgab, als er am 3. September erkannte, wie gering der Erfolg war, den dieser Angriff bisher gehabt hatte.

Rückblickend hat man den Eindruck, daß ein energischer Gegenangriff am 2. September der Armee Rommels den Todesstoß hätte versetzen können. Aber am 3. und 4. hatten sich die Deutschen so gut zur Verteidigung eingerichtet, daß die alliierten Truppen auf energischen Widerstand gestoßen wären. Wahrscheinlich hat Montgomery den richtigen Augenblick für den Gegenangriff auf dem neuen Kriegsschauplatz nicht erkannt, und seine angeborene Vorsicht ließ ihn jedes neue Risiko vermeiden, nachdem dieser Augenblick ungenutzt verstrichen war.

Nach Alam Halfa wuchs das Ansehen von Montgomery. Mit Unterstützung Alexanders widersetzte er sich dem von Churchill ausgehenden Druck, anzugreifen, bevor er seine Armee auf den Stand gebracht hatte, den er für dieses Unternehmen als notwendig ansah. Anders als Wavell und Auchinleck war Alexander nicht bereit, sich vom Premierminister herumkommandieren zu lassen. Als Churchill sich beklagte und den Angriff für Mitte September forderte, antwortete Alexander, er und Montgomery hätten beschlossen, nicht vor Ende Oktober anzutreten – und der Premierminister telegrafierte resigniert zurück: »Wir sind in Ihren Händen.« Montgomery erklärte seinen Vorgesetzten ganz ruhig, ein Angriff im September werde fehlschlagen, er könne aber den Erfolg im Oktober garantieren. Er sagte Alexander, falls Whitehall den Angriff im September befehlen sollte, so müsse er sich jemand anders suchen, der ihn ausführt«. In seinen Erinnerungen schreibt er: »Nach Alam Halfa war mein Betriebskapital ziemlich groß! Wir hörten nichts mehr von einem Angriff im September.« Vom 6. September bis zum 23. Oktober errichtete der Befehlshaber sein imponierendes Gebäude aus Menschen und Material und konzentrierte sich auf die Kampfmoral seiner Soldaten, die nach Alam Halfa viel besser geworden war. So konnte er mit der Offensive gegen die Achsentruppen beruhigt bis zum letzten Augenblick warten – bis zum Vollmond Ende Oktober. (Ein Angriff vier Wochen später hätte bedeutet, daß man dem Novembergeleitzug für Malta nicht die für seinen Schutz notwendigen Flugzeuge hätte zur Verfügung stellen können. Zur Zeit seines Auslaufens sollten die Flugplätze auf der Cyrenaika sich schon in alliierter Hand befinden. Außerdem hätte jede Verzögerung über den Oktober hinaus für das Landungsunternehmen *Torch* in Tunesien ein Risiko bedeutet.) Montgomery ließ sich Zeit für die Bereitstellung zu einer historischen Schlacht, die bis heute eine der umstrittensten militärischen Operationen aus dem Zweiten Weltkrieg geblieben ist.

Ein neuer Führungsstil in der Wüste

Die Schlacht bei Alamein und der auf sie folgende Feldzug in der nordafrikanischen Wüste stellen den Höhepunkt in der militärischen Laufbahn Montgomerys dar und haben seinen Ruhm begründet. Natürlich ist es später zu einem leidenschaftlichen Meinungsstreit darüber gekommen, wie er diese Schlacht im einzelnen geführt hat. Man hat darüber gestritten, ob er sich im Wüstenkrieg bewährt habe, wie er ihm unterstellte Truppenführer behandelte und ob die militärischen Entscheidungen auf dem Schlachtfeld richtig gewesen seien. Besonders zwei Historiker, Correlli Barnett *(The Desert Generals)* und R. W. Thompson *(The Montgomery Legend)* haben nachzuweisen versucht, daß Montgomery sich bei diesem Feldzug nicht durch große Leistungen ausgezeichnet und ihn zu unentschlossen geführt habe, besonders wenn man ihn mit einigen seiner Vorgänger vergleiche. Ihre Kritik beschränkt sich nicht auf die rein militärischen Aspekte und richtet sich gegen den Mann ebenso wie gegen den General. Es gibt aber auch noch die Vertreter einer anderen Auffassung, zu denen der erste ernstzunehmende Biograf Montgomerys, Alan Moorehead, gehört. Er war offensichtlich bereit, Montgomerys eigenen Darstellungen zu folgen und über viele seiner offensichtlichen Fehlleistungen hinwegzusehen. Der klarste Bericht über den Wüstenfeldzug als Beispiel für die militärischen Führerqualitäten Montgomerys stammt von Ronald Lewin *(Montgomery as Military Commander)*. Er versucht jedoch nicht, die kausalen Zusammenhänge zwischen Montgomerys Persönlichkeit und seinen militärischen Entscheidungen zu finden, wenn er auch zugibt, daß diese Zusammenhänge wichtig seien. Das Leben Montgomerys während des Feldzugs muß als Ganzes betrachtet werden. Es gibt wenige Aspekte dieses Lebens, die sich nicht auf vergangene Entwicklungen zurückführen lassen; alles paßt in den psychologischen Zusammenhang.

Als Montgomery am 12. August um 9.00 Uhr vormittags in Ägypten eintraf, hatte er einen klaren Auftrag. Churchill hatte vor seiner Abreise aus der Sowjetunion am 10. August Alexander die folgende Direktive gegeben: »Ihre erste und wichtigste Pflicht wird es sein, die unter dem Kommando von Feldmarschall Rommel stehende deutsch-italienische Armee mit ihrem gesamten Nachschub und allen ihren Einrichtungen in Ägypten und Libyen gefangenzunehmen oder zu vernichten.« Außerdem hatte Churchill versprochen, es würden Alexander und seinen Militärbefehlshabern alle dafür erforderlichen Mittel zur Verfügung stehen. Montgomery hat diese Instruktionen ganz einfach befolgt, wenn auch etwas später, als Churchill gehofft hatte. Am 13. August übernahm er das Kommando der Achten Armee (zwei Tage früher als vorgesehen). Am 31. August hatte er Rommels letzten Vorstoß nach Osten in der Schlacht von Alam Halfa abgeschlagen. Am 23. Oktober begann er den Angriff gegen die deutschen Stellungen bei Alamein, der nach hartem Ringen fünf Tage später den Erfolg brachte. Dann erntete er die Früchte seines Sieges. Am 11. November wurde Tobruk wieder eingenommen; am 15. November befanden sich die für die Verteidigung Maltas wichtigen Flugplätze bei Martuba in britischer Hand; es fielen Benghasi, El Agheila und am 23. Januar auch Tripolis, das die Alliierten bisher nicht hatten nehmen können. Die Achte Armee stieß nach Tunesien vor und wehrte am 6. März einen deutschen Gegenangriff bei Medenine ab. Am 27. wurden die Deutschen aus der Marethlinie geworfen, und am 7. April brachen die Briten beim Wadi Akarit durch die deutschen Stellungen. Schließlich hielt die Achte Armee vor dem Gebirgszug bei Enfidaville und band hier den Gegner, während die bei dem Unternehmen *Torch* gelandete anglo-amerikanische Armee die Achsenstreitkräfte in Nordafrika entscheidend und vernichtend schlug. So war der neun Monate dauernde Feldzug ein beachtlicher Beginn von Montgomerys Karriere als Armeebefehlshaber.

Montgomery beschreibt die Gefühle, die ihn beherrschten, als er im August an der Schwelle dieses Abenteuers stand. Er war überzeugt, das richtige »militärische Glaubensbekenntnis« zu haben, mit dem er, wenn er es in die Tat umsetzte, den Erfolg erzwingen würde. Dieses Glaubensbekenntnis verlangte von dem Befehlshaber, daß er sich einen Gesamtüberblick verschaffte und sich nicht von Details ablenken ließ, für die sein Stab verantwortlich war. Die Moral der Truppe sollte sich auf die Person des Befehlshabers konzentrieren. Bei der Aufstellung neuer Verbände in Südengland, die nach klaren Vorstellungen ausgebildet werden mußten, hatte er seine Ideen verwirklichen können, aber in Ägypten führte er eine Armee, die in zwei Jahren Wüstenkrieg eine eigene Tradition entwickelt hatte. Nach außen zeigte sich das schon in der Bekleidung, den weichen Schuhen, den Halstüchern und Drillichhosen, die dem konservativen Soldaten so sehr mißfielen.

Die Truppenführer waren zum Teil sehr selbständig geworden. Die Unterstellungsverhältnisse waren – milde gesagt – unklar. Im Januar 1942 hatte ein Kommandierender General (Godwin Austin) seinen Rücktritt angeboten, weil der Armeebefehlshaber seinen Untergebenen direkte Befehle erteilt hatte, und Ende Juli war Auchinleck in eine peinliche Lage geraten, weil Generalleutnant Morshead sich weigerte, seine australische Division angreifen zu lassen. Er berief sich dabei auf das Recht, den Einsatz seiner Soldaten zu verweigern, bevor sich seine Regierung mit der Entscheidung Auchinlecks einverstanden erklärt hatte.

Bei seinem ersten Besuch an der Front am 13. August lernte Montgomery den erfahrenen und fähigen Führer der neuseeländischen Division, Freyberg, kennen. Der Neuseeländer warnte seinen neuen Befehlshaber und sagte etwas sarkastisch, wenn er in der Wüste Erfolg haben wolle, dann müsse er sich mit den Soldaten gut stellen. Dann fügte er hinzu: »Sie tun mir unendlich leid. Dieses Kommando ist das Grab der Generalleutnante. Keiner bleibt länger als ein paar Monate.« Es war klar, daß er damit sagen wollte, es werde nicht leicht sein, sich hier mit einem persönlichen Führungsstil durchzusetzen. In seinen Erinnerungen schreibt Montgomery: »Ich hatte mein militärisches Glaubensbekenntnis mitgebracht, aber wie sollte ich es anwenden?«

Die Umstände waren ihm günstig. Zwar übernahm er eine Armee vor dem Feind, aber bis zum 31. August kam es nicht zu größeren Gefechten, und in der Alameinstellung selbst blieb es noch lange ruhig. Die Achte Armee war in mancher Hinsicht desorganisiert durch die verlustreichen Kämpfe im Juni und weil Churchill Anfang August Neubesetzungen vorgenommen hatte. Aber im August und September trafen in rascher Folge Mannschaftsersatz und Nachschub ein. Sie genügten für ein ganzes neues Armeekorps und veränderten radikal die Struktur der alten Organisation.

Montgomery hatte auch insofern Glück, als seine neuen Vorgesetzten Männer waren, die er achtete oder wenigstens tolerierte. Um jedoch bei seinem ersten Kommando als Armeebefehlshaber erfolgreich zu sein, mußte er sein überschäumendes Temperament beherrschen. Die Vorgesetzten, auf die es ankam, waren Brooke, Churchill und Alexander. Brooke gehörte zu seinen Bewunderern und war bereit, ihn zu schützen, wenn etwas schiefging, wie zum Beispiel in der Schlacht von Alamein, als Beobachter in London die Umgruppierung seiner Kräfte für *Supercharge* (den entscheidenden Durchbruch) als Anzeichen eines Fehlschlags interpretierten. In diesem kritischen Augenblick stellte sich der Generalstabschef hinter seinen Schützling. Die Beziehungen zwischen beiden Männern waren seit jeher warm und herzlich gewesen.

Brooke war von Montgomerys Wert vollkommen überzeugt, als er Mitte August mit Churchill auf der Rückreise aus Moskau in Ägypten Station machte. Über sein Eintreffen in der Wüste schrieb er in sein Tagebuch: »Ich kannte meinen Monty recht gut, muß aber gestehen, daß ich verblüfft darüber war, wie schnell er die Lage begriffen und das Wesentliche erkannt hatte. Vor allem aber erstaunten mich die Klarheit seines Plans und sein unbegrenztes Selbstvertrauen.«

Bei Churchill lag die Sache etwas anders. Der Premierminister war bis nach der Schlacht von Alamein nicht ganz überzeugt von Montgomerys Fähigkeiten. Der General seinerseits bemühte sich um ein gutes Verhältnis zum Premierminister. Als Churchill auf der Rückreise von der Sowjetunion nach Ägypten kam, behandelte ihn Montgomery ausgesucht höflich. Er stellte ihm seinen Befehlswagen an der Küste zur Verfügung, und de Guingand besorgte ein paar Flaschen ägyptischen Brandy, den Churchill besser zu vertragen schien als die Angehörigen seines Stabes. Aber erst im November konnte Montgomery Churchill von seinem Wert überzeugen. Bis dahin war es Brooke gewesen, der sich in London für ihn einsetzte.

Montgomerys unmittelbarer Vorgesetzter war Alexander. Ihre Beziehungen waren im allgemeinen herzlich, aber unter der Oberfläche kam es gelegentlich doch zu Spannungen. Alexanders Gewohnheit, am langen Zügel zu führen, kam dem übereifrigen Truppenbefehlshaber entgegen. Daß Alexander die Armee mit allem Notwendigen versorgte und Montgomery die Führung auf dem Schlachtfeld überließ, machte ihn zum idealen Partner. Was Montgomery anforderte, wurde geliefert, und dazu gehörte auch eine ganze Division (die 44.), die zwei Wochen eher eintraf als vorgesehen. Alexander war aber in den zwanziger Jahren in Camberley

Montgomerys Schüler gewesen. Er hatte eine steile Karriere hinter sich und war über die Gardebrigade in die höchsten militärischen Stäbe gekommen. Es ließ sich gut mit ihm zusammenarbeiten, und deshalb hätten es die Amerikaner lieber gesehen, wenn er anstelle von Montgomery bei der Invasion in der Normandie Befehlshaber geworden wäre. Er war das genaue Gegenteil von Montgomery, der jedem mißtraute, der nicht durch harte Arbeit und militärisches Können an die Spitze gelangt war. John Henderson, ein Offizier beim Stabe Montgomerys, hat über die Beziehungen zwischen Montgomery und Alexander gesagt: »Oh, ganz konventionell. Natürlich hieß es immer wieder, ›ich freue mich, Sie zu sehen‹ und so weiter, aber das bedeutete nichts. Sehr formell – und Monty hat sich eigentlich wenig um ihn gekümmert. Ich würde sogar sagen, er ignorierte ihn so vollkommen, daß es schon unhöflich wirkte. Vielleicht war er eifersüchtig. Einmal sagte er etwas verbittert, Alexander habe Charme und sei mit einem goldenen Löffel im Mund geboren ...« De Guingand berichtete, wie diese Beziehung sich abkühlte, als Alexander versetzt wurde, um den Befehl über die am Unternehmen *Torch* beteiligten Truppen zu übernehmen. In seinen später verfaßten Büchern hat Montgomery immer wieder großen Wert darauf gelegt, zu zeigen, daß in erster Linie er für die Planung der Schlachten verantwortlich gewesen sei. Aber 1942 arbeiteten beide Männer gut zusammen. Montgomery verhielt sich korrekt, und Alexander war ein ausgezeichneter Verbindungsmann zwischen der Feldarmee und den Politikern in London.

Mit der Ernennung eines allmächtigen Chefs des Stabes, der für die täglichen Belange der kämpfenden Truppe verantwortlich war, führte Montgomery eine wesentliche Neuerung in der Kommandostruktur ein. Der Befehlshaber selbst war dabei in seinem kleinen »taktischen Gefechtsstand« gegen die Masse der administrativen Aufgaben abgeschirmt. Rommel hat das gleiche Prinzip mit großem Erfolg angewendet. Montgomery führte es sofort nach seinem Eintreffen bei der Achten Armee ein, denn es entsprach seinen Theorien über die Truppenführung.

Um dieses System jedoch zur Wirkung zu bringen, brauchte man sehr fähige Untergebene, Männer, auf die sich der Befehlshaber in seiner isolierten Stellung vollkommen verlassen konnte. Montgomery hatte das Talent, die geeigneten Leute auszusuchen, eine Gabe, die Auchinleck zu seinem eigenen Schaden nicht besaß. De

Guingand schreibt: »Er war erstaunlich gut über seine Truppenführer bis hinunter zum Bataillonskommandeur unterrichtet und kannte jeden persönlich.« Er verstand es, instinktiv den richtigen Mann an die richtige Stelle zu setzen, auch wenn die Umstände ungünstig erschienen. Seinen späteren Verwaltungsoffizier, Miles Graham, lernte er kennen, als er die Achte Armee am 13. August übernahm. Brian Montgomery beschreibt, wie Graham auf einer Karte von Afrika den vorgesehenen Rückzugsweg mit Fähnchen absteckte. Als Montgomery ihn fragte, was er da mache, antwortete Graham, er markiere die Karte für den Fall eines Rückzugs. »Warum tun Sie das?« fragte Montgomery. »Ich weiß es wirklich nicht, Sir. Ich selbst halte es für Mist«, antwortete Graham. »So spricht man nicht mit einem General. Wenn ich das Wort Rückzug noch einmal höre, dann fliegen Sie. Ist das klar? Sie fliegen!«
Daß Montgomery die richtige Wahl treffen konnte, hatte er seiner langjährigen Erfahrung im Umgang mit Offizieren zu verdanken. Er hatte mit ihnen als Lehrer, als Generalstabsoffizier und als Kommandeur zu tun gehabt. Damit hatte er sich aus den verschiedensten Gesichtswinkeln ein klares Bild über die Leistungsfähigkeit der ihm unterstellten Offiziere machen können. Nach einer kurzen Lagebesprechung am 13. August beschloß er, de Guingand zu seinem Chef des Stabes zu ernennen. Er kannte de Guingand aber schon seit 1921. Als Major beim Stab hatte Montgomery 1922 lange Gespräche mit dem jungen Offizier geführt. Anfang der dreißiger Jahre war de Guingand in Ägypten sein Bataillonsadjutant gewesen, und bei einer Übung in der Wüste hatte er in einer Brigade unter der Führung Montgomerys die Aufgaben des Brigademajors übernommen. 1935 waren sie in Quetta wieder zusammengetroffen, wo Montgomery als Taktiklehrer eingesetzt war. 1939 begegnete er de Guingand noch einmal, als dieser den Posten eines militärischen Assistenten von Hore-Belisha innehatte. So kannte er seinen Chef des Stabes aus den verschiedensten Situationen und wußte, daß er persönlich und dienstlich gut mit ihm auskommen würde. Die Beziehungen zwischen beiden Männern waren gefestigt.
Seine Haltung gegenüber den Truppenkommandeuren erklärt sich daraus, daß er Untergebene brauchte, auf die er sich persönlich und im militärischen Bereich absolut verlassen konnte. Von Anfang an rechnete er mit Schwierigkeiten, und als er das Kommando über-

nahm, sagte er seinem Stab: »Ich werde es nicht dulden, daß hier herumgejammert wird.« Der Kommandeur der 7. Panzerdivision, Renton, beging schon sehr bald den Fehler, seinem neuen Befehlshaber zu widersprechen, und wurde von Harding abgelöst. Der Kommandeur der 10. Panzerdivision, Gatehouse, machte sich bei Montgomery unbeliebt, als er ihn in den frühen Morgenstunden des 25. Oktobers telefonisch fragte: »Was, zum Teufel, ist los?« Einen solchen Ton konnte Montgomery nicht vertragen. Er verlangte von seinen Untergebenen absolute Disziplin und Unterordnung.

Die Entlassung der beiden Kommandierenden Generale Ramsden (XXX. Korps) und Lumsden (X. Korps) wird man nur verstehen können, wenn man berücksichtigt, daß Montgomery Untergebene brauchte, denen er vertrauen konnte. Die Affäre Ramsden war besonders peinlich. Montgomery hatte den General nach Alam Halfa für vier Tage beurlaubt, rief ihn aber schon nach sechsunddreißig Stunden zurück und sagte ihm, er werde von Sir Oliver Leese abgelöst werden. Als Ramsden eine Erklärung verlangte, erwiderte Montgomery: »Sie schwimmen eben nicht gerade auf der Welle des Erfolgs, Ramsden.« Man hat zuviel an dieser kaltschnäuzigen Bemerkung herumgerätselt. Sie war die für Montgomery typische Reaktion auf eine von ihm als Unverschämtheit empfundene Kritik seines Untergebenen. Zur Begründung seiner Entscheidung meinte Montgomery: »Wir befinden uns im Krieg – wir befinden uns im Krieg.« Nach seiner Auffassung mußte sich ein Befehlshaber im Krieg ohne weiteres von einem unbequemen Untergebenen lösen können. Eisenhower hat Patton einmal gesagt, eine der schwierigsten Aufgaben des Befehlshabers sei es, unfähige oder von ihm für unfähig gehaltene Untergebene abzulösen. Er wußte, welche Schwierigkeiten sich aus persönlichen Beziehungen ergeben können. Der Fall Lumsden war komplizierter als die Entlassung von Ramsden. Beide Offiziere hatten schon unter Montgomery gedient (Ramsden 1928 in Palästina, Lumsden bei den britischen Expeditionsstreitkräften in Frankreich). Doch während Ramsden rasch und ohne viel Federlesens – wenn auch ziemlich rücksichtslos – entlassen wurde, blieb Lumsden noch bis zum November Kommandierender General. Als Montgomery beschloß, einen Verfolgungsverband zusammenzustellen, hatte er zunächst nicht die Absicht, Lumsden mit der Führung zu beauftragen. Aber Lumsden hatte als

Führer beweglicher Truppen einen sehr guten Namen. Churchill hatte einen positiven Eindruck von ihm, als er ihn in Kairo kennenlernte. Deshalb konnte Montgomery diesen Posten zunächst nicht mit einem Offizier seiner Wahl besetzen. Zwischen ihm und Lumsden gab es jedoch Spannungen. Der elegante, schneidige Kavallerist Lumsden hatte kaum etwas mit seinem neuen Befehlshaber gemein. Man hat behauptet, Lumsden habe sich bei seinem tapferen Rückzugsgefecht, mit dem er den deutschen Vormarsch 1940 aufhielt und für das er mit dem DSO ausgezeichnet wurde, für den Geschmack seines damaligen Divisionskommandeurs zu lange aufgehalten. Für einen Mann mit dem Temperament Montgomerys hatte Lumsden damals zu wenig Initiative gezeigt.
Während der Planungsphase für die Alameinschlacht zweifelte Lumsden daran, daß die Panzer einen Durchbruch erzielen würden, wenn der erste Infanterieangriff fehlschlagen sollte. Zu einer Meinungsverschiedenheit kam es am frühen Morgen des 23., als Lumsden Montgomery sagte, die Kommandeure der 10. Panzerdivision und der 8. Panzerbrigade wollten ihre Truppen zurücknehmen. Das bestätigte Montgomerys Verdacht, es fehle Lumsden an der notwendigen Energie. In der Folgezeit gab es ständig Probleme. Anthony Tasker, ein Offizier, der damals dem Stab von Lumsden angehörte, berichtete, nach Alamein habe Lumsden geglaubt, die ständigen Besprechungen in Montgomerys Stabsquartier, an denen er teilnehmen mußte, seien ein bewußter Versuch gewesen, ihn zu demütigen und seine Verfolgungsaktion zu verlangsamen. Die Entscheidung, ihm nicht den raschen Vorstoß durch die Cyrenaika über Msus zu erlauben, sei eine bewußte Provokation gewesen. Die Ablösung Lumsdens war jetzt, da das Ansehen Montgomerys gegenüber dem der älteren Truppenführer gewachsen war, unvermeidlich geworden.
Ende November hatte Montgomery alle wichtigen Stellen in der Achten Armee mit Männern seiner Wahl besetzt. Der kampferfahrenste Verband der britischen Armee besaß jetzt keine Kommandierenden Generale mehr, die länger als vier Monate in der Wüste gekämpft hatten. In seinen Erinnerungen behauptet Montgomery, er habe in der Achten Armee nicht den Eindruck erwecken wollen, daß keiner ihrer Offiziere für eine Beförderung geeignet sei. Doch Umbesetzungen vornehmen müssen. Für die Betroffenen war das sehr bitter. Für Ramsden kam die Entlassung als Schock. Er führte

in diesem Zusammenhang ein bedrückendes Gespräch mit Montgomery. Lumsden mußte feststellen, daß sein Befehlshaber sich ihm gegenüber immer feindseliger verhielt, bis Montgomery schließlich behauptete, er sei unfähig, ein Armeekorps zu kommandieren. Das Verhalten Montgomerys um diese Zeit ist von vielen scharf kritisiert worden.

In mancher Beziehung war de Guingand Montgomerys Gegenpol. In seinen Erinnerungen schreibt Montgomery: »Wir waren absolute Gegensätze. Er mutete seinen Nerven zuviel zu und war überempfindlich. Im gewöhnlichen Leben trank er gern Wein, spielte und schätzte gutes Essen ...« Sie waren jedoch ein gutes Team, denn wie Montgomery genau wußte, war de Guingand ein geschickter Diplomat und besaß den Takt, der ihm fehlte. Wenn also auch die Armee von einem Mann geführt wurde, der es nicht verstand, mit Menschen umzugehen, so war doch der Offizier, der am meisten mit den Kommandeuren und Stabsoffizieren zu tun hatte, der umgängliche de Guingand. Anfang 1943 kam es zum Beispiel zu Spannungen zwischen Heer und Flotte, genauer gesagt zwischen Montgomery und Admiral Harwood, weil Montgomery glaubte, die Flotte brächte die Häfen, die er für die Versorgung seiner Truppe dringend brauchte, nicht schnell genug in Ordnung. In diesem Zusammenhang soll der unverbesserliche Montgomery die Bemerkung gemacht haben: »Was wir brauchten, waren Leute, die Häfen rascher entkorken konnten als Flaschen.« In seinem Tagesbefehl, mit dem er die Truppe zur Einnahme von Tripolis beglückwünschte, erwähnte Montgomery die Flotte absichtlich nicht. Damit hat er sich nicht beliebt gemacht, und als Admiral Harwoods Stabschef nach Tripolis kam, wollte er im Kasino mit Montgomery darüber sprechen. Stephen Roskill berichtet, de Guingand habe dem Marineoffizier unter dem Tisch einen Fußtritt versetzt und ihm anschließend unter vier Augen erklärt, wie man mit Montgomery umgehen müsse. Dabei habe er versprochen, dafür zu sorgen, daß die Leistungen der Flotte anerkannt würden. Bald darauf versuchte auch Montgomery, die Sache in Ordnung zu bringen, als er eingeladen wurde, die Räumschiffe zu besichtigen.

Die Qualitäten de Guingands zeigten sich auch in der Schlacht bei Mareth im März 1943. Nachdem die Deutschen die ersten Frontalangriffe abgewehrt hatten, ließ Montgomery Freybergs Neuseeländer am linken Flügel einen Umfassungsangriff ansetzen. Aber Freyberg wollte nur ungern angreifen – wahrscheinlich, um seine Infanterie zu schonen. Deshalb erhielt Horrocks den Auftrag, Freyberg Verstärkungen zuzuführen und ihn zu ermutigen. Dazu befahl Montgomery, Horrocks sollte den Befehl übernehmen, wenn Freyberg auch jetzt noch nicht angreifen wolle. So entstand eine peinliche Situation, die de Guingand diplomatisch beilegte. Er richtete seine Funksprüche an »meine lieben Generale« und nannte sie »Hindenburg und Ludendorff«.

Das Leben auf dem vorgeschobenen Gefechtsstand hatte eine besondere Atmosphäre. Die Männer in Montgomerys unmittelbarer Umgebung waren faszinierende Leute. Der Befehlshaber legte großen Wert auf einen geordneten und ruhigen Tagesablauf. Als er zum erstenmal Auchinlecks Stabsquartier hinter dem Höhenzug von Ruweisat besuchte, war er entsetzt über die im Kasino herrschenden Zustände, die auch Churchill so mißfallen hatten. »Was ist das hier? Ein Schlachthaus? Glauben Sie, daß ich in einer Fleischkammer leben will? Reißen Sie es sofort ab und lassen Sie die armen Fliegen hinaus.« Man besorgte ein großes Messezelt, anständige Bestecke, einen tüchtigen Koch, weiße Tischtücher, bequeme Sessel, und von nun an gab es jeden Tag regelmäßige und schmackhaft zubereitete Mahlzeiten. Der Koch war vor dem Krieg Hotelbesitzer gewesen. Das Essen mußte einwandfrei sein, denn Montgomery war sehr um seine Gesundheit besorgt – um es milde auszudrücken – und legte strenge Maßstäbe an. Er beauftragte de Guingand, ihm »den besten Burschen im Mittleren Osten« zu besorgen, und forderte drei Caravans für sich an. Einen besonderen Luxus konnte man nicht feststellen, aber der Befehlshaber war nicht bereit, auf irgend etwas zu verzichten. Daß er mit fast viktorianischer Pedanterie saubere Bestecke und weiße Tischtücher verlangte, mutet einen allerdings eigenartig an. De Guingand schreibt, bis zum August »waren wir in dieser Hinsicht recht nachlässig gewesen«, was einen kaum überrascht, wenn man bedenkt, wie verzweifelt sich die Achte Armee im Juli gegen die Deutschen hatte wehren müssen. Jetzt sollte alles anders werden.

Aber noch interessanter als die äußeren Umstände, unter denen Montgomery in der Wüste lebte, waren die Männer, mit denen er sich umgab. Auf dem vorgeschobenen Gefechtsstand waren es die jungen »Verbindungsoffiziere«. Sie sollten Augen und Ohren des Befehlshabers sein. Er schreibt über sie in seinen Erinnerungen:

»... im großen und ganzen war mein persönlicher Stab ausgezeichnet. Es waren alles junge Leute, und nur wenige von ihnen waren Berufssoldaten ... Es waren charaktervolle und tapfere junge Offiziere mit viel Initiative. Sie hatten Kampferfahrung und konnten zutreffende Meldungen über die Gefechtslage abgeben. Ich hatte jeden von ihnen persönlich ausgesucht, und meine Anforderungen waren hoch. Ihre Tätigkeit war gefährlich; einige von ihnen wurden verwundet, andere sind gefallen. Es waren tapfere, ritterliche Männer ...« Was war ihre Aufgabe? Sie hatten eine schwere Verantwortung zu tragen, denn oft gründete sich eine Entscheidung Montgomerys allein auf die von ihnen erstatteten Meldungen. Häufig mußten sie recht peinliche Aufträge übernehmen, wenn sie etwa einen Divisionskommandeur fragen sollten, weshalb seine Division nicht schneller vorankam. Montgomery wußte, daß viel Mut dazu gehörte, »schneller zu sein als die Nachrichtentruppe«. Er wußte aber auch, daß dieser Mut nicht immer mit einer klaren Urteilsfähigkeit gepaart ist. Aber die jungen Offiziere scheinen sich glänzend bewährt zu haben. Am Abend überschüttete Montgomery sie mit Fragen und erhielt so klare Antworten, daß er seine Entscheidungen darauf gründen konnte.

Noch interessanter ist die Frage nach den Beziehungen dieser Offiziere zu dem sehr viel älteren General, dem »Meister«, wie sie ihn nannten. T. E. B. Howarth, der Montgomery in der Wüste erlebt hat, schreibt: »... nach dem Tode seiner Frau kam die emotionale Seite seines Lebens zu kurz, und diese jungen Männer kompensierten das. Er war eine Vaterfigur, aber im Umgang mit den jungen Offizieren zeigte sich auch sein Verlangen, andere Menschen zu beherrschen. Eine Beziehung zu Gleichgestellten konnte er sich nicht vorstellen. Er mußte dominieren.«

Diese beiden Elemente – Sympathie und Überlegenheit – sind der Schlüssel zu dieser Beziehung. Obwohl Montgomery die Offiziere seines Gefolges persönlich schätzte (besonders John Poston, der später in Deutschland gefallen ist), mußten sich ihm diese jungen Männer bedingungslos unterordnen. Er bezeichnete sie als »the boys«. Howarth erzählt, wenn Montgomery ein paar von ihnen zum Abendessen einlud, habe er durch seine Fragen jedesmal ein Streitgespräch provoziert, das er beherrschen konnte. »Er benahm sich wie ein wohlwollender Schulmeister nach bestandener Prüfung.« Ein anderer Verbindungsoffizier, Henderson, sagt: »Manchmal dachte man, man sei ihm ganz nah gekommen. Aber sehr bald wußte man, daß man sich geirrt hatte. Er scheute sich, den Menschen zu nahe zu kommen.«

Montgomery selbst schildert die Begegnung mit einem jungen Maat südlich von Benghasi. Der junge Mann war ihm offenbar sympathisch. »Er war aufgeregt wie ein Spaniel.« Die gleiche Haltung sieht man bei seinem ersten Zusammentreffen mit John Poston – ihm gefiel ein netter junger Mann, von dem er glaubte, er werde ihm treu ergeben sein. Hier würde sich vielleicht eine menschliche Beziehung aufbauen lassen, bei der Montgomery die absolute Autorität verkörperte. Schließlich erinnerten ihn die jungen Offiziere an seine eigene Jugend. Howarth schreibt, außer Hewitt und dem etwas älteren Dawnay seien sie alle ziemliche Philister gewesen. Poston fuhr mit einiger Regelmäßigkeit die ihm anvertrauten Kraftwagen zu Schrott, und Charles Sweeney kam im Mai 1945 bei einem Autounfall ums Leben. Der ehemalige »Monkey« von der St. Paul's Schule hatte Verständnis für den Übermut und die derben Späße der jungen Leute. Er hat selbst gesagt, er habe sich in ihrer Gesellschaft wohlgefühlt, weil sie solche »Teufel« waren. Manchmal wurde sogar der »Meister« in ihre Späße hineingezogen. Bei einer Feier nach der Einnahme von Sousse in Tunesien überreichte ein junges Mädchen dem General mit einem Knicks einen Blumenstrauß. Dann fragte sie ihn vor der Menge und allen dabeistehenden Soldaten der Achten Armee laut und vernehmlich: »Wollen Sie mir einen Kuß geben?« Nach kurzem Zögern bückte sich Montgomery und berührte ihre Wange, während die Umstehenden laut Beifall klatschten. John Poston hatte die Szene genau vorbereitet und mit dem Mädchen geprobt.

Für Montgomery entsprach das Leben auf dem vorgeschobenen Gefechtsstand der Armee wahrscheinlich seinen Vorstellungen vom Paradies. Hier beherrschte er die Szene, und seine Autorität war unangefochten. Die Menschen in seiner Umgebung erinnerten ihn an seine eigene Jugend. Es war eine ausschließlich männliche Welt (als eine Journalistin es wagte, zur Achten Armee zu fliegen, fuhr de Guingand ihr auf den Flugplatz entgegen und schickte sie mit dem gleichen Flugzeug nach Kairo zurück). Jetzt wußte Montgomery, daß er bald den Höhepunkt seiner militärischen Laufbahn erreicht haben werde. Dabei verstärkte sich seine Überzeugung, daß er als militärischer Führer unfehlbar sei.

Auf dem langen Marsch durch Nordafrika konnte er sich jeden Abend mit dem für ihn ungewohnten Gefühl einer gewissen inneren Sicherheit zur Ruhe begeben. Wenn ihm danach zumute war, konnte er ein Streitgespräch oder eine Diskussion herbeiführen. So sagte er zum Beispiel dem Verbindungsoffizier der Marine, die Flottentaktik sei sehr primitiv. »Nichts dabei. Die See ist flach, und Sie brauchen nur in zwei Dimensionen zu denken. Ich muß in drei Dimensionen operieren. Was ist hinter dem Berg? Nun, Seemann, verteidigen Sie sich!« Oder der Befehlshaber glänzte mit dem ihm eigenen Humor und erzählte leicht anrüchige Geschichten, was er angeblich sehr gut konnte. Bei einer – die typisch ist für Montgomerys Führungsstil – ging es um einen Soldaten, der als Weiberheld galt. Montgomery sagte, die Herumtreiberei tue ihm nicht gut, und verbot ihm alle weiteren Liebesabenteuer ohne ausdrückliche Genehmigung. Der Soldat erhielt den Befehl, die Erlaubnis des Generals nur im äußersten Notfall einzuholen. Eines Tages wurde Montgomery bei einer hochoffiziellen Einladung ans Telefon gebeten. »Fragen Sie den Burschen, was er will«, sagte er. Die Antwort lautete: »Eine Frau.« – »Genehmigt!«

Als die große Alameinschlacht begann, hatte Montgomery die Achte Armee nach seinen Vorstellungen umgegliedert und alle Kommandostellen mit seinen Leuten besetzt (bis auf den schon auf der »Abschußliste« stehenden Lumsden).

Auch sein Führungsstil hatte Gestalt angenommen. Er gab seine Befehle mündlich und persönlich entweder an die Kommandierenden Generäle oder an seinen Chef des Stabes. Er hatte die Männer gefunden, denen er vertrauen konnte, und behandelte seine Untergebenen nachsichtiger als bisher. Als de Guingand erkrankte, schickte er ihm ein Medikament mit genauen und völlig überflüssigen Anweisungen für dessen Anwendung. Als Churchill das XIII. Korps besuchte und Montgomery anschließend sagte, er sei mit Horrocks nicht zufrieden, schickte Montgomery seinem Schützling einen ermutigenden Funkspruch, denn er nahm mit Recht an, daß der Premierminister auch mit Horrocks gesprochen habe.

Die militärischen Grundsätze, nach denen er vorgehen wollte, hatte er schon in den ersten Monaten seines Aufenthalts in der Wüste festgelegt. Sein Führungsstil entsprach seinem Charakter. Hand in Hand damit gingen die anderen wesentlichen Elemente, die hohen

Anforderungen an die Kampfmoral und die Prägung der Truppe nach der Persönlichkeit des Befehlshabers.
Auch in dieser Beziehung hatte er großen Erfolg. Correlli Barnett, kein unkritischer Bewunderer Montgomerys, bezeichnet das als »ein glänzendes Beispiel für einen kalkulierten Führungsstil«.

El Alamein

Die Alameinschlacht war eine sorgfältig geplante militärische Operation, die am Nordflügel einer gut ausgebauten Verteidigungsstellung ausgefochten wurde. Im Gegensatz zu späteren Behauptungen Montgomerys über seinen Anteil an der Planung hatte Auchinleck Ramsden schon im Juli befohlen, den Angriff im Nordabschnitt vorzubereiten, denn hier konnten die Alliierten ihre Materialüberlegenheit am besten zur Wirkung bringen. Im Südabschnitt wäre es schwierig gewesen, die Truppe zu versorgen, denn zur Vorbereitung der Schlacht mußten große Mengen Material unmittelbar hinter der Front bereitgestellt werden. Seit Anfang Juli hatten die Deutschen ihre hinter ausgedehnten Minenfeldern gelegenen Verteidigungsstellungen intensiv ausgebaut. Sie mußten unter massivem Einsatz aller verfügbaren Kräfte durchbrochen werden. Der Versuch, rasch einen Durchbruch zu erzielen und zur Bewegungsschlacht zu kommen, war zum Scheitern verurteilt. Rommel hatte bei Alam Halfa die gleiche Erfahrung gemacht. Der neue neuseeländische Divisionskommandeur Freyberg glaubte, Rommel habe bei Alam Halfa den entscheidenden Fehler begangen, den Angriff nicht mit einem massiven artilleristischen Feuerschlag vorzubereiten.

Bei den bis ins letzte Detail gehenden Vorbereitungen für die Schlacht war Montgomery in seinem Element. Das massive Artilleriefeuer und der Angriffsbeginn überraschten die Deutschen. Vor seiner Abreise nach Deutschland hatte Rommel genaue Anweisungen für die Verteidigung hinterlassen. Er rechnete für Ende Oktober mit einem britischen Angriff und wußte, daß ihm ein schwerer artilleristischer Feuerschlag vorausgehen würde. Aber Montgomerys Stab bereitete ein Täuschungsmanöver vor, das die Achsenstreitkräfte zwar nicht über die Stoßrichtung des Angriffs täuschen konnte, sie aber doch über seine Stärke und das Ausmaß im unklaren ließ. Das Artilleriefeuer hatte eine vernichtende Wirkung. Es zerstörte die Nachrichtenverbindungen und lähmte die Kommandostruktur der Achsenstreitkräfte. Damit war der Vorstoß durch die Minenfelder gut vorbereitet.

Auch die Angriffstruppen befanden sich in einem ausgezeichneten Zustand. Das XIII. Korps unter Horrocks im Süden hatte zwar kaum Gelegenheit zur Ausbildung gehabt, aber das XXX. und X. Korps hatten eine intensive Ausbildungszeit hinter sich. Dabei war besonders das Minenräumen nach der Methode von Major Peter Moore geübt worden. Großen Wert hatte man auf das sportliche Training gelegt, um den Soldaten das Gefühl zu geben, daß sie gut vorbereitet ins Gefecht gingen. Es gab Offiziere, die meinten, auf diesem Gebiet sei zuviel geschehen. Tuker von der 4. indischen Division sagte: »Wenn Monty von den Offizieren nicht täglich einen Geländelauf über zehn Kilometer verlangt, sondern ihnen statt dessen erlaubt hätte, ihre Männer für das Gefecht zu drillen, dann hätten sie körperlich ebensoviel leisten müssen, aber auch gelernt, ihren Verstand zu benutzen.«
Die Vorbereitungen Montgomerys für den Angriff waren gründlich und führten zum Erfolg, wenn das auch – wie sich später zeigte – nicht für die anschließende Verfolgung galt. Der eigentliche *Angriffsplan* ließ jedoch zu wünschen übrig und brachte ihn in Schwierigkeiten. Die Schlacht begann mit dem XXX. Korps im Norden unter Leese, dem XIII. Korps im Süden unter Horrocks und dem X. Korps unter Lumsden (das später die Verfolgung übernehmen sollte), dem zunächst kein bestimmter Angriffsstreifen zugeteilt wurde. Als Montgomery im September hoffte, das X. Korps werde den deutschen Panzern überlegen sein, entwarf er den Plan für das Unternehmen *Lightfoot*. Seine Absicht war es dabei, den Feind zunächst gleichzeitig im Süden und im Norden anzugreifen und dann den Schwerpunkt in den Norden zu verlegen. Das X. Korps sollte durch eine im Norden geschlagene Bresche vorgehen, die deutschen Nachschublinien unterbrechen und die Panzer des Afrikakorps vernichten. Wenn der Plan gelingen sollte, dann mußte das X. Korps im Morgengrauen des ersten Tages bereitstehen, ohne sich an dem Gefecht um die Minenfelder zu beteiligen. Sobald das X. Korps Rommels Panzer vernichtet hatte, würde die Verteidigung der feindlichen Infanterie zusammenbrechen.
Die Schlacht entwickelte sich jedoch beim X. Korps anders, als Montgomery es gehofft hatte, und am 6. Oktober entschloß er sich, den Plan umzubauen. Das XIII. Korps unter Horrocks im Süden erhielt den Auftrag, einen Entlastungsangriff zu führen. Das XXX. Korps unter Leese sollte nachts zwei Gassen in die Minenfelder

sprengen, aber das X. Korps sollte nicht die deutschen Nachschubwege abschneiden, sondern durch die Gassen vorstoßen und sich dann zur Verteidigung einrichten. Anschließend sollte das XXX. Korps die deutschen Infanteriestellungen systematisch zerschlagen. Um seine Truppen vor der Vernichtung zu bewahren, würde Rommel dann die eingegrabenen Panzer des X. Korps angreifen müssen und damit dem XXX. Korps die Möglichkeit geben, seine Aufgabe zu erfüllen.

Dieser Plan zeigte interessante Parallelen zu Rommels Verhalten in der Gazalaschlacht im Juni, wo seine Panzer jenseits der alliierten Minenfelder einen Verteidigungsgürtel gebildet hatten. Anschließend hatte er die Achte Armee allmählich dadurch zermürbt, daß er die Infanteriestellungen nahm und die Panzerverbände vernichtete, die seine zur Verteidigung eingerichteten Panzer anzugreifen versuchten. Auch in der ersten Alameinschlacht hatte Auchinleck Rommels Offensive schließlich zum Stehen gebracht, als er die italienische Infanterie angriff, der das Afrikakorps zu Hilfe kommen mußte. Das hatte auf die Kampfmoral und die Beweglichkeit der Deutschen negative Auswirkungen. Doch während der Verteidigungsschirm Rommels eine brillante Improvisation gewesen war – die zunächst wie ein tödlicher Fehler ausgesehen hatte – und Auchinleck mit seinen erschöpften Truppen zu verzweifelten Gegenangriffen gezwungen worden war, hatte Montgomery alles sorgfältig geplant.

Die wichtigsten Bestandteile von Montgomerys Plan waren die Konzentration aller verfügbaren Kräfte auf die Vernichtung der feindlichen Infanterie beim ersten Schlag und sein Beharren darauf, daß das X. Korps, falls es bis zur Dämmerung nicht gelungen wäre, die Minenfelder zu räumen, sich selbst den Weg freikämpfen solle. Lumsden und seinen Divisionkommandeuren wollte das nicht gefallen. Auch die drei Kommandeure der aus den Dominions stammenden Divisionen des XXX. Korps, Freyberg, Morshead und Pienaar, erklärten, sie glaubten nicht, daß die Panzer ohne Unterstützung durch andere Truppen durchkommen würden. Montgomery wollte jedoch unter allen Umständen Druck auf die deutschen Panzerverbände ausüben und glaubte, Verluste bei seinen eigenen Panzerkräften eher hinnehmen zu können als hohe Verluste bei der Infanterie.

Der Plan war nicht besonders einfallsreich, wenn auch insofern

neuartig, als der Schwerpunkt auf dem Zerschlagen der feindlichen Infanterie durch schweres Artilleriefeuer lag. Was jedoch die Kampfführung Montgomerys auszeichnete, war, daß er den Feind weiter unter Druck setzte, als sein Angriff gegen den entschiedenen Widerstand der Verteidiger nicht vorankam, und er Rommel seinen Willen aufzwang. Obwohl die Schlacht nicht planmäßig verlief, wurde es mit der Zeit immer deutlicher, daß die deutschen Verteidiger durch die Masse der angreifenden Kräfte allmählich erdrückt wurden. Es ist nicht falsch, zu sagen, daß Montgomery phantasielos das ganze Gewicht seiner Materialüberlegenheit eingesetzt hat. Aber nachdem er den Gegner an die Seile getrieben hatte, war er entschlossen, ihn dort festzuhalten, weil er wußte, daß seine Kampfkraft ständig abnahm, auch wenn er der Achten Armee schwere Verluste beibrachte. Er glaubte, der entscheidende, vom X. Korps geführte Schlag werde erst dann wirken, wenn der Gegner zu geschwächt war, um sich dagegen zu wehren. Bis dieser Augenblick gekommen war, setzte er seine Materialüberlegenheit in einem lange andauernden, erschöpfenden Ringen um jeden Zentimeter Boden fort. Man kann sich kaum vorstellen, daß die Schlacht nach einem anderen Konzept hätte geführt werden können. Montgomery hätte seine Angriffe vielleicht beweglicher ansetzen sollen, um Rommel zu zwingen, mehr Treibstoff zu verbrauchen. Aber jeder Versuch, die Minenfelder zu überwinden, hätte der Infanterie hohe Verluste gebracht. Die vergeblichen Angriffe von Horrocks im Süden, wo Hardings Panzer keinen Einbruch zu erzwingen vermochten, zeigten, wie wirksam die Verteidigung sein konnte. Hätte Montgomery den Schwerpunkt seines Angriffs verlegt, dann hätte er auf weitere Reserven zurückgreifen müssen, und seine Panzer hätten sich wahrscheinlich festgefahren, bevor sie in Aktion treten konnten. Der Angriff in der Nacht des 23. Oktobers war für das Kommando der Achsentruppen eine peinliche Überraschung.
Weder im Norden noch im Süden gelang es, Minengassen zu öffnen, obwohl die Australier einigen Erfolg hatten und die Infanterie im allgemeinen bis dicht vor die feindlichen Stellungen kam. In der Nacht des 24. versuchten die Panzer nach Montgomerys Anweisung, sich durchzukämpfen. Die 10. Panzerdivision im Angriffsstreifen der Neuseeländer des XXX. Korps und die 7. Panzerdivision saßen sehr bald fest. Montgomery, der Panzerverluste vor dem Durchbruch vermeiden wollte, brach den Angriff im Süden ab.

Aber im Norden sollten die von Lumsden befehligten Panzer durch die beiden von Leese geöffneten Gassen vorstoßen.
Hier wurde die Lage unübersichtlich, als Einheiten von zwei Korps versuchten, einander unter schwierigen Verhältnissen voranzuhelfen. Am frühen Morgen des 25. meldeten die Panzerkommandeure Custance und Gatehouse ihrem Kommandierenden General Lumsden, ihre Panzer könnten nur bis auf die Feindseite des Miteirya-Höhenzuges gelangen, wo sie ihre Stellungen im schweren Feuer der deutschen Panzerabwehrgeschütze nicht würden halten können. Lumsden, der aus Erfahrung wußte, was ein Gefecht zwischen Panzern und Panzerabwehrwaffen bedeutete, war bereit, diesem Argument zu folgen, Montgomery nicht. Er glaubte genügend Panzer zu besitzen, um auch schwere Verluste hinnehmen zu können, und wollte den Vorstoß wagen. Am 25. um 3.30 Uhr morgens weckte ihn de Guingand und meldete ihm den Vorschlag von Lumsden. Dazu hatte er Leese und Lumsden mitgebracht.
Technisch hatte Lumsden zweifellos recht. Gatehouse hätte seine Panzer nicht in eine solche Gefahr bringen dürfen, und Montgomery, der bei Alam Halfa darauf bestanden hatte, die Panzer eingraben zu lassen, muß es auch verstanden haben. Doch hier stand mehr auf dem Spiel. Die Schlacht verlief nicht nach Plan, und die Alliierten kamen nur schrittweise voran. Um den Gegner zurückzudrängen, durfte der Druck nicht nachlassen, und der Schwerpunkt des Angriffs lag bei den Panzern von Gatehouse. Deshalb mußten sie ohne Rücksicht auf Verluste vorstoßen. Ein kritischer Punkt war erreicht, an dem man örtlich schwere Verluste hinnehmen mußte, wenn der Angriff seinen Schwung behalten sollte (die Attacke der Scots Grays bei Waterloo war für das Regiment eine Katastrophe, für den Sieg der Armee jedoch entscheidend). Hier wurden die Nerven des Armeebefehlshabers auf die Probe gestellt. Auchinlecks Versuch, Rommels erschöpfte Armee Ende Juli zu schlagen, war am 27. Juli aufgegeben worden, nachdem Ramsden seinem Befehlshaber gemeldet hatte, es sei nicht gelungen, die dafür notwendigen Breschen in die Minenfelder zu schlagen, und daher nicht möglich, die durcheinandergeratenen Truppenteile umzugruppieren. Am 25. Oktober verlangte Montgomery: »Die Panzer werden durchbrechen.« Er war bereit, Verluste hinzunehmen.
Vielleicht war es, wie Ronald Lewin meint, auch notwendig, daß das Panzerkorps mit hohen Verlusten zu rechnen lernte und die

Vorstellung aufgab, eine moderne Kavallerie zu sein. Es mußte lernen, daß Panzerverbände bewegliche Artillerie sind, die als Angriffsspitze vorgeht und den Angriff weiter vorträgt.
Schließlich war Montgomery damit einverstanden, diesen Vorstoß nach Südwesten über den Miteirya-Höhenzug zunächst zu verlangsamen und dann anzuhalten. Aber im entscheidenden Augenblick hatten die Alliierten am 25. den Druck gegen die feindlichen Stellungen aufrechterhalten. Die ganze Armee war sich jetzt bewußt, worum es bei diesem Ringen ging, und jeder einzelne Soldat spürte, daß ein Mann an der Spitze stand, der die Entschlußkraft, den Willen und die Rücksichtslosigkeit besaß, eine solche Schlacht bis zur Entscheidung durchzustehen. Diese Entscheidung sollte jetzt fallen. Nachdem Montgomery sich entschlossen hatte, den Angriff in südwestlicher Richtung einzustellen, richtete er seine Angriffe nach Nordwesten gegen einen kaum erkennbaren Geländepunkt, der wegen seiner Form auf der Karte als »Nierenanhöhe« bezeichnet wurde. Am 26. begann Rommel seine wertvollen Panzer in diesem Raum zu versammeln und führte sie an die auf den alliierten Karten als »Snipe« und »Woodcock« bezeichneten Punkte. Am 27. wendete sich das Schlachtenglück. Es wurden kaum Geländegewinne gemacht. Die deutsche Front schien so fest in der Hand der Verteidiger zu sein wie eh und je. Aber bei den Gegenangriffen seiner Panzer hatte Rommel Treibstoff verbraucht und hohe Verluste hinnehmen müssen. Von den 148 zum Angriff angetretenen waren nur noch 77 Panzer einsatzbereit. Das war eine untragbare Verlustziffer. Montgomery hatte solche Probleme nicht. Am 26. hatte das XXX. Korps erst die für den Vormittag des 24. festgesetzten Angriffsziele erreicht. Seine Verluste betrugen dabei 4500 Mann, vor allem bei der wertvollen Infanterie der Dominiontruppen. Einige neuseeländische Einheiten hatten ein Drittel ihrer Gefechtsstärke verloren. Am 26. konnten sich daher nur noch die Australier im Norden an der Zerschlagung des Gegners beteiligen. Auch die Achsenstreitkräfte müssen schwere Verluste gehabt haben. Das war klar, auch wenn einige Meldungen des Nachrichtendienstes lächerliche Zahlenangaben machten und behaupteten, 30000 Deutsche seien gefallen. Der Druck auf den Gegner mußte verstärkt werden, um die Deutschen zum Einsatz ihrer letzten Reserven zu zwingen. Am 26. entschied Montgomery, daß die Australier, die einige Erfolge erzielt hatten, am 28. entlang der Küstenstraße

weiter vorstoßen sollten. Wie die vorangegangenen Angriffe der Alliierten erreichte auch dieser nicht alle befohlenen Ziele und brachte nur begrenzten Erfolg. Er zwang Rommel jedoch, die Küstenstraße mit den letzten deutschen Reserven abzuriegeln. Im Morgengrauen des 29. beschloß Rommel für den Fall, daß der Gegner seine Angriffe fortsetzte und verstärkte, den Rückzug bis in die Fuka-Stellung, und begann diese Bewegung vorzubereiten.

Montgomery hatte die neuseeländische Division aus der vordersten Linie herausgezogen, um sie zur Unterstützung der Australier bei dem entscheidenden Angriff im Küstenabschnitt einzusetzen, dem sogenannten Unternehmen *Supercharge*. Doch nun geriet er auch unter Druck von oben. Die Schlacht dauerte schon sechs Tage, und immer noch gab es keine Anzeichen für ein Auseinanderbrechen der deutschen Front. Der Staatsminister für den Mittleren Osten, Richard Casey, Alexander und McCreery besuchten ihn am Morgen des 29. um zu hören, weshalb der Angriff nicht vorankam. In London hatte man den Eindruck, das Herausziehen der Neuseeländer sei eine Vorsichtsmaßnahme für den Fall einer Niederlage gewesen. Montgomery gab sich jedoch zuversichtlich. Er widersprach der Auffassung seines Stabes, ein Angriff entlang der Küste im Norden gegen die stärksten deutschen Befestigungen sei falsch. Aber am späten Vormittag kam die Meldung, daß die deutsche 90. leichte Division im Norden zusammen mit Rommels letzter Reserve, der Division Trieste, eingesetzt worden sei. Daraus mußte man folgern, daß *Supercharge* auf sehr starken Widerstand stoßen würde. Der Chef des Nachrichtendienstes, Williams, machte auf Anregung von McCreery einen Alternativvorschlag. Er meinte, man solle den Schwerpunkt des Angriffs gegen die Nahtstelle zwischen Deutschen und Italienern hart nördlich des Nierenhöhenzugs richten.

Montgomery erklärte sich damit einverstanden. Am 29. stellten sich die Truppen für diesen Angriff bereit. Die Neuseeländer mußten umdirigiert und zur Unterstützung der australischen Division mußte Artillerie herangeführt werden. In der Nacht des 29. kam es zum erstenmal seit Beginn der Offensive zu keinen größeren Kampfhandlungen. Die Armee bereitete sich auf den entscheidenden Schlag vor, den Montgomery jetzt führen zu können glaubte. Doch der Beginn mußte erneut verschoben werden. Freyberg erklärte, seine Neuseeländer seien zu erschöpft, vor der Nacht des 1. Novembers anzugreifen. Deshalb gingen die Australier allein vor und machten geringe Geländegewinne. Am Morgen des 2. Novembers traten die alliierten Truppen endlich zum Unternehmen *Supercharge* an. Bei Beginn der Schlacht erzwangen die Neuseeländer einen Einbruch in die feindlichen Stellungen und ermöglichten es damit dem X. Korps, durchzubrechen. Aber zunächst scheiterte auch dieses Vorhaben. Wieder setzte Montgomery seine Panzer als Stoßkeile ein. An der Rahmanpiste verlor die 9. Panzerbrigade am 2. November 70 von 94 Panzern. Aber die Überlegenheit der Alliierten war so groß, daß man diese Verluste in Kauf nehmen konnte, denn bei dem Angriff wurden 35 deutsche Panzerabwehrgeschütze zerstört. Die 2. und die 8. Panzerbrigade setzten den Vorstoß fort, und als es dem Gegner gelungen war, auch diesen Angriff zum Stehen zu bringen, waren seine Kräfte restlos erschöpft. Auch in der letzten Phase hatte Montgomery den Druck auf den Gegner aufrechterhalten und weitere Panzer in den Raum südlich der Nierenhöhe verschoben, als die deutschen Panzer sich nördlich davon bereitstellten. Am 2. gelang es ihm, mit einem Teil dieser Kräfte bis südlich der Höhe vorzudringen, aber erst am 4. November begann der allgemeine Rückzug der Deutschen.

Bei der Führung der Schlacht hatte sich Montgomery durch unerschütterliche Härte und Entschlußkraft ausgezeichnet. Er hatte dafür gesorgt, daß seine Armee unaufhaltsam vorandrängte und »Deutsche tötete«, bis die Verteidigungsstellungen im gesamten Nordabschnitt nur noch so schwach besetzt waren, daß der Widerstand zerbrach. Hitler hatte Rommel befohlen, die Alameinstellung unter allen Umständen zu halten. Einen Rückzug dürfe es nicht geben. Das Afrikakorps und viele italienische Verbände hatten sich tapfer verteidigt, als der erste Vorstoß der Alliierten die Gefechtsvorposten zurückwarf und bis vor die Hauptkampflinie kam. Die Verteidigung war so entschlossen, daß Montgomery unaufhörlich gegen den Feind anrennen mußte. Seine Männer konnten den Durchbruch nicht erzwingen, und so blieb ihm nichts anderes übrig, als den Gegner zu zermürben. Er konnte Verluste hinnehmen, Rommel nicht. Angesichts der Tatsache, daß seine Truppen nicht durch die feindlichen Stellungen kamen und er lange Zeit Panzer und Gefallene hatte »abschreiben« müssen, war an dem Grundkonzept Montgomerys nichts auszusetzen. Wie Liddell Hart schreibt, verlegte er mehrmals geschickt den Schwerpunkt des Angriffs. Er ließ

den Gegner nicht zur Ruhe kommen, und schließlich waren die Kräfte des Afrikakorps erschöpft. Montgomerys Panzertaktik läßt sich damit rechtfertigen, daß der Durchbruch möglichst ohne schwere Verluste für die Infanterie erzwungen werden sollte. Zwar wurden 600 britische Panzer auf dem Schlachtfeld außer Gefecht gesetzt, 450 konnten jedoch bald wieder instandgesetzt werden.
Soweit eine Kritik an Montgomery berechtigt ist, betrifft sie die Planung, bei der die Angriffsziele zu optimistisch festgelegt wurden. Das Armeekorps von Leese brauchte drei Tage und drei Nächte, um eine Linie zu erreichen, die es nach sechs Stunden hätte erreichen sollen. Das erklärt sich zum Teil aus der hervorragenden Abwehr des Gegners. Die unglaubliche Verwirrung, die hinter dem Miteirya-Höhenzug und der Nierenhöhe besonders in der Nacht des 24. entstand, als die Infanterie des XXX. Korps und Panzer des X. Korps die enge Gasse in den Minenfeldern verstopften, verdient härtere Kritik. Einzelne Einheiten fuhren ziellos im Gelände umher und brachten Unordnung in ihre eigenen Reihen und in die der vorgehenden Verbände. Wären die Briten nicht artilleristisch und in der Luft weit überlegen gewesen, dann hätte es hier zu einer Katastrophe kommen können, denn sie befanden sich in einer viel ungünstigeren Lage als die Nachschubfahrzeuge Rommels in der Ragilsenke während der Schlacht von Alam Halfa. Diese Situation war zum Teil deshalb entstanden, weil einige alliierte Truppenteile zu unerfahren und schlecht ausgebildet waren. Es gab aber auch Fehler in der Bereitstellung zum Angriff, für die man den Befehlshaber verantwortlich machen kann. In der Nacht des 24. hätte er zum Beispiel die dem XXX. Korps von Leese unterstellte neuseeländische Division dem X. Korps, Lumsden, unterstellen müssen, oder er hätte die Panzer auch Leese zuteilen können. Das X. Korps als Verfolgungsverband sollte selbständig und unabhängig von den Infanteriedivisionen vorgehen. Verwendete man die Panzer aber zur Unterstützung der Infanterie, dann hätten die gepanzerten Verbände engere Verbindung mit den Infanterietruppenteilen aufnehmen müssen. Hier lag eine wesentliche Schwäche.
Die Hauptkritik an Montgomerys Führung beschäftigt sich jedoch mit den Ereignissen nach dem 4. November. Rommels Armee war erschöpft, befand sich auf dem Rückzug und besaß nur noch eine Handvoll Panzer. Dennoch gelang es ihm, seine Truppen in einem geordneten und zügigen Rückzug bis in die Berge Tunesiens zu

führen. Die Achte Armee hat zwar behauptet, die besten Truppenteile gefangengenommen zu haben, aber während der ganzen Verfolgung über mehr als 3000 Kilometer ist ihr das nicht gelungen.

Die Verfolgung durch die Wüste

Montgomery hat die Vorteile kaum zu nutzen gewußt, die der Sieg bei Alamein ihm brachte. Die Armee war erschöpft und Rommels Truppen befanden sich auf der Flucht, aber für das Zögern Montgomerys gibt es kaum eine Entschuldigung. Seine Vorsicht in einer Lage, in der die völlige Vernichtung des Afrikakorps in greifbare Nähe gerückt war, läßt sich vielleicht damit erklären, daß sein Charakter ihm ganz bestimmte Grenzen setzte. Man kann verstehen, daß er geglaubt hat, die Schlacht müsse irgendwann ein Ende haben. Er hatte den Höhepunkt seiner militärischen Laufbahn erreicht und war emotional wie ausgelaugt. Unter dem Einsatz aller verfügbaren Kräfte war es dem unbeliebten, fleißigen kleinen Mann gelungen, den dämonischen Gegner zu schlagen, der seine Vorgänger gelähmt und zur Verzweiflung gebracht hatte. Rommel war besiegt, aber man mußte damit rechnen, daß er sich wie schon früher erneut zum Kampf stellen und zurückschlagen würde. Montgomery glaubte, wenn er kein Risiko eingehe, könne er die ganze Cyrenaika besetzen. Das tat er jetzt auch. Wie Michael Carver sagt, gab es aber auch praktischere und nüchternere Überlegungen. Montgomery war lange Zeit nicht bei seinem Stab gewesen, weil er die Verbindung mit Lumsden herstellen wollte. Deshalb hatte er vielleicht kein klares Bild von der Lage. Außerdem war es bei den Operationen in der Wüste zum erstenmal zu einem Masseneinsatz von Fahrzeugen und Kriegsgerät gekommen, und es gab keinen Plan, diese starken, in der Verfolgung dem Gegner nachsetzenden Verbände zu dirigieren. Zu viele Truppenteile stießen gleichzeitig nach Westen vor.

Montgomery hat nie begriffen, wie man einen Anfangserfolg militärisch ausnutzt, und war blind gegenüber den Möglichkeiten, die der Panzer für eine rasche Verfolgung bot. In seinen Tagesbefehlen an die Truppe vom 14. September, 6. Oktober und am Vorabend der Schlacht hatte er die Verfolgung kaum erwähnt. Im Rahmen seines engen Horizonts war kein Platz für die Verwirrung, die entstehen mußte, »wenn der Sturm sich ausbreitete«. Das X. Korps, das für die Verfolgung bereitstehen sollte, erhielt deshalb nicht die

Erlaubnis, sich dem Gegner an die Fersen zu heften, und mußte sich mit begrenzten Vorstößen entlang der Küstenstraße begnügen. Montgomery hat das mit dem am 7. November einsetzenden Regen begründet. Er hatte seine Chance aber schon lange vorher verspielt.

Vor allem gab es keinen Verband, der bereitstand, die Küstenstraße weit im Rücken des Feindes – etwa bei Sollum – nach einer weitausholenden Umfassungsbewegung zu blockieren. Bei Beginn der Schlacht hatte man daran gedacht, daß die nicht zum Angriff eingesetzte und gutausgerüstete 8. Panzerdivision diese Aufgabe übernehmen könnte. Aber aus unerklärlichen Gründen geschah das nicht. Tuker von der 4. indischen Division war der Auffassung gewesen, ein solcher Verband werde notwendig sein. Er sagte seinen Männern, die noch am wenigsten erschöpft waren, sie sollten sich für einen raschen Vorstoß zum Halfayapaß bereitstellen, um ihn am 6. November zu erreichen. Aber Montgomery befahl der 4. indischen Division, das Schlachtfeld aufzuräumen. Als die Panzer am 3. November südlich der Nierenhöhe durchgebrochen waren, befahl Montgomery den Panzerdivisionen von Briggs im Norden und der am Tage zuvor aus Süden herangeführten Division Hardings, dort zu bleiben, wo sie waren. Nur die Neuseeländer unter Freyberg und die Panzerbrigade von Custance sollten weiter vorstoßen. Am 5. erhielt Briggs endlich den Befehl, gegen Marsa Matruk vorzugehen, während Harding die Fuka-Stellung angreifen sollte. Briggs durfte aber nicht den für eine Verfolgung über weite Strecken notwendigen Treibstoff mitnehmen.

Die Ablehnung aller Ratschläge seiner Truppenkommandeure durch Montgomery führte dazu, daß die Verfolgung ins Stocken geriet. Als die Neuseeländer antraten, wurden sie durch die auf dem Schlachtfeld liegengebliebenen Waffen und Fahrzeuge behindert. General Kippenberger berichtet, es habe augenscheinlich keine Anordnungen für die Regelung des Kolonnenverkehrs gegeben. In der Nacht des 4. Novembers waren Teile dieses »fliegenden Verbandes« nur etwa vier Kilometer vorangekommen und dabei mehr durch die schlechte Organisation als durch den Gegner aufgehalten worden. Den Panzern fehlte es an Treibstoff, und erst am 9. November verfügte Gatehouse über die erforderlichen Versorgungsfahrzeuge, doch dann verweigerte man ihm die Erlaubnis für den weiteren Vormarsch. Unter solchen Schwierigkeiten mußte es dem

Feind gelingen, die Verfolger immer wieder aufzuhalten. Der Vorstoß von Briggs in Richtung auf Marsa Matruk blieb im tiefen Sand stecken. Die britischen Panzer machten vor einem Scheinminenfeld bei Fuka halt. Custance von der Brigade Gatehouse kam bis nach Galal und nahm dort am 5. November eine italienische Division gefangen. Am folgenden Tag kam er auf der nach Fuka führenden Straße nur sechzehn Kilometer weiter. Als er schließlich Marsa Matruk erreichte, hatte sich seine Kolonne so weit auseinandergezogen, daß er weder über Infanterie noch über Pioniere verfügte. Ein paar Einheiten der deutschen 90. leichten Division hatten keine Schwierigkeiten, ihm ein erfolgreiches Nachhutgefecht zu liefern, denn es fehlte den in der Verfolgung begriffenen Briten und nicht den zurückflutenden Deutschen an Nachschub.

Die Verfolgung im weiten Bogen parallel zur Küste der Cyrenaika ging rasch voran, aber Rommel konnte sich immer wieder vom Gegner lösen. Er führte die Nachhutgefechte geschickt und erfolgreich. Einmal hätte es die Möglichkeit gegeben, ihm den Rückzug abzuschneiden und zwar durch einen Vorstoß südlich des Dschebel Achdar über Msus, um die Küstenstraße bei Beda Fomm oder Agedabia abzuriegeln. Alexander schreibt: »Der Feind zog sich über den Dschebel zurück, und es wäre sehr verlockend gewesen, unserer bisherigen Strategie zu folgen und ihn mit einem Vorstoß durch die Wüste in oder bei Agedabia abzufangen.« Auf diesem Wege war O'Connor 1940 vorgegangen. Aber Montgomery lehnte den Vorschlag ab. In gewissem Sinne war seine Ablehnung berechtigt, denn jetzt kam es in erster Linie darauf an, die Flugplätze auf der Cyrenaika in die Hand zu bekommen, und davon wollte er sich nicht ablenken lassen. Andererseits hätte es kein besonderes Risiko bedeutet bei einer so starken Überlegenheit einen größeren Verband durch die Wüste zu schicken. Aber Montgomery fürchtete noch immer einen Gegenschlag Rommels, und er war jetzt überzeugt, daß er den Erfolg seinen ganz neuen Kampfmethoden verdankte. Er beschloß deshalb, nur einen schwachen Verband mit dieser Aufgabe zu betreuen, denn er wollte nicht den gleichen Fehler machen wie seine Vorgänger.

Es gab aber noch einen anderen Grund für die Verzögerung der Verfolgung. Montgomery hat gesagt, auf seinem Flug nach Ägypten sei er zu der Überzeugung gekommen, daß sich bei El Agheila eine Schlüsselstellung befände. Entsprechend habe er gehandelt.

Als daher die Schlacht bei Alamein beendet war, bereitete er sich innerlich darauf vor, daß die Deutschen bei Agheila Widerstand leisten würden. Ronald Lewin schreibt: »Es gibt einen Punkt, an dem Standhaftigkeit zur Sturheit wird, und die Schwäche Montgomerys war seit jeher die ›fixe Idee‹.« Er erlaubte deshalb Rommel, durch die Cyrenaika zurückzugehen und sich bei El Agheila zur Verteidigung einzurichten. Hier hatte Montgomery die Gelegenheit, sich zum zweitenmal planmäßig zum Angriff bereitzustellen. Doch seine Leistungen waren wenig beeindruckend. In seinem Buch *El Alamein to the River Sangro* schreibt er: »Die Agheila-Stellung war sehr stark.« In Wirklichkeit hatte Rommel eine 160 Kilometer breite, sehr dünn besetzte Verteidigungsstellung bezogen. Ihre einzige Stärke lag darin, daß der Sandboden im Süden sehr weich war, was eine Umfassungsbewegung mehr erschwerte als unter den sonst in der Wüste herrschenden Verhältnissen. Als die erschöpften Achsentruppen am 24. November dort eintrafen, hatte Rommel noch 30 Panzer und insgesamt 46 Panzerabwehrgeschütze einschließlich einiger 8,8-cm-Kanonen. Die 7. Panzerdivision folgte ihm dicht auf den Fersen mit 170 Panzern, aber Montgomery befahl Leese, sich einzugraben. Er stellte seine Truppen zu einem für den 16. Dezember geplanten Angriff bereit. Der Befehlshaber der Achten Armee kehrte zum Wochenende nach Kairo zurück, um in der Kathedrale das Evangelium zu verlesen. Rommel, der kaum an sein Glück glauben wollte, benutzte die Ruhepause, um seine durcheinandergeratenen Kräfte neu zu ordnen. Statt sich dem überlegenen Gegner zu stellen (besonders da die *Torch*-Landungen in Marokko seine strategische Basis in Tunesien bedrohten), begann er sich zurückzuziehen. Zunächst löste sich die italienische Infanterie am 6. Dezember vom Feind. Die alliierte Armee mußte also angreifen. Die neuseeländische Division schwenkte nach links, und die 51. Hochlanddivision stieß parallel zur Küste vor. Freyberg kam nur langsam durch das schwergängige Gelände südlich von El Agheila voran, und einige seiner Panzer blieben stecken, weil ihnen der Treibstoff ausgegangen war. Bis er den Vormarsch fortsetzen konnte, waren die Deutschen durch die Angriffsvorbereitungen der Hochländer gewarnt. Freyberg mit seinem relativ schwachen Verband konnte die Flut der zurückrollenden motorisierten Deutschen nicht mehr aufhalten.

Obwohl es ihm nicht gelungen war, die abziehenden Achsenstreit-

Montgomery mit seinem Sohn David.

Der Befehlshaber der Achten Armee mit General Leese (links) und General Lumsden (rechts) (Imperial War Museum).

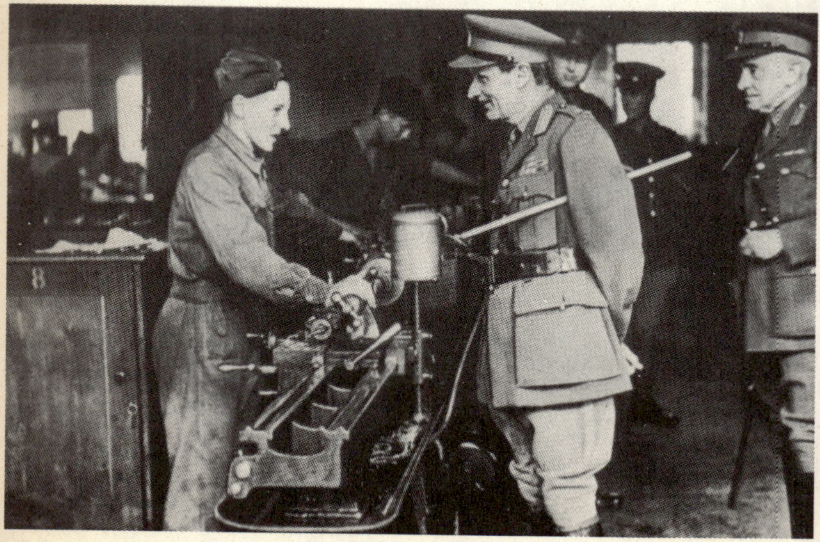

Bei einem Besuch der Army Technical School im Juli 1942 spricht Montgomery mit einem Jungen im Maschinenraum.

Der Befehlshaber der Achten Armee mit seinem berühmten australischen Tropenhut und einige seiner Offiziere (Imperial War Museum).

Montgomery mit seinen Schoßhündchen Hitler und Rommel (Imperial War Museum).

Montgomery grüßt durchziehende Truppen in Reggio, Kalabrien (Imperial War Museum).

Montgomery begrüßt de Gaulle in der Normandie, Juni 1944 (Imperial War Museum).

Montgomery und Eisenhower (Imperial War Museum).

Montgomery mit den Feldmarschällen Wavell und Auchinleck
im Juni 1946 in der Viceroy's Lodge bei Delhi.

Montgomery bei einem Trinkspruch mit dem russischen General Marschall Rokossowski im Mai 1945 in Wismar, Deutschland.

Montgomery kommt mit seinem Feldmarschallstab in die Westminster Abbey zu einem Gedenkgottesdienst für Feldmarschall Smuts, September 1950.

Montgomery vor der Royal United Service Institution, 1958.

Montgomery verläßt nach einem Besuch bei Macmillan Downing Street Nr. 10, 1959.

Montgomery wird bei seiner Ankunft auf dem Moskauer Flugplatz von Marschall Sokolowski (links) und seinem Übersetzer begrüßt, 1959.

Bei einem Besuch in China wird Montgomery von Marschall Chen Yi empfangen, 1961.

Montgomery während der Rekonvaleszenz nach einer Operation im King Edward VII Hospital, 1964.

kräfte zum Kampf zu stellen und zu schlagen, war Montgomery sehr zufrieden. Sein Angriffsziel war El Agheila gewesen, und er hatte es genommen. Ihm war es gleichgültig, daß dies angesichts des gewaltigen Kräfteunterschieds keine besondere Leistung war. Zweitens hatte er sich Sorgen darum gemacht, daß die Deutschen einen Gegenangriff führen könnten. Jetzt glaubte er, es sei ihm gelungen, einen überraschenden Gegenschlag Rommels zu verhindern. El Agheila war der Brennpunkt früherer Offensiven gewesen. Jetzt hatte er die Stellung genommen, ohne zurückgetrieben worden zu sein. In seinen Erinnerungen schreibt er: »Das Agheila-Gespenst war gebannt.« Daß die Furcht vor einem deutschen Gegenangriff vielleicht sein Hauptmotiv gewesen ist, kann man aus dem Umstand schließen, daß er das jetzt von Horrocks befehligte X. Korps bei Tmimi auf der anderen Seite der Cyrenaika bereitstellte. In dem Buch *El Alamein to the River Sangro* sagt er ausdrücklich, das sei zum Schutz von Tobruk geschehen und um einem Überraschungsangriff Rommels vorzubeugen. Bei der Überlegenheit seiner Kräfte mutet diese Vorsicht – um es milde auszudrücken – übertrieben an. Er hatte aber noch einen Grund. Seine Versorgungslinien waren lang. Der Hafen von Benghasi war noch nicht geöffnet, und er mußte sich noch aus Tobruk versorgen. Die Luftstreitkräfte auf der Cyrenaika mußten versorgt werden, und sie verbrauchten einen großen Teil des Treibstoffs, der von Tobruk herangebracht wurde. Dennoch hätte er den Angriff entschlossener und mit mehr Phantasie vorantreiben können. Den von Freyberg befehligten Truppen hätte er mehr Zeit lassen sollen, bis hinter die Linien der Achsenstreitkräfte vorzustoßen, bevor das den Angriff der 51. Division einleitende schwere Artilleriefeuer begann. Andererseits hatte Montgomery im weiteren Verlauf der Schlacht ausgesprochenes Pech. Wären die Neuseeländer nur etwas schneller gewesen, dann hätten sich die Deutschen weniger geschickt und rasch zurückziehen können und es wäre vielleicht gelungen, sie zu fassen.

Daß Montgomery so übergroßen Wert auf die Logistik legte, verlangsamte sein Vorgehen bei El Agheila. Es half ihm bei seinem Vormarsch gegen Tripolis. Die nächste Verteidigungsstellung der Achsenstreitkräfte lag bei Buerat, das Montgomery am 3. Januar angreifen wollte. Doch vorher mußte er seine 450 Panzer mit genügend Treibstoff für den Vorstoß von Buerat nach Tripolis, 380 Kilometer, versorgen. Am 3. Januar wurden die Hafenanlagen von

Benghasi durch einen Sturm schwer beschädigt. Der von dort eintreffende Nachschub verringerte sich um ein Drittel. Die Situation wurde aber gerettet, als das X. Korps den Transport der Versorgungsgüter von Tobruk nach Benghasi übernahm. Diese hervorragend geplante Operation war allerdings nicht allein das Werk von Montgomery. Ihr Erfolg war der harten Arbeit auf allen Ebenen vom Stab Alexanders bis hinunter zu den Truppenteilen zu verdanken. Er wurde jedoch dadurch ermöglicht, daß sich Montgomery so intensiv für die Logistik interessierte. Der Angriff gegen die Bueratstellung begann schließlich am 15. Januar. Aber auch hier ging Rommel rechtzeitig zurück und ließ sich nicht durch eine britische Umfassungsbewegung im Süden einschließen. Nun glaubte Montgomery, zehn Tage Zeit zu haben, um Tripolis zu erreichen. Die 51. Hochlanddivision erreichte sogar in acht Tagen die Stadt, und Tripolis fiel am 23. Januar. Die letzten Phasen der Verfolgung zeigen noch einmal deutlich, wie Montgomery dachte. Er hatte sich entschlossen, in zwei Stoßrichtungen anzugreifen; einmal entlang der Küste und zum zweiten weiter landeinwärts. Er fürchtete, Rommel könnte in dem für die Verteidigung sehr günstigen Gelände östlich von Tripolis den Angriff nur eines Stoßkeils aufhalten. Es kam daher beim Vormarsch der Achten Armee vor allem auf Geschwindigkeit und Flexibilität auf breiter Front an. Aber Montgomery beschränkte sich darauf, selbst den Vorstoß an der Küste mit den Hochländern zu befehligen, und übergab Leese das Kommando der im Inneren des Landes vorgehenden Kräfte. Er muß sich der Gefahren eines schlecht koordinierten Vorgehens beider Stoßkeile gegen einen abwehrbereiten Gegner bewußt gewesen sein. Doch aus irgendeinem Grund war er nicht bereit, selbst die Leitung bei der beweglichen Kampfführung zu übernehmen, die jetzt notwendig war.
Tripolis war das Ziel aller bisherigen britischen Offensiven gewesen. Montgomery hatte die Stadt in genau drei Monaten eingenommen, und zwar aus einer Ausgangsstellung heraus, die weiter davon entfernt war als alle früheren. Die schöne weiße Stadt bildete einen scharfen Kontrast zu allem, was die Soldaten in der Wüste gesehen hatten. Churchill und der Chef des Generalstabes besuchten hier die Achte Armee. Im Gesamtverlauf des Krieges war ganz offensichtlich eine Wende eingetreten. Als Montgomery sein Kommando im August übernommen hatte, war noch vieles unentschie-

den. Jetzt hatten das Landungsunternehmen *Torch* im Februar, die Schlacht bei Stalingrad, die Besetzung von Guadalcanal durch die Amerikaner, die Verringerung der Zahl der durch U-Boote versenkten Handelsschiffe und Montgomerys Vormarsch das Bild der Gesamtlage auf allen Kriegsschauplätzen verändert. In Burma begann eine Offensive gegen die Japaner. Nun, da die Achte Armee und ihr Befehlshaber eine Ruhepause einlegten und mit Hilfe der 51. Division eine schneidige Parade vor dem Premierminister veranstalteten, hatte Montgomery allen Grund, mit seinen Erfolgen zufrieden zu sein.

Nach der Einnahme von Tripolis mußte die Achte Armee im gebirgigen Tunesien operieren, wo es mehrere natürliche Verteidigungslinien gab. Die erste lag bei Mareth, wo die Deutschen starke Stellungen ausbauten. Der Charakter des Krieges veränderte sich, und Montgomery mußte sich künftig an Operationen in größerem Rahmen beteiligen. Eisenhower und sein Stellvertreter Alexander übernahmen den Oberbefehl über die Achte Armee und die mit *Torch* gelandeten Truppen. Am 20. Februar schickte Alexander ein dringendes Ersuchen an Montgomery, seinen Vormarsch zu beschleunigen. Rommel, der geschickt die Vorteile der Inneren Linie ausnutzte, hatte seine Kräfte gegen die Amerikaner konzentriert und bei Kasserine einen schweren Schlag gegen sie geführt. Montgomery ließ sich jedoch nicht aus der Ruhe bringen. Ihm kam es darauf an, die Verbindungslinien von Tripolis nach Mareth zu sichern. Die Räumung des Hafens von Tripolis war schwierig gewesen. Erst am 9. Februar lief der erste Geleitzug ein. Deshalb überschritten die Truppen Montgomerys die tunesische Grenze nicht vor dem 16. Im Interesse seiner Armee hatte er recht, wenn er sich weigerte, anders als mit seinen Gesamtkräften vorzurücken. Er wollte sich auf keinen Fall einem Gegenschlag Rommels aussetzen, der sich mit den deutschen Kräften in Tunesien vereinigt und seit dem 23. Februar den Oberbefehl übernommen hatte. Jetzt konnte er einen solchen Schlag führen. Die Truppen, die Rommels Angriff am 20. abwehren mußten, haben den Vormarsch Montgomerys sicher als viel zu langsam empfunden. Aber das bloße Vorhandensein der Achten Armee in Rommels Rücken bedrohte diesen und hinderte ihn daran, die Anfangserfolge des Angriffs voll auszunutzen.
Montgomery, der vor Mareth in Stellung ging, rechnete damit,

selbst angegriffen zu werden. Er fürchtete, Rommel werde vor Anfang März zuschlagen, solange die britischen Stellungen vor der Marethlinie noch nicht voll ausgebaut waren. Bis zum 26. Februar stand dort nur eine britische Division. Doch die Schwierigkeiten, die Rommel in Tunesien hatte, hinderte ihn daran, seine Kräfte früher zusammenzufassen. Die alliierten Streitkräfte richteten daher vor Medenine starke Stellungen ein. Kippenberger schreibt: »Wir glaubten, die Medeninestellung sei unser Meisterstück im Ausbau einer Verteidigungsanlage in der Wüste.« Als Rommels Angriff schließlich am 6. März begann, verfügte Montgomery über vier Divisionen mit 400 Panzern und 470 Panzerabwehrgeschützen. Zum Angriff gegen sie standen nur 160 deutsche Panzer bereit. Die Achte Armee hatte taktisch viel dazugelernt, wie etwa den für die feindlichen Panzer tödlichen Einsatz der Abwehrwaffen. Auf alliierter Seite trafen neue Siebzehnpfünder ein. Rommel war krank, und deshalb befehligte der neue Kommandierende General des Afrikakorps, Cramer, der das Kommando erst am Vorabend der Schlacht übernommen hatte, die deutschen Angriffstruppen. Dabei kam es nicht zu der gewohnten engen Zusammenarbeit zwischen Panzern und Infanterie und den vielen anderen beteiligten Truppenteilen. Am Abend des 6. März um 20.30 Uhr brach Rommel den Angriff ab, nachdem er 40 Panzer und etwa 650 Mann verloren hatte. Wenig später flog er nach Europa zurück, um Nordafrika nie wiederzusehen.

Montgomerys persönlicher Beitrag zur Verteidigung dieser fast uneinnehmbaren Stellung war nicht sehr groß, aber die Abwehrschlacht entsprach den taktischen Grundsätzen, die er der Achten Armee eingeimpft hatte. Bei der Abwehr von zwei starken Angriffen verschoß die britische Artillerie 30000 Granaten. Die Armee war niemals wirklich gefährdet, und die einzelnen Truppenteile kämpften sehr geschickt. Die Abwehrschlacht bei Medenine war eine Glanzleistung, und Montgomerys Verdienst liegt nicht so sehr in der Durchführung der Schlacht wie in der Schaffung einer Armee, die über das Können und das Selbstvertrauen verfügte, die notwendig waren, um sich in dieser Lage zu bewähren.

Es folgten die letzten drei Offensiven der Achten Armee in Nordafrika: bei Mareth, im Wadi Akarit und bei Enfidaville. Es waren Angriffe gegen gut ausgebaute, in günstigem Gelände gelegene starke Verteidigungsstellungen. In allen drei Fällen hat Mont-

gomery die Besonderheiten des Geländes kaum berücksichtigt, eine Schwäche, die sich in der Wüste weniger bemerkbar machte als in den tunesischen Bergen. Vielleicht hat er von seinem vorgeschobenen Gefechsstand aus das Schlachtfeld nur von weitem als ein großes Panorama erkennen können, denn als er nach Tunesien kam, isolierte er sich immer mehr und war noch stärker als früher von seiner Unfehlbarkeit überzeugt.
Montgomery war immer einsam gewesen und erzeugte überall, wo er auftauchte, eine »Oase der Ruhe«, wie R. W. Thompson das genannt hat. Der vorgeschobene Gefechststand war der Versuch, diese Oase inmitten der administrativen Verwirrung des modernen Krieges zu schaffen. Er brauchte Zeit, um die ihm übermittelten Meldungen in sich aufzunehmen, und wollte allein und in aller Ruhe darüber nachdenken, um dann seine Entscheidungen zu treffen. In seinem Buch *With Prejudice* schildert Tedder, wie Montgomery an einem Morgen vor der Alameinschlacht mit ihm eine Meinungsverschiedenheit über die Bedeutung von zwei Tankern für die Versorgung Rommels hatte, aber nach dem Mittagessen Tedders Ansicht als seine eigene verkündete. Sein Bestreben, sich zu isolieren, und das Bedürfnis, seine Gedanken zu ordnen, verliehen seinem Führungsstil bei Beginn des Wüstenfeldzugs eine sehr beeindrukkende Sicherheit. Aber der Ruhm und die fast unkritische Bewunderung, die er nach Alamein erntete, haben seine Persönlichkeit negativ beeinflußt. Während der Schlacht und der anschließenden Verfolgung der deutschen Truppen blieb er ständig im Blickfeld der Öffentlichkeit. Er erhielt zahlreiche Zuschriften. Sie alle spiegeln das Bild, das die Öffentlichkeit von ihm gewonnen hatte. »Laß sie nicht zur Ruhe kommen, Monty«, schrieb ihm ein junges Mädchen aus Yorkshire, dessen Brief er in seinem Tagesbefehl zu Weihnachten zitierte. Als er im Dezember 1942 nach Kairo kam, war er angenehm überrascht festzustellen, daß er eine bekannte Persönlichkeit geworden war, und es machte ihm Freude, im Rampenlicht zu stehen. Moorehead berichtet, die Männer in seiner Umgebung hätten ihn geachtet, bewundert und vielleicht sogar geliebt. Kurz vor Weihnachten schrieb ein einfacher Soldat an Montgomery und sagte seinem Befehlshaber, welchen Eindruck sein Tagesbefehl am Vorabend der Alameinschlacht gemacht habe. »Wahrscheinlich ist den Soldaten noch nie ein solcher Tagesbefehl verlesen worden.« Aber auch die Anerkennung von oben ließ nicht auf sich warten.

Nach Alamein wurde er zum General der Infanterie befördert. Churchill kam bald nach der Einnahme der Stadt nach Tripolis und sprach ihm seine Anerkennung aus. Während seines Aufenthalts in Tripolis hielt Montgomery sogar Vorträge vor höheren Offizieren der angloamerikanischen Armee in Tunesien und erläuterte ihnen gewisse taktische Grundsätze, die der Achten Armee zum Erfolg verholfen hatten, wie zum Beispiel die Zusammenarbeit mit den Luftstreitkräften.

Auf einen emotional so wenig gereiften Mann wie Montgomery wirkte es natürlich besonders, plötzlich im Scheinwerferlicht der Öffentlichkeit zu stehen. Er wurde noch selbstsicherer und noch mehr davon überzeugt, daß er einen großen Abstand von der kämpfenden Truppe brauche, um mit seinem klaren militärischen Verstand die Lage zu analysieren. Das führte dazu, daß mit Beginn der Operationen in Tunesien Montgomerys Gefechtsstand praktisch vom eigentlichen Stabsquartier isoliert war. Das wirkte sich nicht nur ungünstig aus, denn die Verbindungsoffiziere und de Guingand unterrichteten den Befehlshaber genau über die Lage und verschafften ihm alle Informationen, die er zu ihrer Beurteilung brauchte. Dieser Zustand war jedoch symptomatisch für die Verengung seines Horizonts. De Guingand schreibt: »Viele von uns bemerkten, daß er mit der Zeit immer diktatorischer und kompromißloser wurde, und wir hatten das Gefühl, daß es nicht an der Streßsituation des Krieges lag, sondern daran, daß ihm der Umgang mit gleichaltrigen Offizieren fehlte.« Die Vorstellung, ein von seinen Jüngern umgebener alter Weiser zu sein, hatte sich bei Montgomery immer mehr gefestigt. Er beherrschte das Leben auf dem vorgeschobenen Gefechtsstand und lehnte es zunehmend ab, sich mit von außen an ihn herangetragenen Ideen zu beschäftigen, die an seinen Vorurteilen rüttelten. Leese hat Correlli Barnett später erzählt, er und de Guingand hätten es immer schwerer gehabt, dem Befehlshaber ihre Ansichten vorzutragen. Sie versuchten so taktvoll wie möglich, an ihn heranzukommen und abends mit ihm zu sprechen, aber Montgomery schüttelte nur den Kopf und sagte: »Das kann ich nicht tun – das kann ich nicht tun.« Es konnte dann aber geschehen, daß er am nächsten Morgen erklärte: »Ich habe nachgedacht und bin auf folgende Idee gekommen ...« Natürlich gab er nie zu, daß es nicht seine eigene war. De Guingand schildert, wie er sich durch ein Geheimzeichen mit Miles Graham verständigte, wenn sie versuchten, Montgomery für irgendeinen Vorschlag zu gewinnen. Graham verließ dann das Zimmer, weil Montgomery in seiner Gegenwart niemals nachgegeben hätte. Auch Dempsey hat später in Nordwesteuropa immer wieder darauf bestanden, wichtige Fragen unter vier Augen mit Montgomery zu besprechen. Den Befehlshaber in Gegenwart mehrerer Zuhörer zu einem Zugeständnis zu bewegen, war ausgeschlossen. Vielleicht hatte es eine gewisse symbolische Bedeutung, daß er zu Beginn der Schlacht um die Marethstellung den höheren Offizieren seiner Armee den Film *Desert Victory* vorführen ließ, der den siegreichen Vormarsch der Achten Armee nach Tripolis und die Leistungen des Befehlshabers zeigte. Die Marethstellung, aus der Rommel zu dem vergeblichen Angriff gegen Medenine antrat, war recht stark ausgebaut. Sie verlief von der Küste bis zu den Matmata-Bergen und war von den Franzosen gegen einen Angriff aus dem italienischen Teil Tunesiens befestigt worden. Aber sie hatte auch ihre Schwächen. Die Matmata-Berge waren nicht ganz unpassierbar, und viele französische Befestigungen waren veraltet. Die schwächste Stelle war ein Zugang zum Tebaga-Paß. Das war eine sehr schlechte Straße, aber wenn es gelang, dort voranzukommen, dann konnten die Verteidiger in diesem Abschnitt umgangen und isoliert werden.

Liddell Hart war der Ansicht, Montgomery habe die Armee in der Marethschlacht geschickt geführt: Er schreibt: »In mancher Hinsicht war die Marethschlacht die von ihm am besten geführte Operation des ganzen Krieges.« Hier zeigten sich jedoch Montgomerys Schwächen ebenso deutlich wie seine Stärken. Bei der Planung bewies er seine Sorgfalt dadurch, daß er genau erkunden ließ, wo die Stellung der Deutschen umgangen werden konnte. Aber wie er die Erkundungsergebnisse ausnutzen wollte, war weniger beeindruckend. Freyberg wurde mit der verstärkten neuseeländischen Division zu einer weiten Umfassungsbewegung angesetzt, doch das Unternehmen war schlecht mit dem Frontalangriff abgestimmt, der die Verteidiger niederhalten sollte. Auch war aus dem Angriffsplan nicht ersichtlich, wo der Schwerpunkt lag. Montgomery bezeichnete die Schlacht als einen Boxkampf und behauptete, der Frontalangriff sei ebenso wichtig wie der Flankenangriff. Dieser Frontalangriff war, wenn hier der Schwerpunkt liegen sollte, falsch angesetzt; die Front der Marethstellung wurde zum Teil vom Wadi Zigzaou gedeckt, und hier war ein Erfolg nur unter hohen Verlusten zu

erzwingen. Ein Ablenkungsmanöver an dieser Stelle wäre verständlich gewesen, aber Montgomery hatte sich offenbar entschlossen, hier durchzubrechen und mit dem XXX. Korps unter Leese für die Panzer des X. Korps unter Horrocks eine Bresche zu schlagen.
Die von Freyberg geführten Kräfte hatten schon am 11. März begonnen, sich zu versammeln, und waren am 20. März schon fast geschlossen in den Bereitstellungsräumen. In der Nacht des 21. trat die 50. Division zum Frontalangriff an, der jedoch abgeschlagen wurde. Das Wadi Zigzaou bereitete den Truppen technische Schwierigkeiten, mit denen die an die Wüste gewöhnte Achte Armee nicht fertigwerden konnte. Der Angriff wurde nur von den veralteten Valentine-Panzern unterstützt, die bei einem Gegenangriff der 15. Panzerdivision schwere Verluste erlitten. Am 22. erkannte Leese, daß die Stellungen immer noch fest in deutscher Hand waren.
Später behauptete Montgomery, die Deutschen seien durch diesen Angriff gezwungen worden, ihre Reserven einzusetzen. Das war nicht richtig. Freyberg lag der 21. Panzerdivision und einigen italienischen Truppenteilen gegenüber, wollte aber nicht angreifen. Als Vertreter einer kleinen Nation hatte er die Verpflichtung, sich jeweils an Ort und Stelle zu entscheiden, ob eine Operation die Verluste an wertvollen Menschenleben rechtfertige, die dabei aufs Spiel gesetzt werden mußten. Aus dem gleichen Grund hatte sich Morshead geweigert, seine Australier einzusetzen. Am 21. und 22. März zögerte auch Freyberg, wenn auch nicht ganz so entschieden, seine Männer ins Gefecht zu schicken.
Der Angriff Montgomerys gegen die Marethstellung schlug daher vierundzwanzig Stunden nach Beginn an beiden Frontabschnitten fehl. Nun zeigte er aber sein Geschick in der Improvisation. Das X. Korps hatte ursprünglich den von Leese erzwungenen Durchbruch ausnutzen sollen. Jetzt beschloß Montgomery, Freyberg die 1. Panzerdivision unter Briggs als Verstärkung zu unterstellen. Ihr schlossen sich Horrocks und sein Stab an, wahrscheinlich um Freyberg zum Vorgehen zu bewegen. Aber die Deutschen sollten auch noch an einer anderen Stelle angegriffen werden. Deshalb erhielt Tukers 4. indische Division den Befehl, mit einer Umfassungsbewegung nach links durch die schlecht gangbaren, aber nicht unpassierbaren Matmata-Berge vorzudringen.
Montgomery hatte seine Truppen geschickt umgegliedert, aber es

gab immer noch Schwierigkeiten. Die 1. Panzerdivision blieb vor der Stadt Medenine stecken, als sie auf einige Einheiten der 4. indischen Division traf, die gegen die Matmata-Berge vorrückten. Doch nach diesem kurzen Aufenthalt gelang es Horrocks und Briggs relativ rasch, ihre Kräfte mit denen von Freyberg zu vereinigen. In der Tebagaschlucht angekommen, stellten sie sich zum Angriff bereit, während die 4. indische Division ihre Ostflanke deckte. Jetzt konnte das X. Korps durch die Bresche vorstoßen, die bei einem Durchbruch an der Küste entstehen würde. Bei diesem Plan blieben jedoch gewisse Gegebenheiten des Geländes unberücksichtigt, und zwar die Fatnassa-Höhen, die die ganze Stellung beherrschten. Tuker von der 4. indischen Division erkannte, daß ihr Besitz lebenswichtig war. Er überredete Leese, sie mit seinen Männern zu nehmen. Nun hatte Leese die viel schwierigere Aufgabe, den Armeebefehlshaber zur Änderung seines Plans zu bewegen. Montgomery erklärte sich einverstanden. Er verstärkte die Angriffstruppen durch eine Division (die 50.), überschritt das Wadi Akarit und griff die feindlichen Stellungen auf den Höhen zwischen Fatnassa und der Küste an.

In der Neumondnacht des 4. Aprils drang die 4. indische Division geräuschlos in die deutschen Verteidigungsstellungen bei Fatnassa ein und überraschte den Gegner vollständig, weil dieser damit rechnete, die Achte Armee werde wie üblich nach einem artilleristischen Feuerschlag angreifen. Bis zum Morgengrauen wurden 4000 Gefangene gemacht. Die Angriffe der 50. Division gegen Roumana und der 51. Division entlang der Küste begannen am Morgen des 6. um 4.30 Uhr nach der üblichen Artillerievorbereitung. Während die 50. Division gegen die starken Panzersperren kaum oder gar nicht vorankam, gelang der 51. Division ein Einbruch in die Stellungen der Achsentruppen, wenn auch nicht so tief wie an der Stelle, wo Tuker seinen Überraschungsangriff geführt hatte. Um 8.45 Uhr kam Horrocks nach vorn, um mit Tuker zu sprechen, der den sofortigen Einsatz von Panzern empfahl, um die günstige Lage zu nutzen. Horrocks glaubte, seine Panzer könnten durch die Bresche vorstoßen, die die 51. Division geschlagen hatte, und meldete seinen Eindruck Montgomery um 10.00 Uhr vormittags, erhielt aber erst gegen Mittag die Erlaubnis. Bis dahin hatte sich die 90. leichte Division umgruppiert und war zum Gegenangriff angetreten. Es gelang dem X. Korps nicht, weiter voranzukommen. Ein zweiter Ge-

genangriff der 15. Panzerdivision warf die Briten sogar zurück. Die von Tuker geschlagene Bresche in der Verteidigungslinie des Gegners wurde nicht ausgenutzt, vielleicht weil das gebirgige Gelände für Fahrzeuge schwer zu passieren war.
Montgomery schien sich keine besonderen Sorgen darum zu machen, daß es ihm nicht gelungen war, bei den ersten Angriffen weiter voranzukommen. Wie üblich hatte er sich einen genauen Zeitplan gemacht und verfügte über genügend Kräfte für einen zweiten Angriff am folgenden Tag, der – wie er glaubte – die Entscheidung bringen würde. Als dieser Angriff begann, rannte er jedoch eine offene Tür ein. Nachdem Tuker bei Fatnassa den Einbruch erzielt hatte, waren die Deutschen überzeugt, daß es sinnlos sei, den Widerstand am Wadi Akarit fortzusetzen, und deshalb zogen sie sich auf ihre endgültige Stellung bei Enfidaville zurück.
Der erste Fehler in der Planung Montgomerys beim Wadi Akarit war dadurch ausgeglichen worden, daß er Tukers Rat gefolgt war. Daß er das X. Korps nicht rechtzeitig in Marsch gesetzt hatte, spielte jetzt keine Rolle mehr, denn Tukers Erfolg bei Fatnassa hatte die Deutschen schon zum Rückzug veranlaßt. Durch den schneidigen Angriff von Horrocks und Briggs waren auch manche anderen Fehler der ursprünglichen Planung gutgemacht worden, aber bei Enfidaville, der stärksten Verteidigungsstellung des Gegners, konnten Montgomerys Untergebene ihn nicht zu einer Modifizierung des ursprünglichen Angriffsplans bewegen. Zunächst war es recht sinnlos, hier anzugreifen. Die endgültige Säuberung Nordafrikas von deutschen Truppen war offensichtlich Aufgabe der 1. Armee, die schon dicht vor Tunis stand. Über die Verteidigungsstellung schreibt Lewin: »Ein Blick auf die Karte oder eine persönliche Erkundung hätten gezeigt, daß jeder Angriff gegen Enfidaville im Verhältnis zum Geländegewinn sehr kostspielig sein mußte. Ein Durchbruch war unmöglich, besonders weil dort so hohe Verluste entstanden wären und man so viel Munition verbraucht hätte, daß Enfidaville zu einem ähnlich bösen Begriff geworden wäre wie die Somme oder Passchendaele.« Horrocks kam schließlich auch zu dieser Überzeugung, als er Montgomery sagte: »Wir werden durchstoßen, aber ich zweifle daran, ob am Schluß noch sehr viel von der Achten Armee übrig sein wird.« Viele gute Soldaten mußten sterben, um zu beweisen, daß er recht hatte.
Der Entschluß, dort anzugreifen, entsprang zum Teil dem Wunsch,

rechtzeitig für »den Todesstoß« in Tunis zu sein, zum Teil aber auch daraus, daß Montgomery sich um diese Zeit nicht wohl fühlte. Vor allem jedoch war er darauf zurückzuführen, daß er sich jetzt auf zwei Dinge gleichzeitig konzentrieren mußte: auf das Unternehmen gegen Enfidaville und die geplante Invasion auf Sizilien, die Operation *Husky*. Wie bei Dieppe machte Montgomery auch hier Fehler, weil er sich nicht ganz auf eine Aufgabe konzentrieren konnte.

Die Operation gegen Enfidaville war vom Pech verfolgt. Am 21. April führten die 4. indische Division und Freybergs Neuseeländer den ersten Angriff, bei dem sie nur geringe Geländegewinne machten, aber sehr hohe Verluste hinnehmen mußten. Horrocks, der die Führung übernommen hatte, während Montgomery in Kairo das Unternehmen *Husky* vorbereitete, erkannte, daß es keinen Sinn hatte, die Angriffe zu wiederholen. Montgomery verlangte jedoch von Kairo aus, den Druck gegen die deutschen Stellungen aufrechtzuerhalten. Diese Fehlentscheidung wurde zum Verhängnis, als die frisch aus dem Irak herangeführte 56. Division ohne Kampferfahrung sofort nach ihrem Eintreffen in der Zeit vom 26. bis zum 28. April nicht geschlossen, sondern in Einzelverbänden ins Gefecht geworfen wurde (in seinen Erinnerungen erwähnt Montgomery nur, daß die Division von Tripolis herangeführt wurde). Am 29. zeigte es sich, daß die Angriffe nicht vorankommen konnten, und die Operation wurde abgebrochen.

Der Befehl Alexanders, die Achte Armee solle bei Enfidaville nur ihre Stellungen halten, ermöglichte es Montgomery, das Gesicht zu wahren. Einzelne Teile der Achten Armee unter Horrocks sollten sich für den Vormarsch gegen Tunis der 1. Armee anschließen. Doch bei Enfidaville hatte man Fehler begangen, und viele britische Soldaten hatten vergebens sterben müssen. Es waren auch keine zufälligen Fehler. Sie ergaben sich ganz natürlich aus dem Verhalten Montgomerys bei Mareth und am Wadi Akarit und entsprachen seinem Führungsstil.

Beim Feldzug in Nordafrika war Montgomery Armeebefehlshaber in einem ganz offenen Gelände, zum Teil auch in einem sehr unwegsamen gewesen. Will man seine Leistungen beurteilen, dann muß man die Tatsache berücksichtigen, daß er über eine gewaltige Materialüberlegenheit verfügte. Angesichts dieser Tatsache erscheinen uns seine Erfolge nicht so erstaunlich wie den Engländern in den Jahren 1942 und 1943. Montgomery war kein großer Truppenführer im Felde und gehörte nicht zu den bedeutenden Feldherren der Weltgeschichte. Er besaß nicht die Ausstrahlung oder den Sinn für den richtigen Augenblick, durch die sich diese großen Feldherren auszeichnen. Daß er bei Alam Halfa am 2. September den richtigen Augenblick verpaßte, läßt sich vielleicht damit entschuldigen, daß er noch nicht genügend Erfahrungen im Wüstenkrieg hatte. Aber der falsch gewählte Zeitpunkt für den Einsatz des X. Korps bei Alamein vergrößerte die Verwirrung. Im weiteren Verlauf der Schlacht war er am 3. November immer noch zu vorsichtig. Während des ganzen Afrikafeldzugs hat sich sein »Gespür« nicht entwickelt. Er war ein recht instinktloser Truppenführer. Sein bester Kritiker war sein Hauptgegner Rommel, der Mann, der die Tugenden des Schwungs und der Kühnheit verkörperte, die Montgomery fehlten. Der größte Fehler, den er in diesem Feldzug machte, ist, daß er die deutschen Streitkräfte auf dem Rückzug nach Tunesien nicht abgeschnitten und vernichtet hat. Rommel schreibt, wie erleichtert er unmittelbar nach der Alameinschlacht gewesen sei: »Ich war sehr zufrieden, daß Montgomery nie das Risiko auf sich nehmen wollte, uns kühn nachzustoßen und zu überrennen, was er ohne irgendeine Gefahr für sich selbst hätte tun können.« Montgomerys Haupttugenden waren die unerschütterliche Beharrlichkeit und seine Ausgeglichenheit, die es ihm ermöglichten, sofort einen neuen Angriff anzusetzen, wenn der erste gescheitert war. Bei Alamein waren diese Eigenschaften sehr wertvoll. Bei Enfidaville, wo ihm keine andere Wahl blieb, war seine Beharrlichkeit fehl am Platze.

Im modernen Krieg jedoch, der größere und vielschichtigere Probleme aufwirft, als sie das Geschehen auf dem eigentlichen Schlachtfeld bietet, lassen sich die Tugenden des militärischen Führers nicht mehr so klar definieren wie früher. Bei der Führung komplexer Armeen kommt es auf fähige Untergebene an. Montgomery suchte sie sich selbst aus und, was vielleicht noch wichtiger ist, hörte gewöhnlich auch auf ihren Rat – wenn er auch meist nicht zugeben wollte, daß er von ihnen kam. Mit einer aus Wehrpflichtigen bestehenden Truppe gegen die Elite einer der besten Armeen aller Zeiten zu kämpfen, verlangte vor allem eine hervorragende Kampfmoral. Montgomerys Soldaten waren immer siegessicher. Beim Einsatz einer hochtechnisierten motorisierten Truppe kam es auf die

exakte Planung an. Montgomerys Armeen wurden – im Gegensatz zu seinen Gegnern, die, wie bei Alam Halfa, oft durch eine schlechte Logistik behindert wurden – nie ohne eine genaue, wenn auch oft recht schwerfällige Vorausplanung eingesetzt. Der moderne Krieg wird in drei Dimensionen ausgefochten. Daß Montgomery so großen Wert auf die Zusammenarbeit mit den Luftstreitkräften legte, war für seine Armee ein großer Vorteil, als sie sich bei Mareth auf dem Höhepunkt ihrer Leistungsfähigkeit befand.
Es gab jedoch im Zweiten Weltkrieg einen Aspekt, der für die Beurteilung eines britischen Befehlshabers eine mindestens ebenso große Rolle spielte wie die obenerwähnten Gesichtspunkte: seine Beziehungen zu den amerikanischen Verbündeten. Montgomery sollte bei der nun folgenden Landung auf Sizilien – der Operation *Husky* – zeigen, daß er die Bedeutung dieses wesentlichen Bestandteils der Gesamtstrategie nicht begriffen hatte.

Abschied von der Achten Armee

Montgomery hätte das Jahr 1943 sicher nicht als eines der glücklichsten seines Lebens bezeichnet. Bis er im Dezember nach England zurückgerufen wurde, um sich dort an den Vorbereitungen für die Landungen in der Normandie zu beteiligen, beschäftigte er sich den größten Teil des Jahres mit der Planung und Ausführung der Invasion auf Sizilien und dem weiteren Vormarsch nach Norden durch Italien. Nachdem er in der afrikanischen Wüste die fast uneingeschränkte Freiheit der Entschlüsse genossen hatte, mußte er hier eine viel weniger selbständige Rolle übernehmen. Zum erstenmal in seiner militärischen Laufbahn war es seine Aufgabe, sich mit den Amerikanern zu einigen und mit ihnen zusammenzuarbeiten. Die Tatsache, daß er dazu kaum fähig war, sollte für den Rest des Krieges immer wieder zu fast unlösbaren und oft gefährlichen Schwierigkeiten führen. Die ihm angeborene Unfähigkeit, mit Offizieren gleichen Ranges auszukommen, und seine kaum verhüllte Nichtachtung gegenüber den meisten Vorgesetzten verstärkte sich im Fall der Amerikaner noch durch den Umstand, daß sie ihm fremd waren. 1943 hatte man in Großbritannien den gewaltigen Druck zu spüren begonnen, der dadurch entstanden war, daß die Briten den Kampf gegen die Achsenmächte praktisch allein weiterführen mußten. Als die Amerikaner in den Krieg eintraten, hatten sie verständlicherweise das Gefühl, es sei ihre Mission, die Welt zu retten. In für sie typischer extrovertierter Weise gaben sie sich kaum Mühe, ihr Gefühl zu verschleiern, das Schicksal habe sie zu diesem Kreuzzug bestimmt. Die Reaktion der Briten war ebenso charakteristisch. Von dem Gipfel der absoluten Überzeugung, daß sie ihren Verbündeten in vieler Hinsicht überlegen sei, blickte die Achte Armee arrogant und hochmütig auf die unerfahrenen Amerikaner herab. Ohne daran zu denken, welche Katastrophen sie im Fernen Osten und bei Beginn des Wüstenkrieges erlebt und wie sie gelegentlich versagt hatte, betrachtete sich die britische Armee jetzt als eine unvergleichlich schlagkräftige Streitmacht. Für die Kampfmoral war das sehr gut, auch wenn sich diese Ansicht auf zum Teil recht zweifelhafte Voraussetzungen stützte.

Jetzt begingen die Amerikaner Fehler, die die Briten schon vergessen hatten. Bei Fonduk und Kasserine hatte ihre Unerfahrenheit schlimme Folgen. Doch wie Montgomery in seinen Erinnerungen schreibt, lernten sie schnell: »Als die Amerikaner ihre Lektion gelernt und Erfahrungen gesammelt hatten, erwiesen sie sich als erstklassige Soldaten. Das brauchte zwar eine gewisse Zeit, aber bei ihnen ging es schneller als bei uns.« Diese großzügige Anerkennung kam jedoch zu spät. Zur Zeit der ersten britisch-amerikanischen Zusammenarbeit waren die Beziehungen – milde ausgedrückt – delikat. Für einen so temperamentvollen und leicht reizbaren Befehlshaber wie Patton war es empörend, das Gefühl haben zu müssen, daß er und seine Soldaten von ihren Verbündeten nicht für voll genommen wurden. Aber noch demütigender war es, feststellen zu müssen, daß die Kritik zum Teil gerechtfertigt war.

Während des ganzen Feldzugs in Nordafrika und Italien kam es immer wieder zu Zwischenfällen, die aus diesem grundlegenden Mangel an Verständnis entstanden, und die zeigten, daß die amerikanische und die britische Selbstachtung verletzt worden waren. Am 1. April 1943 wurde der Vorstoß Pattons gegen Gabes aufgehalten. Eine der Ursachen war eine Reihe wirkungsvoller Angriffe der deutschen Luftwaffe. Als der amerikanische General sich darüber beschwerte, nicht durch eigene Luftstreitkräfte unterstützt worden zu sein, meinte der Befehlshaber der Desert Air Force, Cunningham, der wirkliche Grund für das Mißlingen des Unternehmens sei die Tatsache, daß die amerikanischen Truppen einen zu geringen Gefechtswert hätten. Um die Kontroverse beizulegen, befahl Tedder, Cunningham solle sich bei dem erzürnten Patton entschuldigen. Als die Amerikaner Anfang April am Fondouk-Paß »hundsmiserable Leistungen« zeigten, wie Montgomery das genannt hätte, sollte der Kommandeur der britischen 8. Panzerdivision, General Crocker, einen vertraulichen Bericht über die Schlacht abfassen. Seine faire und objektive Beurteilung war, wie nicht anders zu erwarten, recht kritisch, und als die Presse davon Wind bekam, waren Patton und Bradley tief gekränkt. Das typischste Beispiel für die ständigen Reibereien zwischen den Alliierten war vielleicht das Angebot der RAF, Beobachter zu den Streitkräften der Vereinigten Staaten abzustellen, die ihnen sagen sollten, wie sie die Landstreitkräfte wirkungsvoller unterstützen könnten, indem sie die Zahl ihrer Feindflüge erhöhten. Das war eine ungeheure

Taktlosigkeit, so hoch die Briten auch ihre eigenen Erfahrungen einschätzen mochten.
Montgomerys Auftreten in dieser Atmosphäre des Mißtrauens, der Überempfindlichkeit und sogar Feindseligkeit mußte dazu führen, daß die amerikanischen Verbündeten durch weitere Taktlosigkeiten verärgert wurden. Sein Ruf war ihm vorausgeeilt. Er war der Befehlshaber einer siegreichen Armee, die sich der britischen Ersten Armee weit überlegen fühlte und ganz andere militärische Vorstellungen hatte als die unglücklichen Amerikaner. Als Patton im Februar in Tripolis einen der schulmeisterhaften Vorträge Montgomerys über die Kriegskunst hörte, versuchte er nicht, seine völlige Ablehnung von Montgomerys Auffassungen zu verbergen. Er sagte: »Ich mag alt sein, ich mag langsam sein, ich mag dumm sein, und ich weiß, ich bin taub, aber mir hat das alles nichts zu sagen.« Und als die Achte Armee bei Enfidaville einen entscheidenden Rückschlag erlebte, reagierte der Stab von Bradley mit Schadenfreude.
Die Kommunikationsschwierigkeiten hätten sicherlich mit Hilfe der diplomatischen Umgänglichkeit beigelegt werden können, über die Alexander verfügte, aber eine solche Haltung war Montgomery fremd, der sich in der Folgezeit eine Reihe der für ihn so typischen Taktlosigkeiten leistete. Seine Unnahbarkeit zeigte sich bereits in der Art seiner Befehlstechnik. Er isolierte sich in seinem Gefechtsstand, empfing Meldungen, faßte Entschlüsse und gab Befehle. Außer mit seinem Generalstabschef und manchmal auch mit seinen Verbindungsoffizieren gehörten Lagebesprechungen nicht zu seiner Methode. In seinem Buch *Kreuzzug in Europa* hat Eisenhower beschrieben, welche Spannungen dieser militärische Führungsstil erzeugte. Er schreibt, Montgomery habe sich immer wieder geweigert, mit Generalstabsoffizieren zu sprechen, die nicht seinem eigenen Stab angehörten.
In dieser Atmosphäre des Mißtrauens und der Isolation, in der sich die Spannungen durch das aggressive Selbstvertrauen Montgomerys noch erhöhten, kam es zu Vorfällen, die man, wenn sie für die Sache der Alliierten nicht so gefährlich und abträglich gewesen wären, als lächerlich und sogar kindisch hätte abtun können. Am bekanntesten wurde die Affäre mit Bedell Smith, Eisenhowers Generalstabschef, und der fliegenden Festung. Bei dem Besuch von Bedell Smith in Tripolis vom 15. bis zum 17. Februar hatte Montgomery sich vor ihm gebrüstet, er werde am 15. April in Sfax sein.

Als der Amerikaner an dieser seiner Ansicht nach zu optimistischen Voraussage zu zweifeln wagte, fragte ihn Montgomery, ob die Amerikaner ihm für den Fall eines Erfolges ein Bombenflugzeug vom Typ B 17 – eine fliegende Festung – schenken würden. Bedell Smith, der dieses Ansinnen offenbar nicht ganz ernstnahm, erklärte sich einverstanden. Montgomerys Truppen waren schon am 10. April in Sfax, und nun forderte er seinen Preis und brachte damit die Alliierten in große Verlegenheit. Zunächst versuchte Bedell Smith, die ganze Angelegenheit als einen Scherz abzutun, aber Montgomery meinte es todernst. Schließlich war Eisenhower, den man von dieser kindischen Wette unterrichtet hatte, gezwungen, Montgomery zu seinem persönlichen Bedarf eine fliegende Festung zur Verfügung zu stellen. Natürlich war er wütend, und Alan Brooke wird die Sache kaum freundlicher aufgenommen haben.
Dieser Vorfall wirft nicht nur ein bezeichnendes Licht auf die Beziehungen zwischen den Alliierten, sondern auch auf die Vorstellungen und Wertmaßstäbe der unmittelbar Betroffenen. Die Amerikaner hatten zweifellos recht, wenn sie die ganze Angelegenheit zunächst als Scherz ansahen. Jedenfalls war es eine sinnlose Wette, denn die Küstenstraße nach Sfax war für die Achte Armee reserviert, damit sie die Stadt so schnell wie möglich erreichen konnte. Wäre das nicht so gewesen, hätte das amerikanische IX. Korps Sfax viel früher erreicht als Montgomery, und er hätte seine Wette nicht gewinnen können. Als nun Montgomery darauf bestand, daß man ihm die fliegende Festung zur Verfügung stellte, fanden die Amerikaner das nicht komisch. Montgomery seinerseits zeigte sich hocherfreut und wollte die Haltung der Amerikaner nicht verstehen. Für ihn handelte es sich um die Einhaltung einer heiligen Verpflichtung, denn er hatte im Offizierskasino gelernt, daß Spielschulden Ehrenschulden seien. Für Eisenhower war es eine lästige Nebensächlichkeit, aber da er wußte, daß sich die Spannungen zwischen den Alliierten noch verschärfen konnten, sah er sich gezwungen, eine Sache ernst zu nehmen, die man in jedem anderen Fall als einen unverbindlichen Spaß zu den Akten gelegt hätte.
Als die Deutschen am 12. Mai kapitulierten, beschloß Montgomery, einen kurzen Urlaub in England zu verbringen. Der Aufenthalt in der Heimat hinterließ gemischte Gefühle in ihm. Es ärgerte ihn, daß er nicht zu dem Dankgottesdienst in der St.-Pauls-Kathedrale eingeladen wurde, mit dem die Londoner den Sieg in Afrika begingen.

Die offizielle Erklärung lautete, der Feind hätte im Falle seiner Teilnahme erfahren, daß er sich nicht mehr auf dem Kriegsschauplatz befand. Montgomery gab sich damit aber nicht zufrieden, denn überall, wo er sich in London zeigte, wurde er von der Bevölkerung stürmisch gefeiert. Sein Aufenthalt in England war also keineswegs ein »Geheimnis«, sondern vielmehr eine Gelegenheit für die Manifestation eines erstaunlichen Personenkults. Als er daher am 2. Juni zur Achten Armee zurückkehrte – in der fliegenden Festung, die Eisenhower ihm zur Verfügung gestellt hatte –, war er sich der Tatsache bewußt, ein Volksheld geworden zu sein.

Die Planungsphase für die Invasion auf Sizilien im April und Anfang Mai bot Anlässe für weitere Mißverständnisse zwischen Montgomery und den Amerikanern. Daß Monty bezeichnenderweise darauf bestand, möglichst jedes Risiko auszuschalten, bedeutete, daß bei diesem Unternehmen die zum damaligen Zeitpunkt zweifellos zuverlässigeren und erfahreneren britischen Truppen an den Schwerpunkten der Kampfhandlungen eingesetzt werden sollten. So wurde den amerikanischen Truppen bei der Invasion eine relativ unwichtige Aufgabe zugewiesen, und zwar ein Angriff im Raum von Gela. Damit erhielten sie nicht die Gelegenheit, sich im Rahmen des Hauptangriffs besonders auszuzeichnen. Nach der Invasion hatte Montgomery wieder Gelegenheit, seinen Verbündeten die Schau zu stehlen, und das wollte er auf keinen Fall versäumen. Am 12. Juli, zwei Tage nach der Landung, beschloß er, beiderseits des Ätnas nach Norden in Richtung auf die Straße von Messina vorzustoßen. Dabei sollten seine Truppen die in Bradleys Angriffsstreifen liegende Straße 124 benutzen. Die Amerikaner sollten das Unternehmen nur abschirmen. Obwohl der Plan mißlang – der Ätna war sogar für Montgomery ein zu großes Hindernis –, kam es am 13. Juli zu einer peinlichen Konfrontation. Die amerikanischen Truppen unter Bradley stellten bei ihrem Vorstoß gegen den Nordteil der Insel plötzlich fest, daß Montgomerys 51. Hochlanddivision sich auf der Straße befand, die in dem ihnen zugewiesenen Angriffsstreifen lag. Nunmehr befahl Alexander als Befehlshaber der Bodentruppen Bradley, er solle Montgomery die Straße überlassen. So blieb den Amerikanern nur noch die Aufgabe, den Nordwestteil der Insel vom Feind zu säubern, und als Eisenhower sich damit einverstanden erklärte, bezeichneten ihn seine Offiziere als den »besten General, den die Briten haben«.

Nach allem peinlichen hin und her war es Pattons energischer Vorstoß im Norden der Insel, der schließlich Ruhm und Ehre des sizilianischen Feldzugs auf sich vereinigte. Wie nicht anders zu erwarten, fragte jetzt die amerikanische Presse in scharfem Ton, weshalb man dem angriffsfreudigen Patton nicht schon früher freie Hand gelassen habe, und warum die alliierten Operationen durch die Schwierigkeiten der britischen Truppen am Ätna aufgehalten worden seien. Ähnliche Klagen hörte man dann nach der Landung in Italien.

Am 3. September um 4.30 Uhr morgens überquerte die Achte Armee unter Montgomery die Straße von Messina. Sechs Tage darauf landete die amerikanische Fünfte Armee unter General Mark Clark bei Salerno. Hier stießen die Amerikaner auf verhältnismäßig starke Gegenwehr, während die feindlichen Kräfte, denen sich Montgomery gegenübersah, relativ schwach waren. Trotzdem ging Montgomery auch weiterhin mit gewohnter Gründlichkeit und Planmäßigkeit vor. Sein Vormarsch entlang der Stiefelspitze von Italien erschien den Amerikanern provozierend langsam. Während die BBC den Eindruck erweckte, die Achte Armee stürme gegen Salerno vor, erklärte General Clark enttäuscht: »Die Achte Armee geht langsam weiter in Richtung Salerno vor, während sich Alexander täglich darum bemüht, ihren Vormarsch zu beschleunigen.« In dieser Situation gab es unzählige Reibungsmöglichkeiten. In britischen Augen war es eine Operation, bei der die unvergleichliche Achte Armee zur Rettung der in Schwierigkeiten geratenenen Amerikaner vorstieß, wobei unbeachtet blieb, daß Clarks Armee einige erstklassige britische Verbände angehörten, während die Amerikaner bei Salerno gegen einen starken Gegner kämpfen mußten und Montgomery empörend zögernd und methodisch gegen nur leichten Widerstand vorging. Die Episode endete mit einem unglaublich taktlosen Verhalten Montgomerys. Als beide Armeen schließlich Verbindung miteinander aufnahmen, kam Clark in den Gefechtsstand der Achten Armee. Ein Ordonanzoffizier meldete Montgomery in dessen Befehlswagen, General Clark warte draußen auf ihn, doch Montgomery befahl ihm, er solle Clark sagen, der General sei nicht da. Die Amerikaner aber wußten genau, daß Montgomery in dem Fahrzeug saß.

Die Kanadier behandelte Montgomery nicht ganz so abweisend. Das lag vielleicht daran, daß seine Zuständigkeit hier unbestritten

war. Ihnen gegenüber war er nachsichtiger und neigte weniger dazu, sie durch sein Verhalten in Harnisch zu bringen, was er bei den Amerikanern fast zu beabsichtigen schien. Bei einer Lagebesprechung griff er ein, um zu verhindern, daß es bei einer Meinungsverschiedenheit zwischen einem kanadischen General und einem Brigadekommandeur zu einer allzu scharfen Kontroverse kam. Später in Italien versuchte er, eine peinliche Situation mit dem Takt, der ihm zur Verfügung stand, zu bereinigen, als zwei dort eingesetzte kanadische Divisionen detaillierte Meldungen über ihre Einsätze nach Sizilien schicken sollten, wo der kanadische Kommandierende General Crerar sein Stabsquartier hatte. Wie taktlos er sein konnte, zeigte sich, als er Crerar aufforderte, die Führung einer Division zu übernehmen, bis sein Hauptquartier nach Italien verlegt sei, um dabei Kampferfahrungen zu sammeln. Crerar lehnte dies Ansinnen ab, und Montgomery akzeptierte seinen Standpunkt einigermaßen gelassen.
Aber selbst in seinem Verhalten gegenüber den Kanadiern konnte er seine Arroganz nicht immer unterdrücken. Als der Oberbefehlshaber der kanadischen Streitkräfte in Europa, General McNaughton, nach Sizilien abreiste, um die dort eingesetzten kanadischen Truppen zu besuchen, weigerte sich Montgomery, ihm die Landeerlaubnis zu geben, und drohte, ihn festnehmen zu lassen, wenn er es wagen sollte, einen Fuß auf die Insel zu setzen. Diese ungewöhnliche Konfrontation war das Ergebnis einer unwesentlichen Meinungsverschiedenheit über die Theorie von den unwiderstehlichen Kräften und den unbeweglichen Gegenständen. General McNaughton, der Schöpfer der kanadischen Armee für die Invasion in der Normandie, war nicht damit einverstanden gewesen, die 1. kanadische Division in den Mittelmeerraum zu verlegen, aber auf Verlangen der kanadischen Regierung nahmen kanadische Truppen an den Kämpfen auf Sizilien teil. Die Politiker in Ottawa hielten es für wichtig, daß kanadische Soldaten sich noch vor Jahresende aktiv an den Kämpfen beteiligten. Eine eindeutige Bedingung für die Eingliederung kanadischer Truppen in Montgomerys Achte Armee, – eine Bedingung, mit der sich die kanadische Regierung einverstanden erklärt hatte –, war, daß die Kanadier keinen Sonderstatus haben sollten und es im Hinblick auf ihre Verwendung keine Einschränkungen geben dürfe.
Nach dem erfolgreichen Abschluß der Landung auf Sizilien hielt es

General McNaughton für richtig, »seine« 1. Division zu besuchen, um persönlich festzustellen, wie sie sich bei dem Angriff bewährt hätte, um selbst über ihre Leistungen an die kanadische Regierung berichten zu können. Dabei beging er die Ungeschicklichkeit, sich vorher nicht mit Montgomery in Verbindung zu setzen. Das kann nur daran gelegen haben, daß irgendein Stab etwas versäumt hatte, denn selbst der jüngste Generalstabsoffizier hätte wissen müssen, daß ein Armeebefehlshaber von einem beabsichtigten Truppenbesuch in seinem Befehlsbereich unterrichtet werden muß. Wenn es sich bei diesem Befehlshaber um General Montgomery handelte, so war das eine noch delikatere Angelegenheit. Monty liebte es ohnehin nicht, Besuche zu empfangen, solange eine Kampfhandlung nicht abgeschlossen war. Solche Gäste stellten zu viele Fragen, verlangten zuviel Aufmerksamkeit und störten ihn, während er Wichtigeres zu tun hatte. Sogar der Premierminister war in solchen Situationen kein gerngesehener Gast.
Als Montgomery daher hörte, General McNaughton wolle nicht nur die kanadische Division besuchen, sondern sei sogar schon unterwegs, kam es, wie nicht anders zu erwarten, zu einer Explosion. Mit etwas Takt und Geduld wäre es sogar jetzt noch möglich gewesen, die Angelegenheit zu bereinigen. Hätte er an General McNaughton einen Funkspruch geschickt und darin angedeutet, daß sein Besuch zu einem späteren Zeitpunkt gelegener kommen würde, so hätte der kanadische General vielleicht Verständnis gezeigt, auch wenn er davon nicht gerade entzückt gewesen wäre. Montgomery zog es vor, seinem hochgestellten Gast mit der Festnahme zu drohen; für eine Verletzung des Protokolls, mochte sie auch noch so unverzeihlich sein, eine zu harte Vergeltungsmaßnahme. Wieder sah sich General Alexander genötigt, Montgomery recht zu geben, und der unglückliche McNaughton mußte seinen Besuch verschieben. Als er schließlich auf Sizilien eintraf, war der Feldzug praktisch vorüber, und Montgomery hatte in Taormina eine luxuriöse Villa bezogen. Das verschaffte McNaughton die Gelegenheit, seine Rechnung zu begleichen, und er ließ sie nicht ungenutzt verstreichen. Als er sich die prächtige Unterkunft ansah, wendete er sich an seinen Gastgeber und fragte ihn herausfordernd: »Sie fangen doch nicht an, weich zu werden Monty?«
Auch General Crerar hatte am Schluß des Feldzugs in Sizilien einen Zusammenstoß mit Montgomery. Die Verlegung seines kanadi-

schen Korpsstabs nach Sizilien hatte Montgomery bereits irritiert, und Crerar hatte ihn dadurch geärgert, daß er sich weigerte, eine Division zu übernehmen, um »Kampferfahrungen zu sammeln«. Als Crerar nun in Italien früher in die Kämpfe eingriff als notwendig, sah sich Montgomery veranlaßt, seinem Verbündeten mit fast der gleichen Feindseligkeit entgegenzutreten wie dem militärischen Gegner. Beim Eintreffen Crerars in Sizilien war Montgomery schon mit den Operationen in Italien beschäftigt, die zu den Spannungen mit General Mark Clark führten. Er war wütend, als er feststellte, daß bei seinem sorgfältig organisierten Stab ohne seine Genehmigung Kraftfahrzeuge, Lastwagen, Personal und allerlei Ausrüstung eingetroffen waren, die General Crarar aus Sizilien mit der Begründung hingeschickt hatte, er beabsichtige, »seine Truppen« gelegentlich zu besuchen und brauche deshalb in der Nähe des Armeestabes ein eigenes kleines Stabsquartier. Montgomery erklärte eisig, wenn er General Crerar brauche, so werde er ihn rufen lassen. Bis dahin habe er nicht die Absicht, einen Haufen unnötiger Fahrzeuge bei seinem Stab zu dulden. Obwohl der kanadische Verbindungsoffizier bei Montgomerys Stab ihm die Auffassung des Befehlshabers übermittelt hatte, erklärte der kanadische General, er werde nach Italien fliegen, um Montgomery aufzusuchen. Montgomery erwiderte, er habe nichts mit Crerar zu besprechen und wünsche ihn nicht zu sehen. Jetzt hätte es zu einer noch peinlicheren Situation kommen können als seinerzeit mit McNaughton, aber der kanadische Verbindungsoffizier Dick Malone konnte das Schlimmste verhüten. Er holte Crerar auf dem Flugplatz in Foggia ab und brachte ihn zum kanadischen Divisionsstabsquartier. Hier sagte er ihm, daß Montgomery ihn nicht im Stabsquartier der Armee empfangen wolle, und überredete ihn, im Interesse der Harmonie zwischen den Alliierten über die Haltung Montgomerys hinwegzusehen und sie nicht als persönliche Beleidigung aufzufassen. Es ist interessant, daß Montgomery am Tag nach dem Besuch von Crerar die Mißhelligkeit nicht mehr erwähnte, sondern sich ostentativ nach dem Gesundheitszustand des kanadischen Generals erkundigte.
Als Oberst Ralston, der kanadische Verteidigungsminister, Italien besuchte, kam es fast zu einer ähnlichen Situation. Montgomery erfuhr eine Woche vorher, daß Ralston kommen würde, und machte ein paar typische Äußerungen darüber, was er von Politikern hielt. Er erklärte, er habe nicht die Absicht, mit Ralston zusammenzu-

treffen. Schließlich war er doch bereit, ihn »am Mittwoch um vier Uhr zum Tee zu empfangen«. Wollte der kanadische Minister dieser förmlichen Einladung folgen, so mußte er damit rechnen, eine lange Rückfahrt in der Dunkelheit über gefährliche Gebirgsstraßen zur kanadischen 1. Division in Kauf zu nehmen. Als es aber soweit war, bewirtete Montgomery seinen Gast nicht nur mit Tee, sondern brachte ihn auch für die Nacht in seinem Gäste-Caravan unter und führte am nächsten Morgen noch ein langes Gespräch mit ihm.

Takt und diplomatisches Geschick mögen zwar in manchen Situationen sehr wertvoll sein, sie sind aber keine unabdingbaren Voraussetzungen für den Erfolg eines militärischen Befehlshabers. Die Schroffheit Montgomerys läßt sich zum großen Teil dadurch erklären, daß er sich vollkommen auf seine militärischen Aufgaben konzentrierte. Zwar hatte er es auf Sizilien und in Italien mit Verbündeten zu tun, die er ärgern konnte, aber es gab dort auch einen Gegner, den er schlagen mußte. Um seine Erfolge als Befehlshaber in diesen Feldzügen richtig zu beurteilen, muß man sich auch die Vorbereitungen dazu ansehen, die Planungen für die Operation *Husky*, den Angriff gegen Sizilien. Eisenhower war der Oberbefehlshaber; Tedder, Cunningham und Alexander befehligten die Luft-, See- und Landstreitkräfte. Als Befehlshaber der Achten Armee war Montgomery für die am Feldzug beteiligten Truppen des britischen Heeres verantwortlich. Damit hatte er eine wichtige Aufgabe, doch mußte er im Rahmen eines großen und komplexen Teams operieren. *Husky* war die erste große amphibische Operation, an der er teilnahm, und es ergaben sich dabei gewaltige Schwierigkeiten. Schon während der Bereitstellung wurden Zweifel und Vorbehalte laut. Michael Howard spricht von »General Marshalls Alptraum vom Mittelmeer als einem bodenlosen Schlund, der die Reserven der Verbündeten verschlingen könnte«. Vielleicht waren diese Vorstellungen die Ursache, weshalb die Amerikaner sich scheuten auf diesen Kriegsschauplatz die Truppen und die Ausrüstung zu verlegen, die sie für eine Landung in Nordfrankreich vorgesehen hatten. Selbst amerikanische Offiziere, die wie Eisenhower von der Notwendigkeit alliierter Operationen im Mittelmeerraum überzeugt waren, hätten einem Angriff gegen Sardinien den Vorzug gegeben, denn von hier aus ließen sich sowohl Südfrankreich als auch die exponierte italienische Westküste bedrohen. Für

Sizilien hatte man sich schließlich vor allem auf Churchills Drängen entschieden. Montgomery, der immer darum bemüht war, jedes Unternehmen klar und sauber zu planen, hatte den Eindruck, daß der Feldzug mit einem ziemlichen Durcheinander begann.
Die Situation wurde noch dadurch belastet, daß das Unternehmen vorbereitet werden mußte, während die Befehlshaber, die es führen sollten, noch an anderer Stelle beschäftigt waren. Montgomerys Generalstabschef de Guingand begann im April an den detaillierten Planungen teilzunehmen, und zwar im Rahmen eines Gesamtplans, den die britischen Chefs des Stabes im November 1942 entworfen hatten und der am 13. März 1943 von Eisenhower genehmigt worden war. Dieser Plan, daß drei britische Divisionen an einem 160 Kilometer langen Küstenstreifen bei Syrakus landen sollten, während sich die Amerikaner auf Palermo konzentrierten. Oberflächlich betrachtet, enthielt dieser Plan das gefährliche Element der Zersplitterung der Kräfte, und als Montgomery davon erfuhr, schrieb er sofort an Alexander und teilte ihm mit, er sei nicht damit einverstanden. Dann begann er sich auf das Problem zu konzentrieren, besonders auf die Notwendigkeit, zu einem möglichst frühen Zeitpunkt einen großen Hafen und brauchbare Flugplätze in Besitz zu nehmen. Am 23. April begab er sich nach Kairo und überließ General Horrocks die undankbare Aufgabe, die Gebirgskette bei Enfidaville zu überwinden. Während der Osterfeiertage entwarf er mit Leese, Dempsey und de Guingand einen neuen Plan, bei dem stärkere Truppenverbände für die Landung an einer schmaleren Front eingesetzt werden sollten. Admiral Ramsay als Befehlshaber der Flottenverbände, die die britischen Landungen decken sollten, war so unvorsichtig, dem neuen Plan inoffiziell zuzustimmen, wurde aber von Montgomery sofort gezwungen, sein offizielles Einverständnis zu erklären.
Am 29. April fand in Algier eine Besprechung statt, bei der man den Versuch unternahm, die bisher bestehenden Unklarkeiten zu beseitigen. Montgomery war erkrankt und konnte nicht teilnehmen, aber der Befehlshaber der Luftstreitkräfte, Tedder, erklärte seinen Plan für undurchführbar, weil dabei nicht die Einnahme der Flugplätze vorgesehen war, die man brauchte, um die weiteren Operationen aus der Luft zu unterstützen. Cunningham erklärte sich als Vertreter der Flotte einverstanden. Montgomery erholte sich sehr rasch, und am 2. Mai fand eine zweite Besprechung statt. Diesmal

konnte Alexander nicht teilnehmen, weil sein Flugzeug durch Nebel aufgehalten worden war. Für Montgomery war das kein Grund, die Erörterung seines Plans zu verschieben, aber die anderen Befehlshaber waren gegenteiliger Meinung. Darauf verfolgte Montgomery den amerikanischen General Bedell Smith bis in die Herrentoilette und versuchte, ihn in dieser wenig geeigneten Örtlichkeit auf seine Vorstellungen festzunageln. Er sagte dem General, er habe seinen Plan insofern geändert, als jetzt die Flugplätze bei Gela in Besitz genommen werden sollten, die Tedder für seine fliegenden Verbände brauchte. Das sollte die Aufgabe der amerikanischen Truppen sein, die nun nicht mehr gegen Palermo, sondern gegen die Südostecke der Insel eingesetzt werden würden. Bedell Smith, dem viel daran gelegen war, den britischen Familienstreit beizulegen und der wahrscheinlich in der Toilette alleingelassen werden wollte, erklärte sich einverstanden, Eisenhower in diesem Sinne zu berichten. Doch Eisenhower weigerte sich, die Angelegenheit zu erörtern, bevor Alexander eingetroffen wäre. Montgomery machte jedoch weitere Ausführungen über seinen Plan und gewann die Zustimmung von Tedder und Cunningham. Schließlich überredete er Bedell Smith, eine »Stabsbesprechung« einzuberufen. Wenn der Plan bei dieser Besprechung gutgeheißen würde, dann sollte er am folgenden Tag Eisenhower und Alexander vorgelegt werden. Die Taktik Montgomerys, die Generale einzeln vorzunehmen und unermüdlich auf die Durchsetzung seiner Vorstellungen hinzuarbeiten, erwies sich schließlich als erfolgreich. Bei der Stabsbesprechung begann er seine Ausführungen mit den folgenden Worten: »Ich weiß sehr gut, daß viele mich als einen lästigen Menschen ansehen. Damit haben sie wahrscheinlich auch recht ...« Keiner der Anwesenden widersprach dieser Behauptung.

Über Montgomerys Beitrag zum Feldzug auf Sizilien sind die Meinungen geteilt. Man hat ihm vorgeworfen, zu vorsichtig gewesen zu sein; eine Kritik, die immer wieder gegen ihn vorgebracht wurde. In seinem Buch *Three Years with Eisenhower* sagt Captain Butcher verächtlich, Montgomery habe versucht, dafür zu sorgen, daß »sein Anteil an *Husky* so groß war, daß das Risiko einer Niederlage ausgeschaltet würde«. Diese Haltung läßt vielleicht den Schwung vermissen, aber sie erscheint vertretbar bei einem Befehlshaber, der eine umfassende militärische Operation zu leiten hat. Tedders Kritik, Montgomery habe sich vor dem Risiko einer amphibischen

Operation gescheut, mutet einen seltsam an, wenn man bedenkt, daß Tedder selbst behauptet hatte, seine fliegenden Verbände könnten die Operationen nicht wirksam unterstützen, wenn ihnen nicht die notwendigen Feldflugplätze zur Verfügung stünden. Seine 4000 Maschinen waren zu keinem Zeitpunkt ernsthaft gefährdet, während die Voraussage Montgomerys, man müsse zu Lande mit starker feindlicher Gegenwehr rechnen, zutraf. Als erste amphibische Landung solchen Ausmaßes war *Husky* kein Unternehmen für Amateure. Trotz sorgfältiger Vorbereitung kam es gelegentlich zu einem gefährlichen Durcheinander. Von 133 britischen Lastenseglern erreichten nur zwölf das Zielgebiet. Einige wurden von der alliierten Flotte beschossen, und als Folge einer tragischen Fehleinschätzung ertranken 252 Mann der 1. Luftlandebrigade im Mittelmeer vier Kilometer vor ihrem Angriffsziel auf der Insel. Wenn eine solche Operation sehr sorgfältig vorbereitet wird, dann ist das kein Grund zur Kritik. Wenn es aber bei der Durchführung an Kühnheit fehlt, dann liegt die Sache anders.

Als Montgomerys Truppen am 10. Juli gelandet waren, nahmen sie sehr schnell die Stadt Syrakus. Anschließend sollte das XIII. Korps unter Dempsey entlang der Küste nach Norden gegen Messina vorstoßen, während das XXX. Korps unter Leese gegen das Innere der Insel vorging und die Verteidigungsstellungen am Ätna in der Flanke faßte.

Das war eine der üblichen Zangenbewegungen, die jedoch wenig Rücksicht auf das Gelände nahm. Die Deutschen nutzten die natürlichen Hindernisse am Ätna dagegen sehr gut aus, als die Achte Armee unter großen Strapazen durch die heiße, von Malaria verseuchte Ebene bei Catania vorrückte. Aber Montgomery blieb wie immer optimistisch. Vom 12. bis zum 16. Juli versicherte er Alexander täglich, er werde Catania in wenigen Stunden genommen haben, aber seine beiden Armeekorps stießen auf den entschlossenen Widerstand der Deutschen, und am 21. Juli stellte es sich heraus, daß Montgomery sein Ziel nicht erreicht hatte. Pattons Truppen setzten ihren Vormarsch jedoch in Richtung auf die Küste nach Nordwesten fort. Am 22. Juli nahmen sie Palermo und wendeten sich dann nach Osten. Am 17. August um 10.15 Uhr vormittags drang die amerikanische 3. Division in Messina ein, und zwar wenige Stunden vor der Vorhut der Achten Armee, deren Angriff nach dem 5. August wieder in Bewegung gekommen war.

Wie üblich kritisierte Montgomery alles und jeden und behauptete, für die Überwindung des Geländes am Ätna hätte es einen besseren Plan geben müssen, die Zusammenarbeit zwischen Armee und Luftstreitkräften sei jedoch ungenügend vorbereitet worden. Es habe keinen Gesamtplan gegeben, und deshalb seien »die Operationen und Aktionen der beiden alliierten Armeen nicht richtig auf einander abgestimmt gewesen«, so daß die amerikanische Siebte Armee nach der Landung in westlicher Richtung gegen Palermo vorstoßen durfte, statt die Insel vor der Umgehung des Ätnas und der Einnahme von Messina, natürlich durch Montgomery, in zwei Teile zu zerschneiden. Was man auch an der Gesamtplanung und Durchführung des Unternehmens *Husky* kritisieren mochte, man darf sagen, daß die geringen Erfolge Montgomerys bei diesem Feldzug auf seine eigenen taktischen Fehler zurückzuführen waren, und daß seine Kritik an den Amerikanern, sie hätten die Insel nicht »halbiert«, verständlicher wäre, wenn er die Straße 124 nicht für sich in Anspruch genommen hätte; denn sie stellte die Achse dar, auf der Patton hätte vorstoßen können.
Ebenso kritisch beurteilte Montgomery die Planungen für die nächste Phase der Operationen, die Invasion in Italien. Zwei Landungen waren in Aussicht genommen: das Unternehmen *Avalanche* im Golf von Salerno unter Verwendung der amerikanischen Fünften Armee unter Clark und das Unternehmen *Baytown*, die Überquerung der Straße von Messina gegen Reggio di Calabria durch Montgomerys Achte Armee. Er behauptete, man habe ihm kein richtiges Angriffsziel zugewiesen, und er könne den Erfolg nicht garantieren, wenn – wie er vermute – zwei deutsche Panzerdivisionen in der Stiefelspitze Italiens bereitstünden. Wie sich herausstellte, waren seine Befürchtungen unbegründet. Bei der Überquerung der Straße von Messina am 3. September stieß die Achte Armee auf keinen nennenswerten feindlichen Widerstand. Montgomery selbst fuhr wie zu einem Picknick in einem Torpedoboot hinüber. Er hatte den Auftrag, bis zur Landenge bei Cantanzaro-Pizzo vorzustoßen, aber als die Meldung eintraf, daß Clark bei der Landung auf Widerstand gestoßen sei, führte er eine seiner Divisionen sofort weiter nach Norden und nahm am 16. September, nachdem er in sieben Tagen 480 Kilometer zurückgelegt hatte, die Verbindung mit der amerikanischen Fünften Armee auf. Auf den ersten Blick erscheint das als eine hervorragende Leistung, doch er war

dabei kaum auf feindlichen Widerstand gestoßen, und obwohl Montgomery wegen der kritischen Lage bei Salerno etwas rascher vorgegangen war als sonst üblich, zeigte er nur wenig Schwung und war vor allem darauf bedacht, die Marschordnung seiner Armee aufrechtzuerhalten. Den ersten Kontakt mit Clarks Streitkräften nahmen einige Journalisten in zwei Jeeps auf, die das bedächtige Vorrücken der Achten Armee nervös gemacht hatte. Hätten die Deutschen die Amerikaner ins Meer zurückgeworfen, so hätte Montgomery die Ereignisse in keiner Weise beeinflussen können.

Nachdem Clark aus dem Brückenkopf bei Salerno ausgebrochen war, stieß Montgomery weiter in Richtung auf Foggia vor, und anschließend setzte die Achte Armee den Vormarsch entlang der adriatischen Küste gegen den Fluß Sangro fort, während die amerikanische Fünfte Armee an der Westküste gegen Rom vorrückte. Die Kämpfe waren hart, und die Alliierten kamen nur langsam voran. Der entschlossene Widerstand der Deutschen wurde durch das schlechte Wetter begünstigt, und die Achte Armee wurde dabei in eine verzweifelte Zermürbungsschlacht gezwungen. Die beiden größeren Flußläufe vor dem Sangro ließen sich ohne Schwierigkeiten rasch überwinden. Bei einem Kommandounternehmen am 2. Oktober gelang es, den Verteidigungsstellungen am Biferno in die Flanke zu kommen, und am 5. November hatte das britische V. Korps den Trigno überschritten. Nun stand Montgomery vor der deutschen »Gustavlinie« am Sangro. Das war eine gutausgebaute Verteidigungsstellung, die sich quer durch Italien hinzog und den Sangro, den Garigliano und den Rapido als natürliche Hindernisse ausnutzte.

Schulmeisterlich erklärte er: »Jetzt werden wir den Deutschen einen ungeheuren Schlag versetzen.« Am 15. November überschritten seine Truppen den Sangro, und am 27. Dezember hatte er die Gustavlinie durchbrochen und Ortona eingenommen. In dieser Phase kam es zu erbitterten Kämpfen bei schweren Strapazen für die Truppe, und später kritisierte Montgomery fast jeden Aspekt dieses Feldzuges mit Ausnahme seiner eigenen Rolle darin. In seinen Erinnerungen schreibt er: »Wenn die Planung und Durchführung des Feldzugs in Sizilien schlecht waren, so waren die Vorbereitungen für die Invasion in Italien und den nachfolgenden Feldzug in diesem Lande noch schlechter.« Seinen Vorgesetzten warf er vor, keinen Gesamtplan entworfen und keine klaren Vorstellungen davon gehabt zu haben, wie sich die Lage entwickeln sollte. Er behauptete, man habe nicht den Versuch unternommen, seine und die Operationen der Fünften Armee aufeinander abzustimmen, und die administrative Planung des Gesamtfeldzugs sei gefährlich nachlässig gewesen. Wenn das alles wirklich stimmte, dann traf auch Montgomery ein Teil der Schuld. Er hatte sich noch niemals gescheut, sich in die Gesamtplanung irgendeines Feldzugs, an dem er teilnehmen sollte, einzumischen.

Wer auch immer die Hauptschuld trägt, die Feldzüge in Sizilien und Italien waren nicht die ruhmreichsten Episoden in Montgomerys militärischer Laufbahn. Jetzt aber sollte er sich an der größten Operation des Krieges beteiligen. Am 24. Dezember, kurz vor der Einnahme von Ortona, erhielt er die Anweisung, nach England zurückzukehren und den Befehl über die für die Invasion in Nordfrankreich bestimmte 21. Heeresgruppe zu übernehmen. Am 30. Dezember hielt er vor seinen Offizieren im Opernhaus von Vasto eine Ansprache. De Guingand hielt diese Abschiedsrede für bewegend, aber ein anderer Augenzeuge schildert den höflichen und kühlen Ausdruck der in der ersten Reihe sitzenden Offiziere, das müde Lächeln in den Reihen unmittelbar dahinter und die offensichtliche Langeweile rückwärts im Saal. Montgomery genoß jedoch außerordentliches Ansehen immer vorwiegend bei den einfachen Soldaten und im britischen Volk, was nicht zuletzt das Verdienst der Berichterstatter war, die erkannten, welchen Nachrichtenwert sein exzentrisches Wesen hatten. Als er nach London zurückkehrte, um sich auf seine neuen Aufgaben vorzubereiten, existierte schon eine Montgomery-Legende aus zahllosen Anekdoten, die zwar zum großen Teil erfunden, leider aber auch sehr oft zutreffend waren. Oberst Dick Malone hat die Szene beschrieben, in der Montgomery – ohne dazu berechtigt zu sein – einen Generalstabsoffizier vom alliierten Oberkommando in seinen Caravan zitierte, um mit ihm das verspätete Eintreffen von Winterbekleidung für die Achte Armee zu »besprechen«. Nach etwa dreißig Minuten kam der unglückliche Offizier fast weinend wieder heraus. »Wenig später sprang der kleine Monty in grauem Wollpullover und langen Hosen aus dem Wagen, drehte keck den Kopf zur Seite und schlug sich mit der Faust an die Brust. Dann sagte er: »Nun, wie sah der Mann aus? Was konnte er zu seiner Verteidigung sagen?« Es dauerte nicht lange, bis die Winterbekleidung eintraf.

Die angeblich so spartanische Lebensweise Montgomerys war Anlaß für viele abschätzige Äußerungen und Anekdoten. Man lachte darüber, mit welchem Entsetzen er auf die Wolken von Zigarrenrauch reagiert hatte, die Churchill in seinem Zelt in der Wüste erzeugte; ebenso auch über Churchills Antwort auf eine Anfrage im Unterhaus. Ein Abgeordneter hatte gerügt, daß Montgomery den gefangenen deutschen General v. Thoma in seinen Befehlswagen zum Abendessen eingeladen habe. Mit ernster Miene erwiderte Churchill: »Der arme Thoma! Auch ich habe bei Montgomery zu Abend gegesen.« Montgomerys Haltung, seine Arroganz und sein Bestreben, sich öffentlich in Szene zu setzen, trugen viel zu seiner Unbeliebtheit in der militärischen Hierarchie bei. Hier herrschten immer noch eine gewisse snobistische Intoleranz und eine gesunde Hochachtung vor Offizieren, die zugleich Gentlemen waren. Noch heute vergleicht man ihn sehr zu seinem Nachteil mit dem weltgewandten, aus einer vornehmen Familie stammenden und bescheidenen Alexander. Es war erstaunlich, in welchem Maß er die Herzen der Soldaten erobert hatte, und daß die öffentliche Meinung ihn neben Churchill als Nationalhelden feierte.
Über die Beziehungen zwischen Montgomery und dem einfachen Soldaten hat Alan Moorehead etwas sehr zu Herzen Gehendes gesagt. Über seine Art, mit den Soldaten zu sprechen, schreibt er: »... die Wirkung war immer die gleiche: das gleiche atemlose Interesse, das mit Disziplin nichts zu tun hatte. Nur einen kurzen Augenblick irgendwo in einem Garten oder am Strand konnten der General und die Soldaten einander in völlig entspannter Atmosphäre begegnen. Die furchtbare Bedrohung durch den Krieg war vergessen. Es gab nur noch eine von Freundschaft getragene Gemeinsamkeit.« Das war der Mann, der am 31. Dezember 1943 seine geliebte Achte Armee an General Oliver Leese übergab und von Italien nach Marrakesch flog, um den Abend vor der Weiterreise nach England mit Churchill zu verbringen. Bei dieser Gelegenheit schrieb der Premierminister Montgomery ins Stammbuch: »Der unvergleichliche Vormarsch der Achten Armee von den Toren Kairos, entlang der afrikanischen Küste und durch Tunesien und später Sizilien hat ihre immer siegreichen Soldaten und ihren von der ganzen Welt geachteten Befehlshaber bis tief nach Italien und vor die Tore Roms gebracht. Die Szene hat sich verändert und gewaltig ausgeweitet. Nach Erfüllung einer großen Aufgabe ist Raum geschaffen

worden für eine noch größere, bei welcher der gleiche nie ermüdende Geist für alle wahren Menschen einen ruhmreichen Erfolg erkämpfen wird.« Das war die aufrichtige Anerkennung eines Soldaten, den Churchill einmal als »einen kleinen Mann, aus dem noch etwas werden kann« bezeichnet hatte.

Die Vorbereitungen für Overlord

Man darf annehmen, daß Churchill Montgomery in Marrakesch verschwiegen hat, daß seine Ernennung nur mit knapper Not zustande gekommen war. Für den Posten des Oberbefehlshabers in Westeuropa hatten sich zunächst Marshall oder Brooke als hervorragend geeignet angeboten, doch schließlich hatte man sich doch auf Eisenhower geeinigt. Da ein Amerikaner den Oberbefehl übernommen hatte, war es wichtig, daß andere Schlüsselstellungen mit britischen Offizieren besetzt wurden. Die wichtigste war die des Befehlshabers der Landstreitkräfte für die unmittelbar auf die Landungen folgende Phase.

Der Befehlshaber des Heimatheeres, Paget, war der Offizier, der sich zunächst für diesen Posten anbot. Er hatte die Streitkräfte auf den britischen Inseln mit großem Eifer ausgebildet und ausgerüstet. Man hielt es jedoch für notwendig, daß ein kampferfahrener General, der selbst auf militärische Erfolge zurückblicken konnte, das Kommando übernahm. Nur zwei Männer erfüllten diese Anforderungen: Alexander und Montgomery.

Vieles sprach für Alexander. Er verstand es, jeden, der ihm begegnete, sofort für sich einzunehmen. Er hatte Erfahrungen als Oberbefehlshaber einer Heeresgruppe, während Montgomery nur eine Armee geführt hatte. Und vor allem gaben die Amerikaner ihm den Vorzug. Während eines Besuchs auf dem Kriegsschauplatz im Mittelmeerraum schrieb Brooke am 11. Dezember in sein Tagebuch: »Das Gespräch mit Ike war sehr nützlich, denn dabei stellte ich, wie erwartet, fest, daß er für *Overlord* Alex gegenüber Monty den Vorzug geben würde. Er wußte auch, daß er mit Alex auskommen konnte. Monty mochte er nicht so gern und war sich auch nicht sicher, wie er ihn behandeln sollte.« Eisenhower sprach sich also deutlich für Alexander aus, obwohl er darauf bestand, daß die Briten diese Frage selbst entschieden, und meinte, sie dürften nicht durch die Amerikaner unter Druck gesetzt werden. Weshalb erhielt nun Montgomery und nicht Alexander dieses Kommando?

Der Hauptgrund war, daß Brooke ihn für besser geeignet hielt. Er glaubte, Montgomery sei Alexander als Befehlshaber überlegen.

Er konnte den Kriegsminister, Sir James Grigg, von der Richtigkeit seiner Auffassung überzeugen. Das Kabinett hätte die Ernennung Alexanders lieber gesehen, ebenso auch Churchill selbst. Der Premierminister war davon überzeugt, daß Alex mit dem gleichen Schwung an die militärischen Aufgaben heranging wie er selbst. Außerdem war es ihm sehr wichtig, daß auch Eisenhower Alexander den Vorzug gab. Schon Anfang Dezember hatte Brooke in seinem Tagebuch notiert, daß er im Hinblick auf seine Entscheidung mit Schwierigkeiten rechne. »Ginge es nach mir, dann hätte ich Monty für *Overlord* und Alex für Italien ausgewählt, aber ich wußte, daß ich erstens mit Winston und zweitens mit Eisenhower deshalb Schwierigkeiten haben würde.«

Aber schließlich konnten sich die beiden maßgebenden militärischen Sprecher, Brooke und Grigg, durchsetzen – vielleicht weil es Churchill gesundheitlich nicht gut ging. Es gab aber unter Umständen auch noch einen anderen Grund für diese Ernennung. Eine Gruppe alliierter Planer, die im Sommer 1943 mit den Vorbereitungen für die Invasion begonnen hatte, verlangte »die baldige Ernennung eines populären Mannes zum Oberbefehlshaber der britischen Streitkräfte in England, einer Persönlichkeit, die dazu in der Lage ist, der Bevölkerung über die Armee die Dynamik zu vermitteln, die – wie wir meinen – hier noch fehlt.«

Während seines kurzen Aufenthalts in Marrakesch war Montgomery viele Stunden mit Churchill zusammen und verschaffte sich einen ersten Eindruck von den schon für *Overlord* bestehenden Plänen. Er traf auch mit Eisenhower zusammen, der ihm sagte, er sei mit der vorläufigen Fassung der Pläne nicht einverstanden. Nachdem Montgomery die Unterlagen durchgesehen hatte, kam er zu dem gleichen Schluß. Doch Eisenhowers Vorbehalte waren noch recht vage, während Montgomery genau wußte, was er wollte. Nachdem er die Papiere gelesen hatte, weigerte er sich zunächst, Churchill detaillierte Vorschläge zu machen. Doch als man ihn drängte, legte er einen sorgfältig nach drei Gesichtspunkten gegliederten Bericht vor. Erstens gab er zu, selbst noch nicht zu einem klaren Entschluß gekommen zu sein. Zweitens erläuterte er in prägnanter Form die Schwächen des vorläufigen Gesamtplans. Drittens machte er eine genaue Aufstellung von allem, was die Landstreitkräfte für dieses Unternehmen brauchen würden. Churchill war von der Ablehnung des ersten Konzepts durch Montgomery zunächst schockiert, aber entzückt von der Klarheit seiner Analyse. Am folgenden Tag unternahm Montgomery mit Churchill einen Ausflug und erklärte dem Premierminister dabei die Methodik seiner Planung.

Als er am 2. Januar nach England flog, war er überzeugt, die bisher entworfenen Pläne für das Unternehmen *Overlord* ganz neu formulieren zu müssen.

Der von Montgomery abgelehnte Entwurf hatte eine verwickelte Geschichte. Auf der Konferenz von Casablanca im Januar 1943 waren die Vorbereitungen für die Invasion in Gang gesetzt worden. Unter dem »Chef des Stabes des designierten alliierten Oberbefehlshabers« bildete man einen aus Offizieren beider verbündeten Armeen zusammengesetzten Arbeitsstab. Das Amt des Generalstabschefs übernahm im April Generalleutnant Morgan. Der Stab selbst wurde mit der Abkürzung COSSAC bezeichnet. Ursprünglich war vorgesehen, mit fünf Divisionen zu landen. Ihnen sollten zwei Divisionen folgen, und die weiteren Operationen sollten durch zwei Luftlandedivisionen unterstützt werden. Die Aufgabe des Stabes von COSSAC war es, zu entscheiden, wo und wann der erste Brükkenkopf gebildet werden sollte. Es stellte sich jedoch sehr bald heraus, daß die vorhandenen Landefahrzeuge nur für drei Divisionen ausreichten. Dies war zwar ein gefährlich schwacher Verband, doch im allgemeinen vertrat man die von Brooke zum Ausdruck gebrachte Auffassung: »So ist es nun einmal; es ist nicht genug, wir müssen es aber trotzdem schaffen.«

In anderer Hinsicht hatte die von COSSAC gebildete Gruppe die Vorarbeiten nach bestem Vermögen geleistet. Der Küstenstreifen, an dem die Landung erfolgen sollte – zwischen der Orne und der Halbinsel Cotentin –, war mit der gleichen Sorgfalt ausgewählt worden wie die zu besetzenden Strände. Der schwache Punkt waren die unzureichenden Kräfte. In diesem Stadium traf Montgomery ein, dem Eisenhower ausdrücklich gesagt hatte, er solle im Januar, während der Oberbefehlshaber sich in den Vereinigten Staaten aufhielt, die Gesamtplanung leiten.

Montgomery versuchte wie immer, wenn er sich mit einem Problem beschäftigte, die wichtigsten Punkte herauszulösen, auf die er sich konzentrieren mußte. Bei dem Unternehmen *Overlord* stellte er sich – wie er selbst berichtet – zunächst die Landschlacht vor, die sich nach den ersten Landungen entwickeln würde, um von dort aus auf die einleitenden Maßnahmen zurückzugehen. Später behauptete er, die bisherigen Planungen seien unbefriedigend gewesen, weil sie nicht nach dieser Methode vorgenommen worden seien. In Wirklichkeit lag der Unterschied jedoch darin, daß es Montgomery gelang, die Truppen und Landungsfahrzeuge zu finden, die COSSAC zunächst verlangt hatte, aber nicht hatte anfordern können.

So wie Montgomery die Lage sah, mußte zunächst der Umstand berücksichtigt werden, daß 58 deutsche Divisionen in Frankreich bereitstanden, darunter sechs Panzerdivisionen. Um die Bedrohung durch Gegenangriffe dieser beweglichen Kräfte auszuschalten, mußten die Aliierten möglichst schnell mit starken Verbänden übersetzen. Dazu brauchten sie sehr bald einen Hafen und mußten einen Geländestreifen besetzen, auf dem der Gegner sie nicht isolieren konnte. Zudem brauchten die Alliierten eine gut funktionierende Kommandostruktur, die es ihnen ermöglichte, den Druck gegen die deutschen Verteidiger aufrechtzuerhalten und rasch auf Gegenstöße zu reagieren.

Im ersten Plan von COSSAC waren diese Punkte nicht genügend berücksichtigt worden. Nach Auffassung Montgomerys war der Landeplatz falsch gewählt, und zwar aus zwei Gründen: Erstens ließ sich von hier aus der nächste größere Hafen, Cherbourg, schwer erreichen, zweitens war das dahinterliegende Gelände unübersichtlich, feucht und bewaldet und damit für Angriffsoperationen wenig geeignet. Ein rascher Ausbruch aus dem Brückenkopf mußte auf Schwierigkeiten stoßen. Nachdem Montgomery und de Guingand andere Möglichkeiten durchgesprochen hatten, zum Beispiel eine Landung beiderseits der Halbinsel Cotentin, kamen sie aber doch zu dem Schluß, daß der Planungsstab von COSSAC recht gehabt habe. Überall anders waren die Voraussetzungen noch ungünstiger.

Die zweite und entscheidende Schwäche war die Verwendung von nur drei Angriffsdivisionen der ersten Welle. Das waren weniger als bei der Landung auf Sizilien. Dazu würde die Front bei der Landung so schwacher Verbände so schmal sein, daß bei den anschließend landenden Truppen eine gefährliche Verwirrung entstehen konnte, wenn die zuerst gelandeten durch den Gegner aufgehalten würden. Bis zum 12. Tag nach Angriffsbeginn rechnete COSSAC mit der Landung von sechzehn Divisionen. Die sich dabei ergebenden Schwierigkeiten konnten nach Montgomerys Auffassung zu einer Katastrophe führen. »... eine reibungslose Entwicklung der Landschlacht würde dadurch ungeheuer erschwert, wenn nicht unmöglich gemacht werden«, hatte er in Marrakesch geschrieben.

Aus diesen Gründen entwarf man jetzt einen neuen Plan, der über den ersten weit hinausging. Nun sollten mit der ersten Welle fünf Divisionen angreifen, drei von der kanadischen und britischen Zweiten Armee unter Dempsey. Die von ihnen zu besetzenden Strände »Gold«, »Juno« und »Sword« lagen westlich des Flusses Orne. Zwei Divisionen der amerikanischen Ersten Armee sollten an den Stränden »Omaha« und »Utah« an Land gehen, und zwar beiderseits der Vire-Mündung. An den Flügeln sollte das Unternehmen durch Luftlandetruppen abgeschirmt werden, die im Osten jenseits der Orne zur Bedrohung von Caen und im Westen auf der Halbinsel Cotentin abgesetzt werden sollten, um hier die deutschen Verbindungslinien zu unterbrechen und die Einnahme von Cherbourg zu ermöglichen.

Das war ein klarer und unkomplizierter Plan. Er hatte darüber hinaus den Vorteil, daß dabei die Kommandostruktur vereinfacht wurde. Bradley übernahm den Befehl im Westen und Dempsey im Osten. Die beiden als Reserve bereitgestellten Armeen – die amerikanische Dritte Armee unter Patton und die kanadische Armee unter Crear – sollten erst nachgeführt werden, wenn für ihren Einsatz genügend Raum geschaffen war. Oberst Dawnay hat von Montgomery gesagt: »Seine Methode war es, A, B und C in die richtige Reihenfolge zu bringen und den Rest seinem Stab zu überlassen.« Es war seine Aufgabe, den Plan in seinen Grundzügen festzulegen, während andere Mittel und Wege finden mußten, ihn zur Ausführung zu bringen, Mittel, die der Planungsstab von COSSAC in Großbritannien nicht hatte finden können. In seinen Erinnerungen schreibt Montgomery: »Die hier zu leistende Arbeit war gewaltig, und es wurde sehr viel von den Stäben verlangt.«

Das Hauptproblem war die Beschaffung von genügend Schiffsraum. Admiral Ramsey sollte versuchen, die erforderlichen Landefahrzeuge bereitzustellen. Geleitschiffe wurden aus der britischen Küstenschiffahrt abgezogen, um die zusätzlich benötigten 240 Schiffe bereitzustellen. Aber erst als am 15. April drei Schlachtschiffe, zwei Kreuzer und zweiundzwanzig Zerstörer von der pazifischen Flotte Admiral Kings eingetroffen waren, entspannte sich die Lage. Die zusätzlich benötigten Landefahrzeuge ließen sich noch schwieriger beschaffen. Ein Schnellfertigungsauftrag für Landungsboote ging an die Industrie, und das Unternehmen wurde um einen Monat (von Anfang Mai auf Anfang Juni) verschoben, bis wenigstens ein Teil der neuen Boote in Dienst gestellt werden konnte. Die amerikanische Pazifikflotte stellte widerwillig 2483 Landungsboote zur Verfügung. Das war kein besonders großes Opfer, denn Admiral King verfügte insgesamt über 31 123 Boote. Vor allem aber wurde das Unternehmen *Anvil*, die in Südfrankreich vorgesehene Landung, die auf Wunsch der Amerikaner gleichzeitig mit *Overlord* stattfinden sollte, verschoben. Dadurch wurden große Mengen von Material frei, die man für eine Invasion brauchte, und zwar nicht nur Landefahrzeuge, sondern auch Lastensegler und Kriegsschiffe, die bei dem Landeunternehmen den Feuerschutz übernehmen konnten.

Die Vorbereitungen für die Invasion waren in jeder Hinsicht ausgezeichnet, nicht zuletzt auch in bezug auf ein Täuschungsmanöver, das Montgomery persönlich betraf. Das deutsche Oberkommando glaubte, Montgomerys Hauptquartier sei im späten Frühjahr unmittelbar südlich von London und nicht in Portsmouth eingerichtet worden. Deshalb hatte man dort den Eindruck, daß die alliierten Landungen an der engsten Stelle des Kanals, der Straße von Dover, erfolgen würden. Jedenfalls hat Rundstedt das angenommen, während Rommel und Hitler daran zweifelten. Der ausgefallenste Teil des Täuschungsmanövers betraf den Leutnant Clifton James, der in den Mittelmeerraum geschickt wurde, um dort als Montgomerys Doppelgänger aufzutreten und den deutschen Geheimdienst auf eine falsche Spur zu führen. Zwar haben die Deutschen offenbar keine Kräfteverschiebungen vorgenommen, um dieser Einmannbedrohung zu begegnen, aber es war doch eine recht ausgefallene Kriegslist.

Montgomery hatte die Detailplanungen für die Landungen damit auf die richtige Grundlage gestellt. Als Befehlshaber der Landstreitkräfte war er in der Lage, alles dafür benötigte Material anzufordern. Was aber sollte geschehen, wenn die Truppen gelandet waren und an der Küste Fuß gefaßt hatten? Er hat selbst gesagt, er habe sich vor den Planungen für die Landungen die Schlacht auf französischem Boden vorgstellt. Der Frage, ob sich die Kämpfe im weiteren Verlauf nach den Absichten der Alliierten entwickeln würden, sollte weitreichende Bedeutung zukommen. Gewisse Dinge sind klar. Am Tag der Landung sollte Caen genommen werden. Es befand sich am äußersten Ostende eines Küstenstreifens, der als Basis für weitere Operationen gedacht war. Am 15. Mai sagte Montgomery: »Sobald wir den vom Feind besetzten Abschnitt Granville–Vire–Argentan–Falaise–Caen in Besitz genommen haben, steht uns der Versammlungraum zur Verfügung, den wir brauchen, und wir können mit der Erweiterung des Brückenkopfs beginnen.« Er sagte voraus, daß die Kämpfe sehr hart sein würden, denn Rommel sei Befehlshaber am Atlantikwall. Montgomerys Feindnachrichtenoffizier Williams glaubte, Rommel würde versuchen, den Gegner schon bei der Landung zu vernichten. Statt weiter rückwärts starke Kräfte bereitzustellen, werde Rommel seine Reserven heranführen, sobald sie zur Verfügung stünden. Um diese Reserven zu zersplittern, wollte Montgomery sie aus der Luft angreifen und mit gepanzerten Stoßkeilen so weit wie möglich ins Innere Frankreichs vordringen, um damit feindliche Reserven abzulenken und die Aufmerksamkeit des Gegners von den Brückenköpfen abzuziehen, auch wenn er dabei mit schweren Verlusten rechnen mußte.

Der Verlauf der Schlacht nach dieser Phase war nicht so detailliert vorausgeplant, denn es hatte keinen Sinn, zu weit vorauszudenken. Entscheidend würde die Lage zu Lande zu dem Zeitpunkt sein, an dem die Alliierten weiter ins Land eingedrungen waren. Die Karte, auf der die zu bestimmten Zeitpunkten zu erreichenden Linien eingezeichnet waren – neunzig Tage nach der Landung sollte Paris erreicht sein –, hat dann im Verlauf der Operationen zu erheblicher Verwirrung geführt. Ursprünglich sollte sie eine Richtlinie für die Planung der Versorgung sein. Oberst Dawnay hatte vor einer Stabsbesprechung eine solche Karte angefertigt. Sie zeigte zwei Linien: auf dem Küstenstreifen am Tag der Landung und bei Paris am 90. Tag danach. Er fragte: »Wie soll ich die Linien für die dazwischenliegenden Tage einzeichnen?« Montgomery antwortete: »Das ist für diese Besprechung belanglos.«

Bestimmte Aspekte der bevorstehenden Landschlacht waren bereits deutlich erkennbar. Der Ostabschnitt bei Caen ließ sich gut verteidigen. Caen war ein wichtiges Kommunikationszentrum, und die nach Osten führende Küstenstraße hatte für die Deutschen eine besondere Bedeutung, weil sie die kürzeste Verbindung zu den Abschußrampen ihrer V-Waffen darstellte. Montgomery glaubte, daß sich hier ein Ausbruch in Richtung auf Paris weniger leicht bewerkstelligen lassen werde als weiter westlich im amerikanischen Sektor. Schon am 13. Januar war Patton, dessen Truppen nicht zur ersten Angriffswelle gehörten, erleichtert, festzustellen, daß er die Führung bei diesem Ausbruch übernehmen sollte. Montgomery hatte sich dazu entschlossen, obwohl die amerikanische Armee dabei eine sehr unwegsame Strecke überwinden mußte, bevor sie in offenes Gelände kam. Zu diesem Zeitpunkt dachte er aber noch nicht an eine rechtsgerichtete Umfassungbewegung gegen Paris. Er beabsichtigte vielmehr einen raschen Vorstoß in die Bretagne, um die dort versammelten deutschen Kräfte zu isolieren. Dementsprechend hatte Montgomery festgelegt, wo sich seine Truppen am Tag der Landung für den entscheidenden Angriff bereitstellen sollten. Er konnte damit rechnen, im Osten auf stärkeren Widerstand zu stoßen als im Westen. Darüber hinaus hatte es wenig Sinn, Einzelheiten vorauszuplanen.

Die wichtigste Voraussetzung konnte bis zum 6. Juni geschaffen werden. Bis dahin würden die Alliierten genügend Truppen gelandet haben, um den deutschen Panzerdivisionen auf gleicher Basis entgegentreten zu können. Der zweite Punkt ließ sich nicht so genau definieren, war aber nicht weniger wichtig. Er betraf die Kommandostruktur. Der revidierte Plan hatte diese Frage wesentlich vereinfacht. Aber Montgomery ging es um mehr als die Methode. In Nordafrika, Sizilien und Italien hatte er erlebt, welche Schwierigkeiten sich bei der Befehlsgebung im Rahmen einer alliierten Armee ergeben konnten, und er war sich auch der Tatsache bewußt, daß er bei bestimmten britischen Verbänden unbeliebt war. Bei der Landung in der Normandie durfte es keine Fehlschläge geben. Dazu mußte er mit allen Offizieren, die ihm unterstellt waren, gut auskommen. Auf Sizilien und in Italien hatte er es nicht notwendig gehabt, daran zu denken, denn Alexander war Oberbefehlshaber aller Landstreitkräfte gewesen. Jetzt hatte er diese Aufgabe übernommen.

Seine neue Stellung ließ das abweisende, taktlose Verhalten Montgomerys, das er in der nordafrikanischen Wüste und in Italien gezeigt hatte, nicht zu, und zunächst fiel es ihm schwer, sich dieser Situation anzupassen. Brooke schreibt: »Ich mußte ihm sagen, daß er sich sehr schnell den Unwillen des Königs und des Kriegsministers zuziehen werde.« Er hat sich jedoch erstaunlich gut gehalten. Es wäre zum Beispiel sehr ungünstig für ihn gewesen, wenn er den Kriegsminister Grigg verärgert hätte. Vor Januar 1944 hatte Montgomery kaum etwas mit ihm zu tun gehabt. Am 13. Januar, als Montgomery in der Gliederung der Divisionen gewisse Veränderungen vornehmen ließ, ohne die Genehmigung des Kriegsministers eingeholt zu haben, hätte es leicht zu einer Katastrophe kommen können. Die Sache wurde jedoch beigelegt, als sich die beiden Männer auf Anraten von Brooke zum Lunch trafen. Montgomery war einsichtig und bat Grigg um Verständnis dafür, daß er gelegentlich rasche Entschlüsse fassen müsse. In solchen Lagen sei er gern bereit, sich zurechtweisen zu lassen. So pflegte Montgomery mit Vorgesetzten umzugehen, denen er vertraute, und Grigg war bereit, diese Haltung zu akzeptieren. Von nun an waren die Beziehungen zwischen beiden Männern gut, und am 2. Juni schrieb Montgomery einen Brief an Grigg, in dem er ihm für seine Hilfe dankte. Grigg antwortete: »Das Kriegsministerium hat wahrscheinlich nur selten von einem Befehlshaber im Felde ein solches Anerkennungsschreiben bekommen.«

Montgomerys Beziehungen zu seinen Untergebenen waren von Anfang an sehr gut. Das war erstaunlich, denn man erzählte sich von ihm, er pflege schon wenige Stunden nach Übernahme eines neuen Kommandos die Offiziere seines Stabes und die Truppenkommandeure abzulösen. Diesmal hatte er nur Dempsey mitgebracht. O'Connor (aus dem ersten Wüstenfeldzug) und Crocker von der Ersten Armee (die sehr eifersüchtig auf die Achte Armee gewesen war) blieben Kommandierende Generale. Das gleiche galt für Ritchie, der ebenfalls in der Wüste gekämpft und dort versagt hatte und dessen Führungsstil dem Montgomerys in jeder Hinsicht widersprach. In der Wüste war er der ausgesprochene Vertreter der alten Schule gewesen und hatte sich bis zum täglichen rosa Gin vor dem Lunch an die überkommenen Regeln gehalten.

Einige Personalveränderungen waren unvermeidlich, denn Montgomery brachte ein Team von erfahrenen Generalstabsoffizieren mit, die untergebracht werden mußten. Außerdem fehlte es den Offizieren in den Truppenteilen, die seit 1940 auf den britischen Inseln stationiert gewesen waren, an Kampferfahrung, und deshalb nahm der neue Befehlshaber innerhalb der ihm unterstellten Truppenteile Versetzungen vor, um die erfahrenen Offiziere gleichmäßig zu verteilen. Einige dieser Versetzungen waren für die Betroffenen hart, aber nicht etwa in dem Sinne wie der Austausch von 36 Divisionskommandeuren aus einer Gesamtzahl von 83 durch Joffre im Jahr 1914. Keinesfalls bedeutete die Umstellung aber, daß »Gentlemen das Lokal verlassen, wenn die richtigen Spieler hereinkommen«. Das war ein Ausspurch, den man hörte, als im Januar der Stab Montgomerys seine alte Schule, das St.-Paul's-Gymnasium, bezog. Im Juni 1944 hatte Montgomery seinen Führungsstil so weit modifiziert, daß er durchaus fähig war, eine schon bestehende britische Armee ohne die peinlichen Konfrontationen zu führen, die die Übernahme der Achten Armee durch ihn gekennzeichnet hatten.

Aber noch erstaunlicher war die Tatsache, daß er ausgezeichnet mit den amerikanischen Truppenbefehlshabern auskam. In Nordafrika, auf Sizilien und in Italien waren die Beziehungen zu ihnen so gespannt gewesen – und das wiederholte sich auch nach der Landung in der Normandie –, daß man sein Verhalten von Januar bis Juni 1944 fast als eine vorübergehende Fehlleistung bezeichnen könnte. Montgomery hatte ganz kühl überlegt, daß die Amerikaner, um den Erfolg des Unternehmens sicherzustellen, versöhnt werden mußten, und er nahm sich vor, das zu tun. Er war fest davon überzeugt, daß die Feldzüge auf Sizilien und in Italien sich nur so lange hingezogen hatten und so schwierig gewesen waren, weil die Alliierten ihr Vorgehen nicht richtig koordiniert hatten. Bei *seiner* Schlacht in der Normandie durfte es nicht wieder zu einer ähnlichen Lage kommen.

Mit den Amerikanern gut auszukommen, war hier nicht so schwierig wie seinerzeit in Sizilien und Italien. Eisenhower, Patton und Bradley gaben sich große Mühe, freundlich zu sein, und sie hatten dafür ganz ähnliche Gründe wie Montgomery. Eisenhower war allerdings ein geborener Verbündeter. Er hatte die Gabe, nach außen hin immer ruhig zu erscheinen, und er hatte auch im Januar und Februar die Ruhe bewahrt, als die chauvinistische amerikanische Presse Äußerungen von Montgomery aufgriff, die dieser über die Unterstellung amerikanischer Verbände unter sein Kommando von sich gegeben hatte. Der Oberbefehlshaber weigerte sich, diese Bemerkungen zu kommentieren, und sagte, sie hätten gar nichts zu bedeuten. Patton, Bradley und ihre Stäbe wurden von Montgomery sehr kameradschaftlich mit dem Offizierkorps der

Achten Armee zusammengebracht, denn er wollte für das bevorstehende große Unternehmen das Gefühl der Gemeinsamkeit erzeugen. So lud er zum Beispiel auch den Flottenstab ein, seine Messe mit dem Offizierskasino der Armee zusammenzulegen, und tat alles, um die Kameradschaft innerhalb des Gesamtverbandes zu stärken.

Von Januar bis Juni machten die Planungen gute Fortschritte, und die Solidarität zwischen den alliierten Armeen festigte sich. Das waren zwei der für Montgomery wichtigsten Ziele. Es gab jedoch noch einen dritten wesentlichen Gesichtspunkt: die Kampfmoral der Truppe. Es erschien unmöglich, daß Montgomery das Charisma, das er für die Angehörigen der Achten Armee besaß, nun auch auf die Millionen von Soldaten zu übertragen vermöchte, die sich für die Invasion bereitgestellt hatten. Er hatte schon einige Zeit dazu gebraucht, den persönlichen Kontakt zu der viel kleineren Wüstenarmee zu finden. Und doch gelang es ihm nun auch bei dieser gewaltigen, heterogenen Streitmacht, deren volles Vertrauen er sich bis zum Invasionsbeginn erworben hatte.

Um das zu erreichen, ging er anders vor als in der Wüste, wo er oft den ganzen Tag herumfuhr und an die Soldaten Zigaretten verteilte, statt ihnen lange Ansprachen zu halten. Jetzt entwickelte er eine neue und erstaunlich wirkungsvolle Methode. Er reiste in einem sehr bequem ausgestatteten Sonderzug – mit dem Decknamen »Rapier« – im ganzen Land umher. Hier hatte er ein kleines Stabsquartier mit Schlafgelegenheiten, einem Restaurant und Güterwagen eingerichtet, auf denen Kraftfahrzeuge mitgeführt wurden. Der Zug war also ein recht wertvolles Ausrüstungsstück. Gefahren wurde sofern möglich nachts, damit der Befehlshaber während der Fahrt schlafen konnte. Montgomery hat selbst geschildert, was geschah, wenn er bei einem Truppenverband Halt machte. Die Männer, es waren durchschnittlich zehntausend, traten im Karree an und durften rühren. Er selbst ging langsam durch die Reihen, um ihnen die Gelegenheit zu geben, ihn genau zu betrachten. Dann stellte er sich – gegebenenfalls mit einem Mikrophon – auf die Kühlerhaube eines Jeeps und sprach zu den Soldaten. »Ich erklärte ihnen, wie notwendig es sei, daß wir uns kennenlernten, was uns bevorstände und wie wir gemeinsam die Aufgabe bewältigen würden. Ich sagte ihnen etwas über die Kampfmethoden der Deutschen und wie man sie schlagen könne und versicherte, wenn wir alle dem Plan und uns gegenseitig vertrauten, dann würden wir es schaffen.« Mit dieser etwas trockenen Darstellung wird Montgomery sich nicht ganz gerecht. Hier erwies er sich als ein Meister des öffentlichen Auftritts, Vor jedem Truppenteil hielt er die für diese Soldaten passende Ansprache. Sir Richard Powell hat zum Beispiel beschrieben, wie Montgomery um vier Uhr morgens an einem Junitag kurz vor der Invasion die Welsh Guards besichtigte. Er stellte sich auf den Jeep und sagte: »Alles herantreten!« Die Gardesoldaten waren diese legere Art nicht gewohnt, und sie zögerten. Der General wiederholte seine Aufforderung, und die Offiziere ließen die Männer näher an den Jeep herankommen. Dann fragte Montgomery einen von ihnen: »Sie! Was ist Ihr wertvollster Besitz?« – »Mein Gewehr, Sir.« – »Nein, das ist es nicht! Es ist Ihr Leben. Und ich werde dafür sorgen, daß es Ihnen erhalten bleibt. Jetzt hören Sie mir einmal zu . . .« Dann sagte er den Soldaten, er werde nie von ihnen verlangen, den Feind ohne die volle Artillerie- und Luftunterstützung anzugreifen, und er werde nie eine Operation nur deshalb vorantreiben, weil es aus Prestigegründen notwendig sei. Auf die harten und gutausgebildeten Soldaten wirkte der Zauber von Montgomerys Persönlichkeit. Sie hatten sofort das Gefühl, ihm unbedingt vertrauen zu können. Sie wußten, daß ihnen schwere Kämpfe bevorstanden, aber sie waren überzeugt, daß der Befehlshaber sich um sie kümmern würde.

Bis Ende Mai hatte Montgomery vor etwa einer Million Soldaten gesprochen, vor Polen, freien Franzosen, Belgiern und Briten, Angehörigen aller in der Armee vertretenen Nationalitäten. Von den amerikanischen Soldaten hätte man erwarten können, daß ihnen seine besondere Art nicht läge, aber gerade hier fand er eine ausgezeichnete Resonanz. Das bezeugte besonders Bedell Smith, von dem man kaum annehmen darf, daß er einen britischen Befehlshaber übermäßig gelobt hätte. Am 22. Juni schickte er Montgomery die Kopie eines Berichts, den er erhalten hatte. Darin hieß es: »Das Vertrauen zum Oberkommando ist ohne Beispiel. Buchstäblich Dutzende der auf die Schiffe verladenen Soldaten sprachen mit uneingeschränkter Bewunderung von General Montgomery als von einem Helden. Was ihnen allen ausnahmslos gefiel – außer seiner Freundlichkeit, Ehrlichkeit und Schlichtheit – war die Geschichte (oder war es nur eine Legende), ›daß der General jeden unserer Truppenteile aufgesucht und uns gesagt hat, es liege ihm mehr als jedem von uns daran, daß diese Sache erledigt würde und wir sobald wie möglich nach Hause kämen‹. Das erwärmte ihre Herzen und machte einen unvergeßlichen Eindruck.«

Montgomery hatte sich nur um das Wesentliche gekümmert und dafür gesorgt, daß am Tage des Angriffsbeginns alle notwendigen Vorbereitungen getroffen waren. Er wäre aber nicht »Monty« gewesen, wenn er nicht doch einige Leute vor den Kopf gestoßen hätte. Natürlich waren das nicht diejenigen, die unmittelbar etwas mit der Invasion zu tun hatten, aber einige von ihnen waren nicht weniger wichtig. Dem König besipielsweise gefiel Montgomerys Benehmen noch weniger als sein Barett. Aber noch folgenschwerer waren die Ereignisse, die durch eine Reihe von Ansprachen Montgomerys vor Arbeitern ausgelöst wurden. Viele seiner Gegner waren sich in dieser Hinsicht einig.
Sein Interesse an der Moral der Zivilbevölkerung wurde durch das Versorgungsministerium angeregt, das ihn bat, zu Fabrikarbeitern zu sprechen. Man wollte ihn in den Mittelpunkt einer Kampagne stellen, mit der die Produktionsleistungen verbessert werden sollten. Sie erreichte am 24. März ihren Höhepunkt, als Montgomery im Mansion House vor geladenem Publikum sprach. Er erkannte sofort, welche Vorteile das bringen konnte. Wie Moorehead schreibt, war die Stimmung in England Anfang 1944 recht trübe: »Die bevorstehende Schlacht hatte sich wie Blei auf die Gemüter gelegt ... Das Sparprogramm verfolgte einen wie ein magerer, hungriger Hund.« Die Menschen mußten aufgemuntert werden. Man mußte ihnen sagen, welche Möglichkeiten sich durch die Invasion eröffneten, durfte aber nicht von den damit verbundenen Risiken sprechen. Montgomery war der erste, der erkannte, wie geeignet er für diese Aufgabe war. Niemand zweifelte an seiner Beliebtheit. Sogar seine Caravans wurden eingesetzt, um Geld für das Rote Kreuz zu sammeln. Seine Beziehungen zur Achten Armee erleichterten es ihm besonders, die Moral zu heben. Sogar de Guingand stellte fest: »Einige der ganz einfachen Bemerkungen die ich zu hören bekam, weil ich den Afrikastern mit der ›8‹ darauf trug, schnürten mir die Kehle zu.«
So begann Montgomery, vor der Bevölkerung im ganzen Lande Ansprachen zu halten. Am 22. Februar wendete er sich in Euston an eine Gruppe von Eisenbahnern. Am 3. März waren es sech-

zehntausend Hafenarbeiter. Überall fand er uneingeschränkten Beifall: »Die Leute schienen zu glauben, ich hätte irgendein geheimnisvolles Rezept für den Sieg und es sei meine Mission, eine Schicksalswende herbeizuführen.« Aber in seinen Erinnerungen schreibt er: »Ich wußte, wie gefährlich das war, und daß das, was ich hier tat, von den Politikern nicht gut aufgenommen werden würde.« Zunächst wies man ihn taktvoll darauf hin, daß es besser wäre, wenn er keine solchen Ansprachen mehr hielte. Dann wurden die Zeitungen gewarnt, und die Zensur schaltete sich ein. Schließlich wurde er offiziell aufgefordert, seine Aktivitäten in andere Kanäle zu lenken. Er weigerte sich mit der Begründung, es sei seine Aufgabe, die Moral derjenigen zu stärken, von deren Arbeit der Erfolg seiner Soldaten abhinge.

Damit begab er sich in die subtile Sphäre der Beziehungen zwischen dem militärischen und zivilen Bereich, innerhalb derer er keine Erfahrungen hatte. Das traf aber auch auf die meisten Politiker zu, die ihn an der Fortführung seiner Kampagne hindern wollten. Deshalb pflügte er eine schnurgerade Furche in das Dickicht der politischen Kritik. Die Haltung seiner Gegner, die jetzt ein Thema hatten, in dessen Rahmen sie sich vereinigen konnten, war komplexer und verwirrender. Man hatte den Verdacht, Montgomery strebe nach politischer Macht. Seine ungewöhnliche Popularität verschaffte ihm auf diesem Gebiet in der Tat große Möglichkeiten. Lady Oxford forderte ihn auf, die Liberale Partei zu retten, und Smuts meinte, er solle dafür sorgen, daß Großbritannien nach dem Krieg in Europa die Vorherrschaft behielte. Es gab auch Politiker, die wahrscheinlich nur eifersüchtig waren. Churchill unternahm nichts gegen den Feldzug, mit dem Montgomery mundtot gemacht werden sollte, und äußerte gegenüber General Ismay: »Ich glaube, es ist an der Zeit, daß das an die Generale und andere höhere Offiziere gerichtete Rundschreiben über öffentliche Auftritte noch einmal abgeschickt wird ... In letzter Zeit sind augenscheinlich eine Menge Ansprachen gehalten und Interviews gegeben worden.« Aber als Montgomery immer stärker von seinen militärischen Aufgaben in Anspruch genommen wurde, hörten seine Vortragsreisen von selbst auf, und die Gemüter beruhigten sich. Zu einer Konfrontation der Militärs mit den Politikern ist es nicht gekommen.

Die Zeit in England vor der Invasion muß für Montgomery besonders befriedigend gewesen sein. Er war ein öffentliches Idol. Seine

Pläne sollten den Erfolg der Invasion in Europa sicherstellen, und auch seine eigene Zukunft schien gesichert. Der triumphale Vormarsch auf Berlin würde für ihn den Höhepunkt des Lebens bringen. Wie muß er es genossen haben, den beengten Verhältnissen des Feldzugs in Italien entronnen zu sein! In seiner neuen Stellung war er so beschäftigt, daß er kaum Zeit hatte, seinen Sohn David zu sehen. Er hatte gelernt, ein Leben im Licht der Öffentlichkeit zu führen, und das gefiel ihm. Nun wollte er sich auch porträtieren lassen. Augustus John erhielt den Auftrag, es für 500 Pfund zu tun. Zum Schluß wollte Montgomery das Bild nicht behalten; es wurde jedoch gemalt, und bei den Sitzungen kam es zu einem eigenartigen Vorfall. Montgomery behauptet, George Bernard Shaw sei während einer Sitzung in das Atelier gekommen (Augustus John erzählt, er habe Shaw auf Bitten von Montgomery eingeladen und während des Gesprächs nicht gemalt). Montgomery sagt, Shaw sei »sehr amüsant« gewesen, und er halte ihn für einen Mann mit einem »durchdringenden Verstand«. Vielleicht lag das daran, daß Shaw die gleiche Ansicht über militärische Dinge vertrat wie Montgomery und meinte: »Nur fünf Prozent der Generale taugen etwas.« Vielleicht war es auch die Folge von zwei Briefen, die Shaw im Anschluß an John geschrieben hat und in denen er Montgomery als »ein kompaktes Bündel aus Stahldraht« bezeichnete und den Blick des Generals mit einem »Brennglas« verglich, das »das ganze Universum auf einem kleinen Punkt konzentriert«. Diese beiden anschaulichen Vergleiche mögen Montgomery gefallen haben.

Moorehead schreibt, zu dieser Zeit habe sich Montgomery auf dem Kamm der »Flutwelle« befunden. Er war jetzt ein bedeutender Mann. Das ist ihm wahrscheinlich im Januar am deutlichsten bewußt geworden, als er und sein Stab in der St.-Pauls-Schule einquartiert waren. Ihm stand das Arbeitszimmer des Direktors zur Verfügung, und in seinen Erinnerungen schreibt er: »Ich hatte dies Zimmer bis dahin noch nie betreten. Ich mußte erst Oberbefehlshaber werden, um es zu tun.« Er fühlte sich sicher genug, Churchill in bestimmten Dingen zu widersprechen. Telegrafisch hatte er es schon im September 1942 getan, aber Aug in Auge war das etwas ganz anderes. Die Angelegenheit, in der er anderer Meinung war als Churchill, betraf das Anlandbringen von Ausrüstungsgegenständen am ersten Tag der Invasion. Der Premierminister, der einige überschlägige Berechnungen angestellt hatte, war entsetzt, daß so viele Nichtkombattanten an Land gehen sollten, und meinte, das seien zu viele »Eisenwaren und nicht genug Soldaten«. Er wolle nach Portsmouth kommen, um die Angelegenheit mit dem Stab Montgomerys zu besprechen. Am 19. Mai traf er dort ein. Montgomery führte ihn in sein Büro und behauptete, alles, was am ersten Tag der Invasion an Land gebracht werden solle, werde benötigt, und sein Stab habe die Liste sehr sorgfältig zusammengestellt. Es dürften keine Änderungen mehr vorgenommen werden, und schließlich sei es seine und nicht Churchills Sache, dem Stab Befehle über solche Details zu geben. Es kam deshalb nicht zu einer Aussprache zwischen dem Premierminister, de Guingand und den übrigen Generalstabsoffizieren. Als sie ihm vorgestellt wurden, sagte Churchill augenzwinkernd: »Man hat mir nicht erlaubt, mich mit Ihnen zu unterhalten, meine Herren.« Der kleine Zwischenfall hinterließ jedoch weder bei Montgomery noch bei Churchill die geringste Verstimmung.

Die Vorbereitungen für das Unternehmen *Overlord* beschleunigten sich im April und Mai. Es fanden zwei große Vorbesprechungen statt, eine am 7. und 8. April und die zweite am 15. Mai. Was Montgomery dabei zu sagen hatte, war sehr eindrucksvoll. Anfang Juni kam es in letzter Minute noch zu Schwierigkeiten. So behauptete Leigh-Mallory, der die Operation der Luftstreitkräfte leitete, die Luftlandetruppen auf der Halbinsel Cotentin müßten mit 75 Prozent Verlusten rechnen, und deshalb solle man dieses Unternehmen aufgeben. Aber der Einsatz der Luftlandetruppen an den von ihnen zu besetzenden Küstenstreifen war für die Amerikaner so wichtig, daß man nicht darauf verzichten konnte. Deshalb traf Eisenhower die mutige und, wie sich herausstellte, richtige Entscheidung, auf der Operation zu bestehen. Sowohl Eisenhower als auch Montgomery waren überzeugt, es werde den Alliierten gelingen, den Brückenkopf zu errichten, während viele Zivilisten, unter ihnen sogar der König, daran zweifelten. Angesichts dieser Zuversicht ist es erstaunlich, daß Montgomery im Hinblick auf den Zeitpunkt des Kriegsendes so pessimistisch war. Die Wetten, die er annahm – er selbst hat niemals eine Wette angeboten, sondern war nur stets bereit, den Leichtsinn anderer Leute auszunutzen –, hatten alle etwas mit der baldigen Beendigung des Krieges zu tun. Er sagte jedoch immer wieder, der Krieg könne 1944 zu

Ende gehen, aber die auf alliierter Seite begangenen Fehler würden wahrscheinlich dazu führen, daß er sich noch ein ganzes Stück in das Jahr 1945 hineinziehen werde. Für einen Mann, der glaubte, er werde die Führung der anglo-amerikanischen Landstreitkräfte bis zur Einstellung der Feindseligkeiten behalten, war das eine ungewöhnliche Haltung. Die berühmte Vorsicht Montgomerys war tief eingewurzelt.

Alles wurde für den Beginn der Invasion am 5., 6. oder 7. Juni vorbereitet. Am 2. sprach Montgomery zu den Offizieren des taktischen und des großen Hauptquartiers. Dann aß er mit Eisenhower zu Abend. Am 3. machten sich die Meteorologen wegen eines Tiefdruckgebietes über Island Sorgen. Montgomery hatte jedoch schon entschieden, daß das Unternehmen beginnen solle, wenn die Flotte die Truppen an Land setzen könne. Der Einsatz der Luftstreitkräfte hatte nur untergeordnete Bedeutung. Am frühen Morgen des 4. beschloß man in gespannter Atmosphäre, das Landeunternehmen wegen des schlechten Wetters auf den 6. zu verschieben. Montgomery war für die Landung gewesen, aber Ramsey äußerte Zweifel und Tedder, der für den Einsatz der Flieger verantwortlich war, weigerte sich entschieden. Deshalb beschloß Eisenhower, bis zum 6. zu warten.

Am 5. um vier Uhr morgens, während über dem Kanal ein schwerer Sturm tobte, kamen die Befehlshaber wieder zusammen. In seinen Erinnerungen schreibt Montgomery, daß er sich bei einer Beurteilung am Abend zuvor geirrt habe: »Es war klar, daß der Angriffsbeginn am 5. Juni zu einer Katastrophe hätte führen können.« Diesmal sagten die Meteorologen für den 6. Juni klares Wetter voraus, und mit Zustimmung Montgomerys entschied sich Eisenhower für den Angriffsbeginn an diesem Tag.

Am 6. Juni nach dem Frühstück ließ Montgomery von der BBC eine Ansprache an die Truppen aufnehmen. Die Invasion hatte schon begonnen. Um 21.30 Uhr am gleichen Tag brachte ihn die *Faulknor* über den Kanal zu einer Besprechung mit Bradley und Dempsey, die sich noch auf einem Schiff vor der Küste befanden, während ihre Truppen schon an Land kämpften. Erst sechs Monate später kam Montgomery nach England zurück, nach sechs Monaten, in denen er einen großen Sieg errang und einen erschütternden Rückschlag erlebte – und seine ehrgeizigen Pläne in Trümmer fielen.

Die Schlacht in der Normandie

Am Morgen des 7. Juni 1944 traf Montgomery vor der französischen Küste ein. Er besuchte zuerst Bradley und dann Dempsey. Die ersten Landungen waren erfolgreich gewesen, aber eine Entscheidung hatte es noch nicht gegeben. Auf dem amerikanischen Landestreifen »Omaha« war es fast zu einer Katastrophe gekommen. Im britischen Abschnitt war es einer in Caen stationierten deutschen Panzerdivision gelungen, die Stadt gegen den Angriff der Alliierten zu halten (Dempsey sagte später, sie zu nehmen sei ein zu ehrgeiziges Vorhaben gewesen). Aber die Deutschen waren nicht energisch genug vorgegangen, um die auf dem Küstenstreifen »Sword« gelandeten und sehr exponierten Truppen ins Meer zurückzuwerfen. Noch entscheidender war die Untätigkeit von zwei deutschen beweglichen Verbänden, die nahe genug bereitstanden, um einen Gegenangriff zu führen und die erste Phase der Schlacht entscheidend zu beeinflussen. Sie durften aber ohne ausdrücklichen Befehl Hitlers nicht zum Gegenangriff antreten – und der »Führer« schlief. So gelang es den Briten, am ersten Tag einen 40 Kilometer breiten und 5,5 Kilometer tiefen Brückenkopf zu bilden, während die Amerikaner ebenfalls gut vorankamen. Nicht alle ersten Angriffsziele wurden erreicht. Caen und die Flugplätze östlich davon befanden sich noch in Feindeshand.

Montgomery war glänzender Laune, als er die Befehlshaber empfing und ihre Meldungen entgegennahm. Am 8. Juni ging er in für ihn typischer Weise an Land. Sein Zerstörer lief auf eine Sandbank. »Ich stand mit einem Adjutanten auf dem Achterdeck und schickte ihn auf die Brücke, um zu fragen, ob wir näher an den Strand herankommen könnten. Der Kapitän hörte das nicht gern.« Als ich ihm sagte, was geschehen war, freute sich Montgomery. Jetzt befand er sich so nah vor der Küste wie möglich. Um an Land zu kommen, brauchte er ein Boot. Das Interesse, das sein Verhalten fand, schien ihn zu freuen: »Man hat mir gesagt, daß diese Geschichte vom Auflaufen des Zerstörers – offenbar in übertriebener Form – in den Messen der ganzen Flotte die Runde gemacht hat.« Das taktische Stabsquartier wurde in Creully eingerichtet, und dort begann

jetzt ein seltsames und für manche nicht immer verständliches Leben.
Fast unmittelbar nach der Landung richtete sich Montgomery einen Privatzoo ein. In Bayeux traf er zufällig Major Sobilow, einen Russen, der bei den alliierten Streitkräften dafür bekannt war, daß er alles beschaffen konnte. Montgomery rief Sobilow zu sich und sagte ihm, er solle ihm bis vier Uhr nachmittags einen Wellensittich besorgen, oder er werde ihn hinauswerfen. Den Russen schien das zunächst zu verwirren, aber als er die Straße entlangging, sah er in einem Fenster einen Vogelkäfig, lief in das Haus und verlangte die Herausgabe des Vogels. Die Hausbewohner waren zu erschreckt, um sich dagegen zu sträuben. Das war die erste Erwerbung für Montgomerys Menagerie. Es gab auch einige Aufregung, als man einen deutschen Soldaten entdeckte, der sich weniger als dreißig Meter von Montgomerys Caravan entfernt in einem Gebüsch versteckt hatte. Der Mann war viel zu verschüchtert, um irgend etwas zu unternehmen. Die Vorkommnisse in Montgomerys Stabsquartier grenzten zum Teil ans Lächerliche. Da gab es zum Beispiel das Problem mit den der Armee als Verpflegung gelieferten Keksen. Bald nach der Landung zerbrach das künstliche Gebiß von Montgomery, als er versuchte, dieses steinharte Gebäck zu zerbeißen. Die Prothese wurde nach London geschickt und so rasch wie möglich repariert. Aber in der folgenden Woche zerbrach das reparierte Gebiß an den gleichen Keksen. Die Verpflegung des Generals mußte auf eine weichere Kost umgestellt werden. Ein anderes Mal wurde Madame de Druval in ihrem Château in Creully gebeten, Montgomery für seinen Caravan einen Nachttopf zur Verfügung zu stellen. Der Adjutant, der das Nachtgeschirr besorgen sollte, wollte besonders taktvoll sein und bat um eine »Vase«. Sie brachte ihm alle im Château vorhandenen Blumenvasen, aber keine schien ihm zu gefallen. »Madame verfügte über viel Intuition und Sinn für Humor. Jetzt wußte sie, was ich wollte.« Damit war die Ausstattung von Montgomerys Caravan komplett.
Leider gab es zwischen Montgomery, seinen Vorgesetzten und der Presse in England ähnliche Kommunikationsschwierigkeiten, aber hier halfen weder Intuition noch Sinn für Humor. Es mutet paradox an, daß die große Schlacht in Frankreich mit ihrem vollständigen Sieg, der sogar alle Erwartungen Montgomerys weit übertraf, die letzte sein sollte, die er als Oberbefehlshaber leitete; denn nach

Montgomerys großen Erfolgen übernahm Eisenhower an seiner Stelle die Führung aller Landstreitkräfte. Montgomery hatte die deutsche Armee bei Falaise zerschlagen, und 79 Tage nach der Landung, 11 Tage vor der festgesetzten Zeit, waren die alliierten Truppen in Paris. 90 Tage nach der Landung, als man in Paris hatte sein wollen, waren die Amerikaner über 200 Kilometer weiter nach Osten vorangekommen, und die nach Norden vordringenden Briten befanden sich in Antwerpen. Doch nun wurde Montgomery als Oberbefehlshaber abgelöst, zum Feldmarschall befördert und mit dem Kommando der britischen und kanadischen 21. Heeresgruppe betraut. Während der Kämpfe in der Normandie hatte er das Vertrauen seiner Vorgesetzten verloren.

Die Unzulänglichkeiten und Mißverständnisse, die dazu führten, waren die Folge der Personalbesetzung auf beiden Seiten und die sehr fließende Gefechtslage. Ein großer Teil der Verantwortung für den Bruch lag bei Montgomery selbst. Nicht zum erstenmal hatte es Verständigungsschwierigkeiten mit seinen Vorgesetzten gegeben. Er war der Auffassung, daß er sich in erster Linie auf die Schlacht zu konzentrieren habe, um sich intensiv innerhalb des engbegrenzten Bereichs einzusetzen, in dem er am leistungsfähigsten war. Bradley schrieb später: »Obwohl diese Offensive, die die alliierten Truppen bis an die Seine bringen sollte, schon Monate zuvor in England vorausgeplant worden war, mußte der Angriff jeweils unserer besonderen Lage in Frankreich angepaßt werden.« Montgomerys Methode, diese Anpassung vorzunehmen, bestand augenscheinlich darin, daß er wie gewohnt den Gegner »aus dem Gleichgewicht bringen« wollte, während er selbst im Gleichgewicht blieb. Mit anderen Worten, er wollte den Gegner durch Scheinangriffe zum Einsatz seiner Reserven zwingen, um ihm dann an einem schwachen Punkt den entscheidenden Schlag zu versetzen.

Um die Truppen während des Gefechts fest in der Hand zu behalten, brauchte er, wie er wußte, das uneingeschränkte Vertrauen der Männer, die eng mit ihm zusammenarbeiteten. Dieses Vertrauen gewann er in erstaunlichem Maß. Bradley, Dempsey und später auch Crerar behandelte er je nach ihren Eigenarten ganz verschieden. So griff Montgomery zum Beispiel nie in die Dispositionen von Bradley ein, während er es bei Dempsey tat. In Italien hatte Montgomery, wie wir uns erinnern, Crerar recht kühl behandelt. Jetzt war das ganz anders. Später schrieb Bradley, Montgomery habe »seine Autorität gegenüber den Verbündeten mit Weisheit, Geduld und Zurückhaltung geltend gemacht – ich hätte mir keinen toleranteren und einsichtigeren Befehlshaber wünschen können«. Auch Admiral Ramsey und Luftmarschall Leigh-Mallory, die als Vertreter der Flotte und der Luftstreitkräfte eng mit Montgomery zusammenarbeiten mußten, kamen gut mit ihm aus. Aber die Beziehungen zu Eisenhowers Stab in London und zur Presse waren alles andere als harmonisch. Das soll nicht heißen, daß Montgomery sie ignoriert hätte. Aber auf seiner wie gewöhnlich recht begrenzten Prioritätsliste hatte er sich zunächst die Aufgabe gestellt, die Schlacht zu gewinnen, und dazu war es nicht unbedingt notwendig, diese Stellen laufend zu informieren. Auch bei Alamein hatte er Brooke und Churchill während der Schlacht im dunkeln gelassen, und zwar so sehr, daß Churchill am 28. Oktober glaubte, sie sei verloren. In der Normandie sollte es zu einer ähnlichen Lage kommen.

Die gewohnte Unnahbarkeit Montgomerys verstärkte sich in der Normandie noch durch seinen Stolz. Er hatte schon immer darauf bestanden, alles planmäßig zu tun. Nachdem es nicht gelungen war, Caen zu nehmen, mußte der ursprüngliche Plan geändert werden, aber er sträubte sich dagegen, das zuzugeben. Oberst Dawnay, der dem taktischen Hauptquartier zugeteilt war, schreibt, Montgomery habe versucht, »größer zu erscheinen als er war, indem er behauptete, er habe schon alles vorausgeplant. Das hat er nicht getan ...« Montgomery war jetzt der große Heerführer und Nationalheld. Er glaubte, er dürfe sich keine Blöße geben. Nach außen hin sollte man den Eindruck haben, daß alles wie geölt und planmäßig verlief.

Die britische und Commonwealth-Infanterie wollte er möglichst schonen. Das entsprach natürlich ganz den Vorstellungen von Churchill und ist auch verständlich. 1944 war der Mangel an Mannschaftsreserven so akut, daß die Garderegimenter umgegliedert werden mußten. Einige hundert kanadische Subalternoffiziere wurden zur britischen Zweiten Armee versetzt, um die Planstellen aufzufüllen. Deshalb war es nur natürlich, daß Montgomery versuchte, seine unersetzlichen britischen Truppen intakt zu halten. Daraus ergaben sich jedoch weitere Verständigungsschwierigkeiten.

Man hatte den Eindruck, Montgomery sei zu verschwiegen und wolle sich außer seinen engsten Mitarbeitern niemandem anver-

trauen. Er plane eine Schlacht, die sich in ungünstigem Gelände auf Scheinangriffe und Überraschungsmanöver stützte, und man glaubte, er lege die Operation so an, daß seine Verbündeten, die von der lautstärksten und chauvinistischsten Presse der Welt unterstützt wurden, die meisten Verluste hinnehmen müßten. So konnte es zu den folgenschwersten Mißverständnissen kommen.
Auf der anderen Seite befanden sich Leute, die sein Verhalten nur allzu leicht mißverstehen konnten. Eisenhower selbst war kein besonders einsichtiger Oberbefehlshaber. Eine Strategie, bei der es darauf ankam, gegen schwache Abschnitte in der feindlichen Stellung Überraschungsangriffe zu führen, entsprach nicht seinen Vorstellungen. Noch im Juli 1945 glaubte er, der Sieg sei fast einem Zufall zu verdanken. »... im Osten war es uns nicht gelungen, in Richtung auf die Seine durchzubrechen, und die im Abschnitt Caen zusammengezogenen feindlichen Hauptkräfte hatten uns daran gehindert, in diesem Raum das Gelände zu gewinnen, das wir dringend brauchten. Unsere Pläne waren flexibel genug, um dieses Verhalten des Gegners auszunutzen, indem wir die amerikanischen Kräfte aus dem Versammlungsraum im Westen ausbrechen ließen ...« Patton wußte seit Januar 1944, daß es seine Aufgabe sein würde, die für einen solchen Ausbruch bestimmten Truppen zu führen.
Eisenhower wurde von gewissen britischen Offizieren in seiner Umgebung, die Montgomery nicht für einen begabten Truppenführer hielten, stark beeinflußt. Zu ihnen gehörte in erster Linie der Befehlshaber der Luftstreitkräfte, Tedder, der zugleich Eisenhowers Stellvertreter war. Tedder war ohnedies nicht sehr gut auf die meisten britischen Generale zu sprechen. »Nach meiner Erfahrung haben britische Generale in diesem Krieg – mit der bemerkenswerten Ausnahme von O'Connor – sich zunächst immer für den Frontalangriff entschieden und sich erst zu der berühmten Umfassungsbewegung von rechts entschlossen, wenn sie dazu gezwungen wurden«, schrieb er später. Bis zur Alameinschlacht waren seine Beziehungen zu Montgomery gut gewesen. Sein Organisationstalent hatte Tedder beeindruckt. Aber Montgomery hatte seinen Plan für ein entscheidendes Eingreifen der Luftstreitkräfte in der Schlacht bei Alamein abgelehnt, und es wurde nicht besser, als Tedder Montgomery seinen Vorschlag für den besten Verfolgungsweg nach der ersten Phase der Schlacht machte. Bei den Vorbereitungen für die

Landung auf Sizilien kam es zu weiteren Konflikten zwischen den beiden Männern. Das Unternehmen *Husky* überzeugte Tedder davon, daß Montgomery zu vorsichtig sei und keine Vorstellung von der richtigen Verwendung der Luftstreitkräfte habe. Während der Planungsphase für *Overlord* waren die Beziehungen noch schlechter. Als sich Montgomery am 4. Juni bereiterklärte, ohne die feste Zusage einer Unterstützung aus der Luft anzugreifen, war Tedder entsetzt. Er schrieb, Montgomery »hat zu meinem Erstaunen versichert, die Armee sei bereit, das Risiko einzugehen«.

Von nun an mißtraute Tedder der Urteilsfähigkeit Montgomerys. In vielen Fällen stellte sich Morgan von COSSAC, Eisenhowers Generalstabschef, hinter ihn. In seinen Erinnerungen vermutet Montgomery, Morgan habe persönlich etwas gegen ihn gehabt, weil sein Plan umgestellt worden sei. »Morgan und sein Kreis (die Strategen, deren Lagebeurteilung abgelehnt worden war) nutzten jede Gelegenheit zu dem Versuch, Eisenhower davon zu überzeugen, meine Haltung sei zu defensiv und es werde uns wahrscheinlich nicht gelingen, an irgendeiner Stelle auszubrechen.« Die Gegnerschaft gegen Montgomery war allerdings vorhanden, aber sie resultierte weniger aus persönlicher Enttäuschung (Morgan muß die von Montgomery vorgenommenen Veränderungen begrüßt haben, besonders als er die Truppen der ersten Welle verstärkte), als aus militärischen Vorbehalten. Morgan hatte ursprünglich einen Ausbruch aus dem Raum Caen nach Süden geplant, weil sich das Gelände hier besser für Panzer eignete als im Raum von Saint-Lô, wo der Boden am stärksten versumpft war. Nach seinen Vorstellungen mußte ein Ausbruch im britischen Abschnitt daher dem Ausbruch bei den Amerikanern vorausgehen. Der amerikanische Generalstabsoffizier Bonesteed, der für die topographische Erkundung verantwortlich war, hat Montgomery immer wieder gesagt, Bradley werde nur unter großen Verlusten ausbrechen können. Aber Montgomery beharrte starrköpfig auf seinem Plan, bei Caen nur Störangriffe führen zu lassen. Das erzürnte Morgan und Tedder, denn sie glaubten, daß sich hier die einzige günstige Möglichkeit für einen Vorstoß ergäbe und darum der Schwerpunkt des britischen Angriffs an dieser Stelle liegen sollte. Montgomery war natürlich anderer Meinung, aber seine Auffassungen fanden in der Umgebung Eisenhowers kaum Zustimmung.

Auch Churchill und sogar Brooke waren besorgt. Brookes Haupt-

sorge galt den Geländeschwierigkeiten und den Problemen, die damit verbunden waren, eine Bresche in die deutsche Verteidigungsstellung zu schlagen. Churchills Vorbehalte waren komplexer. Erstens ging es bei ihm um politische Fragen. Man sollte erkennen, daß britische Truppen Erfolge hatten, bevor zahlenmäßig überlegene amerikanische Truppen in die Kämpfe eingriffen. Mit seinen ganz simplen militärischen Vorstellungen wünschte er sich einen raschen Vorstoß auf Paris. Der Krieg sollte geführt werden wie eine schneidige Kavallerieattacke und nicht wie ein Unternehmen, bei dem es auf die richtige Verwendung riesiger Mengen von Nachschub und Munition ankam. Er fürchtete einen Fehlschlag. Vielleicht verfolgten ihn immer noch Gallipoli, Norwegen oder Griechenland. Jedenfalls hat er diese Offensive auf dem westeuropäischen Festland nie besonders optimistisch beurteilt.
Schließlich gab es in der Kulisse den »griechischen Chor« – die britische und amerikanische Presse, deren Stimmen jetzt, da der Krieg gewonnen wurde, immer mehr an Bedeutung gewannen. Die Prioritäten waren zur politischen Frage geworden, und es ging nicht mehr allein um militärische Gesichtspunkte. Die amerikanische Presse war gegenüber den britischen Forderungen nie besonders freundlich gewesen. Die technische Perfektion, die es ermöglichte, die Nachrichten auf raschestem Wege nach Amerika zu bringen, entsprach nicht der Qualität der Berichte. Die Zeitungen verlangten, daß Städte eingenommen und Geländegewinne gemacht würden. Sie wollten Erfolge sehen. Mehr als zwei Monate sah sich Montgomery nicht in der Lage, ihnen oder seinen militärischen Kritikern in England den definitiven Beweis für den Erfolg zu liefern.
Das Kommunikationsproblem war eines der wichtigsten, weil die Schlacht zwar in großen Zügen nach den Vorstellungen Montgomerys verlief, aber sich doch nicht genauso entwickelte, wie er sie in London geplant hatte. Seine Tüchtigkeit als Truppenführer jedoch stellte er dadurch unter Beweis, daß er den Druck gegen den Feind rücksichtslos aufrechterhielt, selbst »im Gleichgewicht« blieb und schließlich stark genug war, die letzte und verzweifelte deutsche Offensive bei Mortain abzuwehren. Ursprünglich hatte man Caen als Drehpunkt vorgesehen, damit die Amerikaner Cherbourg nehmen und die Linie Caen-Avranches besetzen könnten. Dabei wäre es vielleicht sogar möglich gewesen, Falaise neben dem Abschnitt der britischen Zweiten Armee einzunehmen. Nun sollte der

Ausbruch nach Süden in Richtung auf die Bretagne und die Loire erfolgen. Mit so gesicherten Flanken sollten britische, amerikanische und kanadische Streitkräfte auf breiter Front nach Osten gegen Paris vorgehen. Natürlich betrachtete Montgomery das nicht als einen starren und unveränderlichen Plan. Wenn er aber überhaupt einen Plan hatte, dann diesen. Doch kaum war die erste Woche nach der Landung vergangen, ließ er sich nicht mehr so verwirklichen, wie man angenommen hatte. Die Gründe dafür waren das Wetter, der hartnäckige Widerstand der Deutschen, das Gelände und der Umstand, daß es nicht gelungen war, einen Teil der ersten Angriffsziele zu erreichen.

Zunächst hielt die 21. Panzerdivision die Stadt Caen. Der Vorstoß landeinwärts gegen Villers-Bocage, das Montgomery als den Magneten für Gegenangriffe angesehen hatte, erfolgte nicht. Bis zum 8. Juni hatte dort nur eine einzige deutsche Aufklärungsabteilung eine 16 Kilometer breite Front gehalten. Aber sie wurde von den Briten nicht angegriffen. Am 12. Juni versuchte Dempsey, mit der 7. Panzerdivision durchzubrechen. Bei diesem Angriff wurde Villers-Bocage am 13. Juni genommen, aber ein mit Panzerkräften geführter Gegenangriff warf die Briten wieder hinaus. Es gelang ihnen erst nach zwei Monaten, das Dorf zum zweitenmal zu nehmen. Nachdem die Amerikaner im Strandabschnitt »Omaha« so große Schwierigkeiten gehabt hatten, brauchten sie einige Zeit, um in Bewegung zu kommen. Erst am 11. Juni hatten sie Carentan eingenommen. Doch nun kamen ihre Operationen langsam in Schwung. Im britischen Abschnitt war die erste Offensive ins Stokken geraten, aber jetzt begann die entscheidende Phase. Am 12. kamen Rundstedt und Rommel zu dem Schluß, das militärisch einzig Vernünftige sei ein Rückzug bis an die Seine. Die alliierte Front war 80 Kilometer breit und 20 Kilometer tief. Zwar konnten die deutschen Truppen die Alliierten noch eine Zeitlang aufhalten, aber angesichts der alliierten Luftüberlegenheit war nicht mit einem Erfolg deutscher Gegenangriffe zu rechnen. Die Feldmarschälle wollten deshalb nicht so lange warten, bis der Gegner sie überrannte, sondern schlugen den Rückzug vor. Hitler weigerte sich kategorisch. Diese Entscheidung hatte weitreichende Folgen. Der deutsche Widerstand versteifte sich mehr, als dies strategisch vernünftig war. Die Abwehr der deutschen Armee wurde dadurch starr und unbeweglich, und die deutsche Front mußte zerbrechen, wenn

die Alliierten sie mit genügend starken Kräften angriffen. Die Deutschen würden jedoch nicht ausweichen, bevor dieser Punkt erreicht war.
Die sich nun entwickelnde Schlacht wurde durch einzelne Offensiven vorbereitet. Rommel hatte das Gros seiner Panzerverbände gegen die britischen Streitkräfte Montgomerys im Osten bereitgestellt. Deshalb erschien es Montgomery um so günstiger, die Operationen um die Achse Caen fortzusetzen. Seine ursprüngliche Absicht, südöstlich von Caen landeinwärts vorzustoßen, gab er auf, um die deutschen Verbände im Umkreis der Stadt ins Gefecht zu ziehen, während die Amerikaner herumschwenkten. Aber in Großbritannien machte man sich Sorgen, weil die ersten Ausbruchsversuche nicht gelungen waren. Eisenhowers Luftstab beklagte, daß es nicht möglich gewesen sei, die versprochenen Flugplätze in Besitz zu nehmen. Am 14. Juni erklärte Vizeluftmarschall Coningham, die Lage steuere auf eine Krisis zu, während doch – wie wir gesehen haben – auf der anderen Seite das deutsche Oberkommando dringend um Erlaubnis für den Rückzug ersucht hatte, die jedoch verweigert worden war.
Am 18. Juni entschloß sich Montgomery, mit zwei Stoßkeilen gegen Cherbourg und Caen vorzugehen. Seine Vorbereitungen für das Unternehmen wurden durch den seit vierzig Jahren heftigsten Sturm über dem Kanal durcheinandergebracht. Es gelang ihm jedoch, Ende des Monats zum Angriff anzutreten. Endlich nahmen auch die Amerikaner unter Bradley Cherbourg. Das britische Unternehmen *Epsom* zur Einnahme von Caen mißlang jedoch. Am 1. Juli wurde *Epsom* aufgegeben. Das VIII. Korps unter O'Connor hatte bei sehr verlustreichen Kämpfen nur einen Flußübergang erzwingen können. Rückblickend war das Unternehmen *Epsom* jedoch ein Erfolg. Die Deutschen waren dabei gezwungen worden, ihre Panzerreserven einzusetzen, als sie nicht mehr auf einen Gegenangriff mit starken Kräften verzichten durften. Außerdem führte die Schlacht zur Entlassung v. Rundstedts. Am 28. Juni meldeten er und Rommel Hitler, die deutschen Kräfte würden bei den Kämpfen zu stark abgenutzt und müßten zurückgenommen werden. Rundstedt stellte es Rommel sogar frei, Caen aufzugeben. Hitler war wütend und ließ Rundstedt durch den gefügigeren Kluge ablösen.
Montgomery ist wahrscheinlich im Verlauf des Unternehmens *Ep-*

som zu der Überzeugung gelangt, daß es auf Caen nicht ankomme. Anfang Juli hatte sich die Schlacht so entwickelt, daß der Besitz der Stadt nicht mehr entscheidend war. Die deutschen Kräfte vor Caen waren gebunden, während die Amerikaner versuchten, im Raum von Saint-Lô auszubrechen. Montgomery und die alliierten Befehlshaber in Frankreich hielten die Lage nun für ganz übersichtlich. Seine am 30. Juni erteilten Befehle waren klar. Die amerikanischen Truppen sollten an der Linie Caumont-Vire-Mortain-Fougères einen Ausbruchsversuch unternehmen. Die Briten sollten auch weiterhin »die Hauptkräfte des Gegners zwischen Villers-Bocage und Caen binden und bekämpfen«. Die britischen Befehlshaber erkannten immer deutlicher, daß die deutschen Verteidigungsstellungen in diesem Abschnitt sehr stark waren. Ganze Dörfer waren von Grabensystemen durchzogen, die Deutschen hatten Panzersperren gebaut, und die Hauptkampflinie war durch sich überschneidendes Feuer aller Waffen gedeckt. Die Verteidiger waren hochqualifizierte Truppen mit Kampferfahrung, und trotz der jüngsten Rückschläge war ihre Kampfmoral ungebrochen. Die britischen Truppen waren diesen Männern an Gefechtswert unterlegen. In einem deutschen Bericht, der nicht zu Propagandazwecken verfaßt worden war, hieß es, daß die britische Infanterie nur mit Unterstützung durch schweres Artilleriefeuer angreife. Wenn man Reserven zurückhalte und die Hauptkampflinie nur schwach besetze, dann könne man die britische Infanterie, die es nicht verstehe, einen einmal erzwungenen Einbruch auszunutzen, im Gegenangriff zurückwerfen. »Der Feind ist nicht gewillt, sich unseren Truppen im Nahkampf zu stellen. Wenn man die feindliche Infanterie energisch anpackt, wird sie sich in den meisten Fällen zurückziehen oder ergeben.«

Diese starken deutschen Verteidigungsstellungen zu durchbrechen, würde nur unter hohen Verlusten möglich sein. Sie würden viel höher sein als Montgomery sie angesichts des großen Mangels an Mannschaftsersatz veranschlagen durfte. Deshalb verstärkte sich seine Überzeugung, daß man den Plan, mit starken Kräften gegen Caen vorzugehen, aufgeben müsse. Statt dessen wollte er die Deutschen durch den Einsatz der alliierten Materialüberlegenheit dezimieren, während die Amerikaner unter Bradley bei ihrem Vorstoß nach Süden das Risiko höherer Mannschaftsverluste auf sich nehmen sollten. Mit dieser Methode hatte er Erfolg – daran darf niemand zweifeln. In der Zeit vom 15. Juni bis zum 25. Juli standen

den Briten ständig dreimal so viele deutsche Panzer gegenüber wie den Amerikanern. Bradley war froh, als sich diese Entwicklung Anfang Juli fortsetzte. Später schrieb er. Montgomery habe »die Deutschen getäuscht, indem er sie von der Halbinsel Cotentin gegen Caen ablenkte«. Aber in Großbritannien wurde die Siegeszuversicht immer geringer, als Caen sich im Juli immer noch in deutscher Hand befand. Aus verständlichen Gründen konnte Montgomery der Presse sein Verhalten nicht erklären. Weil er sich so isoliert hatte, gab es für ihn auch nicht die Möglichkeit, Eisenhower für seine Ideen zu gewinnen. 1948 beschrieb der Oberste Befehlshaber seine Gefühle in jener Zeit: »In den auf die Landung folgenden Tagen war die Presse zunehmend unzufrieden damit, daß es an unserem linken Flügel nicht weiterging. Natürlich machten meine Befehlshaber der Teilstreitkräfte und ich uns große Sorgen wegen der statischen Lage bei Caen. Wir erwogen jede Möglichkeit, den toten Punkt zu überwinden, und ich drängte Montgomery wiederholt, seine Anstrengungen zu beschleunigen und bis an die Grenze der Leistungsfähigkeit seiner Truppen zu gehen.«

Bradleys Offensivunternehmen *Cobra* erwies sich als schwierig, und zwar zum Teil, weil der Sturm im Juni die Vorbereitungen gestört hatte, zum Teil aber auch, weil der Raum Saint-Lô, wo der Angriff erfolgen sollte, schwieriges Gelände war. Ein erster Versuch, die Stadt am 3. Juli zu nehmen, mißlang. Es wurde immer deutlicher, daß man nicht vor Mitte Juli zum Unternehmen *Cobra* würde antreten können. In der Zwischenzeit erfolgte ein weiterer Angriff gegen Caen, um die Deutschen im Osten zu binden. Auf einen massiven Luftangriff am 7. Juli folgte am 9. die Besetzung des Westteils der Stadt (am Westufer der Orne) Das war eigentlich ein Ablenkungsmanöver, aber die Masse des eingesetzten Materials erweckte den Eindruck, Montgomery betrachte Caen immer noch als das wichtigste Angriffsziel. Das stützte die Argumente derjenigen in London, die die Stadt ebenfalls als wichtiges Operationsziel betrachteten und glaubten, Montgomery sei nicht fähig, sie zu nehmen.

Zu dem folgenschwersten Mißverständnis kam es im Rahmen des Unternehmens *Goodwood*. Das war ein Angriff gegen deutsche Kräfte am gegenüberliegenden Ufer der Orne, der einen Tag vor *Cobra* unternommen werden sollte, also vor dem amerikanischen Angriff 8 Kilometer westlich von Saint-Lô auf Avranche. Beide

Operationen sollten nach den Plänen von Montgomery genau aufeinander abgestimmt sein. Die Zweite Armee unter Dempsey sollte am 18. Juli von allen verfügbaren Luftstreitkräften unterstützt, der Hauptschlag aber anschließend am 19. von Bradley geführt werden. Das Unternehmen *Goodwood* war nicht Montgomerys Idee, sondern Dempseys. Als nun die Operation *Cobra* wieder verschoben werden mußte – auf den 25. Juli –, befahl Montgomery, den Umfang der Operation *Goodwood* einzuschränken. Das führte dazu, daß der Angriff, nachdem er nur knapp 5 Kilometer vorangekommen war, am 20. eingestellt wurde.
Am 13. Juli schickte Montgomery ein Telegramm an Eisenhower, um ihm seine Strategie zu erläutern. Eisenhowers Antwort, in der er davon sprach, wie die amerikanischen Soldaten sich bei ihren Kämpfen ständig darum bemühten, den Briten die Möglichkeit zum Ausbruch zu geben, kann man entnehmen, daß er Montgomerys Absichten mißverstanden hatte. Jedermann in Großbritannien scheint angenommen zu haben, daß es, um voranzukommen, keine andere Möglichkeit gäbe, als den Ausbruch bei Caen. Tedder sagt zum Beispiel in seiner Autobiografie über die Vorstellung, man hätte auch im Westen ausbrechen können: »Es war erfreulich, wenigstens von einer Möglichkeit zur Überwindung des toten Punktes zu hören.« Wenn die Methode, der Montgomery seit Ende Juni gefolgt war, im Großen Hauptquartier so aufgenommen wurde, dann läßt sich das nur auf den Zusammenbruch aller Verständigungsmöglichkeiten zurückführen. Die Annahme, das Gelände im Raum von Saint-Lô sei vollständig unpassierbar, hat wahrscheinlich zu dem Schluß geführt, den Schwerpunkt des Angriffs nicht dorthin verlegen zu können. Nach den vor der Landung gefaßten Plänen wäre der Ausbruch durchaus erfolgt, sobald man weiter südlich in besser geeignetem Gelände die Vorbereitungen dafür getroffen hätte. Als Brooke im Juli über die Möglichkeit eines Angriffs im Westen hörte, meinte er: »Ich kenne das Gelände im Sumpfgebiet der *bocage* seit meiner Kindheit ganz genau, und dort werden sie niemals durchkommen.«
Die Differenzen verschärften sich zudem, weil Montgomery Caen hätte umgehen können, wenn er bereit gewesen wäre, die bei einem solchen Unternehmen zu erwartenden Verluste zu riskieren. Später gab Dempsey zu, das Unternehmen *Goodwood* sei in erster Linie ein Gefecht gewesen, bei dem es auf die Vernichtung des Geg-

ners ankam. Er glaubte aber, es hätte unter Umständen gelingen können, alle Brücken über die Orne zwischen Caen und Argentan in Besitz zu nehmen – ein sehr ehrgeiziges Vorhaben. Er selbst verlegte sein Stabsquartier sehr rasch nach vorn, um jeden Einbruch in die feindlichen Stellungen sofort ausnutzen zu können. Aber die Deutschen leisteten energischen Widerstand, und es entstand ein Flaschenhals, weil nur drei Brücken über die Orne passierbar waren. So beschloß Montgomery, das Unternehmen abzubrechen, weil er seine britischen Truppen schonen wollte. Auch de Guingand meinte, man hätte weiter vorankommen können. Montgomery war jedoch immer bereit, mögliche Vorstöße auf einen späteren Zeitpunkt zu verschieben.
Die Generale an Ort und Stelle erlebten selbst, wie sich der Plan entwickelte. Das war für die in London zurückgebliebenen Kritiker sehr viel schwieriger. Da sie glaubten, der Schwerpunkt liege im Raum Caen, waren sie entsetzt, als Montgomery den Angriff nicht energisch vorantrieb. Ihr Eindruck verstärkte sich durch Äußerungen von Montgomery selbst. War sein Telegramm vom 13. Juli an Eisenhower noch einigermaßen verständlich gewesen, so mußte das am 14. an Tedder abgeschickte falsche Vorstellungen wecken. Über das Unternehmen *Goodwood* hieß es hier: »... wenn erfolgreich, dann verspricht der Plan die Entscheidung zu bringen.« Am 17. schrieb er an Churchill: »Ich bin entschlossen, wenn irgend möglich, morgen die Panzerdivisionen loszulassen ...« Am 18. war der Angriff noch kaum vorangekommen, aber um 4.30 Uhr schickte er eine Meldung an Brooke: »Die Operationen heute morgen ein voller Erfolg ...« Am gleichen Abend erklärte er in einer Sondermeldung, er sei praktisch durchgebrochen, doch am 20. Juli waren O'Connors Panzer im Schlamm steckengeblieben, und die Deutschen hatten ihre Stellungen noch so fest in der Hand, daß sie sogar mehrere Gegenangriffe führen konnten.
Viele Angehörige von SHAEF (Supreme Headquarters Allied Expeditionary Force) glaubten, als sie vom Stillstand der Operationen erfuhren, mit denen sie zunächst so große Erwartungen verknüpft hatten, daß sich ihre schlimmsten Befürchtungen im Hinblick auf Montgomery nun bestätigten. Am 20. Juli schrieb Tedder, Portal und er seien sich »... darin einig, in Montgomery die Ursache zu sehen«. Eisenhowers Adjutant Hauptmann Butcher berichtet, Tedder habe dem Obersten Befehlshaber am Abend des 19. gesagt,

Montgomery habe den Panzerangriff eingestellt, und die britischen Chefs des Generalstabs seien, wenn Eisenhower das wünsche, bereit, ihn abzulösen. Den Wahrheitsgehalt dieser Behauptung von Butcher muß man bezweifeln, denn Brooke stand als Chef des Empiregeneralstabs hinter seinem Schützling. Tedder und viele andere machten sich aber bestimmt schwere Sorgen wegen des Fehlschlags. Eisenhower selbst begab sich in die Normandie, um festzustellen, woran es gelegen hätte. Während seines Aufenthalts dort schrieb ihm Tedder und wies darauf hin, daß die so wenig energisch durchgeführte Offensive die deutsche Armee nach dem fehlgeschlagenen Attentat gegen Hitler vor den schwersten Folgen bewahrt habe. Zugleich bat er Eisenhower, selbst das Kommando zu übernehmen. Seine Haltung war klar, und viele an der Kriegführung Beteiligte hatten sich ihr angeschlossen: »Alles, was ich erfahren konnte, weist darauf hin, daß bei der höheren Führung der britischen Armeen in der Normandie ein bedauerlicher Mangel an Führungsqualität besteht.«

Wie Montgomery auf diese Kritik reagiert hat, läßt sich heute nur noch schwer feststellen. Bis zu einem gewissen Grad war er noch ebenso von seinen Qualitäten überzeugt wie eh und je. In seinen Erinnerungen schreibt er darüber, daß es ihm nicht gelungen war, die Flugplätze südöstlich von Caen zu nehmen: »Dem Oberkommando der Luftstreitkräfte lag nichts daran.« Das ist angesichts der Haltung von Tedder und Coningham eine kühne Untertreibung! Wahrscheinlich glaubte er wie immer, daß er mit seinem abschließenden Erfolg jedermann davon überzeugen werde, er habe die Lage in jeder Phase fest in der Hand gehabt. Aber im Juli muß er gewußt haben, welche Empörung seine Haltung auslöste. Selbst bei dem engen Horizont, den er hatte, konnte er nicht übersehen, welches Mißtrauen man ihm ganz unverhohlen entgegenbrachte. So wurde zum Beispiel Guy Westmacott zum Verbindungsoffizier des Kriegskabinetts beim Hauptquartier in der Normandie ernannt. Montgomery wußte, daß er jetzt überwacht wurde und Westmacott den Auftrag hatte, vertrauliche Berichte über seine Beobachtungen nach London zu schicken. Den Angehörigen seines Stabes sagte er, sie sollten Westmacott ignorieren. Aber das Schlimmste war vermutlich der Besuch von General Marshall am 24. Juli. Marshall war durchaus bereit, ihn sofort abzulösen, weil seine Operationen nicht vorankamen. Oberst Dawnay berichtet, dies sei das

einzige Mal gewesen, daß Montgomery sichtlich besorgt war. Vielleicht hat es ihn enttäuscht, daß Eisenhower ihn augenscheinlich nicht verstehen konnte. Er selbst war aber nicht fähig, die Lage mit seinen Vorgesetzten zu besprechen. Das hatte Montgomery noch nie gelegen. Deshalb tat er so, als verlaufe alles »planmäßig«, ein Ausdruck, mit dem man seit undenklichen Zeiten immer wieder versucht hat, militärische Mißerfolge zu verschleiern. Die Presse, die sich von seinen schulmeisterlichen und hochmütigen Belehrungen immer weniger überzeugen ließ, begriff das sehr bald. Daß Montgomery vor dem Unternehmen *Goodwood* und auch während seines Ablaufs einen so ungünstigen Eindruck machte, lag wahrscheinlich zum Teil auch daran, daß er erkannt hatte, daß in seinen Beziehungen zur Außenwelt irgend etwas nicht stimmte.
Ende Juli war Montgomery trotz der vielfältigen gegen ihn gerichteten Kritik verhältnismäßig sicher. Am 24. führte er mit Churchill ein zweistündiges Gespräch, bei dem er den Premierminister davon überzeugen konnte, daß er die Lage fest in der Hand habe. Am folgenden Tag begann Bradley endlich das Unternehmen *Cobra* mit einem starken Bombenangriff. Ironischerweise schrieb Tedder ausgerechnet an dem Tag, als dieser entscheidende Angriff begann, an Trenchard, die britische Öffentlichkeit sei »zum Narren gehalten worden. Ich glaube nicht, daß auch nur die geringste Absicht besteht, einen sauberen Durchbruch zu erzwingen.« Doch am 27. war Bradley mit den ihm unterstellten Truppen von Patton und Hodges der Durchbruch fast gelungen. Im Obersten Hauptquartier hatte man den Eindruck, man habe den Erfolg weniger einem Plan als einem Glückszufall zu verdanken, und Bradley habe unabhängig von den Anweisungen seines Befehlshabers gehandelt. Dieser Eindruck verstärkte sich, weil man Bradley für die Planung der Operation relativ freie Hand gelassen hatte, während Montgomery sehr eng mit Dempsey zusammenarbeitete.
Nachdem der amerikanische Angriff geglückt war, erhoben sich eine Reihe von Fragen. Da nur wenige erkannten, wie eng Amerikaner und Briten zusammenarbeiten mußten, verlangten sie die Unterstützung der Briten bei diesem unerwarteten Erfolg. Die Verlustziffern wurden genau unter die Lupe genommen. Aus ihnen und aus der Tatsache, daß der Durchbruch gelungen war, glaubte man entnehmen zu können, daß die amerikanischen Truppen nicht nur zu Beginn der Operationen im Schwerpunkt eingesetzt waren, son-

dern daß sie auch beim endgültigen Durchbruch das größere Risiko würden übernehmen müssen. Das war jedoch nicht der Fall, denn als die Amerikaner am 21. Juli bei Avranches durchbrachen, stießen sie auf keinen nennenswerten feindlichen Widerstand mehr. Alle beweglichen Reserven der Deutschen waren gegen den britischen Abschnitt abgezogen worden. Nach dem 25. Juli stand Eisenhower jedoch unter stärkerem Druck als vorher, seinen Alliierten einen größeren Anteil an den Kämpfen zuzumessen. Am 28. Juli schrieb Brooke an Montgomery, Eisenhower habe sich über die zu wenig offensive Haltung von Dempsey beschwert.

Eine britische Offensive wurde jedoch vorbereitet. Es war das Unternehmen *Bluecoat,* das am 30. Juli bei Caumont, westlich von Caen, beginnen sollte, um die Amerikaner vor dem endgültigen Durchbruch zu entlasten. Leider bestätigte diese Operation die schlimmsten Befürchtungen vieler Skeptiker im Hinblick auf die britische Armee; denn das Unternehmen *Bluecoat,* bei dem die Briten versuchten, die versumpfte, schwer gangbare *bocage* zu überwinden, endete mit einer Katastrophe. Bei Angriffsbeginn waren das VIII. und das XXX. Korps dem Gegner am Boden um das Dreifache überlegen, und die Alliierten hatten die absolute Luftüberlegenheit. Hier sollte der britische Durchbruch erfolgen. Dempsey sollte »Gas geben«. Aber er kam nur langsam vorwärts, und am 2. August wurden der Kommandierende General des XXX. Korps, Bucknall, und der Kommandeur der 7. Panzerdivision, Erskine, abgelöst, nachdem deutsche Gegenangriffe einen Teil der britischen Kräfte auf ihre Ausgangsstellungen zurückgeworfen hatten. Wieder war es den Briten nicht gelungen, wesentlich weiter voranzukommen, und diesmal wurde ihr Versagen angesichts der glänzenden Leistungen der Amerikaner noch deutlicher sichtbar. Am 3. August erhielt Patton die Erlaubnis, in nördlicher Richtung gegen die Loire herumzuschwenken. Am 7. war er in Le Mans.

Montgomery hatte am 31. Juli, als die Amerikaner Avranches erreichten, einen größten Sieg erfochten. In der Folge erkannte das deutsche Oberkommando, daß es sinnlos sei, noch länger westlich der Seine zu bleiben. Hitler ordnete jedoch einen Gegenangriff mit starken Kräften an, um die zwölf amerikanischen Divisionen südlich von Avranches abzuschneiden. Die deutsche Offensive begann am 7. August und war am 12. zusammengebrochen, als starke deutsche Kräfte im Kessel von Falaise eingeschlossen wurden –

durch nach Süden vorstoßende kanadische Truppen und nach Norden vordringende amerikanische Truppen. Nur das schwierige Gelände hinderte die Alliierten, den Kessel vollständig abzuriegeln. Die Tatsache, daß Hitler darauf bestanden hatte, die deutschen Armeen in der Normandie müßten jeden Zollbreit Boden verteidigen, bedeutete, daß er bei einer Niederlage ganz Frankreich verlor.

Montgomery hatte die Schlacht taktisch sehr geschickt geführt. Nachdem es ihm nicht, wie er zunächst gehofft hatte, gelungen war, eine zusammenhängende Front auf der Linie von Caen bis Falaise und südlich von Saint-Lô zu errichten, hatte er seine Angriffe weitergeführt und das deutsche Oberkommando gezwungen, die im Raum Caen liegenden Truppen in die Schlacht zu werfen. Man könnte sagen, er hätte versuchen sollen, über Caen auszubrechen, denn wie sich die Lage nach der Landung darstellte, hätte er dann eher die Möglichkeit gehabt, deutschen Truppen den Rückzugsweg abzuschneiden. Nur weil Hitler darauf bestanden hatte, die Offensive bei Mortain durchzuführen. war die Niederlage so schwer. Aber die Notwendigkeit, die britische Infanterie zu schonen, hinderte ihn daran. Liddell Hart hat die Vorbereitungen für die Verfolgung nach dem Durchbruch bei Avranches kritisiert. Der Kommandeur der amerikanischen 4. Panzerdivision berichtete ihm, am 4. August seien die vordersten Einheiten der amerikanischen 1. Armee bereit gewesen, über Chartres in die »feindlichen Eingeweide« hineinzustoßen. Sie seien jedoch weiter nach Westen zum Angriff gegen Brest angesetzt worden. Das war augenscheinlich ein für Montgomery typischer Fehler. Nachdem er sich zunächst entschlossen hatte, die Amerikaner nach dem Durchbruch in westlicher Richtung vorgehen zu lassen, war er so mit den Planungen für den Durchbruch selbst beschäftigt, daß er keine Vorbereitungen dafür traf, notfalls die Verfolgung in einer neuen Richtung anzusetzen. Doch vielleicht ist es falsch, ihn in diesem Fall zu kritisieren. Bradley genoß sehr große Handlungsfreiheit. Er war der unmittelbare Vorgesetzte dieser Verbände, und die Verfolgung war auch so sehr wirksam.

Auch das endgültige Ergebnis der Schlacht rechtfertigte eine solche Kritik nicht. 210 000 deutsche Soldaten gerieten in Gefangenschaft, die deutschen Gesamtverluste betrugen 240 000 Mann, und Frankreich war befreit. Man könnte sagen, Montgomery habe auch hier

wie so oft die Geländeverhältnisse zu wenig berücksichtigt und deshalb die Amerikaner dazu verdammt, sich mühsam durch das versumpfte Gelände zu kämpfen. Doch wie wir gesehen haben, war er der Auffassung, daß die Amerikaner mit ihren größeren Mannschaftsreserven auch ein größeres Verlustrisiko tragen müßten. Der Erfolg hat diese Strategie gerechtfertigt. Wenn die amerikanische Presse behauptete, bei einem Angriff im Westen hätten die Briten mehr tun können, um deutsche Kräfte abzulenken, so stimmt das nicht. Ein Grund für die Diskrepanz in den Verlustziffern liegt in dem Umstand, daß die Briten ihre Materialüberlegenheit einsetzten, um den Druck gegen die Deutschen aufrechtzuerhalten.
Und doch hatte die Entwicklung der Schlacht zu einer immer größer werdenden Kluft zwischen Montgomery und dem Stab Eisenhowers in Großbritannien geführt. Im August wurde Montgomery als Befehlshaber der Landstreitkräfte abgelöst und befehligte jetzt nur noch die 21. Heeresgruppe. Seine Stellung als Befehlshaber der 21. Heeresgruppe, der gleichzeitig auch die Verbände unter Bradley kommandierte, war von Anfang an irgendwie anomal gewesen. Aber er hatte nicht damit gerechnet, diesen Posten schon jetzt abgeben zu müssen. Eisenhower wurde jedoch so stark unter Druck gesetzt, daß ihm kaum eine andere Wahl blieb, als selbst das Kommando zu übernehmen. Seine engsten Berater im Großen Hauptquartier wünschten es, ebenso die amerikanische Öffentlichkeit; denn jetzt gab es fünf amerikanische und nur zwei britische Armeen. Die amerikanischen Generale waren mit ihren Verbündeten nicht immer zufrieden. Patton war verbittert gewesen, als man seinen Angriff über Argentan zur Schließung des Kessels bei Falaise aufgehalten hatte, damit er den Briten nicht in die Quere käme. Er behauptete, er könne die Deutschen schlagen, um dann seine eigenen Verbündeten wie bei Dünkirchen ins Meer zu werfen – wenn man ihn nur machen ließe.
Schließlich wollte Montgomery die Kräfte Bradleys an der Seine anhalten und mit 40 Divisionen, deren Vorhut aus britischen Truppen bestehen sollte, bis ins Ruhrgebiet vorstoßen. Aus den verschiedensten Gründen – politischen und militärischen – konnte Eisenhower dem nicht zustimmen. Er wußte aber auch, daß man Montgomery nicht *überreden* konnte, etwas zu tun, man mußte es ihm befehlen. Es blieb ihm daher nichts anderes übrig, als Montgomery seines Postens zu entheben.

Zum Trost wurde Montgomery zum Feldmarschall befördert. Aber er spürte den Schlag. Er hatte einen großen Sieg errungen, und niemand schien es anerkennen zu wollen. 1945 erfuhr Moran von Churchill, wie sehr die Absetzung Montgomery gekränkt hatte. Seit Kriegsbeginn war er ständig aufgestiegen. Seine Beliebtheit in der britischen Öffentlichkeit hatte zugenommen, und er hatte das Vertrauen der höchsten Stellen genossen. Während der Schlacht in der Normandie hatte er einen großen Teil dieses Vertrauens verloren und mußte schließlich den Preis dafür zahlen, daß er nicht fähig war, mit Gleichgestellten und den meisten Vorgesetzten auszukommen.

Von der Seine zum Rhein

In den fünf auf seine Beförderung zum Feldmarschall folgenden Monaten wurde Montgomery zum Mittelpunkt eines ständigen Tauziehens zwischen den Westalliierten und provozierte dabei die Feindschaft seiner Gegner im eigenen Lager. Die guten Beziehungen, die er von Januar bis Juni 1944 zu den Amerikanern unterhalten hatte und die, wenigstens mit Bradley, noch während des ganzen Sommers bestanden, verflüchtigten sich im Verlauf einer Reihe erbitterter Meinungsverschiedenheiten über strategische Fragen. Im Hinblick auf bestimmte wichtige Entscheidungen wäre es unter allen Umständen zu Kontroversen gekommen. Die Spannungen erhielten jedoch durch das besondere Talent des neuernannten Feldmarschalls, andere Menschen zu ärgern, neue Dimensionen.

Im Grunde ging es um die beste Methode, Deutschland zu besiegen. Sollte man auf breiter Front weiter vorgehen oder einen Schwerpunkt bilden und einen tiefen Vorstoß in Feindesland wagen? Montgomery hatte seine Auffassung im August sehr deutlich zum Ausdruck gebracht. Er war damals noch Befehlshaber der 12. Heeresgruppe von Bradley gewesen und hatte den Amerikanern befohlen, an der Seine anzuhalten, um seine 21. Heeresgruppe mit allen Mitteln zu stärken, damit sie mit 40 Divisionen bis an die Ruhr vorstoßen könnte. In seinen Erinnerungen behauptet Montgomery, Bradley habe dieser Strategie zugestimmt, wenigstens etwa bis zum 20. August. Aber am 23. August weigerte sich Eisenhower, der sich entschlossen hatte, persönlich das Kommando zu übernehmen, dem Plan Montgomerys zu folgen, die Amerikaner anzuhalten und mit den britischen Truppen weiter vorzugehen. Der Oberste Befehlshaber gab einem Vormarsch auf breiter Front den Vorzug. Dabei sollten Bradley durch das Saargebiet und Montgomery durch das Ruhrgebiet vorstoßen. Bei Montgomery sollte der Schwerpunkt liegen, aber seine Armee sollte nicht als einzige angreifen.

Es ist wichtig, hier festzuhalten, daß Eisenhower Montgomery bei der Versorgung seiner Truppen mit Kriegsmaterial den Vorrang einräumte. Die Strategie Eisenhowers war nicht – wie Montgomery behauptet hat – die eines Fußballtrainers, der verlangte, daß die ganze Mannschaft gleichzeitig stürmt. Anfang September schrieb der Oberste Befehlshaber an Montgomery: »... Ich habe dem Ruhrgebiet und dem Vorstoß im Norden von Anfang an den Vorrang eingeräumt und tue es auch jetzt noch.« Am 10. September sagte auch Tedder Montgomery, er werde der am besten versorgte General sein, der Vorstoß der Verbände unter Bradley durch das Saargebiet dürfte jedoch nicht verlangsamt werden. Die Kontroverse zwischen Eisenhower und Montgomery kann leicht falsch interpretiert werden, wenn man sie nur als grobe Konfrontation ansieht. Es hat vielmehr ein ständiges Gespräch darüber gegeben, ob voneinander getrennte Vorstöße oder ein Vorrücken in breiter Front vorzuziehen seien. Ende August und Anfang September entschied sich Eisenhower für die Einzelvorstöße.

Montgomery hatte sich jedoch eine viel extremere Fassung der gleichen Strategie vorgestellt. Der Unterschied lag darin, daß Montgomery glaubte, seine vierzig Divisionen könnten rasch bis nach Berlin kommen, während Eisenhower den Rhein als erstes Angriffsziel ins Auge gefaßt hatte. Nach Erreichen des Rheins konnte man seiner Auffassung nach entscheiden, wie man am besten weiter ins Innere Deutschlands vorrücken sollte. Der Oberste Befehlshaber erkannte die Bedeutung des Ruhrgebiets und stellte sich hinter jeden Vorschlag, der zu seiner Einnahme führen konnte. Aber im August und September hielt er es für wenig sinnvoll, so weit vorauszuplanen, wie Montgomery es wünschte.

Die Diskussionen über die von Montgomery vorgesehenen Möglichkeiten eines »Dolchstoßes« oder »schweren Schlages« gaben der britischen Presse die großartige Gelegenheit, klassische chauvinistische Auffassungen zu bekunden. In Großbritannien, wo die bis zur Erschöpfung kriegsmüde Bevölkerung das Ringen so bald wie möglich beendet sehen wollte, fand die Behauptung des angesehensten Soldaten der Nation, er könne zu Weihnachten schon in Berlin sein, offene Ohren. Genau das war es, was die Menschen erwarteten: das blitzende Racheschwert sollte nach Nordwesteuropa hineinstoßen. Die Persönlichkeiten, die in Großbritannien an höchster Stelle die Kriegsanstrengungen leiteten, standen diesen Vorstellungen im allgemeinen positiv gegenüber. Brooke war sich der Tatsache bewußt, daß harte Kämpfe im Winter die britischen Streitkräfte in Belgien und Holland gefährlich dezimieren könnten. Auch Churchill erkannte diese Gefahr, aber er fürchtete eine noch gefährlichere Entwicklung. Er mißtraute den ehrgeizigen Plänen der Russen und wollte die Grenze der von den Westalliiierten besetzten europäischen Gebiete so weit nach Osten verlegen wie möglich, selbst wenn das militärische Risiken bedeutete. Das amerikanische Oberkommando war entschlossen, kein Risiko einzugehen. Die Amerikaner wollten den Gegner unbarmherzig weiter zermalmen und sich dabei recht wenig um die Russen kümmern. Die amerikanische Presse, die überzeugt war, die Briten seien beim Durchbruch in der Normandie zu wenig energisch vorgegangen, wollte auf keinen Fall zulassen, daß Montgomery ihre Helden – besonders Patton – wieder in den Schatten stellte. Im Herbst 1944 war deshalb ein Konflikt über Grundsätze vorprogrammiert, und Montgomery nahm in dieser Konstellation eine zentrale Stellung ein.

Die Frage, ob sich Montgomerys Vorstellung von dem »einen Stoßkeil« durchsetzen konnte, läßt sich heute klarer beantworten als damals. Eine Analyse der militärischen Ereignisse im September führt uns zu dem Schluß, daß seine Fähigkeiten als Truppenführer im Bewegungskrieg sehr begrenzt waren und daß er die Lage zum Teil ganz falsch beurteilt hat. Deshalb muß man daran zweifeln, ob er das strategische Problem in seinem ganzen Umfang überhaupt begriff.

Heute scheint festzustehen, daß in der ersten Septemberwoche eine große Chance verspielt wurde und die deutsche Abwehr später viel zu stark war, als daß man die Deutschen mit einem einzigen »Stoßkeil« hätte besiegen können. Um sein Konzept zu rechtfertigen, zitierte Montgomery einen offiziellen Bericht von Ende August: »Der feindliche Widerstand an der gesamten Front scheint zusammenzubrechen ... Sie befinden sich ... auf dem unaufhaltsamen Rückzug und werden, wenn man ihnen keine Ruhe läßt, wahrscheinlich keinen nennenswerten Widerstand mehr leisten.« Das war soweit ganz richtig. Patton trieb zum Beispiel mit seinen sechs starken fünf sehr schwache Divisionen vor sich her, und in Holland befanden sich die gegnerischen Truppen in der Auflösung. Am 4. September erreichten Montgomerys Verbände Antwerpen. General Student übernahm am gleichen Tag den Befehl über den Abschnitt zwischen Antwerpen und Maastricht und erhielt 18 000 ältere Reservisten und ganz junge Männer (die sogenannte 1. Fallschirmarmee) als Verstärkung. Die Deutschen hatten 570 Flugzeuge, die Alliierten 14 000. 2000 alliierten Panzern standen nur

100 deutsche gegenüber. Die alliierten Truppen befreiten Frankreich und Belgien ganz einfach dadurch, daß sie mit ihren motorisierten Kräften weiter nach Osten vorstießen.
Aber auch die Alliierten zeigten eine große Schwäche. Seit dem Tag der Landung waren keine großen Häfen geöffnet worden. Die Deutschen hielten noch die Kanalhäfen, die die kanadischen Truppen ihnen fortzunehmen versuchten, oder sie zerstörten die Hafenanlagen. Die großen Häfen im Westen, Brest und Saint-Nazaire, wurden geschickt verteidigt. Man hatte an der Seine einen Halt von dreißig Tagen vorgesehen, um Nachschublager für die nächste Etappe des Vormarsches anzulegen. Montgomery mußt sogar eines seiner Korps anhalten. Getreu seiner Zusage ließ Eisenhower die Armeen Montgomerys vorrangig versorgen. Pattons Dritte Armee litt so sehr unter Treibstoffmangel, daß sie nur bis an die Mosel kam. Sie erhielt täglich nur 2000 Tonnen Nachschub. Die Erste Armee unter Hodges, die den Auftrag hatte, die rechte Flanke der 21. Heeresgruppe zu sichern, bekam dagegen 5000 Tonnen täglich. Patton war wütend. »Meine Männer können ihre Lederkoppel essen, aber meine Panzer brauchen Treibstoff«, soll er zu Bradley gesagt haben. Während der entscheidenden Phase von Ende August bis Anfang September mußte er den Vormarsch einstellen.
Trotz der wichtigen Aufgabe, die ihr zugefallen war, beging die 21. Heeresgruppe unter Montgomery mehrere entscheidende Fehler. Am 25. September befahl Montgomery eine Pause von zwei Tagen zum Auftanken, statt weiter vorzustoßen und sich in den Besitz der wichtigen Zufahrtsstraßen nach Antwerpen zu setzen. Als sein Vormarsch wieder in Bewegung kam, waren die Deutschen eingegraben. Der Hafen von Antwerpen war erst im November verwendungsfähig. Der Albert-Kanal wurde überschritten, aber gegen den heftigen Widerstand der deutschen Truppen unter Student kamen die Briten nur etwa 30 Kilometer voran. Die zu ihrer Unterstützung eingesetzten Amerikaner im Raum Aachen-Metz mußten ebenfalls das Tempo verlangsamen.
Daß es nicht gelang, sich in den Besitz der nach Antwerpen führenden Verkehrswege zu setzen, hat man als entscheidenden Fehler Montgomerys, Eisenhowers und der an diesen Operationen beteiligten unteren Kommandostellen erkannt. Es ist erstaunlich, daß ausgerechnet Montgomery, der sonst so großen Wert auf die Logistik legte, nicht erkannt haben sollte, wie dringend er für das

Gelingen seiner Operationen einen Hafen brauchte. In dieser Zeit waren seine Vorstellungen von dem Vorstoß mit vierzig Divisionen in die Tiefe des deutschen Kernlandes völlig illusorisch. Wenn der Feind sich in der Auflösung befand, wäre eine solche Operation nicht notwendig gewesen. Wenn aber ein so gewaltiger Schlag erforderlich gewesen wäre, so hätte sich Montgomery zunächst in den Besitz der nach Antwerpen führenden Straßen setzen müssen. Doch isoliert in seinem taktischen Hauptquartier, wo er sich der sich ständig verändernden Lage zum Trotz nur mit wenigen Sonderproblemen beschäftigte, war er nicht der Mann, der eine rasche und energische Verfolgung leiten konnte.

Gegen Ende der ersten Septemberwoche gab es daher kaum noch eine Chance für einen blitzschnellen Vorstoß in Richtung Berlin. Die deutsche Front begann sich zu stabilisieren, während sich der alliierte Vormarsch infolge der Nachschubschwierigkeiten und anderer Fehler verlangsamte. Für Eisenhower hatte die Versorgung seiner Armeen mit Recht den Vorrang. Daß Montgomery von der Idee besessen war, auf schmaler Front anzugreifen und nach Berlin vorzustoßen, war offensichtlich falsch. Am 6. September schrieb Eisenhower: »Während wir weiter vorgehen, werden wir die Häfen Le Havre und Antwerpen öffnen, die wir dringend brauchen, wenn wir mit starken Kräften tief nach Deutschland vorstoßen wollen. Das Umdirigieren unserer gegenwärtigen Materialreserven würde nicht genügen, um einen Vorstoß nach Berlin zu ermöglichen.« Tedder hat die Haltung von SHAEF später noch deutlicher zum Ausdruck gebracht: »Nach Eisenhowers Auffassung, der ich in allen Punkten zustimmte, war es reine Phantasie, von einem Marsch auf Berlin zu sprechen, währen die Armee die Masse der Versorgungsgüter über die Landungsstellen nördlich von Bayeux bezog.«

Der Oberste Befehlshaber stand außerdem insofern unter starkem Druck, als man von ihm verlangte, daß die amerikanische Armee beim Vormarsch eine heldenhafte Rolle spielen solle. Die amerikanischen Chefs des Stabes und die amerikanische Presse waren nicht mehr bereit, Montgomery eine ihrer Armeen zu unterstellen. Am 23. August erläuterte Eisenhower bei einem Gespräch mit Montgomery die Lage in diesem Sinne, nachdem sein britischer Untergebener ihm einen Vorschlag gemacht hatte. Montgomery, der bisher immer wieder erlebt hatte, daß die britische Öffentlichkeit auf seiner Seite

stand, der sich aber trotzdem nie nach den Wünschen dieser Öffentlichkeit gerichtet hatte und seine Beliebtheit eher dem Umstand verdankte, daß seine Methoden undurchsichtig blieben, konnte die Argumentation Eisenhowers nicht verstehen.
Eisenhower war jetzt entschlossen, Montgomery für seinen Vorstoß nicht mehr den größten Anteil an Versorgungsgütern zur Verfügung zu stellen. Nachdem die Fronten sich versteift hatten, lagen die Prioritäten anders. Montgomery gab jedoch seinen Angriffsplan nicht auf. Ein Gespräch mit Eisenhower am 10. September bestärkte ihn sogar in seinen Absichten, denn als er sich die Vorschläge Montgomerys anhörte, hatte es Eisenhower die Sprache verschlagen. Montgomery glaubte jedoch, er habe Eisenhower überzeugt. Eisenhower, der immer noch bereit war, Montgomery materiell so weit wie möglich zu unterstützen, genehmigte jetzt das Unternehmen *Market Garden* der 21. Heeresgruppe – das tragische Debakel von Arnheim.
Arnheim war eines jener Unternehmen, die »hätten gelingen können, wenn ...« Aber es mißlang, und man hätte von Anfang an mit einem Fehlschlag rechnen müssen, denn hier zeigte sich, daß Montgomery die Lage falsch beurteilt hatte. Die Vorstellung, an einem Flußübergang Luftlandetruppen einzusetzen und dann mit Panzern durchzustoßen, war einfach, und ein solcher Plan kann unter Umständen gelingen. Hier waren aber die Besonderheiten der Lage außer acht gelassen worden. Vor allem mußte man mit Versorgungsschwierigkeiten rechnen. Montgomery hat immer behauptet, wenn er den Nachschub erhalten hätte, den er brauchte, so wäre ihm der Durchbruch gelungen – und er gab dabei zu verstehen, das so dringend von den Briten benötigte Material sei der Armee von Patton zugeführt worden. Das ist jedoch nachweisbar falsch. In der ersten Septemberhälfte bekam Patton täglich durchschnittlich 2500 Tonnen Nachschub, nur 800 Tonnen mehr als Ende August, zu der Zeit, als er zum Halten gezwungen worden war. Dieser Überschuß hätte nicht genügt, auch nur eine einzige britische Division zu versorgen. Wesentlicher war die Tatsache, daß bei den Vorbereitungen für ein später abgesagtes Luftlandeunternehmen bei Tournai am 3. September sechs Tage lang 5000 Tonnen Nachschub abgezweigt worden waren. Zudem wurde festgestellt, daß 1400 britische Lastwagen schadhafte Kolben hatten, was ebenfalls zu Verzögerungen führte. Die Versorgungslage bei den alliier-

ten Streitkräften in Holland, die für jede Division täglich 700 Tonnen Nachschub brauchten, war ebenfalls angespannt, bis der Hafen von Antwerpen zur Verfügung stand.

Obwohl der Plan für das Unternehmen bei Arnheim auf der Karte durchführbar erschien – was für viele gescheiterte militärischen Vorhaben zutrifft –, waren die Straße nach Nijmegen und die von dort weiterführenden Vormarschwege sehr exponiert, denn hier hatten die feindlichen Panzerabwehrwaffen freies Schußfeld. Die Holländer hatten Montgomery auf diesen Umstand aufmerksam gemacht, doch er beachtete die Warnung nicht. Die amerikanische Erste Armee unter Hodges sollte die rechte Flanke decken. Später wies besonders Dempsey darauf hin, daß sie diese Aufgabe nicht übernehmen konnte und das die Hauptursache für den Fehlschlag gewesen sei. Hodges und seine Männer befanden sich in dem schwierigen Gelände bei Aachen. Wenn ihre Unterstützung auch sehr wertvoll gewesen wäre, so durfte man doch nicht fest damit rechnen.

Man hatte noch keine Möglichkeiten gefunden, mit den größten Schwierigkeiten fertigzuwerden – dem Nachschubproblem, der Straße und der Lage der amerikanischen Nachbarn –, als die mit Fallschirmen abgesetzten Verbände am 17. September zum Angriff antraten. Das mußte zur Katastrophe führen. Die Fallschirmspringer wurden in die falschen Bereitstellungsräume gebracht. Keine einzige größere Einheit landete unmittelbar neben der Brücke. Dafür übernimmt Montgomery in seinen Erinnerungen die Verantwortung. In unmittelbarer Nähe befanden sich die Panzerdivisionen des Feldmarschalls Model, die hier aufgefrischt werden sollten. Das war schon vor Beginn der Operationen bekannt, man setzte aber voraus, daß sie von dem Unternehmen überrascht werden würden und nicht zum Einsatz kommen könnten, bevor die alliierten Hauptkräfte die Brücke erreicht hätten. Das war ein Irrtum. Die Fallschirmspringer trafen auf entschlossenen feindlichen Widerstand, während die zu ihrer Unterstützung herangeführten gepanzerten Verbände nur langsam vorankamen. Unter den gegebenen Umständen müssen ihre Leistungen trotzdem anerkannt werden. Das Unternehmen *Market Garden* war ein Fehlschlag, und das war eine unmittelbare Folge von Montgomerys taktischen Vorstellungen. Es war alles andere als ein strategisch unbedeutender Fehlschlag, der nur deshalb beachtet wurde, weil sich die hier gelandeten Fallschirmtruppen in einer verzweifelten Lage befanden – wie Alan Moorehead meint –, es war vielmehr die Schlacht, in der man am deutlichsten erkennen konnte, weshalb Montgomery gewisse Aspekte der offensiven Kriegführung nicht beherrschte und seine Soldaten dabei in große Gefahr brachte. Er war augenscheinlich nicht fähig, sich auf eine Lage zu konzentrieren, wie sie sich im September in Holland entwickelt hatte. Das Verhalten Montgomerys bei Arnheim rechtfertigt die wiederholten Weigerungen Eisenhowers, ihm die Gesamtverantwortung für die Offensive gegen das deutsche Kernland zu übertragen. Am 25. September hatte Montgomery einen Monat lang mit dogmatischer Starrheit an seiner Behauptung festgehalten, der von ihm geplante Vorstoß nach Deutschland sei die richtige Methode, während das Kräfteverhältnis zwischen Deutschen und Alliierten ständig schwankte und daher Flexibilität für die Alliierten das wichtigste Erfordernis hätte sein sollen.

Nach dem Mißlingen des Unternehmens *Market Garden* gab Eisenhower Montgomery den Befehl, die Zufahrtsstraßen nach Antwerpen freizukämpfen. Am 8. Oktober schien Monty endlich die ihm erteilten Befehle zu befolgen. Er begann das westliche Rheinufer vom Feind zu säubern.

Der Konflikt zwischen Montgomery und Eisenhower

Das Verhalten Montgomerys zu dieser Zeit und noch bis zum Januar des folgenden Jahres hat viele Amerikaner zutiefst empört. Oft war er grundlos unfreundlich, fast so, als fordere er bewußt ihre Feindschaft heraus. Das war mehr als der bloße Ausdruck seiner persönlichen Eigenart. Am deutlichsten zeigte sich seine Haltung darin, daß er das Vorhaben, mit einem einzigen Stoßkeil tief in Feindesland einzudringen, nicht aufgeben wollte, ein Unternehmen, von dem er glaubte, er werde sich dabei als der große Feldherr erweisen. Trotz der ihm angeborenen Vorsicht war er schon immer der Überzeugung gewesen, die Größe eines Soldaten erweise sich an seiner Fähigkeit, das Unmögliche möglich zu machen. In seinem Tagesbefehl zum Angriffsbeginn gegen die Kanalküste hatte er die Verse zitiert:

> Vielleicht vertraut er seinem Schicksal nicht,
> Vielleicht verdient er nicht sein Glück,
> Wenn er nicht fähig ist, im rechten Augenblick
> Was er besitzt zu wagen . . .

Dem Herzog von Wellington hat er vorgeworfen, er sei nicht fähig gewesen, Risiken einzugehen, und deshalb könne man ihn nicht zu den großen Heerführern der Geschichte rechnen.
Der Angriff mit vierzig Divisionen sollte für Montgomery selbst und für die Welt den Beweis liefern, daß er ein großer Feldherr war. Aber wahrscheinlich hat er unbewußt aufgeatmet, als sein Oberster Befehlshaber ihn daran hinderte, seinen Plan in die Tat umzusetzen. Höchstwahrscheinlich hätte er die vierzig Divisionen in die Katastrophe geführt. Er hatte keine Vorstellung davon, was es bedeutete, mit so starken Kräften eine Offensive solchen Ausmaßes zu führen. Und doch war es seit 1936 sein Ehrgeiz gewesen, an der Spitze britischer Truppen in Berlin einzumarschieren. Nun war der Siegeslorbeer fast zum Greifen nah, und er wollte sich nicht aufs Abstellgleis schieben lassen. Er war überzeugt, die Besetzung des Ruhrgebiets sei von ausschlaggebender Bedeutung. Wenn die Deutschen es verlören, würde ihre Rüstungsindustrie innerhalb von drei

Monaten zusammenbrechen. Als sich die Fronten im September versteiften, scheint er aber nicht daran gedacht zu haben, daß die Voraussetzung für eine Eroberung des Ruhrgebiets die völlige Auflösung der deutschen Armee im Westen war, und in diesem Fall hätte der Krieg ohnedies nicht mehr länger als einen Monat dauern können.

Er vertrat auch weiterhin seine besondere und umstrittene Strategie, in deren Rahmen sich, wie er glaubte, seine eigene Größe erweisen würde. Sein exzentrisches und unnahbares Verhalten verschärfte sich im Herbst 1944 noch mehr, als sein Wunsch, den Oberbefehl über alle Landstreitkräfte zu übernehmen, nicht in Erfüllung ging. Zu den strategischen Meinungsverschiedenheiten kamen noch erhebliche persönliche Differenzen zwischen ihm und den Männern bei SHAEF. Die Entscheidung, daß Eisenhower am 1. September den Befehl über die Landstreitkräfte übernehmen solle, kam nicht ganz unerwartet. Die Sache war aber noch nicht endgültig entschieden, und Montgomery hatte immer geglaubt, er werde bis zum Ende des Krieges Oberbefehlshaber bleiben. Als ihm jedoch der Befehl über die 21. Heeresgruppe übertragen und er damit »zurückgestuft« wurde, war das für ihn ein schwerer Schock. Er kapselte sich vollkommen ab und wurde unzugänglicher denn je. Oberst Dawnay, der Montgomery als Truppenführer bewunderte, schreibt, normalerweise »war Montgomery nie fähig, mit irgend jemandem über strategische oder andere Probleme zu diskutieren ... Intuitiv reagierte er großartig ... konnte aber nicht immer erklären, weshalb«. In Nordafrika und besonders bei den Planungen für die Landung auf Sizilien war er auffallend unfähig zur Zusammenarbeit gewesen. Bei den Vorbereitungen für *Overlord* hatte er offenbar seine unangenehme Gewohnheit abgelegt, nichts mit den anderen an den Planungen Beteiligten zu besprechen. Jetzt fiel er in seine alte Haltung zurück. Als Eisenhower am 22. August erklärte, er werde in Montgomerys Strategie gewisse Änderungen vornehmen, erhielt de Guingand den Auftrag, dem Obersten Befehlshaber die schriftlich formulierten Vorbehalte Montgomerys zu überbringen. Am 23. mußte Eisenhower zu Montgomery kommen, um mit ihm darüber zu sprechen. Am 22. September lehnte es Montgomery ab, an einer Besprechung über die in Zukunft zu verfolgende Strategie teilzunehmen. In seinen Erinnerungen schreibt er: »Ich hielt es für besser, mich solange aus der Sache herauszuhalten, bis sie gründlicher besprochen war.« Er gab vor, die Vorbereitungen für das Unternehmen bei Arnheim nähmen ihm zuviel Zeit, während in Wirklichkeit Dempsey diese Aufgabe hätte übernehmen können und sollen. Auf den ersten Blick ist Montgomerys Haltung schwer verständlich, denn er war einer der höchsten militärischen Führer auf einem entscheidenden Kriegsschauplatz. Er trug hier eine viel größere Verantwortung als in Nordafrika, wo er sich als Befehlshaber der Achten Armee auch schon geweigert hatte, an Besprechungen teilzunehmen. Wie immer liegt der Schlüssel in der ungewöhnlichen Vielschichtigkeit seines Charakters. Er war tief verletzt, weil man ihn als Oberbefehlshaber abgelöst hatte, und auf alle emotionalen Zwänge hatte er immer wieder damit reagiert, daß er auswich. Am deutlichsten zeigte sich das nach dem Tod seiner Frau. In dieser Lage wäre auch jeder andere erschüttert gewesen, aber er war durch seinen Kummer im tiefsten Innern verwundet.

Montgomery hat sich niemals bei SHAEF gezeigt. Er zog sich in sein taktisches Hauptquartier zurück. Hier saß er mit seiner Menagerie und seinen getreuen Verbindungsoffizieren und glaubte sich der Unterstützung durch Churchill und Brooke sicher. Zu seiner Tiersammlung gehörten inzwischen auch ein Aquarium mit Goldfischen, die er sich in Holland besorgt hatte, und ein Kanarienvogel namens Herbie, ein Geschenk der kanadischen Zeitung *Maple Leaf* (Ahornblatt). Herbie war ungewöhnlich sangesfreudig und zwitscherte durchdringend und unaufhörlich. Der Käfig stand auf Montgomerys Schreibtisch, und der Vogel machte jedes vernünftige Gespräch unmöglich – als wolle Montgomery zeigen, was er von der Art hielt, auf die der Krieg geführt wurde. Schließlich wurde es aber doch so schlimm, daß sogar Montgomery einsah, daß er den Vogel abschaffen müsse. Daneben besaß er einen recht unsympathischen kleinen Hund, der es als seine Lebensaufgabe ansah, sich an den unmöglichsten Stellen zu verewigen. A. P. Herbert hat das Leben im taktischen Hauptquartier geschildert. Im Spätsommer 1944, während die warme Sonne durch die Bäume schien und die Tiere im Gebüsch herumsprangen, mutete das Ganze an wie eine Szene aus einem Theaterstück von J. M. Barrie. Die Idylle war für Montgomery eine Art Schutzwall gegen den deutlich fühlbaren Druck von außen. Aber der Feldmarschall fand hier nicht die Ruhe, um sich zu konzentrieren, sondern schirmte sich nur gegen die Realitäten der Außenwelt ab.

Diese exzentrische Abkapselung war seit jeher charakteristisch für ihn gewesen. Aber seine Haltung gegenüber Eisenhower entsprach interessanterweise nicht dem gewohnten Muster. Irgendwie wurde sie dadurch geprägt, daß er Erfahrungen als Oberbefehlshaber gesammelt hatte und »Ike« im Grunde schätzte. Das hinderte ihn nicht daran, Eisenhower für einen schlechten Truppenführer zu halten. Was er auch auf dem Kriegsschauplatz im Mittelmeerraum gedacht haben mochte, jetzt war Montgomery davon überzeugt, daß Eisenhower unfähig sei; denn der Oberste Befehlshaber hatte kein Verständnis für Montgomerys Absichten in der Normandie und ließ ihn schließlich ablösen, als Montgomery glaubte, nach Deutschland vorstoßen zu müssen. Andererseits hat sich Montgomery im Verlauf der Debatten über die Kommandostruktur des Oberkommandos immer bereit erklärt, sich Bradley zu unterstellen, der ebenso wie Eisenhower gegen den Vormarsch mit einem Stoßkeil war. Montgomery glaubte ganz einfach, Bradley könne kein schlechterer Befehlshaber der Landstreitkräfte sein als Eisenhower. Hier spielte auch noch ein anderer Gedanke eine Rolle: Durch seine Bereitschaft, sich Bradley zu unterstellen, überzeugte er sich selbst davon, daß er mit seinem Verlangen nach einem einzigen Befehlshaber der Landstreitkräfte, keine Eigeninteressen verfolgte. Das war natürlich falsch.

Obwohl Montgomery keine sehr hohe Meinung von den militärischen Qualitäten Eisenhowers hatte – wie er später behauptete, konnte der Oberste Befehlshaber »Weihnachten nicht von Ostern unterscheiden« –, hatte er selbst jetzt eine hohe Kommandostelle inne. Er war nicht mehr der aufsässige Truppenführer aus dem Jahr 1940, der sich so ungehörig gegen Auchinleck benommen hatte. Zwar sprach er dem Obersten Befehlshaber die berufliche Eignung ab, respektierte Eisenhower aber doch als Menschen. Montgomery war es gewöhnt, mit Vorgesetzten umzugehen, deren Werdegang seinem eigenen glich. Im Falle Eisenhower war das anders. Er entzog sich jeder Klassifizierung und betrachtete es als seine Aufgabe, mit allen Befehlshabern der verbündeten Truppen gut auszukommen. Das war seine besondere Stärke. Einen Vorgesetzten zu haben, der anderer Meinung sein konnte, ihm aber persönlich mit großer Herzlichkeit entgegenkam und auf den er nicht eifersüchtig sein konnte, weil er sich außerhalb seines eigenen Lebenskreises befand, war für den Feldmarschall eine ganz neue

Erfahrung. Die Persönlichkeit Eisenhowers war für Montgomery ein so neuartiges Phänomen, daß er immer glaubte, der Oberste Befehlshaber sei nichts anderes als ein »netter Kerl«, der sein eigenes Niveau nie erreichen könne. In Wirklichkeit bemühte sich Eisenhower sehr intensiv um die Führung der ihm anvertrauten Armee und darum, den britischen Feldmarschall einigermaßen bei Laune zu halten, den er für einen der schwierigsten Menschen gehalten haben muß.

Vielleicht war es die umständliche und verbindliche Art Eisenhowers, die Montgomery trotz aller Gegensätze versöhnte; denn er war es gewohnt, mit recht lakonischen britischen Vorgesetzten umzugehen. Vielleicht lag es auch daran, daß Eisenhower so gut zuhören konnte und Montgomery erlaubte, ihm seine Vorstellungen ausführlich vorzutragen. Als der britische Feldmarschall einmal besonders eigensinnig auf seinem Standpunkt verharrte, sagte Eisenhower nur milde: »Das können Sie mir nicht sagen, Monty, ich bin Ihr Boss!« Diese freundliche Art der Ablehnung war Montgomery neu, der immer glaubte, Eisenhower überzeugen zu können, und der Meinung war, der Oberste Befehlshaber lasse sich von den Generalstabsoffizieren bei SHAEF um den Finger wickeln. Er erkannte zwar die diplomatischen Fähigkeiten Eisenhowers an, war sich dabei aber nicht der Tatsache bewußt, daß sich Eisenhower im Umgang mit ihm besonders geschickt verhielt.

Seit August zeigte das Verhalten Montgomerys drei Hauptelemente. Erstens hatte er den Ehrgeiz, als großer Feldherr anerkannt zu werden. Das glaubte er erreichen zu können, wenn man ihm erlaubte, den von ihm geplanten massiven Vorstoß zu unternehmen. Das zweite Element war die emotional bedingte Abkapselung, nachdem sich seine ehrgeizigen Pläne nicht zu erfüllen schienen, und das dritte war seine Haltung gegenüber Eisenhower. Daraus entstand eine Lage im großen Rahmen, wie sie schon im kleineren Rahmen entstanden war, als Montgomery einmal mit Mrs. Attlee Crocket gespielt hatte. Moran schreibt darüber: »Mrs. Attlee ist fast eine Berufsspielerin, aber Monty hörte nicht auf, ihr Anweisungen zu geben. Schließlich legte sie den Schläger hin und sagte: ›Ich kenne das Spiel ganz gut. Bitte kommandieren Sie mich nicht herum. Das ist unerträglich.‹ Monty schien etwas verwirrt, aber nach einiger Zeit fing er wieder an, das Spiel zu dirigieren. Er kann nicht anders.« In gleicher Weise gab Montgomery SHAEF und Eisenhower seine Ratschläge, bis alle seine Dickköpfigkeit satt hatten. Selbst wenn er ganz klare Anweisung erhalten hatte, hörte er nicht auf, immer wieder neue Vorschläge zu machen. Es waren auch nicht die Vorschläge an sich, die die Leute ärgerten, sondern die Art, wie er sie vortrug.

Eisenhower hatte den von Montgomery vorgeschlagenen Vorstoß am 23. August abgelehnt, als er selbst zu dessen taktischem Hauptquartier gefahren war (Montgomery hatte de Guingand am 22. mit seinen schriftlichen Vorschlägen zu Eisenhower geschickt). Auf Bitten Montgomerys führten er und Eisenhower ein langes Gespräch, zum Teil unter vier Augen und ohne Bedell Smith. Am 4. September schrieb Montgomery an Eisenhower und versuchte wieder, seine Meinung durchzusetzen. Am 5. lehnte Eisenhower Montgomerys Plan ab und begründete seine Ablehnung mit Versorgungsschwierigkeiten. Am 10. September bedrängte Montgomery Eisenhower in einem Flugzeug auf dem Flugplatz Zonhoven mit den bekannten Theorien. Eisenhower war zu überrascht – wahrscheinlich auch verärgert, obwohl er sich stets darum bemühte, es nicht zu zeigen, um seine Standardantwort zu wiederholen. Nun glaubte Montgomery, der General habe endlich nachgegeben, obwohl Oberst Dawnay versuchte, ihn davon zu überzeugen, daß Eisenhowers Schweigen keine Zustimmung bedeutete. Am 15. September schrieb Eisenhower an Montgomery, der dem Obersten Befehlshaber mittlerweile als unverbesserlicher Starrkopf vorgekommen sein muß, und erläuterte ihm seine Vorbehalte im einzelnen. Am 18. erhielt er eine Antwort von der 21. Heeresgruppe, und zwar wieder zum gleichen Thema. Am 20. antwortete Eisenhower und begründete seine Haltung. Am 22. fand die Besprechung statt, an der teilzunehmen sich Montgomery weigerte. Aber nach dem fehlgeschlagenen Unternehmen bei Arnheim am 25. September hatte man den Eindruck, daß er sich endlich mit der ihm zugeteilten Aufgabe zufriedengeben werde. Aber er brachte es nicht fertig, stillzuschweigen. Am 8. Oktober, als General Marshall nach Europa kam, traf Montgomery mit ihm und Bradley zusammen. In seinen Erinnerungen beschreibt er, was er Marshall sagte: »Wir hatten unsere Operationen nicht mehr richtig im Griff. Sie waren zerfahren und liefen auseinander.« Marshall sagte kaum etwas. Das überrascht nicht: »Es war klar, daß er ganz anderer Meinung war.« Am 10. Oktober erhielt Eisenhower wieder »Vorschläge für die Befehlsführung«, in denen die alten Argumente wiederholt wurden. Am 13. weigerte er sich, das Schriftstück in Empfang zu nehmen, und am 16. versprach Montgomery, sich zu fügen. »Damit ist die Angelegenheit erledigt.«

In dieser Korrespondenz war Eisenhower ausgesucht höflich. Gewöhnlich redete er den Feldmarschall mit »Lieber Monty« an. Montgomery glaubte, Eisenhower verwende große Mühe auf seine Briefe, und auch er bemühte sich darum, freundlich zu sein. Am 21. September unterzeichnete er mit den Worten »Ihr sehr großer Freund Monty«. Bei SHAEF sah man diese Beziehung nicht in so rosigem Licht. Sir Frederick Morgan von COSSAC berichtet, wie »es immer schwieriger wurde, unserem amerikanischen Befehlshaber zu erläutern, was nach außenhin so wirkte, als weigere sich sein britischer Untergebener, Befehle auszuführen«. Morgan kannte Montgomery schon aus der Zeit vor dem Krieg und erzählt, Montgomery habe versucht, Eisenhower durch ihn zu beeinflussen, ein Verfahren, das er treffend damit verglich, wie jemand, der auf dem Rücksitz eines Autos sitzt, dem Beifahrer auf dem Vordersitz und nicht dem Fahrer Instruktionen über den Verlauf der Fahrt gibt. Morgan erzählt, seine tägliche Aufgabe habe praktisch darin bestanden, »Mittel und Wege zu finden, die Exzentrizitäten des Befehlshabers der Heeresgruppe in eine Form zu bringen, die die Amerikaner verstehen konnten«. Zu einem interessanten Vorfall kam es, als Morgan Bedell Smith in seinem Büro aufsuchte. Bedell Smith saß

»... bleich vor Wut an seinem Schreibtisch. Aus dem dort liegenden Telefonhörer tönte eine mir bekannte Stimme. ›Schauen Sie, mein Junge‹, sagte Bedell, ›am anderen Ende ist Ihr verdammter Marschall. Ich kann nicht mehr mit ihm reden. Nehmen Sie den Hörer.‹ Ich dachte an die Zeit in Bulford(wo er vor dem Krieg mit Montgomery zusammengewesen war), während ich all die Argumente anhörte, mit denen er den Vorstoß nach Berlin begründete und sich dagegen wandte, den Hafen von Antwerpen zu öffnen, wie man es ihm befohlen hatte. Ich nutzte eine Pause aus und sagte dem Feldmarschall auftragsgemäß, wenn er nicht sofort die Operation gegen Antwerpen einleite, werde er keinen Nachschub mehr bekommen, der ihm bisher auf dem viel zu langen Weg von Cherbourg und den Landeplätzen in der Normandie erreicht hatte.«

Das Problem komplizierte sich im November als Folge der engen persönlichen Beziehungen zwischen Montgomery und Brooke. Beide führten eine intensive Korrespondenz über dieses Thema, eine Korrespondenz, durch die sich Montgomery immer mehr von SHAEF isolierte und die ihn darin bestärkte, jedem seinen Standpunkt aufzudrängen. Brooke hielt nicht viel von Eisenhower und glaubte, er sei nicht mehr als ein durchschnittlicher Generalstabsoffizier. Er machte sich ständig Sorgen wegen der amerikanischen Armee. (Während der Ardennenoffensive glaubte er, hier ergäbe sich eine große Möglichkeit für den Fall, »daß ich zu der Auffassung käme, die amerikanischen Befehlshaber und Stäbe seien leistungsfähiger als sie es in Wirklichkeit sind«.) Er zweifelte an ihrer Fähigkeit, die deutsche Offensive abzuwehren. Am 21. Dezember schrieb er in sein Tagebuch: »Wenn es die Amerikaner nur schaffen wollten!« Deshalb war er auch bereit, der Kritik Montgomerys an den Amerikanern in mancher Hinsicht zuzustimmen. Churchill gefielen die Pläne Montgomerys. Seit August sorgte er sich zunehmend um die Erfolge der Russen. »Er träumt davon, daß sich die Rote Armee wie eine Krebskrankheit von Land zu Land ausbreiten könnte. Er ist von dieser Vorstellung besessen und denkt kaum noch an etwas anderes«, schrieb sein Leibarzt Moran. Hier kam es aber in erster Linie auf die Haltung von Brooke an.

Er war bereit, der Lagebeurteilung Montgomerys zuzustimmen und ihn zu unterstützen, und zwar sowohl damit, daß er ihm sagte, er habe recht, und – im Dezember – durch sein offizielles Eintreten für diese Idee. Die Briefe und Gespräche beider Männer zeigen, daß Brooke gegenüber dem Obersten Befehlshaber eine eigenartige Haltung einnahm. Am 17. November schrieb Montgomery zum Beispiel an Brooke, daß Bedell Smith in Paris unerreichbar sei und Eisenhower seit dem 18. Oktober nicht mehr mit ihm gesprochen habe, im ganzen sogar nur viermal seit dem Ausbruch in der Normandie. Das veranlaßte Brooke zu einer besonders abfälligen Notiz in seinem Tagebuch darüber, daß Eisenhower sich nicht um die Westfront kümmere, sondern den ganzen Tag in Reims Golf spiele.

Zwar riet Brooke Montgomery in einem Brief vom 20. November, er solle Eisenhower nicht so viele Vorhaltungen wegen der Kommandostruktur machen, aber durch das Eintreten für seinen Schützling stärkte er Montgomerys ohnedies schon beachtliche Starrköpfigkeit. Wenn sich Montgomery zu einem Entschluß durchgerungen hatte, dann war er der letzte, der nicht jedem anderen sagte, was er zu tun hätte. Daß er von Brooke so energisch unterstützt wurde, ist wahrscheinlich entscheidend gewesen, denn er war einer der wenigen, die Montgomery achtete und sowohl beruflich als auch persönlich bewunderte.

Der in seinem Stabsquartier isolierte Montgomery hörte aber nicht auf, sich unbeliebt zu machen. Im November richteten sich seine Angriffe gegen Pläne zur Ernennung eines gemeinsamen Oberbefehlshabers für die am nördlichen Frontabschnitt eingesetzten Armeen. Montgomery glaubte, ein Befehlshaber nördlich der Ardennen könne den Mangel ausgleichen, der entstanden sei, weil Eisenhower die Führung nicht fest in der Hand habe. In einem Brief vom 22. November an Brooke erläuterte er seinen Standpunkt:

»... Ich glaube nicht, daß wir je einen Befehlshaber der Landstreitkräfte haben werden. Ich habe mich schriftlich bereit erklärt, mich Bradley zu unterstellen, aber ohne Erfolg. Ike ist entschlossen, es selbst zu machen ...

Ich schlage folgendes vor:

1. Ike scheint entschlossen, zu beweisen, daß er der große Truppenführer sei. Das soll er ruhig tun, und wir alle sollten zusammenarbeiten, um ihm zum Erfolg zu verhelfen.
2. Der Kriegsschauplatz ist von Natur aus in zwei Fronten aufgeteilt, eine nördlich der Ardennen und eine südlich davon.
3. Ich sollte den Befehl nördlich der Ardennen und Bradley den südlich der Ardennen übernehmen.
4. Ike sollte von einem geeigneten taktischen Hauptquartier aus den Oberbefehl über beide Fronten übernehmen ...«

Die Antwort Brookes auf diesen Vorschlag ist interessant. Er schrieb, damit werde das Problem der Kommandostruktur nicht gelöst. Es bedeutete nur, daß Eisenhower in diesem Fall zwei und nicht drei Armeen befehligen würde. Das sei keine für die Amerikaner annehmbare Lösung, weil ein britischer General den Befehl an der wichtigeren Front übernähme. Sollte Montgomery diesen Vorschlag bei SHAEF vortragen, so würde man dort glauben, jetzt zeige er endlich sein wahres Gesicht, es komme ihm nur darauf an, möglichst viele Truppen zu befehligen und seine exzentrischen Pläne zu verwirklichen.

In der Antwort Brookes an Montgomery war aber auch eine Warnung enthalten. Der Chef des Generalstabs hatte »von einer neuen

Absicht« gehört, »wonach Sie daran denken, die Angelegenheit mit Ike noch einmal auf die Tagesordnung zu setzen, indem Sie ihn fragen, ob er etwas dagegen hätte, wenn Sie es machten. Wie ich Ihnen in meinem Brief geschrieben habe, halte ich es persönlich für falsch, das zu tun«. Doch da Brooke den Vorstellungen Montgomerys über die Kommandostruktur im Grundsätzlichen zustimmte, vermehrte er die Gefahr, daß Montgomery wieder aktiv wurde. Er hatte gesagt, ein vorübergehender Stillstand der Operationen könne der richtige Augenblick für die Wiederaufnahme der Gespräche sein. Ende November glaubte Montgomery, die Zeit dafür sei gekommen, denn Hodges hatte seine Truppen am Hürtgenwald anhalten müssen, und eine amerikanische Offensive gegen die Siegfriedlinie hatte nicht den erwarteten Durchbruch gebracht.
Am 28. November besuchte Eisenhower das taktische Hauptquartier. Wie immer versuchte Montgomery, seine Vorstellungen durchzusetzen. In einem Brief an Brooke schilderte er das Gespräch: »Wir hatten ein drei Stunden dauerndes, sehr freundschaftliches Gespräch, und ich bewies ihm, daß wir entschiedene Mißerfolge gehabt hätten, neue Pläne machen müßten und beim nächsten Mal nicht die gleichen Fehler machen dürften. Er gab zu, daß ein schwerer Fehler begangen worden sei, und ist, wie ich glaube, bereit, alles zu tun, um das nächste Mal Erfolg zu haben. Daher auch sein Vorschlag, ich solle nördlich der Ardennen das Kommando übernehmen, wobei Bradley mir unterstellt sein würde und die 6. Heeresgruppe im Süden in Reserve gehalten werden sollte ...« Am folgenden Morgen fand vor der Abfahrt Eisenhowers noch ein kurzes Gespräch statt. Montgomery berichtete Brooke: »Es besteht kein Zweifel daran, daß ihm viel daran liegt, alles wieder so zu organisieren, wie wir es bis zum 1. September in der Normandie gehabt haben, und mir Bradley mit unseren beiden Heeresgruppen nördlich der Ardennen zu unterstellen.«
Die Tatsache, daß Montgomery das schreiben konnte, deutet auf seine akuten Schwierigkeiten bei der Herstellung persönlicher Kontakte hin, denn Eisenhower hat sicher nicht diesen Eindruck erwekken wollen. Abgesehen von seinen eigenen Auffassungen wußte der Oberste Befehlshaber, daß Bradley nicht bereit sein würde, sich Montgomery zu unterstellen, und daß auch seine Vorgesetzten in Washington dem nicht zustimmen würden. Wie immer hatte Montgomery in dem Gespräch unaufhörlich geredet und seine eigenen

Vorstellungen erläutert, aber kaum auf das gehört, was sein Gesprächspartner zu sagen hatte. Was er davon verstand, erschien ihm nur als Bestätigung seiner eigenen Ansichten. Das ist ein häufig zu beobachtendes menschliches Versagen; bei Montgomery nahm es jedoch ungewöhnliche Ausmaße an und machte ihn völlig ungeeignet, den so notwendigen Dialog mit den Verbündeten zu führen. Die einzige Sprache, die er verstand, waren kurze und klare Äußerungen. Die diplomatischen Umschreibungen Eisenhowers waren für ihn zu subtil.

Am 30. November schickte Montgomery einen Brief an Eisenhower, in dem er bestätigte, in welchen Einzelheiten er und der Oberste Befehlshaber angeblich übereinstimmten. Er schlug vor, man solle sich am 6. oder 7. November zu weiteren Gesprächen über das gleiche Thema treffen. Es kam auch tatsächlich am 7. November in Maastricht zu einer Besprechung. Auch die Bedingungen, unter denen das Gespräch stattfinden sollte, wollte Montgomery festlegen. Er schrieb: »Ich schlage vor, daß außer den Chefs des Stabes niemand daran teilnimmt, und daß sie sich nicht äußern sollen.« Eisenhower ärgerte sich natürlich über Montgomerys Brief, in dem er ihm praktisch Unfähigkeit vorwarf und behauptete, der Feldzug in diesem Herbst sei ein Fehlschlag gewesen. Er schrieb in diesem Sinn an Montgomery, und als er eine versöhnliche Antwort bekam, versuchte er, die Wogen zu glätten: »Ich möchte mich sofort und in aller Form dafür entschuldigen, daß ich Ihren Brief mißverstanden habe. Ich möchte Ihnen nichts in den Mund legen, was Sie nicht so gemeint haben. Ich werde auch nichts tun, was unsere Zusammenarbeit gefährden könnte.«

Die Besprechung in Maastricht war für Montgomery ein Schock. Seine Vorstellungen wurden entschieden abgelehnt. Seine Erklärung dafür war: »Eisenhower ist bestimmt von den amerikanischen Generalen überfahren worden.« Auch im Dezember wahrte Eisenhower noch das Gesicht. Aber jetzt mußte er sich gegen eine Herausforderung des britischen Generalstabschefs wehren, der auf einer Besprechung am 12. Dezember versuchte, seine Zustimmung für eine mehr konzentrisch geführte Offensive zu bekommen. Es gelang Eisenhower sogar, einen Brief sehr freundlich zu beantworten, der, wäre nicht Montgomery der Absender gewesen, als makabrer Scherz hätte erscheinen können. 1943 hatte Eisenhower mit Montgomery gewettet, der Krieg werde bis 1945 beendet sein. Am 15.

Dezember 1944 forderte Montgomery das von ihm in dieser Wette gewonnene Geld. Das war eine Taktlosigkeit, denn er hatte drei Monate lang behauptet, der Krieg werde 1945 zu Ende sein, wenn er anstelle von Eisenhower die Landstreitkräfte befehlige.
Eisenhower bewahrte seine Geduld bis zur Schlacht in den Ardennen, wo die Deutschen am 17. Dezember einen Gegenangriff führten. Montgomery war entscheidend daran beteiligt, diesen letzten verzweifelten Versuch der Wehrmacht, das Schicksal zu wenden, erfolgreich abzuwehren. Aber während er das tat, reizte er die Amerikaner und Eisenhower zur Weißglut. Militärisch hat sich Montgomery in dieser Kesselschlacht bewährt. Am 20. waren die Deutschen so weit vorangekommen, daß es Bradley unmöglich geworden war, seine Truppen nördlich des Kessels selbst zu führen. Deshalb übernahm Montgomery das Kommando über die amerikanische Erste und Neunte Armee. Er führte diese Truppen vorbildlich. Er zog die amerikanische 7. Panzerdivision und die amerikanische 8. Luftlandedivision aus ihren Stellungen heraus und hielt die Maas als Auffangstellung, auf die gestützt die Amerikaner ihre Verteidigungsstellungen wieder lückenlos besetzen konnten. Dann trat er am 3. Januar zum Gegenangriff an. Das deutsche Unternehmen war gescheitert.
Montgomery befand sich gegenüber den Amerikanern aber in einer so delikaten Position, daß er mit seinen Äußerungen während der Zeit, in der er die Neunte und Erste Armee führte, sehr vorsichtig hätte sein sollen. Hätte er das jedoch verstanden, so wäre er wahrscheinlich gar nicht in diese schwierige Lage gekommen. Später hat er das eingesehen. In seinen Erinnerungen schreibt er: »Die Voreingenommenheit der amerikanischen Generale gegen mich war so groß, daß alles, was ich sagte, falsch sein mußte.« Churchill hat die Situation zusammengefaßt und gesagt, Montgomery sei sehr erregt gewesen, als ihm die Befehlsgewalt über die amerikanischen Truppen im September entzogen worden sei – »aber als Monty die Armee zurückbekam, nachdem die Deutschen in den Ardennen durchgebrochen waren, machte er so viel Lärm darum, daß die Amerikaner sagten, sie würden ihre Truppen nie mehr einem englischen General unterstellen.«
Die Ardennenschlacht hat Montgomery zweifellos viel Freude gemacht. Hier hatte sich eine für ihn besonders günstige Lage ergeben. Der Schwerpunkt lag bei der Verteidigung, und mit Hilfe

seiner Verbindungsoffiziere konnte er sich jederzeit ein klares Bild davon verschaffen, wie es in den einzelnen Abschnitten aussah. Er erwachte aus dem Dämmerzustand, in dem er sich im November befunden hatte, und strahlte, weil er jetzt herausgefordert worden war. Am 18. Dezember sagte de Guingand, sein Chef sei »in Hochform« gewesen, als er mit ihm ein Telefongespräch führte. Am 13. Dezember hatte er darum gebeten, man möge ihm die Befehlsgewalt übertragen, die er dann am 20. auch wirklich übernommen hatte. Jetzt hatte er das Gefühl, sich in der Schlacht bewährt zu haben. Als er daher am 21. mit dem Union Jack am Wagen und seinem Gefolge im Hauptquartier von Hodges erschien, machte er den Eindruck, als käme er wie Jesus, um den Tempel zu reinigen. Die Amerikaner verärgerte er jedoch, als er sich weigerte, in ihrem Kasino zu essen, und in seinem Befehlswagen belegte Brote aß. Aber alle Mißhelligkeiten während der Schlacht waren nichts im Vergleich mit zwei Schwierigkeiten, die sich aus der Haltung Montgomerys ergaben, die er aufgrund seiner Veranlagung einnahm. Einmal handelte es sich um die am 7. Januar von ihm abgehaltene Pressekonferenz.

Montgomery mit rotem Barett und im Kampfanzug der Fallschirmtruppe war glänzender Laune. Es war vielleicht verständlich, daß er die Leistungen der britischen Streitkräfte überbewertete. Er meinte auch, er und seine 21. Heeresgruppe hätten die Amerikaner retten müssen. »General Eisenhower hat mir den Befehl an der gesamten Nordfront übertragen, und ich habe die ganze Schlagkraft der britischen Armeen zur Wirkung gebracht. Es ergibt sich das Bild, daß beiderseits der amerikanischen Verbände, die einen schweren Schlag hinnehmen mußten, britische Truppen kämpften. Das ist ein schönes Bild alliierter Zusammenarbeit.« Diese Vorstellung von der »alliierten Zusammenarbeit« mag richtig gewesen sein, sie gefiel Bradley jedoch gar nicht. Außerdem war Bradley schlechter Stimmung, weil er entgegen ihm erteilter Ratschläge sein Hauptquartier so weit südlich eingerichtet hatte, daß er unmittelbar nach Beginn der Schlacht die Verbindung zu Hodges verloren hatte. Er beklagte sich darüber, daß Montgomery getan habe, als sei er lächerlich schlecht vorbereitet gewesen, während die Briten von der deutschen Offensive ebenso überrascht worden seien. (Montgomery spielte Golf, als die Offensive begann, und sein Tagesbefehl an die britischen Truppen vom 16. Dezember hatte gelautet: »Die Feindlage ist so, daß der Gegner keine größeren Offensivunternehmen beginnen kann.«) Die amerikanischen Generale waren sich persönlich auch der Tatsache bewußt, daß Montgomery viel an ihrer Kommandostruktur und an der Art und Weise, wie sie auf den Durchbruch reagiert hatten, auszusetzen hatte. Bei Beginn der Schlacht schrieb er an Brooke: »Die Lage im amerikanischen Abschnitt ist nicht – *nicht* – gut.« Am 25. Dezember sagte er dem Chef des Generalstabs: »Die amerikanischen Armeen im Norden waren vollkommen durcheinandergeraten.« Amerikanische Offiziere empfanden viele seiner Bemerkungen auf der Pressekonferenz als nur schlecht verschleierte Version dieser Auffassung.

Obwohl die *New York Times* schrieb, dem amerikanischen Soldaten sei nie größere Anerkennung gezollt worden, fühlten sich die Amerikaner durch den Bericht über den Beginn der Schlacht verletzt. Dasselbe galt für die Version Montgomerys von den Kampfhandlungen, die den deutschen Angriff zum Stehen gebracht hatten. Er sagte, er habe seine Männer »mit einem Schlag ins Gefecht geworfen«. Er hatte aber nicht vor dem 3. Januar mit Offensivoperationen begonnen, zwölf Tage nachdem Patton von Süden her einen Gegenangriff geführt und damit das Schicksal der deutschen Armeen besiegelt hatte.

Da die Nachricht von der Übernahme des Oberbefehls durch ihn im Nordabschnitt erst am 6. Januar bekanntgegeben wurde, stürzten sich die britischen und amerikanischen Zeitungen auf diese Pressekonferenz ebenso wie die deutschen, die eine eigens redigierte Version als Propagandamaterial benutzten. Sehr bald merkte Montgomery, welche Aufregung er verursacht hatte. Am 17. Januar schickte er einen Entschuldigungsbrief an Bradley. Endlich begann er zu begreifen, welche Schwierigkeiten durch seine unüberlegten Erklärungen entstehen konnten. Aber der Hauptgrund dafür, daß er so rasch feststellte, welchen Schaden er mit der Pressekonferenz verursacht hatte, lag darin, daß er in den letzten Dezembertagen eine Krise heraufbeschworen hatte, die fast zu seiner Entlassung führte. Die Vorgänge während der Schlacht in den Ardennen und Montgomerys Reaktion darauf hatten bei Eisenhower den Geduldsfaden reißen lassen.

Zu den von Montgomery am 7. Dezember gemachten Vorschlägen hatte auch der gehört, daß er den Oberbefehl in einem breiteren Frontabschnitt im Norden übernehmen solle, der von den Ardennen bis an die See reichte. Brooke und Churchill hatten dem in der Hoffnung zugestimmt, damit werde eine Kommandostruktur entstehen, innerhalb deren eine Offensive mit einem stärkeren Schwerpunkt geführt werden könnte. Auf höchster Ebene kam es deshalb zu hitzigen Debatten. Wie immer richteten die Tageszeitungen in beiden Ländern mit voreingenommenen Artikeln auf den Titelseiten Verwirrung an. Nach der Schlacht in den Ardennen verstärkte sich die öffentliche Diskussion, da die Briten behaupteten, die deutschen Erfolge seien ein Beweis für die Richtigkeit von Montgomerys Thesen. Die amerikanische Presse wurde darauf noch unnachgiebiger, desgleichen das amerikanische Oberkommando und General Marshall.

Wieder kam es dabei durch Montgomerys Unvernunft zu einer Verhärtung der Fronten. Während die Debatte über die Strategie noch im Gange war, warnte ihn Brooke und bat ihn, vorsichtig zu sein. Am 21. Dezember schrieb der Chef des Generalstabs: »Ich möchte Sie warnen. Die Ereignisse und die Aktionen des Gegners haben Eisenhower gezwungen, einer besseren Kommandostruktur zuzustimmen. Ich halte es für höchst bedeutsam, daß Sie diese unbezweifelbare Tatsache unter keinen Umständen irgend jemandem bei SHAEF oder sonstwo unter die Nase reiben.« Doch am ersten Weihnachtsfeiertag traf Montgomery mit Bradley zusammen. Er berichtet über dieses Treffen: »Ich sprach ganz offen mit ihm ... Dann sagte ich, daran seien wir allein schuld ... Wir hatten versucht, gleichzeitig zwei Vorstöße zu entwickeln, und keiner war stark genug gewesen, die Entscheidung zu bringen.« Ebenso wie bei seinem Gespräch mit Eisenhower Ende November glaubte Montgomery jetzt auch Bradley überzeugt zu haben, obwohl das nicht der Fall war. »Wir haben unsere Verärgerung über Montgomery so sorgfältig getarnt, daß er sicher nichts davon bemerkt hat ... Ich bin überzeugt, er wußte nicht, wie aufgebracht wir in Wirklichkeit waren«, schrieb Bradley später. Am 28. Dezember traf sich Montgomery schließlich auch mit Eisenhower. Er berichtete Brooke, er habe Eisenhower – wenn auch mit einigen Schwierigkeiten – dazu überredet, seinen Plänen zuzustimmen. Es wäre interessant, ein Stenogramm von diesem Gespräch zu lesen, bei dem Eisenhower in seiner verbindlichen Art den Wortschwall Montgomerys sanft abwehrte, der wieder glaubte, eine freundlich formulierte Ablehnung sei gar keine Ablehnung. Um sich seines Erfolgs zu versichern, bevor man Eisenhower bei SHAEF umstimmen könnte, schrieb er ihm einen Brief, in dem er die Ergebnisse des Gesprächs im einzelnen bestätigte. Das war nichts weiter als eine neue Auflage alter Argumente, die kaum etwas damit zu tun hatten, was Eisenhower am 28. wirklich gesagt hatte.

Der Brief enthielt einen besonders provozierenden Abschnitt:

»Ich halte es deshalb für notwendig, daß Sie in dieser Frage sehr fest bleiben, und glaube, jede nicht ganz klare Formulierung wird völlig nutzlos sein ... Ich schlage vor, Ihre Direktive sollte mit dem Satz schließen: ›Die 12. und 21. Heeresgruppe werden Operationen in Übereinstimmung mit den obigen Anweisungen entwickeln. Von jetzt an ist der Oberbefehlshaber der 21. Heeresgruppe allein für die operative Leitung, Kontrolle und Koordinierung dieser Operationen verantwortlich, und zwar gemäß Instruktionen, die der Oberste Befehlshaber von Zeit zu Zeit erlassen kann.‹«

Weniger taktvolle Vorschläge im Rahmen der alliierten Differenzen bei der Ardennenoffensive kann man sich nicht vorstellen. Am 30. Dezember erhielt Eisenhower ein Telegramm von Marshall aus den Vereinigten Staaten, in dem sich dieser eindeutig gegen Montgomerys Ideen aussprach und befahl: »... machen Sie unter keinen Umständen irgendwelche Zugeständnisse. Sie besitzen nicht nur unser volles Vertrauen, sondern ein solches Vorgehen würde auch eine gewaltige Enttäuschung in diesem Lande auslösen.«

Jetzt hatte Eisenhower genug. Er war sich der uneingeschränkten Unterstützung durch die britischen und amerikanischen Stäbe bei SHAEF sicher. Bradley und Patton hatten für den Fall, daß Montgomery seinen Willen durchsetzen könnte, ihren Abschied angeboten. Deshalb beschloß Eisenhower, jetzt mit der Rückendeckung durch das Telegramm von General Marshall ein Ultimatum an Montgomery zu schicken und ihn aufzufordern, entweder zu schweigen oder die Angelegenheit mit den Combined Chiefs of Staff zu besprechen. Doch auch dieses Ultimatum war in versöhnlichem Ton abgefaßt, denn es unterstellte die amerikanische Neunte Armee dem Befehl von Montgomery und gab ihm die Vollmacht, im Notfall im Hinblick auf alle Fragen zur Koordinierung an den Abschnittsgrenzen der beiden angreifenden Heeresgruppen Entscheidungen zu treffen. Sogar der harte Kern des Ultimatums war höflich formuliert:

»... In Ihrem letzten Brief beunruhigen Sie mich mit Ihren Vor-

aussagen von ›Fehlschlägen‹ für den Fall, daß wir Ihrer Auffassung in der Angelegenheit der Unterstellung von Bradley unter Ihr Kommando nicht im einzelnen folgen ... Ich kenne Ihre Loyalität als Soldat und Ihre Bereitschaft, die Ihnen zugeteilten Aufgaben zu übernehmen. Ich für meinen Teil würde das Entstehen einer so unüberbrückbaren Kluft zwischen unseren Überzeugungen bedauern, denn in diesem Fall müßten wir unsere Differenzen den Combined Chiefs of Staff vorlegen. Die daraus entstehende Verwirrung und die anschließende Debatte würden dem guten Willen und der Hingabe an eine gemeinsame Sache mit Sicherheit schaden, die diese verbündeten Streitkräfte zu etwas gemacht haben, was in der Geschichte einmalig dasteht.«
Montgomery hätte sogar diese Direktive noch mißverstehen können, wenn nicht de Guingand, der Mann, der seit Alamein die Menschenkenntnis bewiesen hatte, die seinem Chef fehlte, Ende Dezember einen Besuch bei SHAEF gemacht hätte. Er wußte, daß Montgomery dort unbeliebt war, und hatte sein Bestes getan, um die Kluft zwischen dem Feldmarschall, der sich in seinem taktischen Hauptquartier selbst isoliert hatte, und dem Planungsstab zu überbrücken. De Guingand stand sich gut mit Bedell Smith. Ende Dezember erkannte er, daß die Dinge sich gefährlich zugespitzt hatten, und versuchte nun, die Wogen zu glätten. Er überbrachte Montgomery das Ultimatum von Eisenhower und sagte dem Feldmarschall, wie sehr er jetzt durch das ganz eindeutige Telegramm von Marshall gefährdet sei.
Als Montgomery von der Lage unterrichtet worden war, konnte er nicht länger daran zweifeln, daß er sich in einer schwierigen Lage befand. So erhielt Eisenhower am 31. Dezember eine Meldung, die auch die folgenden Sätze enthielt: »Ich habe mit Freddie gesprochen und erfahren, daß Sie sich wegen mancher Überlegungen in diesen schwierigen Tagen große Sorgen machen. Ich habe Ihnen offen meine Auffassung dargelegt, weil ich das Gefühl hatte, daß Sie das schätzen. Ich bin überzeugt, es gibt viele Faktoren, die über das hinaus, was ich erkennen kann, Bedeutung besitzen ... Es würde mich sehr betrüben, wenn ich Sie mit meinem Brief geärgert hätte, und ich möchte Sie bitten, ihn zu zerreißen. Ihr sehr ergebener Monty.« Montgomery war gerettet. Endlich war es gelungen, den Kokon, in den er sich in seinem taktischen Hauptquartier eingesponnen hatte, aufzubrechen.

Die fünf Monate von August bis Januar waren in Montgomerys Leben und militärischer Laufbahn ein seltsames Zwischenspiel. Einige der schwer zu ergründenden Elemente in seinem Charakter waren durch die Spannungen, die sein enttäuschter Ehrgeiz hervorgerufen hatte, zutage getreten. Man hatte deutlich erkennen können, welche Schwierigkeiten der Umgang mit Vorgesetzten und Gleichgestellten ihm bereitete. Wie schon oft hatte er sich erstaunlich weit vorgewagt, und ebenso wie bei ähnlichen Gelegenheiten während seiner ganzen Laufbahn als Soldat war er nur mit knapper Not der Vernichtung seiner Karriere entgangen.

Vom Armeebefehlshaber zum Chef des Empire-Generalstabs

Nachdem Eisenhower nahe darangewesen war, Montgomerys Karriere zu vernichten, übergab er seinem unbotmäßigen Untergebenen jetzt den Befehl über einige der amerikanischen Verbände, derentwegen Montgomery fast seine Entlassung provoziert hätte. Die amerikanische Neunte Armee unter Simpson wurde Montgomery unterstellt, um das Unternehmen *Veritable* durchzuführen, die nördliche Teiloperation eines Angriffs gegen deutsche Kräfte, die einen breiten Abschnitt westlich des Rheins zwischen Jülich an der Ruhr im Süden und Nijmwegen im Norden hielten. Das Unternehmen *Veritable* sollte alle Armeen gemeinsam an den Rhein bringen. Damit war die Ablehnung von Montgomerys Plan für den Vorstoß auf Berlin besiegelt. Daran gab es jetzt auch nichts mehr zu rütteln, und Montgomery, der seine Lektion gelernt hatte, protestierte nicht. Es ist vielleicht sogar möglich, daß die strenge, unerschütterliche Haltung seiner Vorgesetzten ihm besser gefiel. Jetzt wußte er wenigstens genau, woran er war. Das entspräche auch der Theorie von Brooke, der meinte, in der Wüste und in Italien sei Alexander manchmal zu nachsichtig mit Montgomery gewesen. Wir sehen hier auch einen Grund für die Bewunderung, die der Feldmarschall Brooke entgegenbrachte: »Das war eine Kanonade von Brookie, mein Gott!« schrieb er einmal in masochistischer Bewunderung für eine Zurechtweisung, die der Chef des Generalstabs ihm erteilt hatte.

So machte sich der Feldmarschall, nachdem man ihn gezwungen hatte, seine Position in diesem Rahmen genau zu erkennen, an die Leitung der harten Kämpfe des Unternehmens *Veritable.* Die schwerste Aufgabe fiel den Kanadiern zu, die sich durch den Reichswald kämpfen mußten. Die Gefechte erinnerten hier mehr an die Somme und Paschendaele als an die bisher meist bewegliche Kampfführung im Zweiten Weltkrieg. Während dieser Operationen kam es zu einem eigenartigen Vorfall, der auf verschiedene Weise interpretiert werden kann. Churchill hielt es immer noch für richtig, einen gemeinsamen Befehlshaber für alle Landstreitkräfte zu ernennen, aber er sah sich nicht dem gleichen Druck ausgesetzt, seine Theorien aufzugeben, wie Montgomery. Anfang Februar warf er die Frage noch einmal auf, aber in einer neuen Variante. Man stimmte darin überein, daß Montgomery für den Posten nicht in Frage komme; doch was war mit Churchills altem Helden Alexander? Alexander stand sich gut mit den Amerikanern, und er ließ sich ohne weiteres anstelle von Tedder als stellvertretender Oberster Befehlshaber dem Stab von SHAEF zuteilen. Tedder konnte einen Posten übernehmen, in dem er mehr mit der Führung der kombinierten Luftstreitkräfte zu tun hätte.

Brooke und Churchill fragten Montgomery inoffiziell, was er darüber denke. In seinen Erinnerungen schreibt er: »Ich antwortete sofort, wenn Alexander ins Große Hauptquartier käme, würde es in der Presse und bei den amerikanischen Generalen stürmische Reaktionen geben.« Bald darauf äußerte sich Montgomery zweimal schriftlich und ostentativ zugunsten von Eisenhower. Wie nicht anders zu erwarten, weigerte sich Eisenhower, Alexander unter irgendeinem Vorwand den Befehl über die Landstreitkräfte zu übertragen. Man ließ den Vorschlag fallen, und Alexander blieb in Italien.

Der interessanteste Aspekt dieser Episode ist die Haltung Montgomerys. Hat er sich – wie er behauptete – desinteressiert gezeigt, weil er genau wußte, wie die amerikanische Presse reagieren würde, oder war er doch nicht ganz so objektiv? Seit Alamein hatten sich seine Beziehungen zu Alexander merklich abgekühlt. Es wäre aber ungerecht zu behaupten, es habe hier eine persönliche Animosität bestanden. Wahrscheinlich hatte er sich im neuen Jahr tatsächlich von der festen Haltung Eisenhowers überzeugt. Ebenso hatte er erkannt, daß die Amerikaner mit der Anerkennung seines Frontabschnitts als des wichtigsten an die Grenze dessen gelangt waren, was sie ihm zugestehen wollten. Wenn nun noch jemand zwischen ihn und Eisenhower eingeschaltet würde, so konnte das seine Stellung nur schwächen. Er war der Auffassung, daß unter Eisenhowers Führung strategische Gesichtspunkte überhaupt nicht berücksichtigt würden und »jede Landarmee so weit vorstieß wie möglich, bis ihre Vorräte an Kraftstoff und Munition erschöpft waren«. Montgomery befehligte die stärkere Gruppe von Armeen, wurde am besten versorgt, und das war offensichtlich ein Vorteil. Diesen Zustand zu ändern, hatte er keinen Anlaß.

Mitte März war das westliche Rheinufer vom Feind gesäubert, und die Vorbereitungen für das Unternehmen *Plunder,* den Übergang, waren schon recht weit vorangekommen. Wie üblich bereitete Montgomery das Unternehmen bis in alle Einzelheiten vor. Es gab amerikanische Offiziere, die die Sorgfalt, mit der er das tat, für absurd hielten. Dem Angriff sollte ein Trommelfeuer mit 3500 Geschützen vorausgehen. Darauf abgestimmt war ein Angriff aus der Luft vorgesehen. Tausende von Fahrzeugen, darunter 4000 Panzertransportfahrzeuge, mußten über den Fluß gebracht werden. Dafür stellte die Flotte Landungsfahrzeuge zur Verfügung. Man könnte sagen, Montgomery habe unter Druck gestanden, und deshalb sei für ihn die sorgfältige Vorbereitung des Unternehmens entscheidend wichtig gewesen. Da er immer noch daran dachte, bis nach Berlin vorzustoßen, brauchte er eine gesunde Operationsbasis. Wenn er große Mengen von Versorgungsgütern übersetzen ließ, dann war dieses Basis garantiert. Außerdem gab es noch den politischen Aspekt. Churchill hielt es für sehr wichtig, Norddeutschland nicht den Russen in die Hände fallen zu lassen. Es durften keine militärischen Fehler gemacht werden, als deren Folge die russischen T 34 nach Hamburg und Schleswig-Holstein rollen konnten.
Am 23. März fand der Rheinübergang zwischen Rheinberg und Rees nach allen Regeln der Kunst statt. Die amerikanische Neunte Armee ging rechts und Dempseys britische Zweite Armee links vor. Der Heeresgruppenbefehlshaber erließ einen für ihn typischen Tagesbefehl an die Truppe: »Am 7. Februar habe ich euch gesagt, daß wir jetzt zur letzten und entscheidenden Runde in den Ring steigen. Die Zeit werde nicht begrenzt sein. Wir würden weiterkämpfen, bis wir den Gegner k.o.-geschlagen haben. Die letzte Runde entwickelt sich beiderseits des Ringes sehr günstig – und auch über dem Ring. Nach Überwindung des Rheins werden wir durch die norddeutsche Tiefebene voranstürmen und den Feind vor uns herjagen.« Churchill war selbst an die Front gekommen, um mitzuerleben, wie die schwachen deutschen Sicherungskräfte überrannt wurden. Die britische Presse erwähnte kaum die Tatsache, daß Patton tags zuvor, am 22. März, den Fluß weiter südlich bei Oppenheim überschritten hatte, und auch die Eroberung der Brücke bei Remagen durch die amerikanische Erste Armee wurde kaum beachtet.

Nach dem Rheinübergang war Montgomery zunächst entschlossen, gegen Berlin zu marschieren, dessen Einnahme für ihn die Krönung des Sieges gewesen wäre. Doch nun kam wieder eine Enttäuschung. Eisenhower war zu der Überzeugung gekommen, Berlin sei nicht das wichtigste Operationsziel. Am 31. März schrieb er: »Die Stadt ist, soweit es mich betrifft, nur ein geografischer Punkt, und so etwas hat mich noch nie interessiert.« Die Einstellung Eisenhowers schockierte die Briten, die seit September fest damit gerechnet hatten, unter allen Umständen in Berlin einzumarschieren; Churchill ärgerte sich besonders darüber, daß Eisenhower ihn vor dieser Entscheidung nicht konsultiert hatte. Die Überlegungen des Obersten Befehlshabers waren sehr vernünftig. Seine Vorgesetzten hatten ihm augenscheinlich keine besonderen Direktiven im Hinblick auf die Lage nach dem Kriege gegeben, und deshalb betrachtete er Berlin nur vom militärischen Standpunkt aus. Im März standen die Russen schon dicht vor der Stadt. Es gab keinen Grund, weshalb sie sie nicht nehmen sollten, besonders da sie nach dem Plan über die spätere Teilung Deutschlands in ihrer Besatzungszone lag. Eisenhower sorgte sich viel mehr um die vermutete Alpenfestung in Süddeutschland. Seine Nachrichtenexperten besaßen zuverlässige Informationen, nach denen die Einrichtung einer solchen »Fluchtburg« geplant war. Marshall verlangte zudem, es müsse alles getan werden, um das Entstehen organisierter Guerillaverbände zu verhindern. Ein solcher Widerstand war am ehesten im Süden und nicht im Norden Deutschlands zu erwarten.

Montgomery reagierte auf diese Nachricht nicht so heftig, wie man hätte erwarten können; er war jedenfalls nicht so enttäuscht wie im August 1944, als er das Oberkommando hatte abgeben müssen. Vielleicht hatte er sich an Enttäuschungen gewöhnt oder damit gerechnet, daß ihm die Chance im letzten Augenblick aus der Hand geschlagen werden würde. Er hatte außerdem viele andere Probleme, mit denen er sich beschäftigen mußte. Im letzten Kriegsmonat kam es noch zu harten Kämpfen. Die Operationen der vorrückenden Truppen mußten aufeinander abgestimmt werden, und dazu kam das Problem, was mit den feindlichen Verbänden geschehen sollte, wenn sie kapituliert hatten, oder was man tun sollte, wenn der Gegner – wie in Holland – wohl bereit war, sich zu ergeben, aber gewisse Bedingungen stellte. Nachdem die amerikanische Neunte Armee aus seinem Befehlsbereich herausgezogen worden war, hatte Montgomery genug zu tun, denn seine Verbände drangen rasch auf nordwestdeutschem Gebiet vor. Der Krieg näherte sich seinem Ende.

Die Meinungen über die strategischen Entscheidungen Montgomerys sind geteilt. Die öffentlichen Diskussionen über die Vor- und Nachteile des Vorgehens auf »breiter« oder »schmaler« Front dauerten bis in die Mitte der sechziger Jahre, und noch nach dreißig Jahren ist es schwierig, diese Frage objektiv zu beurteilen.
Eisenhower war kein tiefgründiger militärischer Denker. Seine Pläne waren oft primitiv und widersprachen anerkannten strategischen Grundsätzen. Er war jedoch ein diplomatischer Oberster Befehlshaber, der es glänzend verstand, die Operationen der ihm unterstellten verbündeten Truppen aufeinander abzustimmen. Das war nach Lage der Dinge seine wichtigste Aufgabe. Die Materialüberlegenheit der Alliierten mußte die Deutschen in die Knie zwingen. Die Hauptaufgabe des Obersten Befehlshabers der alliierten Armeen war es daher, zu verhindern, daß diese Kräfte verzettelt wurden. Hätte man Montgomery als Befehlshaber der Landstreitkräfte dazwischengeschaltet, so hätte er aus Mangel an Feingefühl und diplomatischem Geschick ein schreckliches Durcheinander anrichten können. Eisenhower war sicherlich kein Marlborough, aber er hat seinen Auftrag im wesentlichen glänzend erfüllt. Wäre man den Vorschlägen Montgomerys im Hinblick auf die Kommandostruktur gefolgt, so wären seine Bemühungen unter Umständen gescheitert.
Die rein strategische Frage ist komplexer. Zwar ist eine bessere militärische Führung als die durch Eisenhower vorstellbar. Das heißt aber nicht, daß eine Strategie, die den Vorstellungen Montgomerys gefolgt wäre, größere Erfolge gebracht hätte. Daß man den Zusammenbruch der deutschen Front Anfang September nicht ausnutzte und es schließlich zu der Katastrophe bei Arnheim kam, lag zum Teil an der mangelhaften Versorgung und zum Teil an schweren Fehlern bei der Verfolgung des Gegners in der ersten Septemberwoche. Der folgenschwerste Fehler wurde begangen, als man versäumte, die Zufahrten nach Antwerpen über die Schelde in Besitz zu nehmen. Nach dem Fehlschlag bei Arnheim hätten die alliierten Streitkräfte umgegliedert werden müssen. Aber Montgomery war immer noch von der Idee besessen, durch die nord-

deutsche Tiefebene nach Berlin vorzustoßen. Er provozierte sogar eine ärgerliche Reaktion des Admirals Ramsey, der bisher loyal auf seiner Seite gestanden hatte, als er am 5. Oktober erklärte, er könne das Ruhrgebiet auch dann besetzen, wenn seine Armeen nicht über den Hafen von Antwerpen versorgt würden.
Die Fehlschläge im September hatten die Alliierten dazu verdammt, während eines harten Winters in schwierigem Gelände zu kämpfen. Montgomery hätte die Schelde öffnen, den Brückenkopf bei Nijmwegen sichern und den deutschen Brückenkopf südlich der Maas abschneiden sollen. Die offizielle Geschichte sagt dazu: »Diese erste Aufgabe, von der man Anfang Oktober glaubte, sie werde bald erledigt sein, nahm in Wirklichkeit fast vier Monate in Anspruch.« Der erste Geleitzug lief erst am 28. November in Antwerpen ein, und das war die Voraussetzung für jeden Vormarsch durch Norddeutschland.
Während Montgomery seine Säuberungsoperationen durchführte, legte Eisenhower besonderen Wert auf das Vorankommen der 12. Heeresgruppe unter Bradley nördlich der Ardennen. Dieses Unternehmen mißlang. Bei schlechtem Wetter und gegen starke Verteidigungsstellungen kamen die amerikanische Erste, Dritte und Neunte Armee kaum voran. Doch trotz allen lautstarken Erklärungen Montgomerys über »einen Schlag« war seine 21. Heeresgruppe nicht in der Verfassung, eine weite Strecke zurückzulegen. Erst im Dezember gelang es, das wichtige Westufer der Ruhr vom Feind zu säubern. In dieser Phase mag einem der Plan Eisenhowers für einen gemeinsamen Druck auf breiter Front gegen die Deutschen langweilig vorkommen. Wäre man aber den Ideen Montgomerys gefolgt, dann wären die Alliierten gegenüber einem deutschen Gegenangriff verwundbar gewesen. Jedenfalls hatte Montgomery die den Verbündeten bevorstehenden schweren Kämpfe nicht in Rechnung gezogen.
Montgomerys Rheinübergang war eine schwerfällige, viel zu komplizierte Operation. Hier fehlten die Beweglichkeit und der Schwung, die die amerikanischen Truppen auszeichneten. Die Neunte Armee unter Simpson hatte am 3. März den Rhein bei Düsseldorf erreicht, aber Montgomery hinderte sie daran, den Fluß vor dem 23. März zu überschreiten. Wenn Eisenhower kein großer Stratege war, dann war Montgomery ebensowenig für die von ihm angestrebte Rolle des schneidig vorwärtsstürmenden Truppenfüh-

rers geeignet. Man könnte sogar sagen, Eisenhower habe bei den hitzigen Debatten, zu denen es von September 1944 bis März 1945 kam, im allgemeinen recht und Montgomery habe im allgemeinen unrecht gehabt. Natürlich glaubte Montgomery, er sei immer im Recht gewesen, niemand habe auf ihn hören wollen. Deshalb setzte er nach dem Rheinübergang seine Säuberungsoperationen in Nordwestdeutschland fort.

Während der triumphalen, aber persönlich oft enttäuschenden letzten Kriegstage kam es zu zwei Situationen, in denen wieder die besonderen Eigenarten Montgomerys deutlich wurden. Das geschah einmal bei der deutschen Kapitulation in der Lüneburger Heide. Die Eitelkeit, Engstirnigkeit und Überheblichkeit des Mannes, der sich im Blickfeld der Öffentlichkeit wußte, zeigten sich nirgends so sehr wie hier. Am 3. Mai schickte Feldmarschall Keitel eine Abordnung zum taktischen Hauptquartier, um über die Kapitulationsbedingungen zu verhandeln. Admiral Friedeburg, General Kinzel, Konteradmiral Wagner und ein Major im Generalstab näherten sich den Befehlsfahrzeugen Montgomerys. Der britische Befehlshaber berichtete voller Schadenfreude, wie er sie »ein paar Minuten warten ließ«. Als er schließlich erschien, fragte er: »Wer sind diese Männer?« Sein Dolmetscher sagte es ihm. »Was wollen sie?« Er wurde davon unterrichtet, daß Friedeburg die Kapitulation aller deutschen Armeen in Norddeutschland und auch diejenigen, die den Russen gegenüberstanden, vor den Briten anbot. Montgomery lehnte das Angebot ab. Er hatte seine eigenen Vorstellungen von der Kapitulation aller Truppen in Holland, Dänemark und Nordwestdeutschland. Er schickte die Deutschen zum Essen in ein Zelt, wo sie sich über diese Frage einig werden sollten. Nur einer seiner Offiziere begleitete sie. Die lakonische Schilderung in seinen Erinnerungen fährt fort: »Friedeburg weinte während des Essens, und die anderen sagten nicht viel.«

Nach dem Essen erklärten sich die Deutschen bereit, Keitel einen Entwurf von Montgomerys Vorschlag vorzulegen und ihm die Unterzeichnung zu empfehlen. Montgomery bestand darauf, daß sie am folgenden Tag um 18.00 Uhr zurückkehren sollten, wenn sie unterzeichnen wollten. Am 4. um 17.00 Uhr gab er eine Pressekonferenz, auf der er Abschriften seiner »Waffenstillstandsbedingungen« verteilte, bevor die Deutschen sie unterschrieben hatten. Als die Konferenz zu Ende ging, erschienen Friedeburg und Keitel, um die

Kapitulationsurkunde zu unterschreiben. Dazu war ein besonderes Zelt aufgeschlagen worden, in dem auch sehr gut für die Kriegsberichterstatter und die BBC gesorgt wurde. Ein deutscher Offizier, der verständlicherweise recht nervös war, holte eine Zigarette hervor. »Ich sah ihn an, und er steckte die Zigarette wieder weg«, schreibt Montgomery. Sein Bericht schließt mit den Sätzen: »Das Original (der Kapitulationsurkunde) ist mit der Maschine auf gewöhnlichem Schreibstuben-Durchschlagpapier geschrieben. Man forderte mich auf, es zum Obersten Hauptquartier zu schicken. Ich schickte aber nur Fotokopien ab. Das Original befindet sich in meinem Besitz, und ich werde mich nicht davon trennen. Es ist ein historisches Dokument. Was mit der Feder geschehen ist, die wir alle benutzt haben, weiß ich nicht. Ich nehme an, irgend jemand hat sie gestohlen.«

Im krassen Gegensatz zu dieser frivolen und leichtfertigen Art stand seine Haltung nach dem Tod seines besonders geliebten Verbindungsoffiziers John Poston, der schon seit Beginn des Feldzugs in Ägypten zu seinem Stab gehörte. Poston war kurz vor Eintreffen der ersten deutschen Unterhändler beigesetzt worden. Er war mit seinem Wagen in einen deutschen Hinterhalt geraten und gefallen. Interessanterweise erwähnt Montgomery den Tod Postons nicht in seinen Erinnerungen. In Montgomerys Schilderungen der letzten Kriegstage kommt er überhaupt nicht vor. Sein Tod wird erst viel später als das Ereignis erwähnt, das Churchill zu einer für ihn typischen Lobrede auf die Verbindungsoffiziere im allgemeinen veranlaßt habe. Poston hat Montgomery aber bestimmt sehr viel bedeutet. Er erscheint auf jedem zweiten Foto aus dem Wüstenkrieg in den *Erinnerungen* und wird jedesmal namentlich erwähnt. Bob Hunter, der Montgomery im April 1945 als Arzt betreut hat, glaubte, der Tod von Poston sei für den Feldmarschall ein sehr schwerer Schlag gewesen. Noch zwei Tage darauf konnte niemand Montgomery dazu bringen, einen Entschluß zu fassen. Er reagierte ganz ähnlich wie nach dem Tode von Betty, wenn auch weniger heftig. Starke emotionale Spannungen veranlaßten ihn stets, sich zurückzuziehen. Die Zuneigung, die Montgomery für Poston empfand, ist ein interessantes Phänomen. Natürlich hat man in dieser Beziehung eine homosexuelle Komponente vermutet. Poston hat Montgomery gefühlsmäßig sicher nähergestanden als alle anderen Verbindungsoffiziere. In dem Nachruf, der am 27. April in der

Times erschien, bestätigt Montgomery das. »Ich habe ihn sehr gern gehabt und bin sehr traurig.« Aber diese Zuneigung beruhte zum großen Teil auch darauf, daß der Feldmarschall die beherrschende Rolle spielte. Während der Planungsphase für das Unternehmen *Overlord* schickte Montgomery den jungen Offizier zum Beispiel auf das Staff College, »und er kehrte rechtzeitig für die Landung in der Normandie zu mir zurück« – fast als wäre Poston ein reinrassiger Jagdhund gewesen, der so lange in Quarantäne bleiben mußte, bis sein Herr wieder Zeit für ihn hatte.

Wenn das ein recht hartes Urteil über eine Freundschaft ist, die dem scheuen und emotional abgekapselten Montgomery so viel bedeutet hat, dann war es doch so, daß Montgomery augenscheinlich nur bei Männern, und zwar bei solchen, die viel jünger und niedriger gestellt waren als er selbst, die Barriere überwinden konnte, die ihn sonst daran hinderte, engere Beziehungen zu Frauen oder Gleichaltrigen und Gleichgestellten anzuknüpfen.

Nach der Niederlage Deutschlands standen die alliierten Besatzungsmächte vor der gewaltigen Aufgabe, die Trümmer zu beseitigen. In der britischen Zone verlangte Montgomery, wie nicht anders zu erwarten, daß eine fähige Persönlichkeit allein die Verantwortung übernehmen solle. Bis dieser Mann gefunden sei, werde er die Führung in der Hand behalten. Er begann sofort, das ihm anvertraute Gebiet mit großer Energie zu organisieren. Plündern war streng untersagt. Das »Fraternisieren« mit der deutschen Bevölkerung wurde im Verlauf des Sommers allmählich zugelassen. Die Wehrmacht wurde mit der Aufgabe betraut, eine geordnete Zivilverwaltung einzurichten. Aber dem örtlichen Befehlshaber, Feldmarschall v. Busch, wurde sehr deutlich gesagt, er dürfe sich keine Illusionen darüber machen, daß seine Männer etwas anderes seien als eine feindliche Streitmacht, die bedingungslos kapituliert hatte. Die Besatzungsmächte standen vor sehr schwierigen Problemen. Bei Kriegsende gab es in der britischen Zone eineinhalb Millionen Zivilflüchtlinge aus ganz Deutschland und Osteuropa. Treibstoff und Lebensmittel waren sehr knapp, und man mußte damit rechnen, daß es im bevorstehenden Winter zu Epidemien kommen würde. Doch die britische Zone wurde gut verwaltet, und die schlimmsten Befürchtungen bestätigten sich nicht. Das war zum großen Teil Montgomerys Verdienst. Wie immer war er recht gut über alles unterrichtet, was innerhalb seines Befehlsbereichs geschah. Im Dezember 1945 besichtigte er ein Flüchtlingslager in der britischen Zone. Dem Lagerleiter Oberst Perkins sagte er, er wolle genau wissen, wie die Aufnahme eines Flüchtlings erfolge. Er solle ihn wie einen Neuankömmling durchschleusen. Seine Begeisterung ließ nach, als man ihm sagte, jedem Zugang werde zunächst DDT in die Ärmel und Hosenbeine geblasen. »Die erste Station können wir uns schenken. Gehen wir gleich zur zweiten!« Er besichtigte alle Einrichtungen des Lagers und stellte an das Personal der Lagerverwaltung und die Flüchtlinge bohrende Fragen. Als man anschließend auf die den Urlaubern zu gewährenden Reisezuschüsse zu sprechen kam, zeigte es sich, daß er über den Wert des deutschen Geldes in dieser chaotischen Nachkriegslage besser Bescheid wußte als die meisten Angehörigen seines Stabes.

Was er an allgemeinen Direktiven erließ, deren genaue Befolgung er erwartete, war jedoch im Frieden nicht so nützlich wie im Kriege. Welche Entscheidungen im großen Rahmen hinsichtlich der Verwaltung des besetzten Deutschlands zu treffen waren, stand außer Zweifel. Bevor Montgomery sich verabschiedete, gab er am 2. Mai 1946 einen Tagesbefehl heraus, in dem er dazu aufrief, die Industrieproduktion anzukurbeln, die Wirtschaft auf eine gesunde Basis zu stellen, das Staatsbudget auszugleichen und die Finanzen von zentraler Stelle aus zu verwalten. Das war alles richtig, aber man brauchte nicht besonders intelligent zu sein, um solche Direktiven zu formulieren. Seine Vorstellungen von der zu erwartenden Errichtung eines demokratischen Staats in Deutschland waren ebenso oberflächlich. Das darf uns nicht überraschen, denn die politische Lage war ungeheuer komplex.

Ein besonders schwieriges Problem warf der Umgang mit den Russen auf. Vor Beendigung des Krieges hatte Churchill Montgomery befohlen, ein möglichst großes Gebiet zu besetzen. Anschließend hatten die Briten sehr widerwillig einen Teil des von ihnen eroberten und besetzten Territoriums geräumt. Die Verhandlungen, die Montgomery mit dem russischen Befehlshaber Schukow führen mußte, gestalteten sich sehr schwierig. Beide Männer waren bei den Gesprächen über die Einsetzung einer Kontrollkommission für die Festlegung der Grenzen, das Schicksal der Flüchtlinge und die Verwendung ehemaliger Angehöriger der deutschen Wehrmacht nur die Sprecher ihrer Regierungen. Auch in der britischen Zone mußte Montgomery vorsichtig agieren. Die neue Labourregierung in Großbritannien würde es einem konservativen General übelnehmen, wenn er hier nach seinen Vorstellungen verfuhr. Im August 1945 besuchten zwei Labourabgeordnete die britischen Besatzungsstreitkräfte. Sie sprachen mit den Soldaten und verlangten ausdrücklich, daß die Offiziere nicht an den Gesprächen teilnähmen. Sie fragten sogar den Burschen eines Generals, was er von seinem Vorgesetzten halte. Das ärgerte den Feldmarschall, und so nahm er auch die aus Großbritannien kommende Anweisung, die Gründung von Gewerkschaften zu unterstützen, nicht eben günstig auf. Montgomery war der Auffassung, solche Organisationen sollten ohne Anregung von oben ganz natürlich wachsen. Er behauptete, wenn das nicht geschähe, dann werde sich »böses Unkraut« entwickeln. Seine recht verworrenen Pläne zur Einrichtung besserer Schulen, in denen die Kinder im antifaschistischen Sinne erzogen werden sollten, waren kein Ersatz für ein realistisches politisches Programm. Am meisten Zeit nahmen jedoch die Siegesfeiern in Anspruch, und zwar so viel, daß er kaum mehr sein konnte als eine Gallionsfigur der Militärregierung in der britischen Zone. Nach Kriegsende mußte er ständig an offiziellen Diners, Empfängen und Ehrungen teilnehmen.

In mancher Hinsicht war das gar nicht unangenehm. Er besuchte ausländische Hauptstädte, wurde von den Menschen umjubelt, mit den verschiedensten Orden ausgezeichnet und zum neuen Jahr 1946 als Viscount Montgomery geadelt. Mit seiner Sammlung von Kriegstrophäen hatte er im Oktober 1944 begonnen, als ihm der Feldmarschallsstab verliehen wurde, den der Hofjuwelier hergestellt hatte. Es war ein knapp 60 Zentimeter langer, mit rotem Samt bezogener Holzstab. An jedem Ende befand sich ein flacher Knauf aus achtzehnkarätigem Gold, und auf dem Samt waren achtzehn goldene Löwen befestigt. Am 27. November wurde ihm der polnische Orden Virtuti Militari verliehen. 1945 nach Kriegsende schwollen die Ordensverleihungen zu einer Lawine an. Am 13. Mai wurde er Ehrenbürger von Kopenhagen. Als er bei dieser Gelegenheit durch die Stadt fuhr, unternahm ein Mitglied der Nationalsozialistischen Partei einen Attentatsversuch, verlor aber im letzten Augenblick die Nerven und wurde von der Polizei festgenommen. Am 25. Mai hielt er in gebrochenem Französisch vor einer jubelnden Menschenmenge eine Ansprache und wurde mit dem Band der Ehrenlegion ausgezeichnet. Die Menge rief ihn auf den

Balkon der britischen Botschaft heraus, in der er untergebracht war. Militärisch knapp rief er: »Allez-vous en«, und die Menschen folgten seiner Aufforderung. Am 6. Juni verlieh ihm die Stadt Antwerpen bei einem glänzenden Empfang die Ehrenbürgerurkunde und einen kostbaren goldenen Dolch. Doch das reichliche Essen und Trinken waren für Montgomery zuviel, der so opulente Mahlzeiten nicht gewohnt war. Er mußte sich auf der Fahrt zum Flugplatz im Fond seines Wagens übergeben. Als er sich entschuldigte, sagte der Fahrer: »Mein Herr, das ist eine Ehre für mich.«

Natürlich gab es auch militärische Zeremonien. Die drei alliierten Mächte unterhielten formell gute Beziehungen. Offiziere aus der britischen Zone statteten den Russen offizielle Besuche ab. Der erste fand am 10. Mai statt, als Montgomery die russische Heeresgruppe des Marschalls Rokossowski aufsuchte. Hier herrschte nicht nur ausgelassene Fröhlichkeit, besonders da Montgomery sich weigerte, so viel Wodka zu trinken, zu essen und zu rauchen, wie es bei den Russen üblich war. Ein junger Offizier aus dem Stab Montgomerys konnte dem russischen Wodka jedoch nicht widerstehen, und als die Delegation sich verabschiedete, beschloß er, mit seinem Revolver 21 Schuß Salut zu schießen. Bis zu diesem Augenblick hatte Montgomery nicht bemerkt, in welchem Zustand sich der junge Offizier befand. Aber nachdem dieser den Revolver sechsmal abgefeuert und anschließend mehrmals leer abgedrückt hatte, gab es nichts mehr zu verbergen. Ein Offizier, der unter Alkoholeinfluß die Beherrschung verlor, mußte nach Montgomerys Auffassung zu seinem Regiment zurückgeschickt werden. Aber die Tatsache, daß der Krieg endlich zu Ende gegangen war, hat den Feldmarschall vielleicht ein wenig besänftigt, der den jungen Mann nicht in der gewohnten Art scharf abkanzelte und ihm auch nicht sagte, er sei »zu nichts zu gebrauchen«, sondern ihn zu seiner Einheit zurückschickte und gleichzeitig zur Beförderung empfahl. Im Juni kam es noch zu einem Austausch von Orden bei der obersten militärischen Führung. Schukow verlieh Eisenhower und Montgomery den russischen Siegesorden, eine sehr wertvolle, mit Edelsteinen besetzte Dekoration; Eisenhower verlieh Montgomery die amerikanische Distinguished Service Medal; und am 13. Juli ernannte Montgomery Schukow zum Ritter des Großkreuzes des Order of the Bath. Alle diese Verpflichtungen und Besuche in den verschiedensten Hauptstädten nahmen einen großen Teil der Zeit Montgomerys in

Anspruch. Das war aber nur die Spitze des Eisbergs. Der Mann, der sich während des Krieges in seinem taktischen Hauptquartier verschanzt hatte, schien sich plötzlich zu entkrampfen und seine Beliebtheit zu genießen. Er führte eine umfangreiche Korrespondenz – mit Fußballklubs, karikativen Verbänden und praktisch mit jedem, der sich die Mühe machte, ihm zu schreiben. In England stellte er sich zu jeder öffentlichen Veranstaltung zur Verfügung; ob er nun zum Ehrenbürger gemacht wurde, irgendwo eine Ansprache halten sollte oder an den Universitäten von Oxford, Cambridge und an der Queen's University in Belfast zum Ehrendoktor der Rechte ernannt wurde. Ein Blick auf seinen Terminkalender zeigt zum Beispiel, daß er in der Zeit vom 17. bis zum 22. Oktober 1945 in vier Bezirken zum Ehrenbürger ernannt worden war (in Manchester, Canterbury, Maidenhead und Warwick). Jede dieser Zeremonien dauerte länger als einen halben Tag. Die Sache komplizierte sich noch dadurch, daß er es für seine Pflicht hielt, in enger Verbindung mit den Soldaten in Deutschland zu bleiben, die oft sehr enttäuscht waren, nicht nach Hause zurückkehren zu dürfen. So oft wie möglich ging er auf Besichtigungsreisen zu den Garnisonen der Rheinarmee, besuchte Sportveranstaltungen und verlieh Auszeichnungen. Um sich gelegentlich in Ruhe erholen zu können, verbrachte er eine Reihe von Wochenenden in der Schule von Hindhead, die sein Sohn David besucht hatte, bevor er nach Winchester ging. Sein Haus in Portsmouth war bombardiert worden, und seither besaß er keine feste Wohnung. Er benutzte daher ein Zimmer in der Schule, das ihm während des ganzen Krieges zur Verfügung gestanden hatte. Ein Teil seiner Kriegstrophäen, darunter auch sein Marschallstab, waren in der Schule ausgestellt. Hier führte er ein ganz ähnliches Leben wie in seinem taktischen Hauptquartier. Moorehead schreibt: »Montgomery machte es Freude, mit den Jungen zusammenzusein. Er nahm gemeinsam mit ihnen die Mahlzeiten ein, gab ihnen Rätsel auf und scherzte, während die Schüler im Speisesaal lärmten und lachten.« Wieder hatte sich Montgomery eine eigene Welt geschaffen, in der er auf den Wogen der öffentlichen Begeisterung schwamm und in der es kaum ein Privatleben gab und keine persönlichen Beziehungen zu Gleichaltrigen oder Gleichgestellten.

Die Anspannungen des Krieges und die ständigen Verpflichtungen, denen er nachkommen mußte, begannen sich 1945 bei Montgomery fühlbar zu machen. Sein Gesundheitszustand verschlechterte sich. Im Juli erkrankte er an einer Mandelentzündung. Er aß noch einfacher als sonst und achtete sehr auf seine Gesundheit. Dann machte das Flugzeug, mit dem er einen kanadischen Truppenteil in Deutschland besuchte, am 22. August eine Bruchlandung. Die Maschine war nur noch ein Trümmerhaufen und mußte verschrottet werden, aber Montgomery kam mit zwei verletzten Rückenwirbeln davon. Bei seiner Ansprache an die Kanadier war er so forsch wie immer: »Ich habe es nur meinem Glück zu verdanken, daß ich vor Ihnen stehe. Mein Flugzeug ist nur noch Schrott.« Er bestand darauf, wieder zurückzufliegen (später schrieb er, die Wahrscheinlichkeit, zwei Flugzeugunfälle am gleichen Tag zu erleben, sei sehr gering). Als er wieder in England war, sagte ihm sein Arzt Arthur Porritt, die Verletzung könne wie ein normaler Knochenbruch behandelt und wieder eingerenkt werden, oder man könne die Wirbelsäule wie nach einer starken Zerrung stillegen. Porritt empfahl, zwei Krankenschwestern zu seiner Pflege bis zur Genesung anzustellen. Aber Montgomery erwiderte: »Porritt, ich habe mir von Ihnen allerhand gefallen lassen, aber das geht zu weit. In meinem Stabsquartier wird es keine Frauen geben.«

Der Rücken heilte auch ohne Krankenschwestern aus, aber Montgomery war gesundheitlich schwächer als während des Krieges. Im Januar 1946 erkrankte er schwer an Bronchitis und Grippe. Er ging für kurze Zeit in ein Lazarett, und als er entlassen worden war, fuhr er zur Erholung in die Schweiz. Bei den Schweizern war er sehr beliebt, besonders in Lenk, wo er Betty kennengelernt hatte. Seit 1937 wartete noch sein dortiges Zimmer auf ihn, und immer noch standen seine damals benutzten Skier und Skistiefel bereit. Im Herbst 1944 hatte man sogar einen dort angebauten Wein nach ihm benannt. Der Besuch in der Schweiz war besonders erholsam, denn am 1. Februar wurde er zum Nachfolger von Brooke als Chef des Empire-Generalstabs ernannt. Am 26. Juni sollte er diesen Posten übernehmen. So konnte er in aller Ruhe die schweizerischen Gebirgstruppen besichtigen und die Landschaft genießen, ohne sich Sorgen um die Zukunft machen zu müssen.

Daß Montgomery, der für die delikaten Aufgaben eines Chefs des Empire-Generalstabs so offensichtlich ungeeignet war, für diesen

Posten ausgewählt werden konnte, wird manchen erstaunen. Es zeigt, eine wie geringe Auswahl qualifizierter Männer in einer Organisation wie einer Armee zur Verfügung steht und wie diese Auswahl in einem großen Krieg noch geringer werden kann. Brooke, der den Posten seit 1941 innegehabt hatte, war, wie er selbst sagte, bei Kriegsende »außerordentlich erschöpft«. Sein Wunsch war es jetzt, als Nachfolger des in den Ruhestand gehenden Lord Athlone Generalgouverneur von Kanada zu werden. Als sein Nachfolger bot sich zunächst nur ein Mann an, Alexander. Aber im Juli 1945 hatte Churchill auf der Konferenz von Potsdam beschlossen, Brooke noch ein Jahr auf seinem Posten zu halten. Nun wurde Alexander Generalgouverneur von Kanada. Deshalb mußte man sich im Winter 1945 für einen anderen Kandidaten entscheiden, der im Juni 1946 die Stelle von Brooke übernehmen konnte. Da Alexander in Kanada war, gab es niemanden, der sich wirklich dafür eignete. Wavell und Auchinleck hatten beide in Indien zu tun. Auchinleck war Angehöriger der indischen und nicht der britischen Armee, und Wavell war zu alt. Außerdem hatten beide an den Folgen ihrer Niederlagen zu tragen – oder wenigstens dessen, was die Öffentlichkeit für Niederlagen hielt.
Slims Feldzug im Fernen Osten war eine sehr fernliegende Angelegenheit gewesen. Er hatte eine »vergessene Armee« geführt. Außerdem hieß es von ihm, er interessiere sich nicht für die Verwaltungsaufgaben, die der Posten des Generalstabschefs mit sich brachte. Montgomery hatte wenigstens reiche Erfahrungen mit den Armeen in Europa, und er war ein bekannter und beliebter Kriegsheld. In Europa gab es niemanden, den man ihm hätte vor die Nase setzen können, ohne ihn schwer zu kränken. Deshalb fiel dem beliebtesten General der Nation, dem Feldmarschall Montgomery, die Aufgabe eines Chefs des Empire-Generalstabs fast automatisch zu.

Im Frühjahr 1946 kam er seinen Verpflichtungen mit leichterem Herzen nach. Die Verwaltung in Deutschland hatte er fast vollständig an Zivilisten abgegeben, und er war sich nun des Weges sicher, den er einschlagen wollte. Vielleicht wurden seine öffentlichen Ansprachen aus diesem Grund immer langweiliger und banaler – als wolle er irgend jemanden veranlassen, festzustellen, daß der Feldmarschall keine Kleider habe. Am 10. März wurde er Ehrenbürger von Dover. In seiner Rede sagte er: »Es liegt noch ein langer Streifen vor uns, auf dem wir das Unkraut jäten müssen, aber wenn das geschehen ist, dann wird es uns besser gehen als vielen anderen.« Zum Abschied von der Rheinarmee sagte er seinen Männern: »Wir müssen zu unseren Führern absolutes Vertrauen haben. Sie werden dafür sorgen, daß unsere Schirme dichthalten, wenn es zu regnen anfängt.«

Grigg, seit Januar 1944 einer von Montgomerys glühendsten Verehrern, schreibt: »Er ist mit der Übernahme höherer Verantwortung nicht nur größer geworden, sondern auch umgänglicher.« Aber sein Verhalten gegenüber de Guingand im Jahr 1946 widerspricht solchen Behauptungen. Montgomerys loyaler Chef des Stabes wurde von dem Mann, dem er so treu gedient hatte, sehr schäbig behandelt.

De Guingands Gesundheit war schon seit einiger Zeit angegriffen, und in den letzten sechs Wochen des Krieges spürte er die Folgen der Anspannung mehr als je zuvor. Einmal schickte ihn Montgomery nach Brüssel, damit er sich dort vierundzwanzig Stunden erholen sollte, aber diese Therapie hatte keinen Erfolg. Bei seinem angegriffenen Gesundheitszustand hätte de Guingand mit etwas mehr Verständnis rechnen dürfen. Aber der Feldmarschall kümmerte sich nicht um seinen Untergebenen, um dessen Zustand er in Nordafrika noch sehr besorgt gewesen war. Er erlaubte de Guingand nicht, 1945 bei der Unterzeichnung der Kapitulationsurkunde dabeizusein und teilte ihm bei der Siegesparade in London keinen offiziellen Platz zu. Er bekam nicht einmal einen Sitzplatz und mußte für zwei Plätze in den hintersten Reihen Karten für sich und seine Frau kaufen. Nach dem Kriege nahm er den Erholungsurlaub, den er so dringend brauchte, und wollte sechs Monate ausspannen. Aber auch hier griff Montgomery, wie schon so oft ein. Er sagte de Guingand, er (Montgomery) werde Chef des Empire-Generalstabs werden, und er wünsche, daß de Guingand den Posten des Leiters des militärischen Nachrichtendienstes übernähme, um später Stellvertreter Montgomerys zu werden. De Guingand wollte seinen Erholungsurlaub nur ungern unterbrechen, aber Montgomery bestand darauf und sagte, er wünsche, daß er sich schon vor Montgomerys Amtsantritt im Kriegsministerium umsehe. So kehrte de Guingand aus dem Urlaub zurück und übernahm krank, aber pflichtbewußt, die ihm übertragene Aufgabe. Als Montgomery jedoch im Juni 1946 seinen Posten antrat, teilte er de Guingand brüsk mit, er habe es sich anders überlegt, und ein anderer General (Simpson) werde zum stellvertretenden Chef des Empire-Generalstabs ernannt werden.

Wie nicht anders zu erwarten, war de Guingand tief gekränkt und beschloß, seinen Abschied zu nehmen. Montgomery war ihm in dieser Lage in keiner Weise behilflich und tat nichts, um ihm zu einer anderen Tätigkeit zu verhelfen. Er kümmerte sich nicht einmal darum, daß sein ehemaliger Generalstabschef mit dem Rang entlassen wurde, den er während der letzten Kriegsjahre innegehabt hatte. De Guingand war während des größten Teils des Krieges Generalmajor gewesen, aber nur nominell. Sein eigentlicher Rang war der eines Obersten. Schließlich hatte er es den Amerikanern und besonders Bedell Smith zu verdanken, daß er als General den Abschied bekam.

Es war nicht verwunderlich, daß Montgomery Simpson zum stellvertretenden Chef des Empire-Generalstabs machte. Er war in den schweren Monaten nach dem Tode von Betty, als für Montgomery eine Welt zusammenbrach, sein engster Freund gewesen. Die damals angeknüpften Beziehungen erwiesen sich als sehr fest. Hätte Simpson seinerzeit nicht wichtige Aufgaben in England zu erfüllen gehabt, so hätte Montgomery ihn schon 1942 in Ägypten gern zum Chef des Generalstabs gemacht. Was sich so schwer erklären läßt, ist die schäbige Behandlung de Guingands. Im Rahmen der »Kommandostruktur« von Montgomery hatte er eine entscheidende Rolle gespielt. Unter dem Druck der Verantwortung in dieser Stellung war er dreimal gesundheitlich zusammengebrochen. Im Januar 1944 hatte er Montgomery vor der Katastrophe gerettet, als seine guten persönlichen Beziehungen zu den Amerikanern wesentlich dazu beitrugen, daß eine durch Montgomerys Starrköpfigkeit ausgelöste Krise beigelegt wurde. Vielleicht hatte Montgomery ihm im Zusammenhang mit dieser Episode irgend etwas übelgenommen, denn alle Beteiligten wußten genau, daß der Chef des Generalstabs die Lage die ganze Zeit überblickt hatte, während Montgomery sich von der Außenwelt isolierte. Wie sein Bruder Brian sagt, ist Montgomery nie bereit gewesen, das Verdienst anderer anzuerkennen, wenn er es irgendwie selbst beanspruchen konnte – es sei denn, diese anderen standen so weit außerhalb seines Kreises (wie etwa »Bill« Williams, sein gelehrter Nachrichtenoffizier), daß sie keine

Gefahr für ihn bedeuteten. Vielleicht hat er gefürchtet, man werde de Guingand als »die Macht hinter dem Thron« betrachten. Sein unglaublich schäbiges Verhalten gegenüber dem Chef des Generalstabs erklärt sich indirekt aus den folgenden Sätzen einer Ansprache, die er 1967 vor ägyptischen Offizieren in Kairo hielt: »Sie brauchen einen guten Stab. Lassen Sie die Angehörigen des Stabes arbeiten, während Sie selbst nachdenken. Am Ende hat der Chef des Stabes so viel zu tun, daß er darüber verrückt wird. Aber das schadet nichts – beschaffen Sie sich einen neuen!«

Chef des Empire-Generalstabs

Bevor Montgomery seinen neuen Posten antrat, unternahm er eine Reise zur Besichtigung britischer Einrichtungen im östlichen Mittelmeerraum und in Indien. Was er dort sah, gefiel im nicht sehr. In Ägypten waren die Verhandlungen über den Suezkanal fast gescheitert, und der Feldmarschall fühlte sich veranlaßt, mit den Ägyptern ein paar »offene Worte« zu sprechen. In Palästina war die Lage nach seiner Auffassung so schwierig geworden, weil die britische Regierung es versäumt hatte, die politische Führung fest in die Hand zu nehmen. Montgomery sagte den britischen Soldaten, sie müßten sich darauf vorbereiten, einen regelrechten Krieg gegen »fanatische Juden« zu führen. In Indien, wo sich das Problem der Unabhängigkeit wie eine gewaltige Flutwelle den Küsten des britischen »Radsch« näherte, gefielen die Verhältnisse Montgomery noch weniger. Auchinleck war Oberbefehlshaber, und in seinen Erinnerungen schreibt Montgomery: »Ich hatte den Eindruck, daß sich Auchinleck nur um die indische Armee kümmerte und kaum für das Wohlbefinden der britischen Soldaten in Indien sorgte.«

Montgomery übernahm das Amt des Chefs des Empire-Generalstabs tatsächlich in einer sehr schwierigen Zeit. Nicht nur die Probleme der nachkolonialen Ära begannen sich deutlicher abzuzeichnen, auch in Europa verhärteten sich die Gegensätze zwischen Rußland und den Westalliierten. Zwei verhältnismäßig neue Faktoren machten die Aufgabe des Generalstabschefs erheblich schwieriger. Einer von ihnen war technischer Natur: die Atombombe, die sehr viele Voraussetzungen für die Kriegführung veränderte. Der zweite Faktor war ein politischer: die Übernahme der Regierungsgewalt durch die Labourpartei, die entschlossen war, die Nachkriegsgesellschaft in Großbritannien radikal zu verändern. Zu den Hinterbänklern der Labourpartei gehörten viele überzeugte Antimilitaristen und Antikolonialisten. Da die Regierung entschlossen war, in einer Periode der wirtschaftlichen Schwäche einen Wohlfahrtsstaat zu schaffen, mußte das Militärbudget gekürzt werden.

Es ist durchaus nicht abwegig, zu sagen, daß kein Offizier, der nur

Erfahrungen in der Führung einer Truppe im Feld hatte, mit dieser Situation fertigwerden konnte. Montgomery war sicher nicht die ideale Persönlichkeit, die Armee durch die Turbulenzen der vierziger Jahre zu führen. Seine Amtszeit als Chef des Empire-Generalstabs hat, wie die meisten Beobachter glauben – und sogar Montgomery selbst ist dieser Auffassung –, keine besonderen Erfolge gebracht. Obwohl er in der Öffentlichkeit den Eindruck machte, in mancher Hinsicht zugänglicher geworden zu sein, hatte er sich in Wirklichkeit kaum geändert. In den letzten beiden Kriegsjahren hatte er erkannt, daß gute Beziehungen zu Gleichgestellten und Vorgesetzten notwendig waren, wenn innerhalb der Organisation einer Armee alles reibungslos funktionieren sollte. Aber die Erfolge im Krieg hatten seine Charakterschwächen vertieft, die alle freundschaftlichen Kontakte so stark belasteten, daß sie unter dem geringsten Druck zerbrechen mußten. Der Premierminister der Labourregierung, Attlee, hat einmal geschrieben: »Ein guter Chef des Generalstabs muß mit Ausschüssen umgehen können. Er muß fähig sein, Meinungsverschiedenheiten beizulegen, mit Leuten zusammenzuarbeiten, die er nicht als überlegen oder gleichwertig anerkennt, und er muß das Vertrauen seiner Soldaten genießen und ihre Wünsche, Ratschläge und Bedürfnisse mit denen der politischen Führung abstimmen können.« Es wäre kaum möglich, präziser zu formulieren, weshalb Montgomery für diese Aufgabe nicht geeignet war. In den siebenundzwanzig Monaten von Juni 1946 bis zum September 1948, als er den Vorsitz im Ausschuß der Oberbefehlshaber der Land-, See- und Luftstreitkräfte des westlichen Bündnisses innehatte, kam es zu einer Reihe scharfer und bissiger Auseinandersetzungen.

Ohne Zweifel hat Montgomery versucht, sich den Gepflogenheiten in Whitehall anzupassen und mit seinen politischen Vorgesetzten gute Beziehungen zu unterhalten. Während seiner Amtszeit als Generalstabschef hatte er es mit drei Kriegsministern zu tun, Lawson, Bellenger und Shinwell. Mit allen drei Männern kam er ganz gut aus, besonders mit Shinwell. Der ständige Sekretär, Sir Eric Speed, traf sich regelmäßig mit dem Chef des Generalstabs zum Mittagessen. In seinen Erinnerungen berichtet Montgomery stolz, wie er bald nach seinem Einzug ins Kriegsministerium in einer explosiven Situation einen Ausgleich schaffen konnte. Ein dienstjüngerer Minister wollte eine Auslandsreise unternehmen und verlangte, daß bestimmte Bedingungen erfüllt würden, wenn er die dort stationierten britischen Truppen besuchte. Zu diesen Bedingungen gehörte das Recht, allein und ohne Anwesenheit ihrer Offiziere mit den Mannschaften zu sprechen. Der Generaladjutant, der diese Instruktion erhielt, ärgerte sich über die Bedingungen und die Art und Weise, in der sie ihm vorgelegt worden waren. Er drohte mit seinem Rücktritt. Der neue Chef des Generalstabs zeigte sich der Situation gewachsen. »Ich war entschlossen, es nicht zu einem Bruch zwischen der zivilen und der militärischen Seite des Kriegsministeriums kommen zu lassen. Da ich wußte, daß man auf der zivilen Seite sehr gespannt darauf war, wie ich reagieren würde, gab ich mir große Mühe, die Leute zu besänftigen.« Bei einem Besuch in Neuseeland im Juli 1947 beschloß er, eine vorher geplante Reise nach Japan abzusagen, weil er glaubte, er müsse nach Hause zurückkehren, um die Regierung zu unterstützen, die »weich zu werden« drohte. Das heißt, er fürchtete, sie könne politischem Druck nachgeben und Streichungen im Militärhaushalt vornehmen. In der Öffentlichkeit ließ er sich nicht anmerken, daß er in dieser Angelegenheit eine sehr einseitige Haltung einnahm, und vor der Abreise aus Neuseeland hielt er eine recht gemäßigte Rede, in der er behauptete, es sei die Pflicht der Streitkräfte, der Industrie nicht einen einzigen Mann mehr fortzunehmen als unbedingt notwendig. Montgomery hat in der Nachkriegsarmee als Generalstabschef zum Teil sehr gute Arbeit geleistet. »Man darf nicht zulassen, daß die britische Armee wie nach dem Ersten Weltkrieg ziellos und ohne klare Vorstellungen von ihrer Aufgabe dahintreibt«, sagte er. Er verfaßte deshalb eine Denkschrift *(The Problem of the Post-War Army)* und verlangte darin noch vor der Übernahme seines Postens klare Anweisungen für die Militärpolitik. Nachdem er Chef des Generalstabs geworden war, ließ er die Lebensbedingungen der Soldaten untersuchen. Das war eine fortschrittliche Maßnahme, und sie entsprach ganz und gar der Haltung, die er seit jeher gegenüber seinen Untergebenen eingenommen hatte. Am 26. Juli 1946 sagte er in Portsmouth, man dürfe den Soldaten nicht aus seiner sozialen Umwelt herausreißen, und die Armee müsse mit den gesellschaftlichen Entwicklungen in der Nation Schritt halten. In seinen Ansprachen im August betonte er immer wieder, »kleinliche Beschränkungen« müßten kritisch unter die Lupe genommen werden. Man dürfe sinnlose Paraden und lächerliche Vorschriften wie etwa die Verordnung, daß in den Kasernen zu einer bestimmten Zeit das Licht gelöscht sein müsse, nicht als heilige Kühe ansehen. Er prägte sogar das Schlagwort »Schlafzimmer, nicht Kasernen«. Reformen ließen sich natürlich nicht sofort verwirklichen, aber es wurde doch ein Ausschuß eingesetzt, der solche Fragen untersuchen sollte.

Montgomery ist immer wieder dafür kritisiert worden, daß er so viele Auslandsreisen unternahm. Aber auch diese Reisen hatten ihren Wert. Überall zeigte sich, wie beliebt er war, besonders in Amerika, das er im September 1946 besuchte. Die heftigen Auseinandersetzungen der Jahre 1944/45 über die Kommandostruktur waren vergessen. Jetzt machte er auf die amerikanische Presse einen positiven Eindruck. Am 11. September gab er zusammen mit Eisenhower eine Pressekonferenz. Es fiel den beiden bekannten Soldaten nicht schwer, alle Fragen über die 1944 zwischen den Alliierten entstandenen Meinungsverschiedenheiten abzuwehren. Sie waren vor allem durch das jüngst erschienene Buch von Ralph Ingersoll *Top Secret* angeregt worden, das die verschiedenen Standpunkte darstellte. Auf eine Frage antwortete Montgomery: »Der Soldat ist kein gelernter Politiker.« Darauf begann Eisenhower zu grinsen. »Warum lachen Sie, Ike?« fragte Montgomery verwundert. Nun brachen alle Anwesenden in schallendes Gelächter aus.

Es war für Montgomery bezeichnend, wie sehr er sich um die Moral in seinem Stab kümmerte. In Woolwich richtete er ein Kasino für ledige Offiziere ein, die in London stationiert waren, und führte für die Angehörigen des Kriegsministeriums ein besonderes Abzeichen ein. Gegenüber einzelnen konnte er auch sehr freundlich sein. Davon profitierte unter anderen Sergeant Wenborn, einer seiner Schreiber. Montgomery hielt diese »Privatsekretäre« ständig unter Druck, denn er verlangte, daß ein Bericht über jede seiner Dienstreisen in dem Augenblick vorlag, in dem sein Flugzeug bei der Rückkehr landete. Sergeant Wenborn erlitt einen Herzanfall und mußte nach einem Lazarettaufenthalt als dienstuntauglich aus der Armee entlassen werden. Montgomery gab sich große Mühe, ihm eine geeignete Stellung zu vermitteln.

Die von vielen aufgestellte Behauptung, Montgomerys Amtszeit als Chef des Generalstabs sei eine völlige Katastrophe gewesen, vereinfacht die Dinge doch zu sehr. Nach seiner Charakterveranlagung eignete er sich nicht recht für diese halb im militärischen und

halb im zivilen Bereich liegende Aufgabe. Er war immer noch uneinsichtig und arrogant, konnte mit delikaten Situationen kaum fertigwerden und neigte dazu, andere zu verletzen. Auf einer Seereise planten er und Generalleutnant George Cole einen »Überfall« auf den russischen Außenminister Gromyko, der auf dem gleichen Schiff reiste, es aber abgelehnt hatte, mit Montgomery zusammenzutreffen. Beide versteckten sich hinter einem Ventilator, als Gromyko seinen Morgenspaziergang machte, und während Cole den Leibwächter des Ministers ablenkte, sprach Montgomery den unglücklichen Gromyko an. Auf einer anderen Schiffsreise über den Atlantik wurde zur Feier seines Geburtstags ein großer Kuchen gebacken. Jeden Tag lud er eine andere Gruppe von Passagieren ein, die sich zum Tee daran delektieren durften. Eine reiche Amerikanerin fragte, ob er auch ihr diese Ehre erweisen würde. Man sagte ihr, sie werde nur eingeladen werden, wenn sie eine größere Summe für einen von Montgomery zu bestimmenden wohltätigen Zweck stifte. Am folgenden Tag verlangte er den Scheck im voraus. Die Amerikanerin verzichtete auf das Vergnügen. Ihr Vermögen blieb unangetastet, aber von dem Kuchen bekam sie auch nichts ab. Als Montgomery im September 1946 nach Kanada kam, beschloß er, alle Federn zu behalten, mit denen er irgendwelche Dokumente unterschrieb. Das waren gewöhnlich die Ehrenbürgerurkunden, die verschiedene Städte ihm verliehen. Einigen Stadtvätern (besonders in der ersten Stadt, Halifax) wollte es nicht gefallen, daß ihre wertvollen Füllfederhalter auf diese Weise verschwanden, aber am Schluß seiner Besuchsreise hatte der britische Generalstabschef elf schöne neue Füllfederhalter in seinem Gepäck.
Montgomery brachte es fertig, durch ein paar mit seiner hohen Fistelstimme mühelos gesprochene Sätze unglaublich peinliche Situationen zu schaffen. Bei einem Essen im Gradhotel von Birmingham, an dem dreihundert seiner ehemaligen Offiziere teilnahmen, stand er am späten Abend auf und bat um Ruhe. »Sie haben sich jetzt die ganze Zeit unterhalten und Ihren Spaß gehabt, während die Regimentsmusik spielte. Ich habe die Musiker gebeten, noch ein Stück zu spielen, aber diesmal werden Sie absolutes Stillschweigen bewahren.« Die fröhliche Stimmung war für den Rest des Abends verflogen. Noch peinlicher war die Situation bei einem Dinner während seines Besuchs in Rußland 1947, an dem Stalin und andere russische Führer teilnahmen. Um die Sache etwas auf-

zulockern – es ging nicht besonders ausgelassen zu, denn der Feldmarschall trank nur Mineralwasser und ließ den größten Teil seines Essens auf dem Teller –, beschloß er, Molotow zu »necken«. Selbst er muß gemerkt haben, welche Wirkung seine plumpen Knabenscherze auf den Russen hatten. Er ließ sich aber nicht von seinem Vorhaben abbringen, denn er war sich der Zustimmung Stalins bewußt, der es sichtlich genoß, wie einer seiner Kollegen in die Enge getrieben wurde.

Niemand hat erwartet, daß Montgomery mit der Übernahme seines neuen Postens als Chef des Generalstabs seinen Charakter ändern würde, um sich den veränderten Umständen anzupassen. Man hätte aber doch damit rechnen können, daß seine Erfahrungen als Befehlshaber und in der alliierten Diplomatie während des Krieges seinen Horizont erweitert hätten. Seine Erfahrungen hatten jedoch aus einer Reihe von Erfolgen bestanden, und die Bewunderung, die er dabei erntete, hatten seine Überzeugung gefestigt, er sei unfehlbar. Wo er sich auch zeigte, wurde er als der große Feldherr gefeiert. Im April 1948, drei Jahre nach Kriegsende, wurde er in Belgien begeistert empfangen und in demselben Wagen, den er 1944 beim Einmarsch in Brüssel benutzt hatte, durch die Stadt gefahren. Die Feierlichkeiten gingen nach seiner Abreise weiter, und zur Erinnerung an die Schlacht von El Alamein wurde ein großes Feuerwerk veranstaltet. Bei den Veteranenverbänden der Commonwealth-Truppen und auch überall anders wurde er für seine Leistungen im Kriege mit Dank und Lob überschüttet. In Australien verwendeten die Köche eines Hotels, in dem zu seinen Ehren ein Essen gegeben wurde, die Zuckerration eines Monats dazu, das Modell eines bei Alamein eingesetzten Panzers herzustellen.

Er sah sich daher nicht veranlaßt, seine sehr eigenwillige Einstellung zu bestimmten Fragen zu überdenken. Mit der für ihn charakteristischen Energie machte er sich an die Lösung der ihm gestellten Probleme. Allerdings verwendete er dabei alterprobte Methoden, die nicht immer in die Nachkriegswelt paßten. Das zeigte sich an der Banalität der Flut von Ratschlägen, die er allen möglichen Organisationen und öffentlichen Körperschaften erteilte. Ständig walzte er die alten Klischees über »das Wesentliche« und »die Moral« aus. Im Mai 1947 hielt er vor einer Versammlung von Bauern eine Ansprache und sagte: »Denken und planen Sie voraus und stellen Sie fest, was das Wesentliche ist. Das muß die Grundlage Ihres

Handelns sein ... Es kommt auf die Männer an, die die Traktoren fahren und instandhalten.« Im Oktober des gleichen Jahres besuchte er die Kohlenbergwerke von Thorsby und Mansfield. In der Dezemberausgabe der Zeitschrift *Coal* wurde seine Ansprache abgedruckt, und auch hier hieß es: »Denken Sie und planen Sie voraus. Schaffen Sie eine gute Atmosphäre. Bedenken Sie den menschlichen Faktor. Beklagen sie sich nicht ständig; erkennen Sie das Wesentliche und richten Sie alle Ihre Maßnahmen danach.«
Noch erstaunlicher waren die Phantasielosigkeit und der Mangel an Verständnis, wenn er etwa über kriegsgeschichtliche Themen sprach. Es ist natürlich möglich, daß er die Dinge absichtlich vereinfachte, um sie seinen Zuhörern verständlich zu machen, auch wenn das oft Leute waren, denen es nicht schwergefallen wäre, subtilere und komplexere Zusammenhänge zu begreifen. So hielt er zum Beispiel 1945 an der Universität von St. Andrews eine Vorlesung, an der eigentlich nichts auszusetzen war. Darin kam er zu einigen recht nützlichen Schlußfolgerungen wie etwa einer Definition der Führereigenschaften als »des Willens zu herrschen in Verbindung mit Vertrauen einflößenden Charaktereigenschaften«. Aber meist sprach er über ganz simple Dinge: »Kein Führer, er mag noch so groß sein, wird sich lange halten können, wenn er nicht siegt«, und »Kein Befehlshaber kann sich lange an seinem Platz halten, wenn er keinen Erfolg hat«.
Damit hatte er vielleicht recht, aber diese Lehrsätze trugen kaum etwas zum Verständnis militärischer Angelegenheiten bei. Oft waren seine Erklärungen über Selbstverständlichkeiten unglaublich banal:
»Um zu siegen, braucht man bestimmte Eigenschaften, und ich will vier von ihnen nennen, durch die sich mehr oder weniger alle großen Feldherren der Geschichte ausgezeichnet haben. Es sind
a) die Beherrschung der Technik der Kriegsführung,
b) die Fähigkeit, die wenigen wesentlichen Voraussetzungen für den Erfolg klar zu erkennen,
c) Tapferkeit und geistige Robustheit,
d) eine wohlausgewogene Urteilsfähigkeit.«

Zu Beginn dieser Vorlesung verglich Montgomery Moses, Cromwell und Napoleon als Führerpersönlichkeiten. Bei der Charakteranalyse des Moses formulierte er die folgenden unglaublich einfäl-

tigen Sätze: »Israel hatte etwa zwei Jahre in der ägyptischen Sklaverei gelebt. Die Leute hatten im Nildelta gelebt, in einem schlechten, nervenzerrüttenden Klima, das den Menschen die Energie und Initiative nimmt. Deshalb glaube ich, daß Moses das Volk Israel absichtlich vierzig Jahre – zwei Generationen – in der Wüste leben ließ, um hier ein kämpferisches Volk zu züchten und auszubilden.«
Immer wieder hat Montgomery behauptet, die wichtigste Aufgabe des Befehlshabers sei es, »das Wesentliche« zu erkennen. Auf der Ebene, auf der er jetzt tätig war, bestand »das Wesentliche« aus einer sehr komplizierten Gleichung. Es gab nicht mehr die simplen Prioritäten, nach denen er sich, oft mit glänzendem Erfolg, als Divisionskommandeur oder Befehlshaber einer Heeresgruppe hatte richten müssen. Wenn er irgend etwas erklärte, was er beherrschte, so verstand er es, seine Gedanken sehr verständlich auszudrücken. Das konnten seine Schüler in Camberley bezeugen. Jetzt aber befand er sich in einer viel schwierigeren Situation, für die sein in einfachen Kategorien denkender Geist weniger geeignet war. Doch davon ließ er sich nicht abschrecken, sondere bewegte sich innerhalb der engen ihm gesetzten Grenzen unbeirrt auf sein vermeintliches Ziel zu, und seine Lösungen und Erklärungen wurden immer eintöniger und oberflächlicher.
Seine Reaktion auf die Konfrontation mit den Russen, die sich während seiner Amtszeit als Chef des Empire-Generalstabs immer mehr verschärfte, war typisch. Seit 1945 hatte er sich um die militärische Bedrohung aus dem Osten Sorgen gemacht. Doch der Rat, den Smuts ihm kurz vor der Landung in der Normandie gegeben hatte, er solle sich darum bemühen, Europa nach dem Kriege zusammenzuhalten und zu verhindern, daß ähnliche Entwicklungen einträten wie in den zwanziger und dreißiger Jahren, wirkte immer noch nach. Die Idee, in der Außenpolitik eine Rolle zu übernehmen, fiel bei ihm auf fruchtbaren Boden. Er verlangte, die britischen Streitkräfte sollten in eine Kontinentalstrategie einbezogen werden, um Westeuropa für den Fall eines russischen Einfalls vor dem Überranntwerden schützen zu können. 1946 erklärte er gegenüber der Regierung, es sei dringend notwendig, für den Eventualfall eines russischen Angriffs Vorbereitungen zu treffen. Im Januar 1947 unternahm er seinen in der Öffentlichkeit stark beachteten Besuch in Rußland. Während seines Aufenthalts dort kam er zu der Überzeugung, die Sowjetunion sei »erschöpft« und nicht in der Lage,

einen größeren Krieg zu führen. Er sprach mit Stalin und machte ihm eine Reihe von etwas primitiven Vorschlägen zur Verbesserung der englisch-sowjetischen Beziehungen. Er meinte, ein Austausch von Offizieren könne das gegenseitige Vertrauen stärken: »... das Projekt würde sich in dem Maß erweitern und *allmählich* entwikkeln lassen, in dem das gegenseitige Vertrauen wuchs.« Er machte sogar das Angebot, Attlee zu sagen, Rußland sei an einem Bündnis interessiert. Stalin lehnte diese Vorschläge rundweg ab.

Obwohl er glaubte, Rußland werde keinen Krieg führen (»im großen und ganzen war ich zu der Überzeugung gelangt, daß Rußland ganz unfähig sei, sich gegen ein starkes Bündnis an einem Weltkrieg zu beteiligen, und daß die Russen das sehr gut wußten«, schreibt er in seinen Erinnerungen), und trotz dem Gefühl, man könne mit Stalin irgendwie zu einer Vereinbarung kommen – bald nach seiner Rückkehr aus Rußland beschloß er, russische Sprachkurse an der Royal Military Academy einzurichten, weil er glaubte, daß die Sprachenbarriere eine der Hauptursachen für die Spannungen sei –, verlangte er auch weiterhin, daß Großbritannien für den Fall eines Angriffs aus dem Osten starke Verbände bereithalten solle. Im Januar und Februar 1948 setzte er seine »Kontinentalstrategie« sogar als den offiziellen britischen Standpunkt gegen die Opposition der Stabschefs der Flotte und der Luftstreitkräfte durch.

Daß er dazu neigte, die Dinge zu vereinfachen, zeigte sich auch darin, daß er augenscheinlich nicht in der Lage war, den Einfluß der Kernwaffen auf die konventionelle Strategie zu verstehen. Er erkannte die Existenz der Atomwaffen zwar an, behauptete aber immer wieder, die konventionellen Streitkräfte seien noch längst nicht überholt. Gegenüber der Atombombe nahm er eine ganz ähnliche Haltung ein wie in den zwanziger Jahren gegenüber Liddell Harts Theorien von dem »sich ausbreitenden Sturm«. Er wußte, die Bombe war da, um eingesetzt zu werden. Es bereitete ihm aber große Schwierigkeiten, sie in den Rahmen seiner Vorstellungswelt einzubeziehen, und deshalb ignorierte er sie in der Praxis. Am 2. Juli 1947 sagte er in einer Ansprache in Canberra, die vernichtende Wirkung der Atombombe und der Rakete werde wahrscheinlich überschätzt, und neue Abwehrmethoden gegen sie würden ebenso schnell und wahrscheinlich schneller entwickelt werden als neue Angriffsmethoden. Er glaubte, man würde Mittel und Wege finden, um sicherzustellen, daß eine große Zahl dieser Waffen nie

ihr Ziel erreichten. Passenderweise wurde ihm ausgerechnet nach dieser Ansprache das Zuckermodell eines in Alamein eingesetzten Panzers überreicht.
Die anderen Chefs des Stabes, besonders Tedder für die RAF, waren sich natürlich nur zu sehr der Bedeutung und der vernichtenden Wirkung der Atombombe in Hiroshima und Nagasaki bewußt. Sie vertraten die Ansicht, daß sich die künftige Strategie Großbritanniens in Europa unmittelbar auf die der Vereinigten Staaten stützen müsse, die in der Lage waren, eine große Zahl von Atombomben einzusetzen. Montgomery teilte diese einen weiteren Horizont umfassende Meinung nicht. Ihn beschäftigten in der Hauptsache die Probleme britischer Expeditionsstreitkräfte, die, wie er glaubte, beim Ausbruch eines neuen Krieges wieder der wichtigste Beitrag Großbritanniens sein würden.
Auch alle mit den Kolonien im Zusammenhang stehenden Fragen waren für ihn ein Buch mit sieben Siegeln. Das zeigte sich besonders deutlich in seiner Haltung gegenüber dem Palästinaproblem. Er wollte es nicht wahrhaben, daß Maßnahmen gegen »Insurgenten« jetzt etwas ganz anderes seien als das, was er seinerzeit vor dem Kriege in Irland und Palästina erlebt hatte. Er konnte nicht begreifen, daß die von ihm früher mit so großem Erfolg ergriffenen drakonischen Maßnahmen gegen Terroristen heute nicht mehr anwendbar waren, nachdem sich die Weltmeinung zu diesen Fragen so entscheidend gewandelt hatte. Einflußreiche Interessengruppen im Westen befürworteten darüber hinaus die Gründung eines unabhängigen jüdischen Staates. Als der Kolonialminister Arthur Creech Jones sich im Oktober 1946 entschloß, Terroristen aus der Haft zu entlassen und keine Hausdurchsuchungen nach Waffen mehr anzuordnen, war der Chef des Generalstabs zutiefst besorgt und flog im November nach Palästina, um festzustellen, wie Hochkommissar Cunningham mit der Situation fertig wurde. Im Dezember wurde dadurch, daß jüdische Insurgenten vier britische Soldaten verprügelten, ein Klima geschaffen, das es ihm ermöglichte, sich durchzusetzen. Vielleicht hatte er recht, wenn er glaubte, die Lage lasse sich in diesem Augenblick mit militärischen Mitteln am ehesten stabil halten. Er konnte es aber nicht verstehen, daß die Regierung die Terroristen im Hinblick auf die Möglichkeit, daß sie künftig als politische Führer eines souveränen Staates eine wichtige Rolle spielen könnten, ausgesprochen vorsichtig behandelte.

Die politische Lage im Mittleren Osten war für Montgomery viel zu vielschichtig.

Wenn die Ideen, die er im Kriegsministerium vortrug, oft einer falschen Beurteilung der Lage entsprangen, so war seine Methode, die Kontrolle auszuüben, ebenso suspekt. Während des Krieges war er mit Recht stolz darauf gewesen, das »Wesentliche« begriffen und dazu eine einzigartige Kommandostruktur geschaffen zu haben. In den Jahren von 1946 bis 1948 entsprach seine Unfähigkeit, das »Wesentliche« an der Nachkriegssituation zu begreifen, der Starrheit seiner Vorstellungen über den Führungsstil. Der in seinem taktischen Hauptquartier abgeschirmte Oberbefehlshaber, der hier wichtige Entscheidungen traf, die dann von vertrauenswürdigen Untergebenen in die Tat umgesetzt wurden, war etwas ganz anderes als der Chef des Empire-Generalstabs. Die lebenswichtigen Entscheidungen mußten jetzt von den politischen Führern getroffen werden. Außerdem hatte es der Chef des Generalstabs mit der gesamten Armee des Landes zu tun. Er konnte für seinen Stab nicht mehr die Männer aussuchen, die er für besonders geeignet hielt, denn dieser Stab war jetzt ein riesiger Verwaltungsapparat. Und doch war er nicht bereit, sich der neuen Lage anzupassen. Deshalb versuchte er auf seine Art, wieder das gleiche System zu schaffen, dessen er sich im Kriege bedient hatte – wie nicht anders zu erwarten, mit recht negativen Folgen.

Während er in London arbeitete, wohnte er in einem kleinen Apartment in Westminster. Um sechs Uhr morgens stand er auf und beschäftigte sich dann einige Zeit mit seiner Korrespondenz. Um neun Uhr begab er sich ins Kriegsministerium. Um halb fünf ging er wieder nach Hause, um in seinem Lehnstuhl zwei Stunden nachzudenken. Nach dem Abendessen unterzeichnete er einige Schriftstücke und ging um zehn Uhr zu Bett. Diese streng eingehaltene Zeiteinteilung hätte die Basis für eine erfolgreiche Verwaltungstätigkeit sein können. Das war jedoch nicht der Fall. Er konnte sich nicht daran gewöhnen, in der amorphen bürokratischen Atmosphäre von Whitehall zu arbeiten. Auch hier gab er sich große Mühe, den persönlichen Kontakt zu seinen Untergebenen herzustellen. Um das zu erreichen, hielt er an den verschiedensten Orten große Versammlungen ab, so zum Beispiel am 21. Januar 1947 im Victoria Palace Theatre mit tausend Teilnehmern. In der *Times* hieß es dazu: »Von Zeit zu Zeit hält er diese Konferenzen ab, um seinen Stab kennenzulernen.« Niemand weiß, wie viele Mitglieder des Stabes er auf diese Weise persönlich kennengelernt hat. Vielleicht ist es verständlich, daß ihn die Atmosphäre von Whitehall bedrückte und er versucht hat, sich aus der erstickenden Enge zu befreien. Leider hat er aber, nachdem er erkannt hatte, wie sehr die Handlungsfreiheit des Generalstabschefs im Frieden eingeschränkt ist, nicht versucht, als Administrator statt als Befehlshaber zu wirken.

Während seiner Amtszeit als Generalstabschef hat er die gleichen Methoden angewendet wie im Krieg. Er glaubte, während andere die weniger wichtigen Angelegenheiten erledigten, müsse er »die Truppe besuchen«. Er hatte das Gefühl, in seiner neuen hohen Stellung bedeute das mehr als kurze Gespräche mit den einfachen Soldaten. Er meinte, er müsse dabei die Verbündeten und die britischen Kolonien kennenlernen, und seine Tätigkeit während dieser Zeit ist in erster Linie durch seine Auslandsreisen gekennzeichnet. Schon vor seiner Amtsübernahme war er in Indien und im Mittelmeerraum gewesen. Am 20. August 1946 reiste er nach Kanada und in die Vereinigten Staaten. Im November ging er wieder in den Mittleren Osten. Im Januar 1947 flog er nach Moskau. Im Sommer 1947 unternahm er ausgedehnte Besichtigungsreisen durch Indien, Malaya, Australien und Neuseeland und plante einen Besuch in Japan, den er jedoch im letzten Augenblick absagte. Am 13. November begab er sich auf eine länger als einen Monat dauernde Reise nach Europa und verlor dabei nicht die immer schwieriger werdende außenpolitische Lage aus den Augen. Alljährlich verbrachte er einen langen Urlaub (manchmal einen ganzen Monat) in der Schweiz. Zu alledem kamen noch seine zahlreichen Verpflichtungen in der Heimat.

So kam es dazu, daß er die für die Armee so wichtigen Verwaltungsaufgaben oft über lange Zeiträume hinweg vernachlässigte. Der Labourabgeordnete für Chelmsford fragte 1947 zum Beispiel, als Montgomery Australien besuchte: »Weshalb verbringt der Chef des Empire-Generalstabs seine Zeit damit, an allen vier Enden der Welt über die geschichtliche Vergangenheit zu reden, anstatt das Kriegsministerium zu leiten?« Der einst so bewunderte Führungsstil Montgomerys war in Whitehall wirkungslos. Außerdem verstand er es nicht, mit den anderen Chefs des Stabes oder den ihn beratenden Offizieren der Armee auszukommen. Der Army Council, eine ehrwürdige Körperschaft, war entsetzt, als Montgomery auf der ersten Sitzung, an der er teilnahm, seine Denkschrift *The Problem of the Post-War Army* vorlegte und verlangte, das System erfordere einen allmächtigen Chef des Generalstabs und müsse in der ganzen britischen Armee eingeführt werden. Als er mit diesem Versuch, das Oberkommando radikal umzugliedern, auf heftige Opposition stieß, drohte der neue Chef des Empire-Generalstabs mit seinem Rücktritt. Der Army Council sah sich zum Nachgeben gezwungen, aber seine Beziehungen zu Montgomery waren vom ersten Augenblick an getrübt, und das machte sich in den folgenden Monaten bemerkbar.

Aber auch seine Beziehungen zu den anderen Teilstreitkräften waren denkbar schlecht. Das lag zum großen Teil an seiner simplifizierenden Analyse der strategischen Lage nach dem Kriege und der dogmatischen Art, mit der er seine Ansichten zum Ausdruck brachte. Tedder und Cunningham waren entsetzt über die Auffassungen des Feldmarschalls von der Verteidigung Europas, die er vertrat, ohne ihre Argumente hinsichtlich der Atombombe und der Einbeziehung der Politik der Vereinigten Staaten zu berücksichtigen. Hinter den Kulissen bestand eine entschiedene persönliche Antipathie. Während der drei verworrenen Monate nach der Landung in der Normandie im Juni 1944 war Tedder bei SHAEF einer seiner unverhohlenen Gegner gewesen. Seither war es immer wieder zu Schwierigkeiten gekommen. Bei jeder Konferenz der Vereinigten Chefs des Stabes hatten entweder Tedder oder Montgomery gefehlt und sich vertreten lassen. Sie kamen möglichst selten zusammen. Montgomery war wütend auf Tedder, weil dieser die Pläne des Feldmarschalls dem Generalstab der Armee vorlegte und um dessen Stellungnahme bat. Zwischen der Armee und der RAF bestand an der Spitze wenig Sympathie.

Mit der Flotte lagen die Dinge nicht günstiger. Im Juni 1947 kam es zu einer offenen Konfrontation, als Montgomery auf seiner Reise nach Australien in Singapur eine wenige Tage dauernde Pause einlegte. Hier beschloß er, das Flottenhauptquartier im Fernen Osten, das damals in Hongkong stationiert war, nach Singapur zu verlegen, da sich hier schon die Hauptquartiere der Armee und der RAF befanden. Eigentlich war das ein ganz vernünftiger Vorschlag, aber er machte ihn in einer Weise, daß er beleidigend wirken mußte. Voller Schadenfreude sprach Montgomery von der Aufregung, die er verursacht hatte: »Man erzählte mir, daß in den Londoner Klubs die Seeleute kaum mehr mit den Soldaten sprachen.« Der stellvertretende Chef des Empire-Generalstabs Simpson mußte in London die wütenden Reaktionen der Flotte über sich ergehen lassen. Die Gattin des Oberbefehlshabers der Flotte stellte Montgomery indessen an Deck des Flaggschiffs in Singapur zur Rede. Selbst Montgomery erkannte jetzt, in welches Wespennest er gestochen hatte: »Ich ließ den Sturm über mich hinweggehen, wenn es mir auch schwerfiel ... Ich war recht froh, als ich Singapur am 30. Juni verlassen konnte.«

Ihren Höhepunkt erreichten die Differenzen mit den anderen Chefs des Stabes, als er im März 1948 vorschlug, einen Ausschuß zu bilden, der die Gliederung des Kriegsministeriums untersuchen solle. Seine Idee war es, einen Chef des Stabes für den Verteidigungsminister einzusetzen, der zugleich Vorsitzender des Stabschefausschusses sein sollte. Wie nicht anders zu erwarten, legten die Flotte und die RAF ihr Veto ein.

Die Politiker waren über die Tätigkeit des Chefs des Empire-Generalstabs ebensowenig erfreut. Im politischen Bereich hatte er noch mehr Gelegenheit, andere zu verletzen, und es gab noch mehr delikate Situationen und Möglichkeiten, die Leute zu verärgern. Gewisse Schwierigkeiten entstanden daraus, daß er zu politischen Fragen öffentliche Erklärungen abgab. Im Dezember 1946 kam es im Unterhaus zu einem scharfen Wortwechsel, als Abgeordnete der Labourpartei den Premierminister nach einer Rede Montgomerys fragten, in der er behauptet hatte, die Regierung werde die allgemeine Wehrpflicht einführen, um die nationale Moral zu stärken. Dabei geriet Attlee in eine peinliche Lage, denn er mußte sich gegen seine eigenen Hinterbänkler auf die Seite der Tories stellen und dem Feldmarschall das Recht zugestehen, eine »private« Meinung zu äußern. Im März 1947 mußte Attlee wiederum erklären, daß Montgomery in einer Rede vor der Londoner Ingenieursvereinigung, die einige recht eigenwillige Behauptungen enthalten hatte, nicht die Absicht gehabt habe, sich bei der Behandlung der Wirtschaftslage politisch zu äußern. Auch sei diese Rede nicht für die Öffentlichkeit bestimmt gewesen.

Die unbedachten Äußerungen Montgomerys in der Öffentlichkeit waren jedoch bedeutungslos im Vergleich zu anderen Meinungsverschiedenheiten, bei denen es oft um lebenswichtige Fragen ging.

Seine Unfähigkeit, die Haltung der Regierung in entscheidenden politischen Fragen zu verstehen, führte zu einigen ernsten Konfrontationen, und das bedeutete für Attlee und sein Kabinett eine ständige Sorge.

Im Januar 1947 schickte er an Generalleutnant Dempsey, den Befehlshaber der britischen Truppen in Palästina, ein Telegramm. Später hat Montgomery selbst es als »heißes Telegramm« bezeichnet. Darin vertrat er die Ansicht, hier sei eine feste Haltung notwendig, die Regierung habe jedoch keine klaren Anweisungen gegeben. Montgomery versprach, er wolle versuchen, die britische Haltung zu festigen. Da gerade eine Debatte im Unterhaus über das Protektorat auf der Tagesordnung stand, war Attlee nicht besonders erfreut. In der bei ihm gewohnten kühlen Form teilte er dem Chef des Generalstabs sein Mißfallen mit, der nun Dempsey bitten mußte, das Telegramm nicht zu beachten und zu vernichten. Doch das war nur eine Lappalie, verglichen mit einer Auseinandersetzung, die sich entwickelte, als sich die britischen Streitkräfte 1948 darauf vorbereiteten, Palästina zu räumen. Das Ringen zwischen Juden und Arabern bereitete der Regierung verständliche Sorgen. Eines Abends im April wurde Montgomery in die Downingstreet 10 gerufen, wo er mit Attlee, Bevin und dem Verteidigungsminister A. V. Alexander zusammentraf. Sie waren beunruhigt über Meldungen von einem Massaker in Haifa, bei dem angeblich 23 000 Araber ums Leben gekommen waren. Der Chef des Empire-Generalstabs blieb – wie bei jeder Krise – ganz kühl und meinte, man könne keine Entscheidung treffen, bevor nicht zuverlässige Meldungen vorlägen. Anschließend begab er sich in aller Eile ins Mansion House, um dort zur Frage des Offiziersnachwuchses in der Armee eine Rede zu halten. Am folgenden Morgen war Bevin wegen der Lage in Haifa immer noch sehr besorgt und sagte Montgomery, die Armee habe ihn »im Stich gelassen«.

Bevins Äußerung, die in der Hitze des Augenblicks und in einem Privatgespräch gefallen war, wäre an sich kein Grund zur Aufregung gewesen. Schließlich hatte Montgomery selbst schon seit einiger Zeit immer wieder offen erklärt, die Politiker hätten die Armee im Stich gelassen. Aber nun war er entschlossen, sich zur Wehr zu setzen. Er berichtete dem Stabschefausschuß und dem Oberbefehlshaber im Mittleren Osten von der Bemerkung Bevins und sagte anschließend dem Verteidigungsminister, Bevin habe die ganze Angelegenheit durcheinandergebracht und versuche jetzt, die Armee zum Sündenbock zu machen. Bevin ließ diese recht beleidigenden Äußerungen jedoch unbeachtet. Die Angelegenheit wurde bei einer anschließend stattfindenden Kabinettsitzung zwischen Bevin und Attlee bereinigt, die es schon gewohnt waren, mit dem etwas rauhbeinigen Chef des Empire-Generalstabs umzugehen. Hier zeigt sich jedoch die Unbeherrschtheit Montgomerys, denn ausgerechnet in der kritischen Periode, in der ein Machtwechsel stattfand, war er bereit gewesen, »im Oberhaus unverblümt meine Meinung darüber zu sagen, wie die Regierung die Lage in Palästina behandelt hat«.

Ende 1947 begab er sich auf eine vierwöchige Afrikareise, bei der er den Eindruck gewann, man solle diesen Kontinent als Lieferanten für Rohmaterial nutzen, mit dem Großbritannien aufgebaut werden könnte – eine recht kolonialistische Auffassung. Er glaubte jedoch nicht, daß das Kolonialamt genug tue, um diese reichen Hilfsquellen auszubeuten. Hier fehlte nach seiner Ansicht der »Gesamtplan«. In einem Bericht sagte er, er erwarte, daß ein solches Vorhaben auf Widerstand stoßen werde. »Das Klagen und Jammern wird ungeahnte Ausmaße annehmen. Dem muß man von vorneherein entgegentreten.« Der Kolonialminister Creech Jones war verständlicherweise verärgert. Auf die Versicherung von Creech Jones, daß es sehr wohl einen Plan für Afrika gebe, antwortete Montgomery plump sarkastisch: »Ich habe Ihre Denkschrift mit allergrößtem Interesse gelesen. Ich bin begeistert zu hören, daß es eine klare und wohlverstandene politische Linie und regionale Pläne für die Entwicklung von Afrika gibt. Ich habe den ganzen Kontinent bereist, und es ist mir nicht gelungen, etwas Derartiges zu entdecken. Vielleicht bin ich sehr dumm!«

Zu den heftigsten Auseinandersetzungen kam es jedoch um die Frage der Stärke und der Zielsetzungen für die Nachkriegsarmee. Die Regierung war sich nicht sicher, was sie wollte. Montgomery verlangte, daß die Politiker sich klar zu den Aufgaben der Armee äußerten, erst dann könne ihre Stärke berechnet werden. Nach seiner Ernennung zum Chef des Empire-Generalstabs wollte er Gespräche einleiten, um genau festzustellen, welche strategischen Vorstellungen die Vereinigten Staaten und Kanada hatten. Er fragte den kanadischen Premierminister Mackenzie-King und Präsident Truman nach den Möglichkeiten für solche Gespräche, ob-

wohl er in zwei Direktiven von der Regierung aufgefordert worden war, das nicht zu tun. Dieser für ihn bezeichnende Ungehorsam war nur der Anfang eines langen Tauziehens um die Probleme des allgemeinen Wehrdienstes, die Möglichkeit, die Truppenstärke zu verringern, und die Notwendigkeit, eine Armee zu unterhalten, die ihre Aufgaben erfüllen konnte. Nach dem Kriege versuchte die Labourregierung verständlicherweise, am Wehretat zu sparen. Natürlich war der Chef des Generalstabs dafür verantwortlich, daß die Armee innerhalb der durch die Finanzierungsmöglichkeiten gesetzten Grenzen bestmöglich organisiert war. Doch solange Montgomery Chef des Empire-Generalstabs war, konnte die Sache nicht so einfach sein. Ende 1946 stand Sir Stafford Cripps an der Spitze einer Gruppe im Kabinett, die gegen die Einführung der allgemeinen Wehrpflicht war. Zwischen ihm und Montgomery kam es zu einigen recht temperamentvollen Auseinandersetzungen. Nach einem dieser Gespräche (später behauptete der Generalstabschef, er habe Cripps »angegriffen und in die Flucht geschlagen«) mußte Kriegsminister Bellenger Montgomery auffordern, künftig derartige Konfrontationen nicht mehr zu provozieren.
In den Jahren 1947 und 1948 gab es ständig Meinungsverschiedenheiten wegen der Gesamtstärke der Streitkräfte. Angesichts der Probleme der Regierung waren Meinungsverschiedenheiten mit den Chefs des Stabes wahrscheinlich unvermeidlich, aber Montgomery komplizierte die Dinge, denn er konnte die sehr realen Schwierigkeiten der Regierung nicht verstehen oder nahm sie nicht zur Kenntnis.
Zu diesen Schwierigkeiten trug auch noch die Tatsache bei, daß Montgomery in Verteidigungsminister A. V. Alexander eine »negative« Autorität erblickte und deshalb ständig anderer Meinung sein mußte als er. Der Generalstabschef beschwerte sich immer wieder darüber, daß Alexander keine klaren Entscheidungen treffe. Im Juli 1948 versuchte er sogar, den Rücktritt Alexanders zu bewirken, als er den anderen Chefs des Stabes vorschlug, sie sollten Attlee sagen, der Verteidigungsminister habe ihr Vertrauen verloren. Die beiden anderen Chefs des Stabes, die ebenfalls nicht mit der Haltung des Ministers einverstanden waren, erklärten sich zunächst bereit, das zu tun. Nach einiger Überlegung erkannten sie jedoch, welche Folgen ein solches Vorgehen haben könnte, und nahmen ihre Zusage zurück. Im September 1948 kam es zu einer

scharfen Kontroverse zwischen Alexander und seinen Chefs des Stabes. Es ging dabei um die Aushebung von Rekruten. Tedder verlangte eine stärkere Unterstützung durch die Regierung. Alexander erklärte, er könne ihm diese Unterstützung aus politischen Gründen nicht gewähren. Daraus entwickelten sich erhebliche Spannungen. Tedder war sehr aufgebracht, aber, wie nicht anders zu erwarten, war Montgomery derjenige, der nun das Messer zückte. Zunächst beschwerte er sich über die neue Besoldungsordnung – »erstklassiger Unsinn« –, von der Alexander behauptet hatte, sie sei ein beachtlicher Fortschritt. Dann lachte er laut auf, als Tedder auf eine Bemerkung von Alexander eine grob unfreundliche Antwort gab, und behauptete schließlich, der Zustand der Streitkräfte sei auf einem Tiefstand angekommen. Der Chef des Generalstabs erkannte, welche Wirkung seine Worte gehabt hatten, und forderte das Kriegsministerium auf, »Heckenschützen und vielleicht sogar Enterer abzuwehren«. Bevor Montgomery das Kriegsministerium Ende Oktober verließ, kam es noch zu einer Reihe heftiger Kontroversen.

Die Auseinandersetzungen im Jahr 1948 waren nur der Höhepunkt von Meinungsverschiedenheiten, die es zwei Jahre lang zwischen Montgomery und der Regierung gegeben hatte. Die Themen, um die es ging, lagen in der Natur der Sache, aber die Gegensätze verschärften sich, weil Montgomery es an jeder Verbindlichkeit fehlen ließ. Im April 1947 drängte er zum Beispiel die Regierung, ein Gesetz über die achtzehn Monate dauernde Dienstpflicht zu erlassen – eine große Zahl von Hinterbänklern der Labourpartei war für eine zwölfmonatige Dienstzeit –, denn er nahm an, die Tories würden das Gesetz unterstützen. Deshalb brauchte man sich, wie er sagte, wegen ein paar Dissidenten keine Sorgen zu machen. Eine seiner letzten Maßnahmen als Chef des Empire-Generalstabs zeigt diese Haltung ganz deutlich. Am 18. Oktober 1948 forderte er alle militärischen Mitglieder des Army Council auf, mit ihm zurückzutreten, wenn die Regierung die achtzehnmonatige Dienstzeit nicht einführen sollte. Montgomery wartete zu dieser Zeit bereits auf seine Ablösung und die Übernahme eines neuen Postens. Die Regierung wartete mit ihrer Entscheidung – und damit hatte er wahrscheinlich gerechnet –, bis er aus dem Amt des Generalstabschefs ausgeschieden war. Diese Art, seine Tätigkeit auf diesem Posten zu beenden, war charakteristisch.

Während seiner Amtszeit als Chef des Empire-Generalstabs kaufte sich Montgomery ein Haus. Seit seine Wohnung in Portsmouth im Krieg bombardiert war, hatte er keinen festen Wohnsitz mehr gehabt. Das jetzt erworbene Gebäude behielt er für den Rest seines Lebens. An den Wochenenden fuhr er häufig zu den Reynolds, die in Isington bei Alton in Hampshire lebten, und stellte seine Caravans in ihrem Garten ab. Gegenüber dem Haus der Reynolds stand eine alte Wassermühle, und 1947 kam Montgomery auf den Gedanken, sie zu kaufen und renovieren zu lassen. Dabei gab es jedoch einige Komplikationen. Der Rat des Landkreises von Alton verweigerte ihm aufgrund der Bestimmungen des nach dem Kriege geltenden Sparprogramms die Baugenehmigung. Montgomery schrieb deshalb an Aneurin Bevan und bat ihn, die Erlaubnis zu erwirken. Bevan sagte, er könne das nicht tun, denn damit verstieße er gegen die Verfassung. Nun ging Montgomery zu Attlee, der den Umbau genehmigte.
Die Bauarbeiten wurden erst Anfang 1950 beendet, hatten aber schon begonnen, als Alexander Montgomery am 20. September 1948 bat, den Vorsitz im Ausschuß der Oberbefehlshaber des westlichen Bündnisses zu übernehmen.

Soldat im internationalen Rahmen

Im März 1948 wurde das westliche Bündnis geschlossen. Es war ein Verteidigungsbündnis, dem Großbritannien, Frankreich und die Beneluxländer angehörten und das sich nach der Berliner Blockade im Juni noch mehr festigte. Im September wurde die Verteidigungsorganisation des westlichen Bündnisses gegründet, und Montgomery erhielt das Angebot, ständiger Vorsitzender des Ausschusses der Oberbefehlshaber zu werden. Ein solches Angebot konnte er kaum ablehnen, besonders da die Regierung ihn drängte, sich zur Verfügung zu stellen. Außerdem entsprach es seinen Vorstellungen, daß ein koordinierendes militärisches Hauptquartier für das westliche Bündnis eingerichtet wurde. Er übernahm den ihm angebotenen Posten deshalb unter zwei von ihm geforderten Voraussetzungen, daß nämlich das britische Kriegsministerium auch weiterhin für ihn zuständig sein solle und – seltsamerweise – daß er im Kriegsfall nicht das Amt des Obersten Befehlshabers übernehmen müsse. Die neue Organisation erhielt die Bezeichnung UNIFORCE. Die UNIFORCE unterstellten Streitkräfte waren nicht stark genug, allein mehr zu tun, als einem potentiellen Angreifer hinhaltenden Widerstand zu leisten. Die westliche Verteidigungsorganisation wurde erst wirksam, als im April 1949 das NATO-Bündnis geschlossen wurde. Die westliche Vereinigung wurde damit schmerzlos in das von den Amerikanern beherrschte System eingefügt. Montgomery wurde in diesem Rahmen stellvertretender Oberster Befehlshaber und tat bis zu seinem Abschied im September 1958 Dienst unter vier amerikanischen Obersten Befehlshabern.

Diese zehn Jahre auf der internationalen Bühne brachten augenscheinlich weniger Spannungen und Schwierigkeiten als irgendeine andere Periode in seiner militärischen Laufbahn. Es kam zu unvermeidlichen persönlichen Gegensätzen, die durch seinen schroffen Charakter ausgelöst wurden, aber Meinungsverschiedenheiten und Streitigkeiten großen Ausmaßes waren relativ selten, wenn man bedenkt, daß er zehn Jahre im europäischen Rahmen aktiv war. Das lag zum großen Teil daran, daß er hier nicht zu dem Kreis derjenigen gehörte, die die großen Entscheidungen trafen. Die Regierung hatte zweifellos beabsichtigt, ihn mit dieser Ernennung »die Treppe hinauffallen zu lassen«. Zwar trug er eine bedeutend klingende Amtsbezeichnung, war in Wirklichkeit aber kaum mehr als ein Koordinator, während die eigentliche Macht in den Händen der Regierungen blieb. Als die NATO zur militärischen Wirklichkeit wurde und Montgomery den Posten eines stellvertretenden Obersten Befehlshabers übernahm, hatte er noch weniger zu sagen. In der an ihn gerichteten Direktive Eisenhowers vom März 1951 hieß es, daß Montgomery in Abwesenheit des Obersten Befehlshabers das Kommando übernehmen solle. Seine Funktionen als Stellvertreter waren aber recht begrenzt: »Im Normalfall wird es Ihre Hauptaufgabe sein, die Gliederung, Ausrüstung, Ausbildung und Kampfbereitschaft der nationalen Streitkräfte zu fördern, die für die spätere Unterstellung unter dieses Kommando vorgesehen sind und ähnliche Funktionen erfüllen werden wie die bereits dem SHAPE (Supreme Headquarters Allied Powers in Europe) unterstellten Truppen.«

In der Ausübung seiner Pflichten sollte Montgomery die Kontrolle indirekt wahrnehmen. »Um Sie in Ihrer Arbeit zu unterstützen, wird Ihnen der ganze Stab von SHAPE durch seine Chefs des Stabes zur Verfügung stehen. Alle Exekutivinstruktionen an unterstellte Befehlshaber sind natürlich durch den Stab zu erlassen.« Bei SHAPE war der eigentliche Stellvertreter des Obersten Befehlshabers der Chef des Stabes – zuerst Gruenther, und als Gruenther selbst Oberster Befehlshaber wurde, Schuyler. Montgomerys Rolle war die eines reisenden Organisators militärischer Übungen.

Er hatte daher nicht mehr die Möglichkeit, auf die Beziehungen im Zentrum der Entscheidungsprozesse einzuwirken. Sein neuer Verantwortungsbereich entsprach seinem Geschmack mehr als die vielseitigen Probleme, mit denen er es als Chef des Empire-Generalstabs zu tun gehabt hatte. Bei UNIFORCE konnte er sich auf die Aufgaben der Streitkräfte konzentrieren, die benötigt wurden, um eine wirksame Verteidigung zu gewährleisten, ein Problem, das er leicht bewältigen konnte. Er hat zwar zugegeben, daß er gewisse Außenminister mit seinem Verlangen nach besserer Ausrüstung der Truppe geärgert haben müsse, aber die Außenminister wurden nicht so mit unerwünschten Ratschlägen bombardiert wie der britische Verteidigungsminister A. V. Alexander. Sie hatten immer wieder Zeit, sich von den gelegentlichen Attacken Montgomerys zu erholen. Vielleicht ist der Posten bei der NATO auch für Montgomery geschaffen worden (wahrscheinlich hat Eisenhower ihn nach den Bedürfnissen und Veranlagungen seines exzentrischen Stellvertreters maßgeschneidert). Daß er keine wirklichen Machtbefugnisse und Verantwortlichkeiten zu übernehmen brauchte, störte den Feldmarschall nicht, denn er hatte nie nach den weitreichenden Vollmachten in der halbpolitischen Welt gestrebt, in der er sich nun bewegte. Macht bedeutete für ihn die Möglichkeit, einem Stab und den ihm unterstellten Truppenbefehlshabern Befehle zu erteilen. Die vielschichtigen und subtilen Beziehungen zwischen zivilen und militärischen Behörden im Nachkriegseuropa waren nichts für ihn, und das wußte er auch. Als stellvertretender Oberster Befehlshaber und einer der großen Kriegshelden genoß er immer noch ein hohes persönliches Ansehen und große Popularität. Hier konnte er zu einer Art Kassandra werden, wenn er das Verhängnis voraussagte, das folgen müsse, wenn man seine Auffassungen nicht beachte, ohne daß es dabei zu so peinlichen Situationen kommen mußte, wie während seiner Amtszeit als Chef des Empire-Generalstabs in Großbritannien. Er wirkte jetzt in einem gewissen Abstand vom Zentrum des NATO-Apparats und konnte Kritik üben, ohne damit größeren Schaden anzurichten. Dieser Posten war für ihn besonders geeignet, weil er für die Ausbildung verantwortlich war, für die er sich schon immer interessiert hatte, und weil er ganz Europa bereisen mußte, um die nationalen Streitkäfte zu besichtigen – eine seiner Lieblingsbeschäftigungen.

Als Vorsitzender von UNIFORCE hatte Montgomery erkannt, daß der Westen voraussichtlich niemals genügend konventionelle Streitkräfte würde aufstellen können, um der Bedrohung durch die Russen wirksam zu begegnen. So mußte er auch einsehen, daß die Atomwaffe jetzt ein wesentliches Element des westlichen Arsenals war. Dieser Eindruck verstärkte sich, als die thermonukleare Bombe mit ihrer viel vernichtenderen Wirkung zur Verfügung stand. Aber dennoch war er bereit zu argumentieren, daß Einigkeit wichtiger sei als technische Überlegenheit. In einer Rede vor der English-Speaking Union im Januar 1950 war das sein Hauptthema. Mitte der fünfziger Jahre hatten sich seine Auffassungen gewandelt und standen im Gegensatz zu dem, was er als Chef des Empire-Generalstabs vertreten hatte. Im Oktober 1955 sagte er vor der Royal United Service Institution, die Zukunft liege jetzt eindeutig in den Händen der Wissenschaftler. Sieben Monate vorher hatte er den Journalisten nach einem NATO-Manöver gesagt, durch den Einsatz von Kernwaffen werde sich das ganze Tempo des Krieges ändern. Auf konventionelle Streitkräfte werde man nicht verzichten, aber die Kernwaffen würden von jetzt an das Aussehen jedes Krieges bestimmen. Seit 1945 war die Strategie von der Vorstellung bestimmt, daß man die Russen mit Hilfe der Kernwaffe davon abschrecken könne, von ihrer Überlegenheit mit konventionellen Streitkräften Gebrauch zu machen. Montgomery stimmte dieser Doktrin erst spät zu. Als er es tat, schloß er sich damit dem Denken der meisten Verteidigungsexperten in der NATO und in den nationalen Verteidigungsorganisationen an. Das erleichterte die Harmonisierung der Beziehungen, aber bezeichnenderweise ging Montgomery, nachdem er sich die Idee von der nuklearen Abschreckung zu eigen gemacht hatte, wieder ins Extrem. Seine Behauptung, im Kriegsfalle würden unter allen Umständen Kernwaffen eingesetzt werden, wurde von vielen mit Besorgnis aufgenommen; sie war aber natürlich ein integrierendes Element jeder Abschreckungsstrategie. 1956 ging er jedoch noch viel weiter. Am 1. Juni fragte Denis Healey im Unterhaus, ob die jüngste von Montgomery in Kanada gehaltene Rede der politischen Linie der NATO entspreche. Er zitierte ihn wie folgt: »Wenn irgend jemand in der Welt einen Krieg beginnt, so sollten wir dieser Aggression mit Atombomben, Wasserstoffbomben, mit dem Stärksten, was wir haben, und mit allem was wir haben, begegnen.« Am 24. Oktober erkundigte sich Healey wieder nach Montgomery, der erst kürzlich (am 11. Oktober) seine Auffassungen über die politische Kontrolle dieser Waffen zum Ausdruck gebracht hatte. »Ich persönlich würde sie zunächst anwenden und erst hinterher Fragen stellen.« Wenn Healey meinte, Montgomerys Haltung sei Ausdruck der »Insubordination und einer übertriebenen Manie«, dann hatte er damit nicht ganz unrecht.

Man nahm jedoch Montgomerys beängstigende Erklärungen nicht allzu ernst, denn er selbst war nicht in der Lage, seine unüberlegten Ideen in die Tat umzusetzen; er verursachte lediglich eine gewisse Unruhe auf der politischen Bühne Großbritanniens. Man konnte seine Äußerungen immer als persönliche Ansichten eines Generalstabsoffiziers der NATO abtun, auf den das Kriegsministerium keinen Einfluß habe. Die Fragen, die im Unterhaus über seine sehr kühn aufgestellten Behauptungen von der politischen Einheit der

NATO gestellt wurden, waren gewöhnlich recht zurückhaltend. Nur seine Auffassungen über die Abschreckungsstrategie mit Kernwaffen erregten eine gewisse Besorgnis.
Er stand jedoch im Mittelpunkt einer anderen, wenn auch nicht sehr bedeutenden Kontroverse. 1954 kam aus den Reihen der Labour-Opposition der Vorschlag, Montgomery solle veranlaßt werden, die Kapitulationsurkunde aus der Lüneburger Heide herauszugeben. Churchill stellte sich hinter Montgomery und sagte, der Feldmarschall habe verhindert, daß die Urkunde in die Vereinigten Staaten gelangt sei. Die Debatte zog sich über mehrere Tage hin, weil Churchill seinen Scharfsinn als Parlamentarier auf Kosten der Fragesteller aus den Reihen der Labourpartei glänzen ließ. Unter anderem meinte er, es wäre vielleicht recht gut und würde die Generale in Zukunft zu bedeutenden Leistungen anregen, wenn sie in jedem Fall, in dem sie zwei Millionen feindliche Soldaten gefangengenommen hätten, die Kapitulationsurkunde behalten dürften. Während eines Teils dieser Debatte saß Montgomery würdig und einsam auf der Galerie der Peers. Schließlich ließ man die Sache fallen; vielleicht auch deshalb, weil sich Shinwell auf die Seite Montgomerys gestellt hatte.
Nun, da seine Möglichkeiten, Schaden anzurichten, geringer geworden waren, hatte Montgomerys Kassandrarolle innerhalb der NATO auch einen gewissen Wert. Er beklagte sich ständig über den Papierkrieg und die Bürokratie, die – was vielleicht nicht ganz zu vermeiden war – in einer so großen Organisation entstanden. So schickte er einen Bericht, den er erhalten hatte, an den Chef des Stabes von SHAPE und schrieb dazu:

1. Haben Sie das anliegende Schreiben gelesen?
   Wenn wir bei SHAPE Preise verteilen würden, dann würde ich (dem Verfasser) eine olympische Goldmedaille für eine Rekordzahl von Plattheiten, Klischees, umständlichen Sätzen, ungewöhnlichen Worten, die für viele unverständlich sind, und Wortreichtum verleihen.
2. In einer Denkschrift für den NATO-Rat müssen wir unter allen Umständen Klarheit in der Ausdrucksweise, Knappheit und ein striktes Festhalten am Thema verlangen. Wir müssen die Fakten aufführen und aus ihnen etwas beweisen. Es ist die Qualität des Inhalts einer Denkschrift, auf die es ankommt – nicht die Quantität des Papiers.

3. Ich hoffe, der Allmächtige wird bei der Ratssitzung zugegen sein, auf der diese Denkschrift behandelt wird, besonders, wenn die restlichen 465 Seiten dieser 35. gleichen. Seine Hilfe wird sicher dringend benötigt werden.

Montgomery of Alamein, Feldmarschall

Als Plagegeist und Störenfried war Montgomery hier in seinem Element. Wie immer, wenn es um Planungen ging, setzte er sich für die höchstmögliche Wirksamkeit ein. Der Befehlshaber sollte einen einfachen Plan entwerfen. Die Ausarbeitung der Schwierigkeiten war dann Aufgabe des Stabes. Er glaubte, wenn man die Rollen vertausche, so müsse das zur Katastrophe führen: »Der Boss muß den Entwurf machen. Wie könnte ein Major das tun?« Während des Koreakrieges wurde in einer Beurteilung der Lage in Europa angenommen, die Russen könnten innerhalb von fünf Tagen bis zu den Kanalhäfen vorstoßen. Der Stab arbeitete einen »Alarmplan« aus, der ein ganzes Buch füllte. Montgomery sagte einem der Planer: »Was steht in diesem Buch? Fassen Sie es auf einem Bogen Papier zusammen.« Das war nicht möglich, und deshalb erklärte Montgomery den Plan für nutzlos. Er verlangte die Ausarbeitung eines neuen Plans. Daß er auf Einfachheit und Klarheit bestand, war angesichts der Neigung des großen NATO-Stabes, umfangreiche und schwerfällige Pläne aufzustellen, sehr nützlich. Montgomery hatte auch erkannt, daß für das Überleben der westlichen Welt Einigkeit notwendig war, und er wurde nicht müde, sie zu predigen. Daß er einen so großen Wert auf internationale Zusammenarbeit legte, trug dazu bei, daß die Befürchtungen der Verbündeten auf dem Kontinent zerstreut wurden, man müsse unter Umständen an der Zuverlässigkeit Großbritanniens zweifeln, denn es werde seine Armee gegebenenfalls nach Beginn der Feindseligkeiten zurückziehen.

Zu den Amerikanern unterhielt er recht gute Beziehungen. Er flog immer wieder in die Vereinigten Staaten, und bei seinen Besuchen bestätigte sich der günstige Eindruck, den er 1946 gemacht hatte. Im März 1953 berichtete Alister Cooke im *Guardian,* wie wohlwollend der Besuch Montgomerys im gleichen Monat von der amerikanischen Presse aufgenommen worden sei. Er hatte sich geweigert, über die NATO und über irgendwelche strittigen Fragen zu sprechen. »Das ist Angelegenheit der Politiker«, war alles, was er dazu sagte. Er ließ sich einen Drugstore zeigen und besuchte ein Baseballspiel, denn er behauptete, bei seinen früheren Besuchen sei es ihm nicht gelungen, diese beiden Manifestationen der amerikanischen Kultur kennenzulernen. Auch mit den meisten amerikanischen Vorgesetzten kam er gut aus. Eisenhower, Ridgeway, Gruenther und Norstadt waren seine vier Obersten Befehlshaber, und obwohl er persönlich sehr schlecht mit Ridgeway auskam, gab es keine politischen Kontroversen wie 1944 mit Eisenhower, denn er befand sich nicht mehr in einer Stellung, in der er solche Kontroversen provozieren konnte. Daß er sich mit der Strategie der nuklearen Abschreckung einverstanden erklärte, bedeutete, daß er mit der großen Linie übereinstimmte, die von den übrigen Angehörigen des Stabes vertreten wurde. Zu der einzigen Verstimmung mit den Amerikanern kam es 1954. Im Dezember war er in den Vereinigten Staaten, wo das amerikanische Kriegsschiff *Forrestal,* der riesige Flugzeugträger, der einen neuen Typ von Jagdbombern befördern sollte, eben vom Stapel gelaufen war. Mit erstaunlicher Taktlosigkeit erklärte Montgomery öffentlich, nach seiner Auffassung seien so große Schiffe längst veraltet. Es kam zu einem Sturm im Wasserglas, aber die Öffentlichkeit hatte die Sache nach den Weihnachtsfeiertagen wieder vergessen.

Am nützlichsten machte er sich jedoch bei der NATO als reisender Ausbildungsgeneral. Er war in der Tat ein hervorragender Truppenausbilder. Die Übungen, die er entweder in der Form von Planspielen für eine kleine Zahl höherer Offiziere oder für größere Verbände unter kriegsmäßigen Bedingungen anlegte, befaßten sich mit den Problemen, mit denen es die Teilnehmer in der Praxis zu tun hatten, und machten die jeweils vorhandenen Schwächen deutlich. Sein Verständnis für das Detail war manchmal bemerkenswert. Im April 1956 leitete er eine Übung unter dem Decknamen CPX6, an der dreihundert höhere Offiziere aus allen NATO-Ländern teilnahmen. Bei einer Pressekonferenz am Ende des drei Tage dauernden Planspiels war er augenscheinlich kaum an den technischen Einzelheiten der Übung interessiert. Er erklärte den Reportern aber stolz, er habe bestimmte Hustendrops herstellen lassen, um die störenden Geräusche bei den Besprechungen auf ein Mindestmaß zu reduzieren. Mehrere tausend dieser Drops waren von den Teilnehmern verbraucht worden, und so war es Montgomery erspart geblieben, das Husten mit einem besonderen Befehl zu verbieten.

Während er solche Übungen anlegte, war er ständig unterwegs und besuchte jedes zum NATO-Bündnis gehörende Land. Das machte ihm Freude, und er übernahm dabei die Aufgabe eines inoffiziellen Botschafters, der das Oberkommando der NATO in den meisten Ländern der Allianz vertrat. Er besprach allgemeine militärische Probleme und Fragen der Ausbildung mit den Generalstäben dieser Länder, während wichtige Gespräche zwischen Militär- und Zivilbehörden auf einer anderen Ebene geführt wurden. Diese Tätigkeit wurde immer mehr zur Routine, denn er besuchte alljährlich etwa um die gleiche Zeit dieselben Länder. Als inoffizieller Botschafter förderte er in den fünfziger Jahren wichtige Aspekte der NATO-Politik. Im September 1953 und dann wieder im September 1954 besuchte er als persönlicher Gast des Präsidenten Tito die jugoslawische Hauptstadt Belgrad. Diese Besuche hatten, obwohl erklärt wurde, sie seinen rein privater Natur, eine erhebliche internationale Bedeutung. Dabei wurden keine besonders delikaten Fragen besprochen – der NATO-Stab hätte es ihm kaum erlaubt, wichtige Verhandlungen zu führen –, aber die beiden Reisen waren ein deutliches Zeichen dafür, daß sich die Beziehungen zwischen dem Westen und Jugoslawien verbessert hatten. Später schlug Montgomery vor, auch General Franco in Madrid einen Besuch abzustatten. Die Haltung der NATO gegenüber Spanien war weniger eindeutig, und man glaubte, eine Reise des stellvertretenden Obersten Befehlshabers sei nicht ratsam. Sein Vorschlag wurde abgelehnt, was deutliche Unmutsäußerungen von seiner Seite zur Folge hatte.

Zwar fühlte er sich in seiner Rolle bei UNIFORCE und SHAPE recht wohl, man darf aber nicht annehmen, daß eine Position für ihn hätte gefunden werden können, die von entscheidendem Einfluß auf seinen Charakter gewesen wäre. Montgomery war kein geselliger Mensch. Da er so viel reisen mußte, hielt er sich nur selten in seinem Hauptquartier in Fontainebleau auf. Wenn er aber dort war, so war er nur selten ein guter Gesellschafter für die anderen Stabsoffiziere. Gelegentlich war er zum Abendessen in der britischen Botschaft zu Gast, aber nicht sehr oft. Es wurde behauptet, die einzige Frau, neben der er sitzen wollte, sei Dancy Mitford gewesen. An einem Diner, das die Botschaft 1954 gab, nahm auch der Herzog von Edinburgh teil. Der französische Verteidigungsminister René Pleven war ebenfalls eingeladen. Dien Bien Phu war gefallen. Vor Pleven lag eine schwierige Zeit. Das Essen sollte um acht Uhr

beginnen, für Paris eine ungewohnte Zeit, denn die meisten Diners beginnen hier später. Pleven verspätete sich. Nachdem man bis kurz vor neun Uhr gewartet hatte, setzte man sich zu Tisch. Kurz darauf erschien Pleven, der geglaubt hatte, das Diner werde um neun Uhr beginnen. Dem Verteidigungsminister war es sehr peinlich, daß er sich zu einem Essen verspätet hatte, an dem ein Mitglied des Königshauses teilnahm, aber seine Gedanken beschäftigten sich vor allem mit Dien Bien Phu. Alles bemühte sich darum, ihn und seine Frau höflich und rücksichtsvoll zu behandeln. Der Abend verlief ohne Störung, bis Montgomerys hohe, durchdringende Stimme ertönte, der über den ganzen Tisch hinweg fragte: »Nun, Mr. Pleven, wie fühlt man sich als unbeliebtester Mann in ganz Frankreich?« Ein anderer Gast erzählte später: »Ich werde das schreckliche Schweigen, das sich plötzlich über die ganze Gesellschaft legte, nie vergessen.«
Montgomery hatte offensichtlich noch immer keine Hemmungen, andere Menschen in Verlegenheit zu bringen. Einmal spielte er mit George Cole gegen den portugiesischen Amateurchampion Golf, der wie er Viscount war. Der Feldmarschall brachte den Portugiesen mit seinen aggressiven Bemerkungen (»Haben Sie nicht gesagt, Sie seien ein Experte?« usw.) so aus dem Konzept, daß er am Turn weit im Rückstand war. Später meinte George Cole, Montgomerys Verhalten sei ihm sehr peinlich gewesen, aber der Feldmarschall antwortete nur: »Warum? Wir wollten doch gewinnen – oder nicht?«

In seiner Stellung als Vorsitzender von UNIFORCE hatte Montgomery größeren Einfluß als später in der NATO, und während dieser ersten Periode kam es zu der härtesten persönlichen Konfrontation dieser ganzen zehn Jahre. Er verkrachte sich mit General de Lattre de Tassigny, dem damaligen Oberbefehlshaber der Landstreitkräfte in Europa. Wie es zu dem Streit kam, läßt sich im einzelnen nicht mehr rekonstruieren. Im August 1947 war Montgomery von den Ausbildungslagern sehr begeistert gewesen, die der damalige Generalinspekteur der französischen Armee de Lattre hatte einrichten lassen. Im Juli 1948 – damals war Montgomery noch Chef des Empire-Generalstabs – führte er sehr freundschaftliche Gespräche mit dem französischen General über die westliche Verteidigungsgemeinschaft. Als Montgomery jedoch ins Dover

House nach Whitehall umzog – in das Hauptquartier von UNIFORCE –, kam es zu Spannungen. Vielleicht lag das daran, daß Belchem, der seit Oktober 1948 Montgomerys Chef des Stabes war, einen Brief von de Lattre falsch übersetzt hatte. Belchem hatte den französischen Ausdruck »J'insiste« mit »Ich bestehe darauf« übersetzt und nicht, wie es richtig heißen mußte, mit »Ich betone«. Montgomery reagierte, wie nicht anders zu erwarten. Das erklärt aber nicht die starke Antipathie. Es kam zu peinlichen Szenen, als de Lattre sich weigerte, mit dem Feldmarschall Englisch zu sprechen, und Montgomery keinen Versuch unternahm, auch nur ein einziges französisches Wort zu sagen.
Beide Männer waren starke Persönlichkeiten und konnten einander nicht verstehen. 1940 hatte de Lattre ein Gespräch mit Liddell Hart und sagte ihm, er wisse nicht, wie er Montgomery behandeln solle. Liddell Hart riet ihm, nicht mehr höflich zu sein, sondern ganz hart zu reagieren. Nur so könne er sich verständlich machen. Montgomery seinerseits war noch niemals fähig gewesen, sich auf eine andere Persönlichkeit einzustellen. Entweder kam er mit jemandem aus oder nicht.
Als de Lattre nach Indochina ging, wechselten die beiden höfliche Briefe, und Montgomery schrieb einen Beileidsbrief an de Lattre, als sein Sohn bei den Kämpfen dort gefallen war. Der Nachfolger von de Lattre, Juin, hatte im Umgang mit dem Stellvertretenden Obersten Befehlshaber ganz ähnliche Schwierigkeiten. Aber bei SHAPE waren die Möglichkeiten für persönliche Konfrontationen viel geringer als seinerzeit bei UNIFORCE. Die Spannungen zwischen Juin und Montgomery waren deshalb nicht so ernst wie zwischen de Lattre und dem Feldmarschall.
Die letzten zehn Jahre seiner militärischen Laufbahn genoß Montgomery ebenso wie viele andere Perioden seines Lebens. Über seine Beförderung brauchte er sich keine Sorgen mehr zu machen, und die schwere Verantwortung, die er als Chef des Empire-Generalstabs getragen hatte, bedrückte ihn nicht mehr. Er konnte ein ganz bequemes Leben führen. Er bezog ein Gehalt von 5170 Pfund jährlich. Dazu kamen Repräsentationsgelder in Höhe von 1000 Pfund. Das war damals ein recht beachtliches Einkommen. Anfang der fünfziger Jahre waren die Renovierungsarbeiten in Isington Mill beendet, und er hatte dort eine bequeme Wohnung, in der ihn von der Armee gestellte Burschen bedienten. Sein Tagesablauf

war streng geregelt. Er lebte im Licht der Öffentlichkeit und hatte kaum ein Privatleben. Die Kluft zwischen ihm und den anderen Mitgliedern seiner Familie (mit Ausnahme seines Sohnes David) war immer tiefer geworden. Gegenüber David wahrte er den Abstand eines Patriarchen.

Für seine Verwandten hatte er nie eine besonders tiefe Zuneigung empfunden. Die Entfremdung hatte sich im Lauf der Zeit verstärkt. Als Betty starb, hatte er sich geweigert, seine einstige Lieblingsschwester für David sorgen zu lassen. Anstatt, wie versprochen, zu der im Kriege stattfindenden Hochzeit seines Bruders Brian zu kommen, war er in letzter Minute lieber zu einem Fußballspiel gegangen. Seine Mutter mochte er noch immer am wenigsten. Als Chef des Empire-Generalstabs wurde ihm die Ehrenbürgerwürde der Stadt Newport in Monmouthshire angeboten, und seine Mutter beschloß, zu der Zeremonie zu erscheinen. Sie schrieb an den Stadtrat, der sie ohne Wissen ihres Sohnes einlud. Als er erschien, war er unangenehm berührt, ihr begegnen zu müssen. Jetzt konnte er kaum mehr etwas daran ändern, wollte aber auf keinen Fall, daß sie an dem offiziellen Essen teilnähme. Er setzte seinen Willen hartnäckig und zum Entsetzen des gastfreundlichen Stadtrats durch.

Als seine Mutter 1949 starb, weigerte sich Montgomery, zu ihrem Begräbnis zu fahren. Es ist schwer zu ermessen, welche Wirkung der Tod seiner Mutter auf ihn gehabt hat. Er hatte sie schon so lange abgelehnt, daß er wahrscheinlich bei der Nachricht von ihrem Tode kaum etwas empfand. Die Frau, die auf die Bildung seines schwierigen Charakters den entscheidenden Einfluß gehabt hatte, verschwand still und fast unbemerkt aus seinem Leben.

Auch gegenüber den meisten anderen Verwandten wahrte er den Abstand. Bei einem Besuch in Toronto kam der Sohn seines Bruders Donald, der nach Kanada ausgewandert war, in sein Hotel. Montgomery meinte nur: »Was will er? Ich möchte ihn nicht sehen.« Er opferte seinem Neffen fünf Minuten. Seine Schwestern hatten ihm nähergestanden als seine Brüder, aber nach dem Kriege glaubte er, daß auch sie sich nur für ihn interessierten, weil er Erfolg gehabt hatte.

Die Beziehungen zu David waren viel verwickelter. Montgomery liebte seinen Sohn und war sehr stolz, als der junge Mann nach Abschluß seiner militärischen Ausbildung das Ehrenkoppel gewann. Als jedoch Davids erste Ehe scheiterte, nahm Montgomery, ohne sich viel um die Tatsachen zu kümmern, automatisch an, daß sein Sohn die Schuld habe. Er empfand jedoch eine tiefe Zuneigung zu David, der später zu den ganz wenigen gehörte, die ihn noch in Isington Mill besuchen durften.

Wer Montgomery während des Krieges gekannt hatte, mußte feststellen, daß er sich jetzt noch mehr abkapselte als früher. Er war noch immer nicht in der Lage oder nicht bereit, mit anderen Menschen enge persönliche Beziehungen anzuknüpfen. Entweder lebte er zurückgezogen und sehr bescheiden in Isington oder er bereiste die Welt, wo er die Rolle des alten Soldaten und Staatsmannes spielen konnte. Immer wieder schrieb er Leserbriefe an die *Times*. Im Februar 1950 beklagte er sich über die Dekadenz des modernen Skisports. Er meinte, der Langlauf würde vernachlässigt und viele Touristen wären verloren, wenn sie einmal in den weichen Schnee gerieten. Er lobte die Bemühungen seines, des Kandahar-Skiklubs, der versuchte, hohe Maßstäbe anzulegen, und empfahl den britischen Skiläufern, sich am Inferno-Skirennen zu beteiligen, das, wie er glaubte, ein echter Leistungstest war. Während eines Urlaubs in der Schweiz schrieb er einen neuen Leserbrief, in dem er versprach, für den bestplacierten britischen Teilnehmer am Inferno-Rennen einen Pokal zu stiften.

In anderen Briefen ermahnte er die Leute, 1950 das Schauspiel *Journey's End* im Westminster Theatre zu sehen. Im Januar 1952 verlangte er die Abhaltung von »offenen« olympischen Spielen. Im April des gleichen Jahres setzte er sich dafür ein, daß der MCC (Marylebone Cricket Club) das Cricketspiel strenger überwachen solle. Bei einem MCC-Dinner 1956 hielt er eine Ansprache und bezeichnete Cricket als ein Wettspiel, bei dem es im wesentlichen auf »Führereigenschaften, Disziplin und Training« ankomme. Er war ein häufiger Gast bei den verschiedensten Sportveranstaltungen, besonders bei den Fußballspielen in Portsmouth.

Die größte Befriedigung gewährte ihm jedoch die Beschäftigung mit den Anliegen der Jugend. Er hatte sich schon immer gern mit jungen Menschen umgeben, und jetzt gelang es ihm, auf diesem Gebiet auch in der Praxis etwas zu tun. Er setzte sich dafür ein, daß die jungen Leute in der richtigen Weise auf ihr späteres Leben vorbereitet wurden. »Die Jugend« waren in diesem Zusammenhang junge Männer, nicht junge Mädchen. Auf einem Treffen der National Association of Boys Clubs im Mai 1946 hatte er eine An-

sprache über das Thema »Die Jugend braucht die richtigen Führer« gehalten. Er hatte erklärt, wenn der Staat ihn nicht mehr brauche, werde er sich mit der Ausbildung junger Menschen beschäftigen. Bei den verschiedensten Veranstaltungen kam er in den Jahren nach dem Kriege immer wieder auf das Thema zu sprechen, die Jugend brauche die richtige Führung, und er selbst wolle sich in diesem Rahmen zur Verfügung stellen. Im Juli 1946 hatte er vor der Worshipful Company of Fletchers gesagt, die allgemeine Wehrpflicht werde für die Jugend der Nation ein wesentlicher Erziehungsfaktor sein, und im April 1947 sprach er vor der Auslandspresseschule davon, wie notwendig es sei, mehr Jugendklubs zu gründen.
Er war bereit, solche Klubs und andere Jugendorganisationen zu unterstützen. Während seiner Zeit bei der NATO wurde er Präsident der europäischen Jugendbewegung Concordia, die in ganz Westeuropa Jugendlager unterhielt. Seine Hilfe war gelegentlich bewundernswert praktisch. Obwohl er kein reicher Mann war, übernahm er in vielen Fällen die Aufgabe, das dringend benötigte Geld zu beschaffen. Im Oktober 1948 rief er zum Beispiel zu einer Spendenaktion für den Outward Bound Trust auf, die 100000 Pfund erbringen sollte. 1950 wurde er Vorsitzender der St. John's School in Leatherhead. Zur Hundertjahrfeier dieser Schule spendete er nicht nur einen Geldbetrag, sondern beteiligte sich auch an den Vorarbeiten für die Umorganisation und verschiedene Umbauten. Die Schule schrieb: »Wenn später eine Geschichte unserer Schule geschrieben wird, dann wird man in ihm wahrscheinlich ihren zweiten Gründer sehen.«
Sein Interesse für junge Menschen beschränkte sich aber nicht nur auf Institutionen. Nach wie vor schätzte er ihre Gesellschaft und opferte ihnen, wenn es darauf ankam, viel Zeit. 1957 schrieb der zehnjährige Stuart White ihm einen Brief und teilte ihm mit, es sei sein Wunsch, später in die Marineinfanterie einzutreten. Der Feldmarschall, der damals noch dem Stab von SHAPE angehörte, antwortete ihm in einem handgeschriebenen Brief und wünschte ihm Glück. Er stellte eine enge Beziehung zu der Achter-Rudermannschaft von Radley her, die 1952 St. Paul's im Halbfinale um den Princess Elizabeth Cup in Henley schlug. Am Schluß des Rennens ging er ans Wasser und sagte dem Steuermann, er solle sich die Haare schneiden lassen. Im September ruderte dieselbe Mannschaft in Norwegen, wo Montgomery gerade eine militärische Übung lei-

tete. Der Trainer Llewellyn Jones fragte ihn, ob er das Boot bei einer Trainingsfahrt auf einem Motorboot begleiten wolle. Er sagte zu und fragte, ob sich der Steuermann die Haare habe schneiden lassen. Von einer Besichtigungsreise in der Türkei schickte er der Mannschaft türkisches Konfekt und schrieb eigenhändig die Adresse auf das Päckchen. In dem Begleitbrief an Llewellyn Jones hieß es: »Timothy Raikes und Thompson, die, soweit ich mich erinnere, als Zweite ruderten, sind jetzt in Oswestry, und ich habe ihnen ein Päckchen geschickt. Sie brauchen sie daher nicht zu berücksichtigen. Ich schlage vor, Sie geben jedem eine Schachtel und behalten zwei für sich. Der Steuermann bekommt nichts, bevor er sich nicht die Haare hat schneiden lassen. In Oslo hat die Mannschaft gute Leistungen gezeigt, und ich werde ihre Einsätze im nächsten Jahr mit Interesse verfolgen.« Er tat das auch; einer der acht Ruderer wurde in Oxford für gute Leistungen ausgezeichnet, und Montgomery erkundigte sich schriftlich, ob er zu der Mannschaft gehöre, die er kennengelernt hatte, denn er würde ihm gern gratulieren.

So fühlte er sich in seiner Stellung wohl und konnte sich das Leben nach seinem Geschmack einrichten. Es kam vor, daß sich die Menschen über ihn aufregten, unter anderen auch die Einwohner von Isington, weil er sich immer wieder weigerte, am dörflichen Leben teilzunehmen. Aber das hatte ihm noch nie etwas ausgemacht. Es kam jedoch nicht mehr zu den gefährlichen beruflichen Konfrontationen, die seine militärische Laufbahn bis 1948 gekennzeichnet hatten. Das Leben war für ihn so angenehm, daß er nicht daran dachte, den Abschied zu nehmen. Vielleicht ahnte er, daß es unerträglich werden würde, nichts mehr zu tun zu haben, es sei denn, er hätte den luftleeren Raum in der privaten Sphäre mit irgendeiner Arbeit ausfüllen können. Mitte der fünfziger Jahre war sein Gesundheitszustand immer noch sehr gut; es ging ihm besser als in den unmittelbar auf den Krieg folgenden Jahren. Er hatte sich ein paar Muttermale am Rücken entfernen lassen, aber abgesehen von diesem kleinen Eingriff war er nicht mehr in ärztlicher Behandlung gewesen. Die Gerüchte, die im Dezember 1953 um seinen angeblich bevorstehenden Abschied zu kursieren begannen, erwiesen sich als falsch. Montgomery hatte sich vorgenommen, fünfzig Jahre im aktiven Dienst zu bleiben, und bevor dieses halbe Jahrhundert nicht zu Ende gegangen war – im August 1958 –, wollte er nicht weichen. Die Weigerung, seinen Posten zur Verfügung zu stellen, brachte gewisse Probleme mit sich. General Sir Richard Gale war länger als vorgesehen auf dem Posten des Befehlshabers der britischen Rheinarmee geblieben, um anschließend Montgomerys Stelle einzunehmen. Aber im März 1957 nahm Gale noch vor dem Feldmarschall den Abschied. Man hatte den Eindruck, Montgomery sei entschlossen, bis ans Ende seiner Tage im Dienst zu bleiben. Im September 1957 erfolgte schließlich die Ankündigung seiner Verabschiedung im nächsten Jahr, und Gale wurde reaktiviert und zu seinem Nachfolger bestimmt. Die *Times* schrieb: »Seine neue Ernennung ist heute eine ebenso große Überraschung, wie sie vor einem oder zwei Jahren eine ausgemachte Sache war.«

Der Abschied Montgomerys vom aktiven Militärdienst zog sich 1958 über eine lange Zeit hin. Zunächst leitete er sehr energisch die verschiedensten Übungen. Im April war es die Übung CPX 8 für höhere Offiziere, die sich in erster Linie mit Sicherheitsaufgaben beschäftigte. Das Planspiel *The Glass Corridor* wurde angelegt, um die mit diesem Thema verbundenen Probleme im einzelnen durchzuexerzieren. Vielleicht erinnerte sich der Feldmarschall daran, welche unmittelbaren Auswirkungen sein Planspiel über deutsche Fallschirmtruppen 1940 auf das Verhalten der Offiziere der Home Guard gehabt hatte. Die Offiziere der NATO waren von *The Glass Corridor* beeindruckt – »verwirrt oder erschüttert«, wie es in einem Bericht hieß. Den größten Teil seiner Zeit verbrachte Montgomery jedoch bei seinen Abschiedsreisen in die verschiedenen NATO-Länder. Im Mai war er in Kanada, im Juni besuchte er Deutschland und die Niederlande. In Deutschland äußerte er den Wunsch, das Denkmal in der Lüneburger Heide, ein fünfzehn Tonnen schwerer Stein, solle nach Großbritannien geflogen werden; aber man erfüllte ihn nicht. Im Juli war er in Portugal, im August in Norwegen und Anfang September in Jugoslawien, wo er von der Bevölkerung begeistert empfangen wurde. Am 14. September ging er nach Nizza und nahm dort an Churchills Goldener Hochzeit teil. Dann kamen die letzten Feierlichkeiten. Am 15. September verlieh Marschall Juin ihm die *Médaille Militaire*, den höchsten französischen Orden. In Paris wurde zu seinen Ehren ein Bankett gegeben. Am folgenden Tag flog er nach England zurück. Die Regierung gab ihm ein Essen, bei dem Duncan Sandys eine Ansprache hielt und ihm für seine Verdienste um das Vaterland dankte. Der Army Council veranstaltete ein Dinner in Chelsea.

Das Echo des Beifalls der Welt klang ihm noch in den Ohren, als er mit zehn Reihen Ordensbändern auf der Brust, dem äußeren Zeichen der Anerkennung, die ihm in seinen langen Dienstjahren zuteil geworden war, nach Isington fuhr, um sich hier zur Ruhe zu setzen. Das einzige negative Urteil über ihn fällte die *Prawda,* die sein Ausscheiden aus dem aktiven Militärdienst begrüßte und schrieb: »Leben Sie wohl, Montgomery, Sie haben Ihren Abschied zu lange hinausgezögert – der alte Mann ließ schon seit einiger Zeit Anzeichen geistiger Schwäche erkennen.«

Der Feldmarschall außer Dienst 1958–1969

Im September 1958 wurde Montgomery aus dem aktiven Militärdienst entlassen (Feldmarschälle werden nicht pensioniert, sie verschwinden ganz einfach von der Bildfläche), aber erst 1968 stellte er die meisten seiner öffentlichen Ämter zur Verfügung und hörte auf, große Reisen zu unternehmen. Während der zehn Jahre nach der Beendigung seiner offiziellen Tätigkeit bis zu seinem Verschwinden aus dem Blickfeld der Öffentlichkeit führte er ein eigenartiges Leben. Im September 1958 war er sicherlich noch nicht soweit, daß er den Rest seines Lebens damit zubringen wollte, seinen Garten in Isington zu bestellen, auch wenn seine Ende 1958 veröffentlichten Lebenserinnerungen ein Foto enthalten, das ihn mit einem Rasenmäher zeigt und die Unterschrift trägt: »Der Verfasser verbringt seinen Lebensabend in Isington Mill.« Sein ganzes Leben hatte er der Armee und militärischen Belangen geweiht. Seit dem Tod seiner Frau hatte er sich kaum für andere Dinge interessiert. Manchmal besuchte er das Ballett, für das er ein erstaunliches Verständnis entwickelt hatte. Aber daneben gab es kaum irgendein Privatvergnügen. Man konnte sich nicht vorstellen, daß er nun in seinem Haus in Isington bleiben und in seinem Garten arbeiten würde (von dem Dorf Isington hatte er bis 1958 kaum Notiz genommen). Für die Natur hatte er ohnedies keinen Sinn. Sein Gärtner hatte für peinliche Ordnung zu sorgen. Sein Bruder Brian schreibt: »Die Gewässer sind sauberzuhalten, und jeder schmutzige oder unansehnliche Stein ist zu entfernen.« Da er alle Beziehungen zu seinen Verwandten abgebrochen hatte, gab es für ihn kaum ein Privatleben.
Als er nach dem Dinner, das ihm der Army Council am 18. September in Chelsea gegeben hatte, nach Hause fuhr, muß er das Gefühl gehabt haben, die Untätigkeit nach seinem Ausscheiden aus dem aktiven Militärdienst werde unerträglich langweilig für ihn sein. Aber im Großbritannien Macmillans gab es noch Möglichkeiten für ihn. Die Stellung, für die er sich hervorragend zu eignen glaubte, war die des weisen älteren Staatsmannes, dessen Urteilsfähigkeit nicht durch den Schlamm und Schmutz der Tagespolitik getrübt ist.

Sein gesunder Menschenverstand würde fähig sein, den Kern der Probleme zu erkennen, die andere ohne den nötigen Abstand nicht so klar erfassen konnten. Er würde in der Lage sein, viele Ereignisse aus der neueren Geschichte, die er noch aus eigener Erfahrung kannte, ins rechte Licht zu rücken. Sein wichtigster Beitrag würde natürlich auf dem Gebiet der Außenpolitik und der Verteidigung liegen; aber er selbst war überzeugt, daß seine zupackende und logische Methode auch im Bereich der Innenpolitik von Nutzen sein könne. Die lautstarke Anerkennung, die ihm bei Verlassen der NATO zuteil wurde, muß ihn sehr ermutigt haben. Zum Teil kam dieses Lob etwas überraschend. Im September 1958 bezeichnete ihn Arthur Bryant in der *Sunday Times* als »einen sehr freundlichen Mann – sehr menschlich und für alle, die ihn kennen, ungemein liebenswert«. Im Oktober des gleichen Jahres sagte Mellenthin, einer seiner alten Gegner aus dem Afrikafeldzug, in dem Moment, als Montgomery den Befehl über die britischen Truppen in Nordafrika übernahm, habe das Afrikakorps erkannt, daß seine Zeit um sei. In Wirklichkeit war Rommel nach Alam Halfa wahrscheinlich erleichtert darüber gewesen, daß er gegen Montgomery kämpfen mußte und nicht gegen einen phantasievolleren General. Montgomery nahm jedoch alle Lobpreisungen für bare Münze und sonnte sich darin. Voller Selbstvertrauen übernahm er die Rolle eines unabhängigen Kommentators der Weltpolitik. Er besuchte die mächtigsten Staaten, veröffentlichte fünf Bücher (eines davon hatte er schon vor dem Ausscheiden aus der NATO geschrieben), sprach im Fernsehen und Rundfunk und nahm an den Sitzungen des Oberhauses teil.

Für die Rolle des älteren Staatsmannes eignete er sich nicht ganz. Er hatte immer behauptet, der Soldat sei nicht in der Lage, politische Fragen zu beurteilen; aber jetzt war er bereit, jedem, der ihm zuhören wollte, politische Ratschläge zu geben. Sein Betätigungsfeld lag vor allem auf drei verschiedenen Ebenen. Erstens unternahm er ausgedehnte Auslandsreisen und äußerte seine Meinung zu Problemen der Weltpolitik. Zwei seiner Bücher, *An Approach to Sanity* (1959) und *Three Continents* (1962), beschäftigten sich mit solchen Themen. Zweitens betätigte er sich als Historiker, und zwar in seinen *Lebenserinnerungen* (1958) und seiner *Kriegsgeschichte* (1968) sowie bei seinen häufigen Fernseh- und Rundfunksendungen. Schließlich war er auch innenpolitisch aktiv. Dazu ge-

hörten besonders seine Auftritte im Oberhaus, wo er nach seiner Entlassung aus dem aktiven Dienst in der Armee ungehindert seine Meinung sagen durfte.
Die Grundideen, von denen er sich leiten ließ, formulierte er in dem Buch *The Path to Leadership*, das 1961 veröffentlicht wurde. Wie der Titel sagt, behandelt er darin das Problem der Menschenführung unter den verschiedensten Aspekten. In der Einführung schreibt er, er habe selbst so reiche Erfahrungen als Menschenführer gesammelt, daß er hoffe, in seinem Buch etwas Wesentliches darüber sagen zu können. Die Arbeit berührt einen jedoch in mancher Hinsicht etwas peinlich. Seine Analysen sind erstaunlich naiv. »Eine schlechte Führung mag zeitweilig Erfolg haben, trägt aber immer die Saat der Selbstzerstörung in sich.« Er erklärt, Christus, Mohammed und Buddha seien die drei großen Menschenführer gewesen. Sie hätten vor allem anderen die Fähigkeit gehabt, sich zu konzentrieren und Entschlüsse zu fassen. Zwischen diese Orakelsprüche eingestreut finden wir belanglose Anekdoten und Erzählungen über das Leben Montgomerys und seine Begegnungen mit den politischen Führern seiner Zeit. Selbst die Analyse der militärischen Führung ist in schmerzlicher Weise fadenscheinig. Seine Hauptbeispiele sind Dschingis Khan, den er als großen Feldherrn bezeichnet, und der ältere Moltke, den er für einen guten Organisator, nicht aber für einen bedeutenden Heerführer hält. Als Politiker ist er ein Bewunderer von Alfred dem Großen (»Was war das für ein Mann!«), hält jedoch Cromwell für weniger erfolgreich. Am erstaunlichsten sind aber die Gemeinplätze in seiner *Kriegsgeschichte*. Über die Führung junger Männer schreibt er: »Der Knabe von heute ist der Mann von morgen.« Dann erzählt er uns, er sei schon, bevor er Stalin kennengelernt habe, davon überzeugt gewesen, daß der russische Führer »sehr tüchtig – aber auch sehr verschlagen« sei. Bei dem Zusammentreffen mit Tito habe er in dem jugoslawischen Führer »einen starken Mann, eine charaktervolle Führerpersönlichkeit« erkannt. In dem Kapitel über Moses, dessen tatkräftiges, praktisches »Christentum« ihm besonders gefallen haben muß, schreibt er: »Nach meiner Ansicht gebührt ihm unter den großen Menschenführern ein besonderer Ehrenplatz.« Er bewunderte auch de Gaulle und schreibt, er habe sich manchmal gefragt, ob de Gaulle das hätte tun können, was Moses getan hat. »Ich würde sagen, nein; Moses könnte aber auch nicht tun, was de Gaulle

heute tut. Moses war für seine Zeit der richtige Mann, und heute ist es de Gaulle für Frankreich. Der Mensch ist das Produkt seiner Zeit.«

Der interessanteste Aspekt seines neuen Lebens waren für Montgomery selbst seine Reisen durch die Welt. Hier konnte er allen möglichen Menschen außenpolitische Ratschläge erteilen. Im Mai 1958 besuchte er Rußland, im November 1959 Südafrika. 1960 reiste er nach Indien, Kanada und China. 1961 stattete er China einen längeren Besuch ab, ging dann wieder nach Kanada und schließlich nach Mittelamerika. In den Jahren 1962 bis 1966 besuchte er jeweils zu Jahresbeginn Südafrika. Schließlich bereiste er im Mai 1967 zehn Tage lang die ehemaligen Schlachtfelder in Ägypten. Manchmal nahm er das, was er in den von ihm besuchten Ländern erlebte, mit wachen Sinnen auf, dann aber schien er wieder mit Blindheit geschlagen.
Als er Ende April 1959 nach Moskau flog, war die konservative Regierung mit seinem Besuch nicht ganz einverstanden. Montgomery schrieb anschließend, er habe drei Dinge feststellen wollen: ob die Russen einen Krieg mit Kernwaffen riskieren würden, ob sie sich vor Deutschland fürchteten und ob sie sich vor China fürchteten. Er sagte: »Nachdem ich mir diese Angelegenheit genau überlegt hatte, beschloß ich, Moskau zu besuchen und das schwierige Problem der europäischen Sicherheit mit dem sowjetischen Führer und seinen militärischen Beratern zu besprechen.« Er war schon im Januar 1947 in Rußland gewesen. Die Lage hatte sich aber seither entscheidend verändert, und zwar zunächst durch das Entstehen des Kalten Krieges und dann durch das partielle »Tauwetter«, als Gipfeltreffen und Abrüstungsgespräche in der Luft lagen. Im Februar 1959 war Macmillan in Moskau gewesen, und im März wurde ein Treffen der Außenminister Großbritanniens, Frankreichs, Rußlands und der Vereinigten Staaten in Genf in Aussicht genommen. Verständlicherweise wollte es der Regierung nicht recht gefallen, daß der unberechenbare Montgomery ausgerechnet zu dieser Zeit nach Moskau flog. Man konnte ihn aber als Privatmann kaum an einer Auslandsreise hindern. Man legte also den größten Wert darauf, den Besuch als eine reine Privatangelegenheit erscheinen zu lassen. Der britische Botschafter in Moskau, Sir Patrick Reilly, erklärte sich bereit, seinen zum Zeitpunkt des Besuchs von Mont-

gomery fälligen Urlaub zu verschieben. Der Außenminister Selwyn Lloyd ließ ihn jedoch prompt wissen, er solle sich keine Sorgen machen; man wollte ihn während Montgomerys Aufenthalt nicht in Moskau haben. Im Unterhaus wies Macmillan ebenso wie der Regierungssprecher auf einer Pressekonferenz darauf hin, daß es sich um einen inoffiziellen Besuch handle und die Regierung nichts damit zu tun habe. Am 9. April führten Macmillan und Selwyn Lloyd ein fünfundvierzig Minuten dauerndes Gespräch mit Montgomery und baten ihn dringend, nicht an delikate Fragen zu rühren. Dieses Treffen veranlaßte einen Abgeordneten im Unterhaus, einige interessante Fragen zu stellen. Ob der Premierminister bereit sei, mit jedem, der privat nach Moskau reise, ein fünfundvierzig Minuten dauerndes Gespräch zu führen? Ob der Schauspieler Jimmy Edwards vor seinem letzten Flug nach Moskau mit dem Außenminister zusammengetroffen sei?

Die Reise verlief ohne besondere Vorkommnisse. Als Montgomery am 28. April in Moskau landete, wurde er freundlich empfangen und traf mit seinem alten Bekannten Marschall Sokolowski zusammen. Am folgenden Morgen besuchte er Chruschtschow und fragte ihn, wie die Russen die Lage in Europa beurteilten. Wie nicht anders zu erwarten, war die Antwort Chruschtschows ganz unverbindlich. Am Nachmittag unternahm Montgomery einen Gang durch die Stadt und machte ein paar Einkäufe. Am Abend weigerte er sich, ins Theater zu gehen, und behauptete, er brauche Zeit, um über die Fragen nachzudenken, die er am folgenden Tag mit Chruschtschow besprechen wolle. In dem Gespräch erläuterte er, wie er sich eine Lösung des Berlinproblems mit Hilfe der Vereinten Nationen vorstelle, und wie man die Rüstung in Europa beschränken könne, wenn man eine internationale Aufsichtsbehörde einsetze. Chruschtschow hörte ihm höflich zu, nahm selbst aber nicht zu diesem Thema Stellung.

Die Gespräche waren vollkommen bedeutungslos und hatten keine politischen Folgen. Vielleicht waren sie ein vages Symbol dafür, daß sich die Ost-West-Spannungen etwas verringert hatten, aber nicht mehr. Doch Montgomery war überzeugt, im Mittelpunkt bedeutender Staatsaffären gestanden zu haben. Nach seiner Rückkehr sagte er der Presse, er werde intensiv nachdenken müssen, und »ich weiß nicht, was ich tun werde, wenn ich nachgedacht habe«. Etwas später verfaßte er zwei Artikel für die *Sunday Times* und schrieb ein Kapitel für sein Buch *An Approach to Sanity,* das den Moskau-Besuch behandelte. Darin erweckte er den Eindruck, es sei ihm gelungen, in die geheimsten Überlegungen der sowjetischen Regierung eingeweiht zu werden. Chruschtschow bezeichnete er als eine »bemerkenswerte Persönlichkeit« und »einen Realisten«. Montgomery glaubte entdeckt zu haben, daß Rußland den Angriff aus dem Westen fast ebensosehr fürchte wie der Westen den aus dem Osten. Er glaubte, Rußland könne wieder in die christliche Völkergemeinschaft aufgenommen werden, aber nur wenn der Westen seine Taktik ändere. »Wir müssen aufhören, dem Ostblock mit der Vernichtung zu drohen. Wir müssen aufhören, mit unserer nuklearen Stärke zu renommieren und mit dem, was wir damit ausrichten können. Kriegerische Reden der Chefs der Teilstreitkräfte können nur schaden.« Das war ein bewegender Sinneswandel für einen Mann, der noch vor drei Jahren gesagt hatte: »Wenn irgend jemand in der Welt einen Krieg beginnt, dann sollten wir dieser Aggression mit Atombomben, Wasserstoffbomben, mit dem Stärksten, was wir haben, und mit allem, was wir haben, begegnen.«

Seine beiden Chinareisen waren nützlicher. Das kommunistische China war für die meisten Menschen im Westen ein Mysterium, und Montgomery war in der Lage, den Schleier ein wenig zu lüften. Im Januar 1960 war er in Indien als persönlicher Gast von Nehru, den er für einen bedeutenden Mann hielt, der in der Lage sei, den Subkontinent wieder ans Licht zu führen, sofern er die gewaltige Arbeitslast bewältigen könne, die auf ihm ruhe. Anschließend beschloß Montgomery, nach China zu reisen, um seinen – wie er glaubte – beachtlichen weltpolitischen Horizont zu erweitern. Von Neu-Delhi aus fragte er in Peking an und erhielt angesichts der Spannungen zwischen Indien und China die Antwort, ein direkter Flug von Indien nach China sei nicht erwünscht. Statt dessen wurde ein nur wenige Tage dauernder Besuch im Mai vorgesehen. Am 20. Mai traf er in Hongkong ein, nachdem er kurz zuvor erfahren hatte, Tschou En-lai habe sich zum möglichen Schicksal von Makao und Hongkong geäußert. »Wenn irgend jemand versuchen wollte, uns Hongkong zu rauben, dann bedeutet das Krieg, und zwar einen großen Krieg«, lautete der Kommentar des Feldmarschalls.

Nachdem er zu dieser delikaten Frage Stellung genommen hatte, reiste Montgomery nach China, führte angeregte Gespräche und unternahm eine kleine Besichtigungsreise. Sein Aufenthalt gefiel ihm so gut, daß er Tschou En-lai zu einem Gegenbesuch nach Isington einlud. Das Angebot, das zu einer peinlichen diplomatischen Situation hätte führen können, wurde höflich abgelehnt. Montgomery nahm jedoch begeistert die Einladung an, im September 1961 wieder nach China zu kommen, um länger dortzubleiben. Während dieser späteren Reise lernte er einen großen Teil des Landes kennen und führte mit einer Reihe hochgestellter Persönlichkeiten Gespräche. Seine Meinungen über China, die er in Zeitungsartikeln und seinem Buch *Three Continents* zum Ausdruck brachte, sind interessanter als seine Vorstellungen über die Rückkehr Rußlands in den Schoß der Christenheit. Seit 1960 hatte er immer wieder behauptet, es sei absurd, die Regierung auf Formosa als Vertretung des ganzen chinesischen Volkes anzuerkennen. Diese Auffassung hatte er 1960 so deutlich zum Ausdruck gebracht, daß Zeitungen auf Formosa einen heftigen Gegenangriff führten und seine Gedanken als »das Wehgeschrei eines frustrierten Menschen, der genau weiß, daß er ein vergessener Mann ist«, bezeichnen. Seine Analyse der chinesischen Geschichte im zwanzigsten Jahrhundert zeigte viel Verständnis für die Kommunistische Partei unter Mao, von dem er sagte, er habe gegen einen rücksichtslosen und aggressiven Tschiang Kai-schek schwer zu kämpfen gehabt. Der Feldmarschall räumte ein, daß Mao wahrscheinlich für den Tod von Tausenden, ja sogar Millionen verantwortlich sei, aber er fügte hinzu, Machtkämpfe in China seien fast immer von solchen Blutbädern begleitet gewesen, und der vom Westen offiziell unterstützte Tschiang Kai-schek sei wahrscheinlich für noch mehr verantwortlich.

In seinen Gesprächen mit den chinesischen Führern erfuhr Montgomery natürlich kaum etwas Nützliches. Er war allerdings immer noch davon überzeugt, die Plattheiten, mit denen die Staatsoberhäupter ihn abspeisten, seien ernstgemeint. Auf seinen Chinareisen und bei den Überlegungen, die er im Anschluß daran angestellt hatte, war er zu Schlüssen gekommen, die – wenn sie auch heute überholt erscheinen mögen – seiner Zeit weit voraus waren.

Das Land, das Montgomery am häufigsten besuchte, war Südafrika. Ihm sagte das Klima zu, und er mochte die Südafrikaner. Dr. Verwoerd hielt er für einen »feinen Kerl, sehr aufrichtig, sehr ehrlich«. Mit der Apartheidspolitik der weißen Minderheit war Montgomery einverstanden und brachte das so deutlich zum Ausdruck, daß im Unterhaus unbequeme Fragen gestellt wurden. Jedesmal, wenn er von einem solchen Besuch zurückkam, verkündete er, Südafrika müsse selbst mit seinen Problemen fertigwerden und man dürfe sich nicht einmischen. 1961 hielt er in Durban einen Vortrag und sagte: »Wenn die Schwarzen im Norden dieses Landes sich vereinigen, wenn sie einen Führer finden und die Weißen in Südafrika bedrohen, dann werde ich das Schwert ziehen und euch persönlich zu Hilfe kommen.«

Mit seiner Rechtfertigung der Apartheid offenbarte er eine gewisse geistige Verwirrung. Er sagte, es sei eine vernünftige Politik, »wenn sie vernünftig angewendet wird«. Mit Verwoerd stimmte er darin überein, daß die Rassen voneinander getrennt bleiben müßten, und man den Schwarzen in ihren »Homelands« keine allzu große Unabhängigkeit gewähren dürfe. Als er im Januar 1962 nach Transkai ging, behauptete er, die Schwarzen seien zu rückständig, um ohne weiße Hilfe weiterzukommen. Die Gegner der Apartheidspolitik fertigte der Feldmarschall kurz ab. Albert Luthuli beeindruckte ihn nicht besonders. Er sagte, Luthuli sei »ein guter Mann«, kenne aber nicht die »Tatsachen«. Wahrscheinlich sei er ein Werkzeug der Extremisten. Luthulis Anspruch, im Namen aller Schwarzen zu sprechen, ließ er nicht gelten, weil die offiziell anerkannten Häuptlinge Montgomery gesagt hatten, das sei nicht der Fall. Mit den Argumenten der in der Opposition stehenden United Party ging er noch radikaler um, besonders angesichts der Tatsache, daß diese Partei sich immer noch für die Vorherrschaft der Weißen einsetzte. Montgomery vereinfachte das Problem in der für ihn bezeichnenden Weise: »Man darf nicht vergessen, daß Sir de Villiers Graaf als Führer der Opposition ein Gegner der Regierung ist und sie aus dem Amt verdrängen will.«

Daß sich Montgomery für die Apartheid aussprach, lag im Grunde daran, daß er glaubte, die Angehörigen der angelsächsischen Rasse, die sich über die ganze Erde verbreitet habe, seien ausersehen, die Welt zu retten. Von diesem Traum spricht er in *Three Continents*. Zu solchen Auffassungen konnte er natürlich nur kommen, wenn er alle anderen Rassen als minderwertig betrachtete. Im gleichen Buch schreibt er: »Der Bantu ... ist von Natur indolent.« So war Montgomery bei der weißen Bevölkerung in Südafrika auch sehr beliebt. Niemand nahm es ihm übel, wenn er Südrhodesien besuchte oder über dieses Land sprach, das im November 1965 einseitig seine Unabhängigkeit erklärte. Er fühlte sich im südafrikanischen Klima wohl und genoß die Gesellschaft seiner Freunde dort. 1954 hatte er an seinen Freund T. E. B. Howarth geschrieben: »Ich habe es schon immer für richtig gehalten, daß man eine Elite schafft, um die Welt ordentlich und angemessen zu regieren ...« Die weiße Gesellschaft in Südafrika entsprach augenscheinlich diesem simplen Erfordernis.

1962 unternahm Montgomery eine Eisenbahnreise durch Kanada und besuchte einige mittelamerikanische Länder. In Kanada erlebte er nichts Besonderes. Seine Kommentare zu dieser Reise waren typisch. Die jungen Männer in Kanada seien zu dick; sie sollten mehr Sport treiben, aber vielleicht, so sinnierte der Feldmarschall, seien die extremen klimatischen Verhältnisse sportlichen Wettkämpfen und Spielen nicht günstig. In Mittelamerika kam es zu einem kleinen Zwischenfall. Guatemala und Großbritannien machten sich ein Gebiet in British Honduras streitig. Montgomery war in Guatemala sehr bekannt und beliebt. In seinem Buch *Three Continents* zitiert er einen für ihn sehr schmeichelhaften Zeitungsartikel. Dort heißt es, er sei »der erste englische Gentleman gewesen, der unser Land besucht hat«. Nach seiner Abreise erklärte Präsident Ydigoras, er habe angeboten, zwischen Guatemala und der britischen Regierung zu vermitteln. Montgomery und Ydigoras hatten in Gegenwart des britischen Botschafters über das strittige Territorium gesprochen. Ydigoras hatte Montgomery – und nicht den britischen Botschafter – gebeten, dem Außenminister Lord Home einen Bericht über dieses Gespräch vorzulegen. Daraus leitete Ydigoras nun Montgomerys Bereitschaft ab, eine Vermittlerrolle zu übernehmen. Das wurde natürlich vom britischen Außenministerium ebenso wie von Montgomery abgelehnt. Großbritannien war nicht bereit, über die Zukunft dieses Gebiets Gespräche zu führen, und Montgomerys hemmungsloses Gerede über die Hintergründe dieser Frage hatte mehr Probleme geschaffen als gelöst. Er hatte ein Thema zur Sprache gebracht, über das das Außenministerium zu dieser Zeit lieber geschwiegen hätte.

Die letzte größere Auslandsreise unternahm er 1967, im Alter von neunundsiebzig Jahren, nach Ägypten. Der Besuch wurde im Dezember 1966 angekündigt und begann im Mai darauf. Der britischen Regierung paßte das Unternehmen nicht, denn die Lage im Mittleren Osten war wie gewöhnlich einigermaßen gespannt; im Juni kam es dann zum Sechstagekrieg. Montgomery hatte seine

Reise privat arrangiert. Er wollte die Schlachtfelder aus dem Zweiten Weltkrieg besuchen. Das war historisch interessant; die *Sunday Times* schickte einen Fotografen mit und übernahm als Gegenleistung die Reisekosten für Montgomery. Nach der Landung in Heliopolis wurde der Feldmarschall mit allen militärischen Ehren, mit Militärkapellen und wehenden Fahnen empfangen. Er führte Gespräche mit Nasser und dem ägyptischen Generalstabschef. Wie üblich glaubte er, dabei einen vollständigen Überblick über alle politischen Entwicklungen erhalten zu haben. Er bat sogar den britischen Geschäftsträger, ein verschlüsseltes Telegramm nach London zu schicken und darin zu erläutern, wie das ägyptische Problem behandelt werden solle, sowie den Namen des einzigen Ministers im Labourkabinett zu nennen, mit dem zu verhandeln Nasser bereit sei. Die längste Zeit seines Aufenthalts brachte er beim Besuch seiner alten Schlachtfelder in der Wüste zu. Er stand jeden Morgen um sechs Uhr auf, stieg in einen Hubschrauber, um aus der Luft einen guten Überblick zu gewinnen, und stellte Reporter, ägyptische Soldaten und alle möglichen Leute dazu an, bestimmte Geländepunkte zu markieren, während er sich selbst auf alten Karten und Plänen orientierte. Bei den Ägyptern war er beliebt, denn er hatte sich eindeutig gegen das Suezunternehmen ausgesprochen. Trotz all seiner Aktivität konnte er aber nicht verbergen, daß er älter geworden war. Er selbst hat gesagt, diese Reise habe ihn ein Jahr seines Lebens gekostet. Sehr zur Erleichterung des diplomatischen Dienstes war es seine letzte größere Auslandsreise.

Montgomery genoß die ausgedehnten Flüge um die Welt, und schließlich waren es doch recht harmlose Unternehmungen. Er war überzeugt, er könne mit seinen Ratschlägen Positives bewirken, und obwohl die britische Regierung ihn nicht dazu ermutigte, war er immer bereit, seine Meinung zu äußern. In Großbritannien beschäftigte er sich mit den verschiedensten außenpolitischen Themen. Bedenkt man, wie sehr ihm die Einigkeit des Westens am Herzen lag, dann mutet es einen seltsam an, daß er sich dem Beitritt Großbritanniens zu einer europäischen Union widersetzte. Anfang der sechziger Jahre schloß er sich der Kampagne an, mit der der Beitritt Großbritanniens zum Gemeinsamen Markt verhindert werden sollte. 1959 hatte er in Plymouth sogar gesagt, es sei gefährlich, den Kanaltunnel zu bauen, denn dieses Vorhaben entspreche nicht den strategischen Bedürfnissen Großbritanniens.

Die Achtung, die viele seinem strategischen Denken entgegenbrachten, begann sich mit der Veröffentlichung seiner Bücher zu verflüchtigen. Wer sie las, stellte bald fest, daß er nicht folgerichtig dachte und sich selbst widersprach. Am 9. Februar 1961 erschien in der *Times* eine Besprechung seines Buches *The Path to Leadership*. Hier hieß es: »Dies ist nicht mehr als ein Lumpensack voller Gemeinplätze und enthält die üblichen Aufmunterungsreden, wie wir sie von hohen Offizieren gewöhnt sind.« Seine anderen Veröffentlichungen haben zahlreiche ähnliche Reaktionen ausgelöst.
Montgomerys Gedanken zu den internationalen Beziehungen waren zwar oft verworren und widersprüchlich, stützten sich aber auf eine ganz vernünftige Basis. Den Konflikt zwischen einzelnen Nationen hielt er für natürlich und unvermeidlich. Man müsse mit Kriegen und Konflikten rechnen, wenn man ihre Auswirkungen auch nach Möglichkeit in Grenzen halten solle. Von diesem pragmatischen Standpunkt aus wird seine Analyse jeder außenpolitischen Lage mehr von der Notwendigkeit für die praktische Verringerung von Spannungen als von der Verteidigung ethischer Werte bestimmt. Für die Untersuchung außenpolitischer Probleme ist das natürlich eine vernünftige Basis, und von hier gelangte er zu recht beachtlichen Einsichten. Daß er die Bedeutung des kommunistischen Chinas schon so früh erkannte, war die unmittelbare Folge seiner pragmatischen Methode; ebenso auch seine Überzeugung, daß die Vereinigten Staaten zwar die Verpflichtung übernommen hätten, Europa zu schützen, es aber viel wahrscheinlicher sei, daß Nordamerika und nicht irgendeine europäische Nation einen neuen Weltkrieg beginnen würde. Eine Weltpolitik im Geist der Kreuzzüge, wie sie Dulles und Kennedy betrieben, war für Montgomery ein Greuel. Er glaubte, aus der amerikanischen Haltung würden sich immer wieder Konfliktstoffe ergeben, besonders wenn die Vereinigten Staaten nicht bereit sein sollten, sich der Realität zu stellen und die Existenz des kommunistischen Chinas anzuerkennen. Er sorgte sich auch um den »Pearl-Harbor-Komplex«, der sich in der amerikanischen Außenpolitik immer wieder fühlbar machte. Wie er die Dinge sah, fürchteten die Amerikaner einen Überraschungsangriff, weil sie sich nicht vorstellen konnten, daß eine Situation unterdrückter gegenseitiger Feindseligkeit nicht eines Tages zwangsläufig zu militärischer Auseinandersetzung führen müsse. Deshalb gründeten die Amerikaner ihre Strategie auf

die Drohung mit der sofortigen und massiven Vegeltung jeden Angriffs. Solche Überlegungen brachten Montgomery viel früher als andere Beobachter dazu, das Verhalten der Amerikaner in Vietnam zu verurteilen. 1965 sagte René McColl vom *Daily Express,* die Vereinigten Staaten sollten sich aus Südostasien zurückziehen, denn im Kampf gegen den Kommunismus könne man nicht einfach an den Grenzen eines kleinen Landes haltmachen – und »die Hälfte aller Menschen auf der Welt sind Kommunisten. Hat er (Lyndon B. Johnson) vor, gegen sie alle zu kämpfen?« Im Juli 1968 wendete er sich, wenn auch mit einer etwas anderen Argumentation, gegen die amerikanische Vietnampolitik. »Die Vereinigten Staaten haben gegen die zweite Grundregel im Krieg verstoßen. Sie heißt, begib dich mit einer Landarmee niemals auf das asiatische Festland. Die Grundregel Nummer eins heißt, marschiere nie gegen Moskau. Ich habe diese beiden Regeln selbst entwickelt.« Das mag zwar eine recht kecke Formulierung sein, aber es war eine weitblickende Beurteilung.

Vieles, was er in der Öffentlichkeit äußerte, war weniger scharfsinnig. Im Oktober 1958, kaum einen Monat nach seinem offiziellen Rücktritt, führte er einen wilden Angriff gegen die NATO. In einem Vortrag vor der Royal United Service Institution bezeichnete er die NATO als »kompliziert, schwerfällig und mit zuviel Personal belastet«. Mit der für ihn typischen Phantasie sprach er von der Möglichkeit eines »allumfassenden Kernwaffentetsts«. Solche Reden hatten politische Auswirkungen, denn Gegner der Regierung und der NATO griffen sie eifrig auf. Während des ganzen Novembers bemühte sich der Verteidigungsminister Duncan Sandys darum, die Wogen zu glätten.

1962 kam es wieder zu einem Sturm im Wasserglas. Am Royal Military College of Science in Shrivenham sprach er im Herbst über Deutschland. Seine Haltung war klar und entsprach seiner pragmatischen Einstellung zu internationalen Beziehungen. Da weder Rußland noch die Westmächte es zulassen könnten, daß ein wiedervereinigtes Deutschland sich einem der beiden Lager anschlösse, dürfe man nicht an eine deutsche Wiedervereinigung denken, bevor die Spannungen zwischen Ost und West ausgeräumt seien. Deshalb, so meinte er, müsse Ostdeutschland vom Westen anerkannt werden. Die Schwierigkeit bestand darin, daß die westdeutsche Regierung sich energisch dagegen sträubte. Der unbeherrschte Montgomery kam nun zu dem Schluß: »Dr. Adenauer braucht eine kärftige Dosis Pflanzenschutzmittel. Er ist alt und überempfindlich. Eine kleine Dosis wird auch genügen.« Zwar trifft es zu, daß er den versammelten Offizieren gesagt hatte, sein Vortrag sei vertraulich. Er kann aber nicht im Ernst geglaubt haben, daß solche Äußerungen nicht bekanntwerden würden. Er erhielt einen sehr unfreundlichen Brief von einer rechtsextremistischen deutschen Vereinigung, in dem es unter anderem hieß: »Sie sind die elendeste Kreatur, die in Großbritannien lebt, und Sie müssen bald sterben. Das werden Sie auch.« Die Politiker reagierten weniger heftig, wenngleich ihre Mißbilligung deutlich zum Ausdruck kam.

Die wichtigsten historischen Arbeiten Montgomerys sind in zwei Büchern enthalten, seinen *Erinnerungen* und der *Kriegsgeschichte*. Dazu kommen Äußerungen im Fernsehen und Rundfunk, die Ende 1958 mit einer Reihe von Programmen in der BBC anfingen, auf die ein Gespräch mit Ed Murrow (1959), ein Interview mit Bernard Levin (1966) und ein Fernsehprogramm über seinen Besuch in der nordafrikanischen Wüste 1967 folgten.

Es hat ihm von Anfang an Freude bereitet, vor einer unsichtbaren Masse von Zuschauern und Zuhörern zu agieren. Die Zeitung *News Chronicle* schilderte 1968, wie ein Programmdirektor in Bristol feststellte, daß Montgomery ein »Naturtalent« sei. Nervosität oder Stottern kannte er nicht. Er äußerte sich knapp und klar. Der technische Apparat einer Sendung faszinierte ihn, und nach Beendigung der ersten Serie, in der er über seine Erfahrungen in den Schlachten des letzten Krieges berichtete, war er ein Meister im Umgang mit diesem Medium. Für einen Mann, der entschlossen war, sein Leben an der Öffentlichkeit zu leben, war das Fernsehen die geeignete Plattform. Seine Fortschritte freuten ihn so sehr, daß er behauptete, sein erstes Programm sei gemacht worden, »als ich noch ein Neuling in diesem Spektakel war«.

Seine *Kriegsgeschichte* ist nicht besonders anregend oder tiefschürfend. Das Buch ist eine allgemeine Einführung in die Geschichte der Kriege und zum größten Teil von seinen Forschungsassistenten verfaßt. Montgomery selbst hat darüber gesagt: »Lesen Sie die ersten beiden und die letzten vier Kapitel. Die habe ich selbst geschrieben.« In der Öffentlichkeit waren seine Äußerungen weniger bescheiden. In einer Rundfunksendung mit dem Titel *Desert Island Discs* behauptete er, neben der Bibel und Shakespeare sei es das einzige Buch, das er auf eine einsame Insel mitnehmen würde.

Bei seinen Lebenserinnerungen liegen die Dinge ganz anders. Sie erschienen 1958 und sind von Montgomery selbst verfaßt. Wer sich für seinen Werdegang und seine Persönlichkeit interessiert, findet in diesem Buch wichtige Hinweise, wenn das auch nicht in der Absicht des Verfassers gelegen hat. Nur drei Kapitel behandeln

sein Leben vor 1939, und er erwähnt nicht seine prominenten Vorfahren – den Großvater väterlicherseits Sir Robert Montgomery und den Großvater mütterlicherseits Dean Farrar. Er wollte die großen Ereignisse darstellen, an denen er beteiligt war.
Auf Seite 49 (das Buch umfaßt 500 Seiten) ist der Verfasser bereits im Jahr 1939 und Kommandeur der 3. Division. Die folgenden dreihundert Seiten behandeln seine Erfahrungen als Befehlshaber im Kriege. Am Ende dieses Abschnitts, in dem er von seinen Beziehungen zu Eisenhower in den Jahren 1944 bis 1945 spricht, zitiert er zahlreiche Dokumente: einen Teil des Briefwechsels zwischen beiden Männern, Direktiven von Eisenhower und eine detaillierte Darstellung der Vorhaben von Montgomery. Weitere hundertfünfzig Seiten widmet er der Periode vom Juni 1945 bis zum September 1948, in der er der erste Befehlshaber der britischen Streitkräfte im besetzten Deutschland und später Chef des Empire-Generalstabs war. Auch diese Zeit wird ausführlich dokumentiert, und wo er über seine Beziehungen zur Regierung spricht, werden die verschiedenen persönlichen Konflikte im einzelnen dargestellt. Seine Tätigkeit im Rahmen der westlichen Verteidigungsgemeinschaft und der NATO wird am Schluß auf dreiundzwanzig Seiten behandelt. In den vierziger und fünziger Jahren hat er sehr oft die genau chronologisch gegliederten Berichte über seine Feldzüge *(El Alamein to the River Sangro* und *Normandy to the Baltic)* verschenkt. Das waren Arbeiten, die er mit Hilfe einiger Offiziere aus seinen Stäben zusammengestellt hatte. In einem kurz nach dem Krieg an Major Edward Budd gerichteten Brief behauptet Generalmajor R. F. Belchem, einer der Generalstabsoffiziere Montgomerys bei der 21. Heeresgruppe, der alleinige Verfasser beider Bände zu sein. Montgomery hat immer behauptet, daß diese Bücher »das Verdienst haben, korrekt zu sein«. Seine *Erinnerungen* sollten »die Wahrheit« über die großen Zusammenhänge sagen.
Es ist hochinteressant zu sehen, wie Montgomery mit der historischen Wahrheit umging. Er erweckt zunächst den oberflächlichen Eindruck, selbstkritisch zu sein, denn von Zeit zu Zeit räumt er ein, er habe sich gelegentlich geirrt. Dann sagt er: »Ich nehme an, es war mein Fehler«, oder etwas Ähnliches. In Wirklichkeit hatte er eine hochentwickelte Begabung dafür, die Geschichte umzuschreiben, und zwar so, daß er praktisch nie unrecht hatte. Das zeigte sich besonders deutlich, als er Chef des Empire-Generalstabs war. Als

Alexander beschloß, seine eigenen Berichte aus dem Krieg zu veröffentlichen, bat er eine Reihe von Persönlichkeiten, darunter auch Montgomery, sie zu lesen und dort, wo sie es für notwendig hielten, Änderungen vorzuschlagen. Montgomerys Vorschläge waren bezeichnend. Ihm ging es nur darum, daß sein Name möglichst oft erwähnt wurde. In dem Entwurf für die Darstellung der Pläne Auchinlecks zur Verteidigung von Alam Halfa hatte Alexander geschrieben: »Ich habe seinen Verteidigungsplan im Prinzip übernommen.« Montgomerys Korrekturvorschlag lautete: »General Montgomery erklärte sich grundsätzlich mit dem Plan einverstanden, dem auch ich zustimmte.«

Während der Berlinkrise im Jahr 1948 hatte Montgomery behauptet, wenn die Zufahrtsstaßen blockiert würden, lasse sich die Stadt nicht mehr halten. Weniger als drei Monate später stellte sich heraus, daß die Luftbrücke ein voller Erfolg gewesen war, und er erklärte – ohne auf seine vorher geäußerte Meinung zurückzukommen –, Berlin lasse sich ganz leicht halten. Es überrascht daher nicht, daß seine Erinnerungen manche Passagen enthalten, in denen die historische Wahrheit – vorsichtig ausgedrückt – recht willkürlich behandelt wird. Sie mag, wie er im November 1958 meinte, vielleicht »unverdaulich« gewesen sein, aber was er schrieb, war nicht »die Wahrheit«, wie er behauptet hat.

Er hat nicht nur versucht, jede Verantwortung für das Fiasko in Dieppe von sich abzuwälzen, indem er behauptete, er habe nicht an Besprechungen teilgenommen, bei denen die intensive Bombardierung der feindlichen Stellungen abgelehnt wurde, sondern die Art und Weise, wie er Auchinleck und die Achte Armee, die er am 13. August 1942 übernahm, behandelt, ist eine grobe Verzerrung der Tatsachen. Zwar traf es zu, daß die Strategie Auchinlecks von der Voraussetzung ausging, »die Achte Armee (müsse) um jeden Preis erhalten und (dürfe) nicht in der Schlacht vernichtet werden«, aber es war sicher falsch zu sagen, Auchinlecks Operationsplan habe daher vorgesehen, daß für den Fall »eines Angriffs von Rommel mit starken Kräften«, der in nächster Zeit zu erwarten war, »die Achte Armee auf das Delta ausweichen solle«. Auch war es nicht richtig, zu schreiben: »Der Befehl ›kein Rückzug‹ bedeutete eine vollständig neue Strategie.« Dazu erkannte Montgomery nicht an, daß Auchinleck für den Fall eines deutschen Angriffs den Plan entwickelt hatte, die Stellung am Alam-Halfa-Höhenzug zu verteidigen. Montgomery behauptete vielmehr, er sei bei der Besichtigung dieser Stellung selbst auf den Gedanken gekommen, es zu tun. Obwohl Auchinleck vor allem darauf bedacht war, die Streitkräfte zwischen Rommel und den persischen Ölfeldern intakt zu halten, hatte er erkannt, daß die erste Schlacht bei Alamein die Kräfte Rommels erschöpft hatte, und plante für den September den Angriff gegen die Stellungen der Achsentruppen. Das war einen Monat früher als der Zeitpunkt, zu dem Montgomery glaubte, den Angriff führen zu können. Im November und Dezember 1958 kam es in der Öffentlichkeit zu Streitigkeiten, als Auchinleck sich über die schlechte Behandlung durch den Feldmarschall beschwerte, und Montgomery, der gerade seine Version des Alameinfeldzuges für eine Fernsehsendung aufgenommen hatte, erklärte, er werde kein Wort ändern, und zwar weder in seinem Buch noch in dem Text für das Fernsehen. Dieser Text wurde geändert, und der Verleger Montgomerys fügte in die Einführung zu den *Erinnerungen* einen Abschnitt ein, in dem ausdrücklich erklärt wurde, daß zugegeben werden müsse, Feldmarschall Auchinleck habe die Absicht gehabt, bei Alamein anzugreifen.

Auch die Art, wie Montgomery in seinen Büchern mit den Verbündeten umging, führte zu peinlichen Reaktionen. In seinem Bericht über den Feldzug in der Wüste zeichnet er ein wenig schmeichelhaftes Porträt von der italienischen Armee. Die Kapitulation Italiens im Jahr 1943 nennt er »das gemeinste Doppelspiel der Geschichte«. Am 7. November 1958 reagierte die italienische Presse empört. Die kommunistische Zeitung *L'Unità* schrieb, Montgomery sei wegen »nachgewiesener Senilität« aus der NATO ausgeschieden, und behauptete, seine Eitelkeit grenze an Narzißmus. Der italienische Botschafter in London suchte den britischen Außenminister Selwyn Lloyd auf, und mit ihm über das Buch zu sprechen. Es gab sogar Italiener, die das Tragen von Dufflecoats verbieten wollten, denn man bezeichnete sie als »Montgomerys«. In Rom mußte ein heißblütiger Italiener sogar davon abgehalten werden, einen Stapel dieser Mäntel öffentlich zu verbrennen. Schließlich verfaßte Montgomery einen Entschuldigungsbrief, den der britische Botschafter in Rom dem italienischen Ministerpräsidenten Fanfani überreichte. Aber die Angelegenheit konnte erst mehr als einen Monat später beigelegt werden. Der italienische Rechtsanwalt Caputo, der Präsident der italienischen Anwaltskammer, forderte

Montgomery zum Duell, und Mr. Bridgend aus Hornsey nahm die Forderung als Montgomerys Sekundant an. Auch diese Angelegenheit verlief im Sande, weil sich die Verhandlungen über den Austragungsort und die Waffen so lange hinzogen.

Sehr viel ernster war die Haltung Montgomerys gegenüber Amerika und besonders gegenüber den Amerikanern, die an dem strategischen Tauziehen in den Jahren 1944/45 beteiligt gewesen waren. Seine Kritik an Eisenhower war besonders unangebracht, und zwar vor allem auch, weil Eisenhower Präsident der Vereinigten Staaten war, als die *Erinnerungen* erschienen. Hier beschränkte sich Montgomery nicht darauf, einzelne Entscheidungen zu kritisieren, sondern stellte Eisenhowers Fähigkeiten als militärischer Führer in Frage. Der amerikanische Präsident nahm diese Angriffe sehr gelassen zur Kenntnis. Am 15. Oktober 1958 erklärte er lächelnd, er sei an Kritik gewöhnt. Vor allem solle man sich daran erinnern, daß der Krieg elf Monate nach der Landung in der Normandie gewonnen worden sei. Im November erneuerte Montgomery seine Angriffe in einer Rundfunksendung im Regionalprogramm der BBC. Er sagte, Eisenhower sei nur ein »Vorsitzender« gewesen. Als Oberster Befehlshaber habe er sich nie genügend durchsetzen können.

Andere Generale hatten sich auch zu den strategischen Kontroversen geäußert, und besonders Bradley hatte in seinen Erinnerungen heftige Angriffe gegen Montgomery geführt. Montgomery ließ sich dadurch nicht beeindrucken. Er warf Eisenhower vor, er habe ihm nicht erlaubt, den Krieg eher zu beenden. Im Juni 1964 erklärte er in einer Fernsehsendung über die Landung in der Normandie, Eisenhower habe während der Operationen und danach keinen Überblick über die militärische Lage gehabt. Im April 1959 behauptete er in einem aufgezeichneten Interview mit Ed Murrow, jeder Soldat solle sich aus der Politik heraushalten. Macmillan werde die NATO retten müsen, denn die amerikanische Führung sei »suspekt«. Auf einer Pressekonferenz danach zeigte sich Eisenhower wieder sehr ruhig. Er wies nur darauf hin, daß ihn die britische Presse gegen die jüngsten Angriffe des Feldmarschalls recht gut verteidigt habe.

Gute persönliche Beziehungen konnten allerdings nach einem solchen Schlagabtausch nicht weiterbestehen. Schon im Januar 1959 sagte Montgomery in einer Fernsehsendung, er habe Eisenhower ein

Exemplar seiner Erinnerungen geschickt. Die Reaktion sei Schweigen gewesen, »... Schweigen, Schweigen. Ich habe ihm eine Weihnachtskarte geschrieben, einen viel herzlicheren Gruß als an irgendjemand sonst – und die Antwort war Schweigen ... Wenn ich die Freundschaft dieses großen und guten Mannes verloren habe, dann betrübt mich das sehr.«

Eisenhower zeigte sich, wie immer in der Öffentlichkeit, auch jetzt noch sehr zurückhaltend, aber seine privaten Äußerungen waren weniger freundlich. Kurz vor seinem Tode sagte er zu Cornelius Ryan: »Er wurde so verdammt persönlich, um den Eindruck zu erwecken, daß die Amerikaner und besonders ich keine Verdienste und nichts mit dem Krieg zu tun gehabt hätten, daß ich schließlich die Kontakte mit ihm abbrach. Ich hatte ganz einfach kein Interesse mehr, die Verbindung zu einem Mann aufrechtzuerhalten, der nicht die Wahrheit sagen kann.«

Der dritte Bereich im öffentlichen Leben, in dem er Einfluß nehmen zu können glaubte, war die Innenpolitik. Montgomery war sicher davon überzeugt, seine unwiderlegbare Logik und sein militärisches Können würden ihm hier einen wichtigen Platz sichern. Seine Äußerungen in der Öffentlichkeit zu innenpolitischen Themen – besonders im Oberhaus – waren jedoch nicht sehr eindrucksvoll.

Sehr bald, nachdem er als Mitglied des Oberhauses begonnen hatte, am politischen Leben teilzunehmen, schloß er sich der Konservativen Partei an. Das war vielleicht unvermeidlich. Schon als Chef des Empire-Generalstabs hatte er wenig Sympahtie für die Labourpartei gezeigt, und sogar die Liberalen waren ihm auf gesellschaftspolitischem Gebiet zu radikal. Er stand ganz unter dem Einfluß von Macmillan, den er aufrichtig bewunderte. In Fernsehsendungen und in seinem Buch *Approach to Sanity* erklärte er, der konservative Premierminister sei ein großer Mann auf der internationalen Bühne, der es verdiene, Europa wieder in Ordnung bringen zu dürfen. Der Pragmatismus Macmillans beeindruckte den Feldmarschall, der glaubte, er habe einen Mann gefunden, der seine Beurteilung der Weltlage teile.

Bezeichnenderweise brachte Montgomery seine Verbundenheit mit Macmillan so begeistert zum Ausdruck, daß sofort eine Reaktion erfolgte. Am 5. Oktober 1958 erklärte er, er habe beschlossen, der Konservativen Partei beizutreten, und fügte hinzu, angesichts der außenpolitischen Probleme Großbritanniens und der erwiesenen

Fähigkeit des Premierministers, mit ihnen fertigzuwerden, müsse jeder, der seine Stimme der Labourparty gebe, »völlig verblödet sein und nicht mehr alle Tassen im Schrank haben«. Er solle als Gefahr für das Land angesehen und in ein Irrenhaus gesperrt werden. Er sagte, er wisse aus eigener Erfahrung, daß eine Labourregierung immer zu inkonsequent sei, um eine klare politische Linie zu verfolgen.

Lord Hailsham, der vielleicht ganz glücklich über diese Neuerwerbung war, sagte, er freue sich, daß Montgomery – wenn auch auf einem anderen Wege – zum gleichen Schluß gekommen sei wie er. »Ich finde, diese kämpferischen Männer haben eine sehr farbige Art, sich auszudrücken.« Herbert Morrison und Bellenger, der in den Jahren 1946/47 Kriegminister gewesen war, zeigten sich entsetzt über die Art, wie der Feldmarschall »Enthüllungen zweifelhaften Ursprungs« als Munition in der gegenwärtigen innenpolitischen Lage benutzte, die aus der Zeit stammten, in der er ein theoretisch neutraler Staatsdiener gewesen war. Am 11. Oktober veröffentlichte Montgomery eine Erklärung zu seiner Äußerung, in der es hieß, es täte ihm leid, daß man sie nicht als Scherz erkannt habe. Er habe sie im Rahmen eines Vortrags vor 800 Mitgliedern der Chartered Accountant Students' Society gemacht, die seine Worte als das verstanden hätten, was sie ausdrücken sollten. Das genügte aber nicht, 48 Mitglieder des Rats der Grafschaft Bolton davon abzuhalten, daß sie eine Versammlung boykottierten, an der Montgomery teilnahm. Auch kam die Erklärung nicht rechtzeitig, um Emannuel Shinwell an der Behauptung zu hindern, Montgomery sei politisch »ein vollständiges Kind«.

Montgomerys Hemungslosigkeit machte seine Reden im Oberhaus zu einer großen Attraktion, was ihn besonders freute. 1968 schickte er seinem Bruder Brian ein Exemplar des »Hansard«-Parlamentsprotokolls mit dem folgenden Begleitschreiben:

Lieber Brian,

Vielleicht möchtest Du meine Rede in der Verteidigungsdebatte des Oberhauses am letzten Mittwoch im Hansard lesen; das Haus war voll besetzt. Mitglieder des Unterhauses drängten sich auf den für sie vorgesehenen Plätzen, und auf den Stufen des Throns saßen die Mitglieder des Staatsrats!

Wie immer Dein Bernard.

Montgomery war sich nicht der Tatsache bewußt, daß man seine Auftritte als ein Spektakel und eine Ablenkung von den ernsten Staatsgeschäften ansah und nicht als ernstzunehmende Beiträge zur Beurteilung der weltpolitischen Lage.
Montgomerys Privatleben verlief relativ ruhig. Er verbrachte die meiste Zeit in Isington, wo es ihm 1968 nach einigen Schwierigkeiten gelang, eine Familie zu finden, die für ihn sorgte. Er empfing nur wenige Besucher, bekam aber immer noch viele Briefe aus der ganzen Welt. Zwei bemerkenswerte Ereignisse unterbrachen dieses friedliche Leben. Im Oktober 1960 drang eines Nachts ein Hochwasser in die unteren Räume seines Hauses ein. Der Schaden war gering, denn man hatte vorher alle Möbel und Teppiche in Sicherheit gebracht. Gefährlicher war ein Einbruch am 17. November 1967. An diesem Samstag war der Feldmarschall verreist, um an einem Essen zur Feier seines Geburtstages teilzunehmen, das der Gouverneur des Royal Hospital in Chelsea ihm gab. Die Diebe nahmen alle Schmuckstücke und alle Gegenstände aus Gold und Silber mit. So verschwanden auch der dänische Elefantenorden und der Feldmarschallsstab. Die Kapitulationsurkunde aus der Lüneburger Heide, die er später dem Imperial War Museum zum Geschenk machte, blieb zum Glück da.
Seine Verwandten und engen Freunde hatten den Eindruck, daß der Feldmarschall im Alter sanfter geworden sei. Ende der sechziger Jahre gab er seine bisher bei Jahresbeginn unternommenen Reisen in die Schweiz auf und verbrachte statt dessen die Zeit um den Jahreswechsel im Carlton Hotel von Bournemouth. Dort traf er oft mit dem Ehepaar Liddell Hart zusammen. 1965 erklärte er sich bereit, Basil Liddell Hart in einer Ehrenangelegenheit zu helfen. Auch machte er jedesmal eine freundliche Bemerkung über die Garderobe von Kathleen Liddell Hart; für einen alternden Weiberfeind eine beachtliche Leistung!
Vielleicht hatte Montgomery gegen Ende der sechziger Jahre das Bedürfnis nach engeren persönlichen Freundschaften. Auch die Beziehungen zu den Mitgliedern seiner Familie wurden besser als in den fünfziger Jahren. Sein Sohn David bildete hier natürlich eine Ausnahme. Aber schließlich verzieh Montgomery auch ihm, und das Verhältnis zu allen Familienangehörigen normalisierte sich. 1969 nahm Montgomery an der Silbernen Hochzeit seines Bruders Brian teil. Vielleicht wollte er damit zeigen, daß es ihm leid tat,

nicht zu seiner Hochzeit erschienen zu sein. 1971 fuhr er zur zweiten Hochzeit seiner Schwester Winsome nach Exeter. Das war eine der letzten Unternehmungen, zu denen er Isington verließ. Sein Leben dort folgte immer noch einem strengen militärischen Plan. Alles richtete sich nach einem genau ausgearbeiteten Terminkalender. Im Dezember 1968, zehn Tage vor Weihnachten, erhielt sein alter Hausarzt, Sir Athur Porritt, ein langes Telegramm mit der Bitte, er und seine Frau sollten den Feldmarschall zu Weihnachten einladen. Die Porritts waren zunächst etwas verblüfft, weil die Nachricht sie nur wenige Tage vor Weihnachten erreichte. Als sie das Telegramm aber noch einmal durchlasen, sahen sie, daß Weihnachten 1969 gemeint war. Den folgenden Brief schrieb Montgomery an seinen Bruder Brian und dessen Frau:

Mein lieber Brian,

Ihr beide kommt am nächsten Sonntag, den 1. September, zu mir zum Mittagessen. Darf ich (mit allem schuldigen Respekt) vorschlagen, daß Ihr Euch genug Zeit für einen längeren Ausflug am Sonntag nehmt. Ihr könnt so früh kommen, wie Ihr wollt, nicht aber so spät, wie Ihr wollt. Das Mittagessen findet um 1.00 Uhr statt. Es ärgert meine Dienstboten, wenn es verschoben werden muß – und mich auch.

Wie immer Dein Bernard.

Im persönlichen Umgang war er jetzt nicht mehr so schroff, aber das ihn beherrschende Selbstbewußtsein war doch immer deutlich zu spüren. 1961 hatte er einen Autounfall, als er eine Einbahnstraße in der falschen Richtung befuhr. Auf der Polizeiwache erklärte er: »Es waren keine Schilder da. Ich hatte einen Mitfahrer im Wagen, und ich bin ganz sicher.« Diese Behauptung war falsch, aber er hielt es für notwendig, das zu sagen. Immer noch ärgerte er sich, wenn man ihm widersprach. 1967 sollte er bei einem Treffen der 51. Hochlanddivision in Perth vor der Presse eine Erklärung abgeben. Ein Ansager sprach etwas ins Mikrophon, und Montgomery rief aus: »Ich kann mich nicht hören. Wer ist der Kerl, der da draußen spricht? Schicken Sie ihn fort.« Einige Offiziere gingen hinaus und baten den Mann, das Mikrophon freizugeben. Aber Montgomery ging das nicht schnell genug. »Wo sind die Rausschmeißer?« fragte er. Der Vorfall hatte ihn so erbost, daß er sich weigerte, nach Beendigung seiner Ansprache die Fragen der Journalisten zu beant-

worten. »Was ich gesagt habe, muß ganz klar gewesen sein. Deshalb gibt es keine weiteren Fragen.«
Auch ein körperlich so gesunder Mann wie Montgomery konnte nicht ewig leben. 1967 hatte er seinen achtzigsten Geburtstag gefeiert. 1968 merkte man, daß er älter geworden war. Eine Prostataoperation im November 1964 hatte ihn geschwächt, doch erholte er sich überraschend gut davon in Südafrika. Im Oktober 1965 konnte er jedoch nicht am Alamein-Treffen teilnehmen, weil er sich nicht wohl fühlte. Nach 1965 hatte er außerdem einige kleinere Herzanfälle gehabt. Anfang 1968 erklärte er offiziell, er werde die meisten seiner öffentlichen Ämter zur Verfügung stellen wie zum Beispiel die Ehrenämter, die er als Gouverneur verschiedener Schulen innehatte. Am öffentlichen Leben wollte er kaum noch teilnehmen. Im Juli 1968 sagte er auf Anraten seines Arztes eine Reise nach Australien und Neuseeland ab, und im August riet man ihm, nicht einmal mehr nach Deutschland zu reisen, weil die Gefahr bestehe, daß sich seine Erkältung verschlimmere, für die er »dieses scheußliche Klima« verantwortlich machte.
Anfang 1968 zog er sich endgültig aus dem öffentlichen Leben zurück. Seine angegriffene Gesundheit zwang ihn, auch die letzten Verpflichtungen aufzugeben, die seine Stellung mit sich gebracht hatte. Die Zeit von seinem Ausscheiden aus den NATO bis zu dem Augenblick, an dem er sich ganz ins Privatleben zurückzog, hatte er wirklich genossen. Er hatte im Licht der Öffentlichkeit gestanden und glaubte, die großen Ereignisse der Weltpolitik verstanden und sogar beeinflußt zu haben.
Der Vorfall, der ihn schließlich davon überzeugte, daß er die Bühne des Welttheaters verlassen müsse, ereignete sich bei einer jener pompösen und glanzvollen Gelegenheiten, die er so sehr schätzte. Es war die Parlamentseröffnung 1968. Der einundachtzigjährige Montgomery hatte darum gebeten, zum drittenmal in seinem Leben bei der Zeremonie das Reichsschwert tragen zu dürfen. Das war eine für ihn bezeichnende prahlerische Geste. Das Schwert ist lang und schwer und muß aufrecht durch die Royal Gallery in den Sitzungssaal des Oberhauses getragen werden. Dort hält es der Schwertträger während der ganzen Thronrede der Königin ohne sich zu regen aufrecht, um es dann bis an die Tür des Raums zu bringen, in dem die Königin den Ornat anlegt. Die Ehre dieses Amtes ist Offizieren der Streitkräfte Ihrer Majestät vorbehalten, die

sich besonders ausgezeichnet haben. Auch für einen körperlich gesunden und kräftigen Mann ist es eine Anstrengung, für einen im Ruhestand lebenden, mehr als achtzig Jahre alten Feldmarschall war die Anstrengung zu groß.
Das Bild, das sich an diesem Tage im Sitzungssaal bot, war prunkvoll und entsprach der Tradition. Die Lords saßen in ihrem Gestühl, die Richter und Bischöfe vorn und dahinter die anderen Peers in ihren scharlachfarbenen und mit Hermelin besetzten Roben. Die Damen trugen Abendkleider, obwohl es erst elf Uhr vormittags war, dazu mehr oder weniger reich mit Edelsteinen besetzte Diademe. Auch die Mitglieder des diplomatischen Korps in ihren prächtigen Uniformen waren erschienen, und alles wartete auf das Eintreffen der Königin und ihres Gefolges. Feierlich und gemessenen Schrittes betrat die Prozession den Raum. Die Königin schickte den Gentleman Usher of the Black Rod hinaus, um die Mitglieder des Unterhauses hereinzurufen, die laut redend an die Barriere herantraten, wahrscheinlich um ihre Gleichberechtigung und Unabhängigkeit zu demonstrieren. Dann wurde es still, und die Königin begann, ihre Rede zu verlesen. Plötzlich begann das Reichsschwert fast unmerklich zu schwanken. Dann wurde das Schwanken stärker. Die schlanke Gestalt in der Feldmarschallsuniform neigte sich und wäre fast zu Boden gestürzt. Die Königin verhielt einen kurzen Augenblick in ihrer würdevoll vorgetragenen Rede, und der Intendant der Zivilliste, Lord Tyron, sprang hinzu, um das Schwert zu übernehmen. Dann wurde Montgomery behutsam zu einem Stuhl geführt, wo er sich setzen konnte. Wenige Minuten später verließ der Feldmarschall langsam und fast unbemerkt das Oberhaus und beendete mit diesem letzten Auftritt sein Leben in der Öffentlichkeit.

Epilog

Wer dies Buch gelesen hat, muß sich selbst ein Urteil über seine Hauptfigur bilden. Aber es wäre falsch, es abzuschließen, ohne noch einen letzten Blick auf diesen Mann zu werfen. Was hat das Handeln des Feldmarschalls wirklich motiviert? Wie ist es ihm gelungen, mit den lähmenden Mängeln seines Charaktes und seiner Persönlichkeit fertigzuwerden, um ein Nationalheld und eine lebende Legende zu werden? Wie konnte er es erreichen, daß er in vielen Ländern zu einem Begriff geworden ist? Man ist versucht, an seine frühe Kindheit und die Auswirkungen zu denken, die sie zweifellos auf sein späteres Leben hatte. Seine Beziehungen zu seiner Mutter, die ihm die Aufmerksamkeit und Zärtlichkeit vorenthielt, nach der er sich offensichtlich sehnte, sind mit größter Wahrscheinlichkeit der Schlüssel zu dem eigenwilligen Charakter, der hinter den durchdringenden, klaren blauen Augen und der hohen, herrischen Stimme lag. Diese Beziehung, bei der es kein gegenseitiges Verständnis gab, hat seine spätere Entwicklung entscheidend beeinflußt.

Für einen Laien ist es zwar gefährlich und oft irreführend, sich in das Dickicht der Psychoanalyse zu wagen, aber man darf mit einiger Sicherheit behaupten, Montgomery sei eine »besessene« Persönlichkeit gewesen. Ein zeitgenössischer Psychiater sagt, ein unter Zwangsvorstellungen leidender Mensch zeige die folgenden charakteristischen Eigenschaften: Er sei »phantasielos, verschlossen, berechenbar, geradeheraus, gewissenhaft, unbeugsam und empfindsam«. Die Empfindsamkeit kann man vielleicht ausschließen, aber alle anderen Merkmale lassen sich bei Montgomery feststellen. Die penible Beachtung aller Details, seine Unduldsamkeit im Hinblick auf das Rauchen und Trinken, seine Vorliebe für Listen, Programme und Terminpläne und seine fast neurotische Ordnungsliebe scheinen diese Diagnose zu bestätigen. Er war aber nicht immer ein guter Untergebener, ein Charakterzug, den man sonst bei Persönlichkeiten dieses Typus findet. Andererseits zeigte er zwei Eigenschaften, die häufig mit dem bei solchen Menschen beobachteten Mangel an Phantasie gemeinsam anzutreffen sind. Es

sind das unbedingte Verlangen nach einer formal strukturierten Umwelt, in der man sich auswirken kann, und eine fast übermenschliche Gelassenheit in Krisenzeiten.
Abgesehen von den Schwächen seiner Persönlichkeit oder vielleicht auch wegen dieser Schwächen waren seine Beziehungen zu anderen Menschen ungeheuer kompliziert. Das Verhältnis zu seiner Mutter und das tragische Ende seiner kurzen Ehe sind vermutlich zum Teil die Ursache dafür, daß er Frauen meist von oben herab oder ablehnend behandelte. Das erklärt die Sache aber vielleicht noch nicht ganz. In seiner Haltung gegenüber Knaben und jungen Männern hat es immer eine gewisse Ambivalenz gegeben. In ihrer Gesellschaft machte er oft den Eindruck, besonders wach und übermäßig fröhlich zu sein. Aus der Zusammensetzung des Stabes in seinem taktischen Hauptquartier in der Wüste mit den begabten jungen Offizieren und der Atmosphäre der Heldenverehrung können wir schließen, daß er eine Vorliebe für den Umgang mit jungen Männern hatte und darin eine Befriedigung fand, die er bei Frauen oder älteren Männern vergeblich suchte. Das mag den erschreckenden Mangel an Rücksichtnahme bei der Behandlung von Offizieren seiner Generation und seines Dienstalters wie Ramsden, Lumsden und später de Guingand erklären. Andererseits konnte er unermüdlich für seine Soldaten sorgen, und zwar sowohl für den einzelnen als auch für die Masse.
Seine Eitelkeit kannte keine Grenzen. Ein amerikanischer Schriftsteller hat gesagt, die Hybris sei die unverzeihliche Sünde, keck und hochnäsig zu sein, wenn alles zum besten steht. Danach war Montgomery der potenzierten Hybris schuldig; er war keck und hochmütig, wenn alles zum besten stand, wenn die Lage kritisch wurde und wenn alles verloren schien. Mit anderen Worten, er war es immer. Als ihm jemand im Gespräch die Frage stellte: »Wer waren nach Ihrer Meinung die drei größten Feldherren der Geschichte?« antwortete er: »Die anderen beiden waren Alexander der Große und Napoleon.« Das war nicht als Scherz gemeint. Die militärischen Befehlshaber seiner Zeit bezeichnete er mit Ausnahme ganz weniger als »nutzlos – ganz nutzlos«. Über Feldmarschall Alexander, der im Wüstenfeldzug sein Vorgesetzter gewesen war, pflegte er zu sagen: »Erstklassiger General, dieser Alex – er hat alles getan, was ich von ihm verlangte.« Major Edward Budd, der nach dem Krieg die Druckerei in Montgomerys Hauptquartier in Deutschland lei-

tete, berichtet, Montgomery habe ihn einmal zu sich befohlen und mit den olympischen Worten begrüßt: »Wir haben den Krieg gewonnen, und ich bin zum Peer of the Realm ernannt worden ... Ich habe entscheidend zu diesem Sieg beigetragen, und meine Leistungen sind allgemein bekannt. Ich glaube, viele Organisationen in der ganzen Welt würden sich über eine Abbildung meines Wappens freuen. Lassen Sie 500 genaue Abbildungen drucken ...« Es ist kein Wunder, daß eine so atemberaubend egozentrische Selbstüberschätzung viele Menschen abgestoßen hat, die mit ihm in Berührung kamen. Der höchst unbequeme, sehr aufmerksame Beobachter Anthony Powell hat in *The Military Philosophers* den Eindruck geschildert, den Montgomery auf Major Jenkins gemacht hat, den autobiografischen Verfasser von *A Dance to the Musik of Time:*

»... nach außenhin strahlte die Persönlichkeit des Feldmarschalls ... Willenskraft aus, die weniger eine natürliche als eine erworbene Anlage zu sein schien und ungewöhnlich stark war ... Es war eine gewaltige, ausdauernde, unnachgiebige Härte und nicht eine Kraft, die sprudelte wie Champagner aus einer Flasche. Wenn man ihn in aller Ruhe betrachtete, dann erschienen einem die erwähnten Eigenschaften nicht besonders anregend oder sympathisch... Man fühlte, daß es viel Zeit und Mühe gekostet hatte, zu diesem Ergebnis zu kommen. Er hatte tiefliegende, eiskalte Augen. Es war auch etwas entfernt Klerikales an ihm; er erinnerte an einen Pfarrer, hatte aber nichts Numinoses. Er wirkte wie ein Geistlicher, der sich mit aller Energie für seine Gemeinde einsetzt; nicht wie ein Priester, der göttliche Mysterien feiert. Aber zugleich hatte man das Empfinden, dieser Gemeindepfarrer betrachte sich als einen Eingeweihten hoher Grade – was andere auch von ihm denken möchten.«

Über das wenig anziehende Äußere des Feldmarschalls äußert sich Major Jenkins recht grausam: »Die während eines langen Lebens unaufhörlich eingesetzte Willenskraft ist – anders als das gelegentliche Aufblitzen von Energie – meist der Feind jeder Eleganz.«

Die Betrachtung einer seelischen Entwicklung ist aber bestenfalls nicht mehr als ein fesselndes Spiel. Es ist interessant, den vermeintlich kausalen Zusammenhängen zwischen frühkindlichen Erfahrungen, Persönlichkeit und Verhalten nachzuspüren. Worauf es bei jeder Beurteilung eines Berufssoldaten schließlich ankommt, sind seine Leistungen im Kriege. Auf den ersten Blick scheint Montgomery hier ein *summa cum lauda* verdient zu haben. Als junger Offizier hat er an den zermürbenden Materialschlachten an der Somme und bei Passchendaele sowie als Divisionskommandeur am Rückzug nach Dünkirchen und als Planer an dem katastrophalen Kommandounternehmen gegen Dieppe teilgenommen. Aber nach seiner Ernennung zum Befehlshaber der Achten Armee bis zum Ende des Krieges hat er nie eine Schlacht verloren. Man darf jedoch nicht vergessen, daß die Achsenmächte zu der Zeit, als er Armeen und Heeresgruppen führte, den Alliierten an Kampfkraft und Material weit unterlegen waren. Liddell Hart schreibt dazu:

»Die militärischen Fehler auf alliierter Seite nach 1942 und nach dem Eintritt Amerikas in den Krieg sind in keinem Fall mehr schwerwiegend gewesen. Bei den Meinungsverschiedenheiten der Generale in ihren Erinnerungen geht es vor allem um zweitrangige Angelegenheiten, die die Gesamtentwicklung kaum beeinflußt haben, und man muß daran zweifeln, daß die Alternativvorschläge einiger von ihnen – wenn man ihnen gefolgt wäre – viel dazu beigetragen hätten, den Krieg zu verkürzen oder seine Opfer zu verringern. Die Entscheidung wurde durch das Zusammenwirken überlegener Industriekapazität, größerer Materialreserven und der Überlegenheit zur See erzwungen. Große Feldherrenkunst hat kaum dazu beigetragen, die Entwicklung zu beschleunigen. Bestenfalls haben die Heerführer es verstanden, ihre Mittel richtig einzusetzen und die großen blutigen Opfer zu vermeiden, die die Armeen und die Mannschaftsreserven der Nationen im Ersten Weltkrieg erschöpft haben.«

Es ist deshalb notwendig, die Stärken und Schwächen Montgomerys in seiner Eigenschaft als Truppenführer etwas genauer unter die Lupe zu nehmen.

Er war mit Sicherheit ein sehr begabter junger Offizier. Es ist schwer zu sagen, ob das vor allem die Folge seines Fleißes oder seiner Begabung gewesen ist. Das wäre ohnedies eine sinnlose Spekulation. Aber die Kritiker Montgomerys haben es immer wieder versucht, denn sie glauben, es gäbe Männer mit einer fast platonischen »militärischen Genialität«, die ihm fehlte.

Und doch bleibt es unbestritten, daß er, wie alle seine bisherigen Biografen erkannt haben, einer der wenigen britischen Offiziere gewesen ist, die so tüchtig und realistisch waren, daß man sie mit den Männern vergleichen kann, die in der deutschen Armee die höch-

sten Kommandostellen innehatten oder in den hohen Stäben als Generalstabsoffiziere arbeiteten.
Schon im Ersten Weltkrieg war Montgomery ein »aufgehender Stern« und wurde auch für einen Frontoffizier im Kriege sehr rasch befördert. In der Zeit zwischen den Kriegen verlangsamte sich natürlich das Tempo seiner Beförderungen, aber seine Tüchtigkeit und Leistungsfähigkeit sind nie bezweifelt worden. Der kurze Einsatz der britischen Expeditionsstreitkräfte zu Beginn des Zweiten Weltkrieges war für ihn die glänzende Gelegenheit, sein Können unter Beweis zu stellen. Das gleiche galt für seine Tätigkeit in Südengland in den Jahren 1941 und 1942. Es wäre eigenartig gewesen, wenn ein Offizier mit einem solchen Leistungsnachweis nach 1940 nicht die Gelegenheit erhalten hätte, irgendwann eine Feldarmee zu führen. Sowohl Brooke als auch Auchinleck waren überzeugt, er werde als Befehlshaber der Achten Armee mehr leisten als Gott; und jedenfalls ernannte man ihn zum Befehlshaber der Ersten Armee, als dieser Posten freiwurde. Zweifellos war er ein Mann mit ungewöhnlichen Fähigkeiten, und als er zum erstenmal Armeebefehlshaber wurde, erkannte jeder, der sich in seiner Nähe aufhielt, seine Qualitäten.
Eine Armee zu befehligen ist eine einzigartige Aufgabe. Sie erfordert eine undefinierbare Mischung aus Fachkönnen, Urteilsfähigkeit, Charakterstärke – aber nicht Starrheit –, Entschlußkraft und Glück. Montgomery hatte insofern Glück, als er zu einer Zeit Befehlshaber wurde, zu der die Alliierten als Folge ihrer Materialüberlegenheit kurz davorstanden, auch militärisch und strategisch die Oberhand zu gewinnen.
1942 hatte Montgomery sein eigenes fundiertes »militärisches Glaubensbekenntnis«, wie er es selbst nannte, entwickelt. Der Erfolg eines Befehlshabers hängt aber davon ab, daß man militärische Grundideen und Überzeugungen bestimmten Umständen anpassen kann. Man hat Montgomerys Fähigkeiten als Befehlshaber nach zwei Gesichtspunkten beurteilt: Erstens hat man behauptet, er sei wohl tüchtig gewesen, habe aber in der Praxis eine Reihe ernster Fehler begangen, die nur deshalb nicht zur Katastrophe geführt hätten, weil er über eine immense Materialüberlegenheit verfügte; zweitens glaubt man, er sei ein bedeutender Heerführer gewesen, aber in einer Art und Weise, wie sie der moderne Krieg mit seinen Massenheeren und seiner verfeinerten Technologie erfordert. Nie-

mand wird bestreiten, daß er sein Handwerk verstand. Aber die meisten Beobachter werden darin übereinstimmen, daß er nicht zu der Höhe aufgestiegen ist, die die großen Feldherren der Geschichte erreicht haben.

Montgomerys größter Wunsch war es, als einer der bedeutenden britischen Feldherren anerkannt zu werden. »Lernst du etwas über Marlborough? Lernst du etwas über Wellington? Und lernst du etwas über mich?« hat er beim Besuch einer Schule einmal einen kleinen Jungen gefragt. Vergleicht man jedoch den Feldmarschall mit diesen Männern, dann muß man leider fessttellen, daß unter der glänzenden Oberfläche seiner militärischen Reputation einige Schwächen zum Vorschein kommen.

Seine größte Tugend war die Fähigkeit, sich seinen Soldaten verständlich zu machen. Bei den ihm unterstellten Befehlshabern hat es nie den geringsten Zweifel an seinen Absichten gegeben, und ganz abgesehen von der Klarheit und Genauigkeit seiner Anordnungen für die Operationen in einer bestimmten Schlacht war die allgemeine Wirkung seiner Persönlichkeit auf die Kampfmoral der Armeen dramatisch. Diese Wirkung verstärkte sich durch sein Verständnis für den Wert der Öffentlichkeitsarbeit. Er rief sich seinen Soldaten mit solchen Methoden immer wieder ins Gedächtnis, daß sich seine konservativen Zeitgenossen darüber ärgerten und empörten. Lord Moran schreibt: »Der Durchschnittsoffizier in der Armee gehört einem bestimmten Typus an. Schon in der Schule hat man ihn so lange darüber belehrt, daß er nicht anders sein darf als seine Mitschüler, bis die Zustimmung dieser kleinen Gemeinschaft für seinen eigenen Seelenfrieden unerläßlich ist. Ich für meinen Teil muß eingestehen, daß mir diese Selbstbescheidung gefällt, denn sie ist eine Voraussetzung für gute Manieren ... Für Montgomery gab es einen solchen Unsinn natürlich nicht. Ihm kam es in erster Linie darauf an, deutlich zu zeigen, daß er ganz anders sei als andere Menschen. Er scheint es darauf angelegt zu haben, einen ganz bestimmten Eindruck zu erwecken.« So war Montgomery in der Lage, die Öffentlichkeit davon zu überzeugen, daß seine Soldaten niemals ihr Leben in töricht oder schlecht geplanten Operationen aufs Spiel setzen müßten. Er hatte den – wenn auch nicht immer ganz gerechtfertigten – Ruf, daß er als Befehlshaber nie hohe Verluste als Preis für einen militärischen Erfolg hinnehmen werde. Viele glauben, diese Auffassung sei durch seine Erfahrungen als junger Offizier bei den blutigen Kämpfen an der Westfront im Ersten Weltkrieg entstanden. In Wirklichkeit war er wie jeder andere Armeebefehlshaber im Kriege oft gezwungen, das Leben Tausender von Offizieren und Mannschaften bei der Verfolgung eines militärischen Ziels zu riskieren, und in den Schlachten bei El Alamein, Enfidaville und Arnheim zeigte es sich, daß er davor nicht zurückschreckte.

Doch ohne Zweifel war er seiner Veranlagung nach ein vorsichtiger Befehlshaber, dessen Hauptstärke in der Verteidigung lag, und der nie eine Offensive wagen wollte, ohne daß er sie genau vorausgeplant und vorbereitet hatte. Diese Vorbereitungen machten gelegentlich den Eindruck, zu umfangreich und schwerfällig zu sein, wurden aber in den meisten Fällen durch den Erfolg gerechtfertigt. Manchmal aber wirkte sich der Mangel an Phantasie und Schwung katastrophal aus, besonders als er die bei Alamein errungenen Vorteile nicht mit einer energischen und rücksichtslosen Verfolgung ausnutzte. Ein wertvoller Aspekt seiner methodischen und überlegten Kriegführung war das, was er als »Gleichgewicht« bezeichnete. Wie ein sehr selbstsicherer Berufsboxer konnte er den Schwerpunkt und die Richtung seiner Operationen so verlegen, daß er alle Schwächen des Gegners ausnutzte und den vom Gegner gebildeten Schwerpunkten auswich. Wenn die Schlacht nicht nach Plan verlief, konnte er sich umstellen und seine Armeen, ohne in Panik zu geraten, rasch umgruppieren. Wie Liddell Hart schreibt, entwickelte er das Talent, den Gegner durch seine Maßnahmen zu verwirren wie bei Mareth; aber paradoxerweise war er selten bereit zuzugeben, daß eine Schlacht nicht planmäßig verlaufen war. Für ihn war es wichtiger, unfehlbar als flexibel zu erscheinen.

Nach normalen Maßstäben war Montgomery ein sehr guter Truppenführer, wenn auch keiner der großen Feldherren der Geschichte. Es fehlten ihm die Kreativität und jene undefinierbare Vorstellungsgabe, die die großen Feldherren der Vergangenheit ausgezeichnet haben. Er hat auf der anderen Seite eine Feldarmee in einer der großen siegreichen Schlachten der britischen Kriegsgeschichte befehligt – bei El Alamein. Hier wendete sich das Kriegsglück im Zweiten Weltkrieg zugunsten der Alliierten, und diese Schlacht begründete Montgomerys militärischen Ruhm. Was man auch über seinen Charakter und seine Persönlichkeit oder über die oft von ihm begangenen Fehler bei der Beurteilung taktischer Lagen sagen mag:

Er hat die Deutschen in der nordafrikanischen Wüste besiegt. Er wurde zu einer Zeit Befehlshaber der Achten Armee, als die Lage düster und wenig aussichtsreich erschien. Nach seinem Sieg über Rommel hatte sich das Bild völlig gewandelt, und die zu einem Bündnis zusammengeschlossenen freien Nationen befanden sich auf dem Weg zum Sieg. Seine Erfolge setzten sich fort, und sein Ansehen wuchs auf dem Höhepunkt des Krieges in der Normandie. Keine noch so berechtigte Kritik seines persönlichen Verhaltens kann ihm diese Lorbeeren nehmen, die heute noch ebenso frisch sind wie in den erregenden Tagen des Sieges. Man darf aber behaupten, kein General aus dem Zweiten Weltkrieg dürfe in das Pantheon aufgenommen werden, in dem Alexander der Große, Wellington und Marlborough ihren Platz haben. Es war ein ganz anderer Krieg, in dem die Fähigkeit, große Massen von Menschen und Material zu organisieren, ebenso wichtig war wie die charismatische Brillanz auf dem Schlachtfeld. Legt man diese Maßstäbe an, so muß man dem Urteil von Ronald Lewin über Montgomery zustimmen: »Ich halte ihn für den ersten britischen General im Zweiten Weltkrieg, der geistig und technisch gerüstet war, die Materialschlacht zu beherrschen, die nach dem Herbst 1942 die kriegerischen Auseinandersetzungen im Westen immer mehr bestimmte.« Das ist sicherlich Montgomerys Platz in der Geschichte. Er war bestimmt kein großer Feldherr. Die großen politischen und strategischen Zusammenhänge, in denen seine Operationen auf dem Schlachtfeld standen, hat er zu wenig begriffen. Als Truppenführer hat er eine Reihe schwerer Fehler begangen, er darf jedoch von sich sagen, zu den hervorragendsten Ausbildern und Führern im Zweiten Weltkrieg gehört zu haben. Will man das, was er über einen seiner Zeitgenossen sagte, auf ihn selbst anwenden, dann kann man sagen, er war ein guter Koch, aber kein Brillat-Savarin. Es bleibt die Frage, wie dieser tapfere, intelligente und fleißige, aber eitle, einseitige, phantasielose und oft brutal rücksichtslose Mann auf die höchste Stufe der militärischen Hierarchie gelangt ist und die Zuneigung und Bewunderung einer ganzen Generation gewonnen hat. Die Antwort muß sicher heißen, daß der rechte Mann zur rechten Stunde erschienen war. Es war eine Lage entstanden, in der ein Montgomery gebraucht wurde. Wir wollen hoffen, daß Großbritannien nie wieder in eine solche Lage gerät.

KARTEN

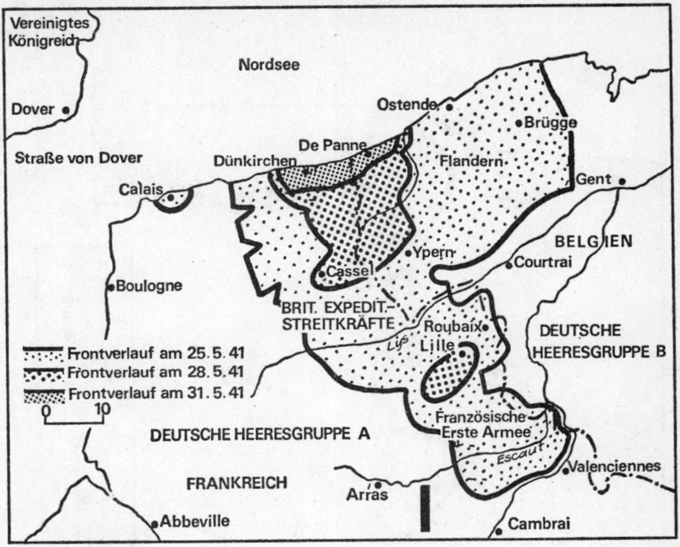

1 Der Rückzug nach Dünkirchen.

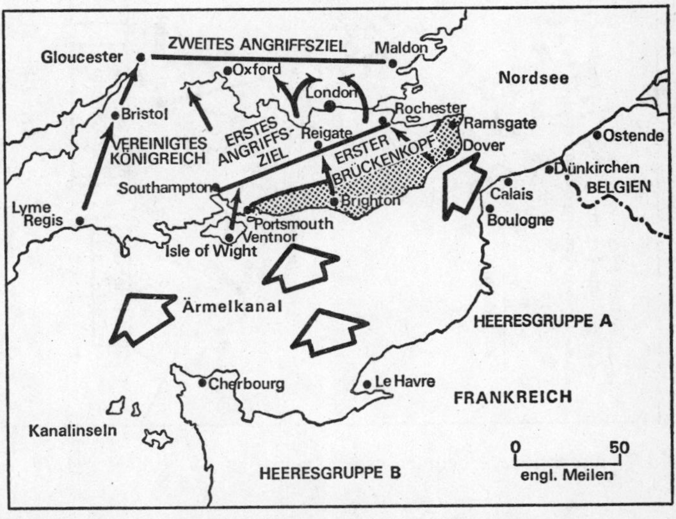

2 Unternehmen *Seelöwe:* Der deutsche Plan für die Invasion.

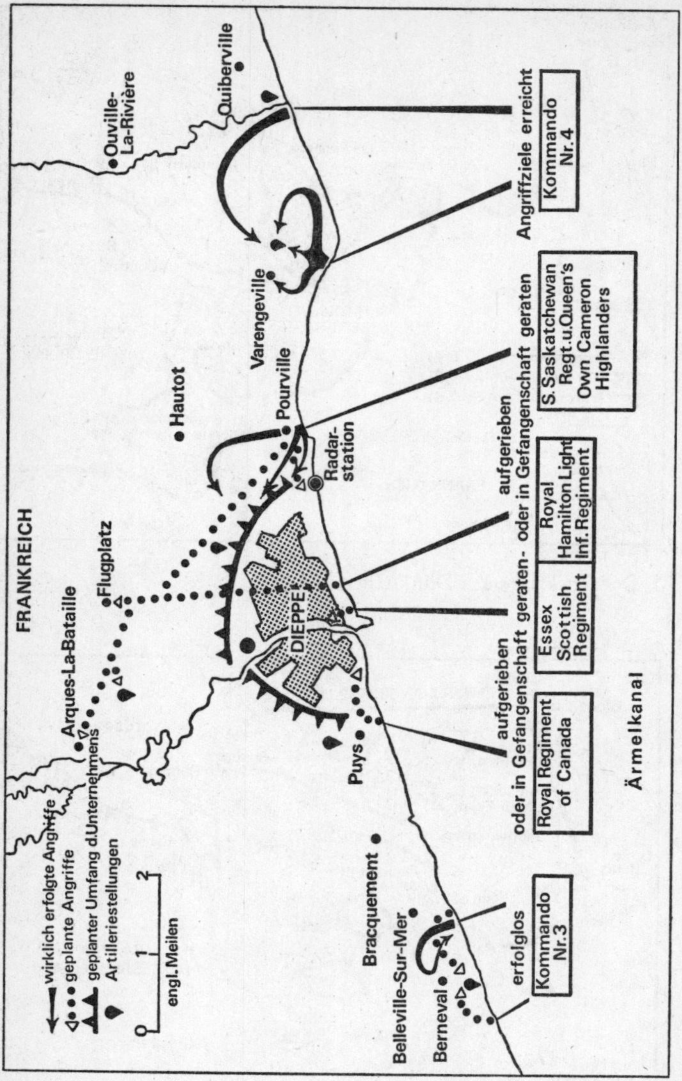

3 Kommandounternehmen gegen Dieppe am 19. August 1942.

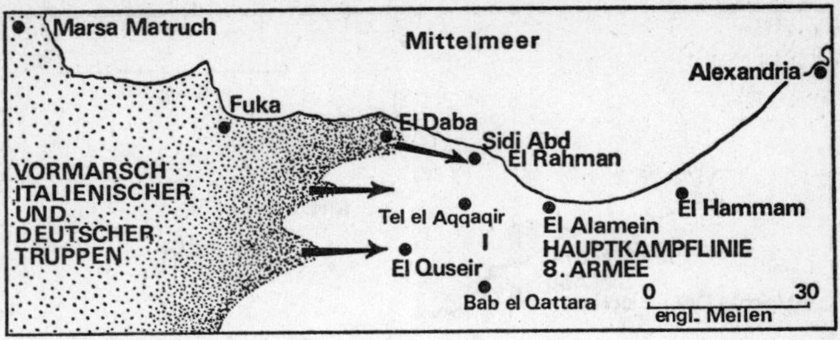

4 Der deutsche Vormarsch bis El Alamein.

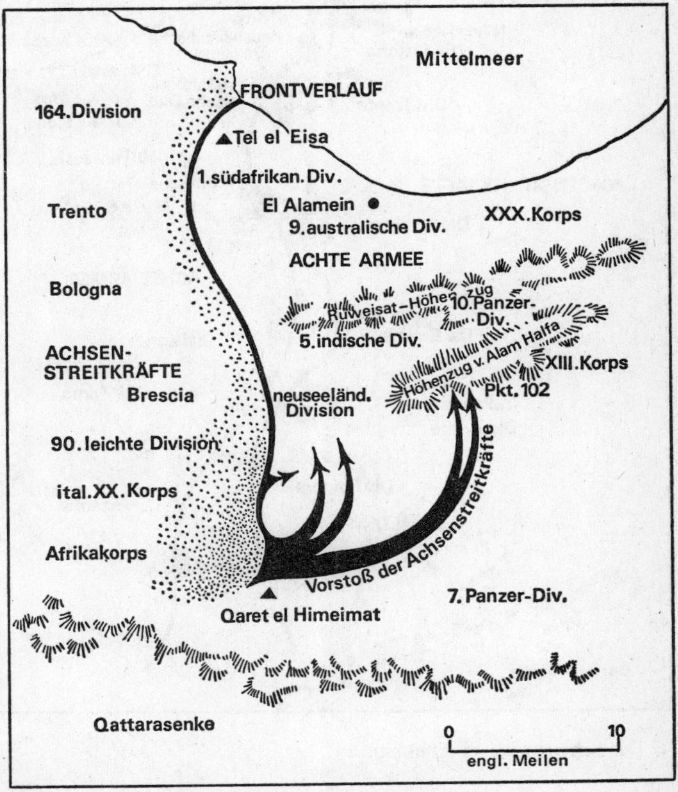

5 Die Schlacht bei Alam Halfa.

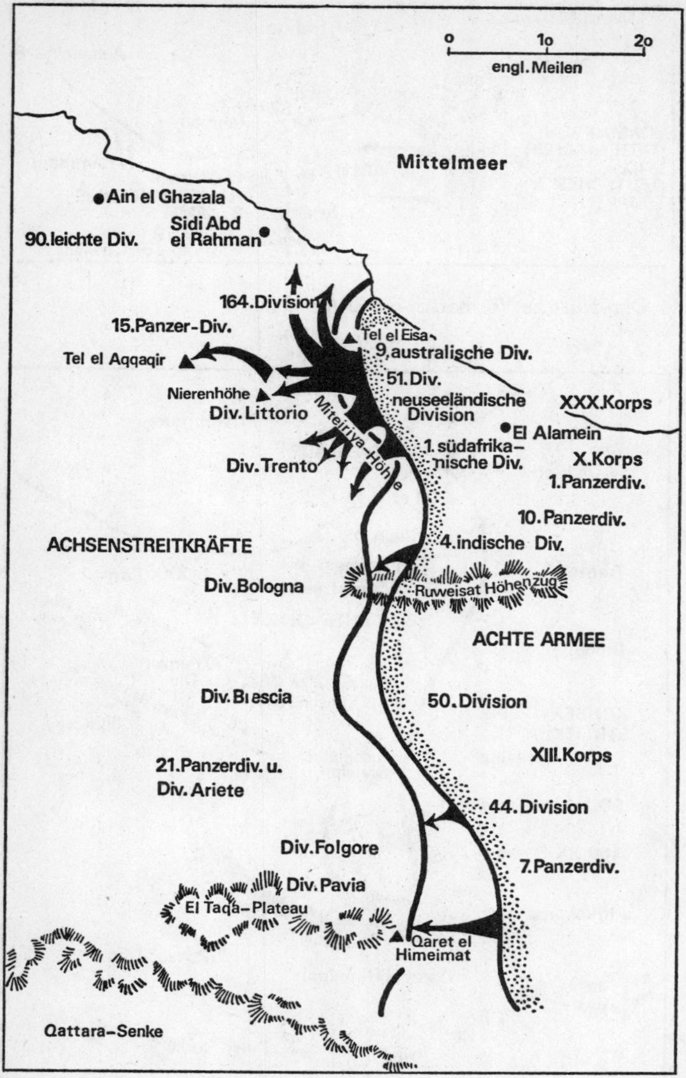

6 Die Schlacht bei El Alamein.

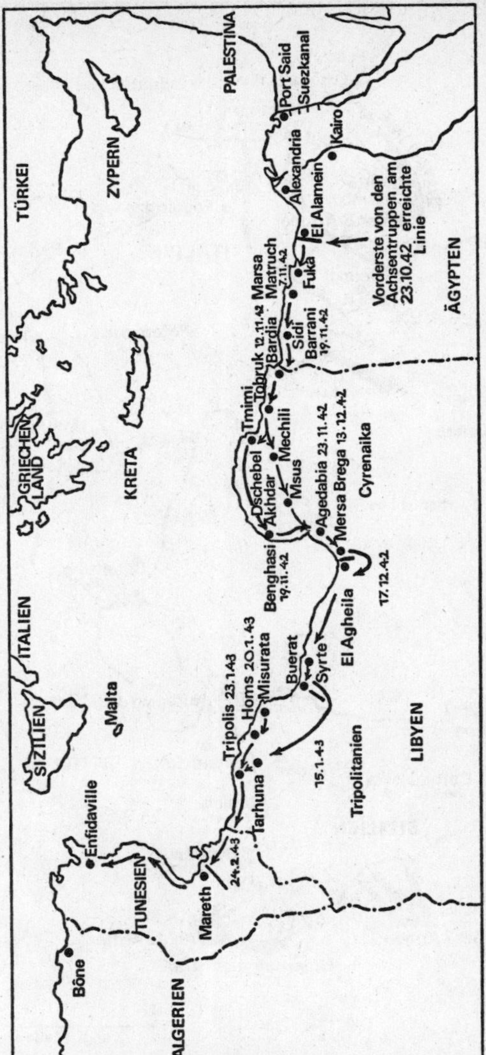

7 Verfolgung durch die Wüste.

8 Unternehmen *Husky* bis zum Sangro.

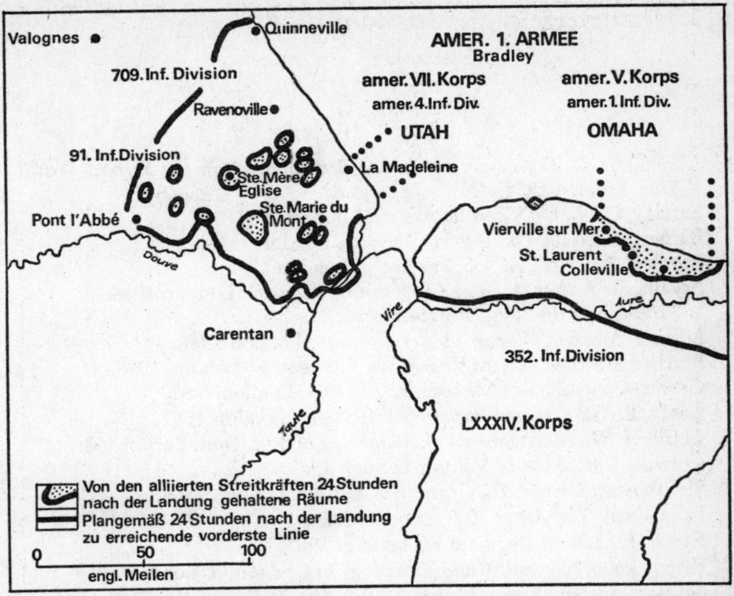

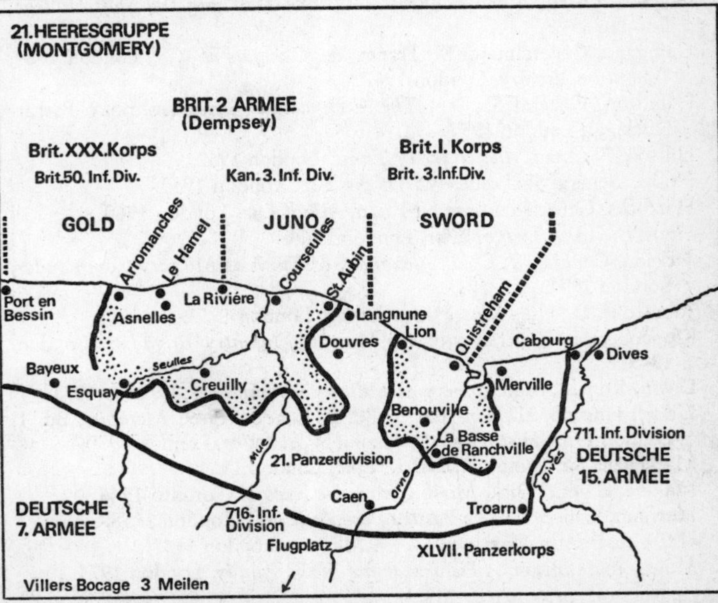

9 Die Invasion in der Normandie, Unternehmen *Overlood*, 6. Juni 1944.

Literaturverzeichnis (Auswahl)

Ahrenfeldt, R. H., *Psychiatry in the British Army in the Second World War,* London 1958.

Barclay, C. N., *On Their Shoulders,* London 1964.

Barnett, Correlli, *The Desert Generals,* London 1960.

Bradley, Omar N., *A. Soldier's Story,* London 1952.

Bryant, Sir Arthur (Hrsg.), *The Turn of the Tide,* London 1956. *Triumph in the West,* London 1959.

Buchan, Alastair, *War in Modern Society,* London 1966.

Butcher, Harry C., *Three Years with Eisenhower,* London 1956.

Carver, Generalmajor Michael, *El Alamein,* London 1962.

Casey, R. G., *Personal Experience 1939–46,* London 1962.

Clark, R. W., *Montgomery of Alamein,* London, New York, 1960.

Colville, J. R., *Man of Valour,* London 1972.

Eisenhower, Dwight D., *Crusade in Europe,* London 1948.

Falls, Cyril, *The Art of War,* London 1961.

Farrar, R., *Life of Dean Farrar,* London 1905.

Freud, Anna, *Normality and Pathology in Childhood,* London 1969.

Godwin-Austen, Brevet-Major A. R., *The Staff and the Staff College,* London 1927.

Guingand, Generalmajor Sir Francis de, *Generals at War,* London 1964. *Operation Victory,* London 1947.

Hamilton, General Sir Ian, *The Commander* (Hrsg. Anthony Farrar-Hockley), London 1957.

Hillson, Norman, *Alexander of Tunis,* London 1952.

Hollis, General Sir Leslie, *War at the Top,* London 1959.

Horrocks, Generalleutnant Sir Brian, *A Full Life,* London 1960.

Hunt, David, *A Don at War,* London 1966.

Jackson, General W. G. F., *Alexander of Tunis as Military Commander,* London 1971.

Johnstone, D., *Nine Rivers from Jordan,* London 1953.

Kippenberger, Generalmajor Sir Howard, *Infantry Brigadier,* London. 1949.

Lewin, Ronald, *Montgomery as Military Commander,* London 1971.

Liddell Hart, B. H., *The Tanks,* Bd. 2, London 1949; *Memoirs,* Bd. 1, London 1965. *History of the Second World War,* London 1970.

Mackenzie, Sir Compton, *Eastern Epic,* London 1951.

Malone, Colonel Dick, *Missing from the Record,* Toronto 1946.

Merriam, Robert E., *The Battle of the Ardennes,* London 1958.

»M. M.«, *Bishop Montgomery – A Memoir,* London 1933.

Montgomery, Brian, *A Field Marshal in the Family,* London 1973.

Montgomery, Feldmarschall Lord, *Military Leadership*, London 1946.
Ten Chapters, London, RUSI Pamphlet.
El Alamein to the River Sangro, London 1948.
Normandy to the Baltic, London 1946.
Forward to Victory, London 1946.
Forward from Victory, London 1948.
Memoirs, London 1958.
An Approach to Sanity, London 1959.
The Path to Leadership, London 1961.
Three Continents, London 1962.
History of Warfare, London 1959; deutsche Ausgabe *Kriegsgeschichte*, Frankfurt 1972.
Montgomery, Bishop Henry, *A Generation of Montgomerys*, Privatdruck.
Charles John Corfe, London 1927.
Moorehead, Alan, *Montgomery*, London 1946.
Moran, Lord, Churchill, *The Struggle for Survival 1940–1965*, London 1966.
Morgan, General Sir Frederick, *Peace and War; A Soldier's Life*, London 1961.
Nicolson, Nigel, *Alex*, London 1973.
Parkinson, Roger, *Blood, Toil, Tears and Sweat*, London 1973.
Peacock, Lady, *Montgomery*, London 1951.
Phillips, Brigadier C. E. Lucas, *Alamein*, London 1962.
Pond, Hugh, *Salerno*, London 1961.
Salesbury-Jones, Guy, *So Full a Glory – a Life of Marshal de Lattre de Tassigny*, London 1954.
Sixsmith, E. K. G., *Eisenhower as Military Commander*, London 1973.
Smyth, Brigadier Sir John, *Sandhurst*, London 1961.
Terraine, John, *The Western Front 1914–1918*, London 1964.
Thomas, Hugh, *The Story of Sandhurst*, London 1961.
Thompson, R. W., *The Montgomery Legend*, London 1967.
Montgomery, the Field Marshal, London 1970.
»D Day«, New York 1968.
Vaughan-Thomas, Wynford, *Anzio*, London 1961.
Young, Lieutenant-Colonel F. W., *The Story of the Staff College 1858–1958*, Camberley 1958

Offizielle geschichtliche Darstellungen

History of the Second World War

Grand Strategy

Bd. II, J. R. M. Butler, London 1957.
Bd. III, Teil 1, J. M. A. Gwyer, London 1964.
Bd. III, Teil 2, J. R. M. Butler, London 1964.
Bd. IV, Michael Howard, London 1970.
Bd. V, John Ehrman, London 1956.
Bd. VI, John Ehrman, London 1956.

The Mediterranean and the Middle East
Bd. III, Major-General I. S. O. Playfair, London 1960.

Victory in the West
Bd. I, L. F. Ellis, London 1962.

Register

Bitte beachten Sie
die folgenden Seiten

Klaus Scholder

Die Kirchen zwischen Republik und Gewaltherrschaft

Gesammelte Aufsätze
Herausgegeben von
Karl Otmar von Aretin
und Gerhard Besier

Ullstein Buch 33148

Zeitgeschichte

Mit dem frühen Tod von Klaus Scholder verlor die deutsche Geschichtswissenschaft einen ihrer brillantesten Köpfe. Dieser Band ist »Erinnerung, Lesevergnügen und Herausforderung ... ist zentriert auf die kirchliche Zeitgeschichte und enthält insgesamt 14 Zeitungs-, Lexikon- und Zeitschriften-Artikel. Die zusammengestellten Veröffentlichungen haben im Lauf der Jahre nichts von ihrer Frische verloren ... stets sind seine Thesen prägnant formuliert und ungemein anregend ...«

(Neue Politische Literatur)

Wolfgang Paul

Die Schlacht um Moskau 1941/42

Ullstein Buch 33140

Zeitgeschichte

»Wenn man mich fragt, welches Ereignis sich mir im vergangenen Krieg am stärksten eingeprägt hat, so antworte ich stets: Die Schlacht um Moskau.«

(Marschall Schukow)

»Nach den vielen Historikern ... ist Wolfgang Paul ein auch mit dem Gemüt beteiligter Zeuge und Erzähler der düsteren Ereignisse. Er erzählt ebenso einfach wie eindringlich als einer, der alles miterlebt hat. Er macht keinen Hehl aus seiner inneren Parteinahme, aber er verfällt niemals in einen falschen Ton.«

(Frankfurter Allgemeine Zeitung)

Erich F. Sommer

Das Memorandum

Wie der Sowjetunion der Krieg erklärt wurde

Ullstein Buch 33145

Zeitgeschichte

Am 22. Juni 1941 überreichte Ribbentrop dem sowjetischen Botschafter in Berlin die deutsche Kriegserklärung. Als Dolmetscher des Protokolls und einer der letzten überlebenden Zeugen, als Diplomat und Historiker ist Erich F. Sommer besonders befähigt, entscheidende Einblicke in den Ablauf der Ereignisse zu geben. Insbesondere für die Einzelheiten der Übergabe des Memorandums, worüber bislang nur die Darstellung des sowjetischen Dolmetschers Bereschkow vorlag.

»... Der Darstellung von E. F. Sommer, ergänzt und dokumentarisch belegt durch Aktenpublikationen des deutschen Außenministeriums, kommt eine sehr hohe Bedeutung zu. Sie dürfte manche Lücke in unserer Kenntnis dieser auch für unsere Zeit so entscheidungsvollen Periode schließen.«
(Prof. Alexander Sinowjew)